团体健身
团课设计与教学指导
► 第4版 ◄

[英] 玛丽·M.约克（Mary M. Yoke）　卡萝尔·K.安布鲁斯特（Carol K. Armbruster）　著

谢毓函　译

人民邮电出版社

北京

图书在版编目（CIP）数据

团体健身：团课设计与教学指导：第4版 / （英）
玛丽·M.约克（Mary M. Yoke），（英）卡萝尔·K.安布
鲁斯特（Carol K. Armbruster）著；谢毓函译. — 北
京：人民邮电出版社，2023.7
ISBN 978-7-115-58300-0

Ⅰ. ①团… Ⅱ. ①玛… ②卡… ③谢… Ⅲ. ①健身运
动—课程设计 Ⅳ. ①G883

中国版本图书馆CIP数据核字(2022)第038019号

版权声明

免责声明

本书内容旨在为大众提供有用的信息。所有材料（包括文本、图形和图像）仅供参考，不能用于对特定疾病或症状的医学诊断、建议或治疗。所有读者在针对任何一般性或特定的健康问题开始某项锻炼之前，均应向专业的医疗保健机构或医生进行咨询。作者和出版商都已尽可能确保本书技术上的准确性以及合理性，且并不特别推崇任何治疗方法、方案、建议或本书中的其他信息，并特别声明，不会承担由于使用本出版物中的材料而遭受的任何损伤所直接或间接产生的与个人或团体相关的一切责任、损失或风险。

内 容 提 要

　　本书作者基于理论研究和多年从业经验，为读者全方位地展示了团体健身的相关方法，帮助读者不断提升技能，进而为他们的客户提供满足其需求的精品课程。本书详细介绍了团体健身课程和项目的设计原理、教学提示及不同的组织形式等；还针对当下流行的健身趋势，增加了关于老年人健身课程和高强度间歇训练的内容，让读者能够为不同年龄、具备不同能力的客户提供安全、有效的团体健身课程。

　　本书适合健身教练、团体健身课程的指导者和设计者及有意获取团体健身相关认证或从事相关职业的读者阅读。

◆ 著　　　　[英] 玛丽·M. 约克（Mary M. Yoke）
　　　　　　卡萝尔·K. 安布鲁斯特（Carol K. Armbruster）
　　译　　　谢毓函
　　责任编辑　王若璇
　　责任印制　周昇亮

◆ 人民邮电出版社出版发行　　北京市丰台区成寿寺路 11 号
　　邮编　100164　　电子邮件　315@ptpress.com.cn
　　网址　https://www.ptpress.com.cn
　　北京市艺辉印刷有限公司印刷

◆ 开本：700×1000　1/16
　　印张：27　　　　　　　　　　　2023 年 7 月第 1 版
　　字数：544 千字　　　　　　　　2023 年 7 月北京第 1 次印刷
　　著作权合同登记号　图字：01-2019-5726 号

定价：198.00 元
读者服务热线：**(010)81055296**　印装质量热线：**(010)81055316**
反盗版热线：**(010)81055315**
广告经营许可证：京东市监广登字 20170147 号

目录

第一部分　团体健身指导的基础

前言

欢迎使用《团体健身：团课设计与教学指导（第4版）》，谢谢你的关注。团体健身不局限于锻炼，还涉及与其他想要从增进健康和幸福感的运动体验中获得快乐的人建立起联系。团体健身始于50多年前由教练带领学员进行活动的健身操（本书数据截至英文版成稿）。从那以后，它演变成各种各样的形式，甚至可能不包含有氧运动或心肺功能性训练。许多人被团体健身吸引的原因在于，它有助于他们坚持定期运动。因为所谓的"久坐症"，即我们现在的生活中，尤其是工作中，坐着的时间太多了，所以定期运动变得日益重要。随着社会继续朝着静坐式的生活和工作方式发展，团体健身对提高生活质量将变得愈加重要，并将帮助我们与其他喜欢运动的人建立起联系。

团体健身有很多方式，如动感单车、训练营或专项训练课程，水上运动、搏击操、普拉提、瑜伽、各种类型的舞蹈，甚至户外探险活动。这些运动项目可以在各种各样的环境中进行，如健身中心、工作场所、学校、社区和医疗中心等，甚至在野外。

我们预计，21世纪会越来越需要称职的，具有知识和技能的，能保证学员有活力、安全和有效运动的团体健身教练。此外，还需要能够执教多种类型学员，并能与其很好地建立关系的教练。因此，团体健身教练可以通过学习更多关于团体互动和社会联系的技巧，成为各种形式课程的专业教练。本书将向你介绍几种流行的团体健身模式，激发你的兴趣，创造新的形式。创造性的新项目对团体健身的发展和繁荣是必不可少的。学习团体健身运动的相关知识对教育工作者、健身爱好者和专业舞蹈人员以及任何热衷于帮助他人过上健康生活的人都是有益的。如果不打算指导团体健身，你也可以成为一个负责招聘、培训和评估团体健身教练的项目主管。无论是领导还是评估选择教练，对课程形式、教学进度和安全注意事项的了解都将提高你的能力。

我们相信，本书填补了团体健身教育中的空白，因为它在强调操作方法和实用的同时，提供了有关各种团体健身模式的探究性信息。书中含有的动作例子也将激发你的创造力，即使你已经在教授团体健身，这些动作例子也可以为你的下一堂课提供新思路。如果你目前没有教授团体健身，可以借助这些例子进行创作！

本书的一个显著特征是，所提供的知识已被健身行业内许多认证组织证实。实际上，许多获得了美国国家认证机构委员会（National Commission for Certifying Agencies, NCCA）认证的团体健身认证的专业人士和学者都使用了我们的书。在我们的职业生涯中，我们两人都作为教师和学者在审核和认证委员会担任过职务。我们两个人都在就读硕士和博士期间做过团体健身和动作方面的研究。新的研究证实了群体动力对增强坚持健康运动的意志力的重要性。我们希望能把最新的相关理论和研究介绍给大家。而且，我们愿意通过我们在团课教学中的经验来将相关科学普及给大众。本书第1版涉及250多篇学术论文，第2版又增加了200篇论文和引文，并且在第3版和第4版中延续了这一趋势，由此成为市场上参考文献最多的团体健身类图书之一。

本书的目的是提供指导团体健身所必需的实践技巧。许多关于锻炼教导的其他图书涵盖运动生理学、运动学、营养学、特殊人群、损伤预防、业务事项、行为矫正等方面的知识。而本书主要侧重于教学的基本要点，包括动作安排、音乐运用，设计合理的动线和提示参与者。我们将向你介绍最流行的团体健身方法，并提供成为有效和鼓舞人心的团课教练所需的基本技能。

本书的组成

本书第4版分为三部分。第一部分（团体健身指导的基础）概述了团体健身的演变和趋势，课内建立团队凝聚力的策略，以教师为中心的教学的核心概念，以及在设计课程时节拍、音乐、动作编排和提示方法的运用。我们专注于提升团体锻炼的乐趣和加强课程中的社交联系。我们还通过团体健身课程评估表详述了最优的运动方法。该评估表将用于评估团体健身教学，提供一个模板去评价团课的有效性。

第二部分（团体健身的主要内容）为团课的几大部分——热身、放松和心肺训练，肌肉训练，柔韧性训练，神经运动和功能性训练——提供了最新的科学指导。这里涉及的基本概念适用于所有类型的团体健身模式。这些概念包括强度、安全、姿势、解剖学和关节动作。第二部分的动作和练习安排都来自《2018年美国运动医学会运动指南》和美国疾病预防和控制中心更新的《2018年身体活动指南》。此外，在第二部分，我们还引入了全新的一章：老年人健身指导。

第三部分（团体健身形式）侧重于常见运动形式的实践教学：搏击操、踏板操、动感单车、训练营和高强度间歇训练、水中锻炼、瑜伽和普拉提等多种形式。每一类的课程都涵盖了基本的动作、舞蹈编排（如果需要）和训练方式。在第三部分中，我们将具体分析各种锻炼模式。这样你就可以练习一些技巧，如一个32拍动作的预期性提示和教学，以及如何提高或降低一个特定动作的难度。同样在第三部分，你会发现新的一章（第17章）涉及其他不太常见的运动形式。最后一章提出了一些实际应用的构想，可帮助你将团体健身的所有要素结合在一起，以便你可以创建你想要的新形式。附录包括团体健身课程评估表（请参阅附录A）中的要点，该表格可适应任何新的运动形式。团体健身在不断发展。我们希望你能从中获得启发，发挥创造力，想出新的方法吸引人们参与健康运动。新颖的形式有助于保持团体健身的相关性和新鲜感！

关于我们

我们两个人教授团体健身的时间都已超过35年，我们见证了它从传统的健身操发展到今天各种各样的锻炼模式。我们除了各自在运动科学和健康行为领域取得博士学位外，还在团体健身方面获得了几项证书，并参加了数不清的继续教育会议和研讨会，因此才有了本文中介绍的各种锻炼模式。我们向公众教授团体健身课程，同时也在不断提高自己的教学实践技巧。我们出席了许多国家级和国际级运动健身会议［事实上，我们是1989年在国际健身协会（IDEA）研究讨论会上首次见面的］。我们仍然在继续参与团体健身教学的研究：卡萝尔从事水上运动领域、功能性动作和工作场所健康问题的研究，而玛丽主攻健康行为、肥胖和衰老、积极心理学、各种团体健身模式、能量消耗、用普拉提器械运动的功效等领域。我们一起在美国运动医学会（American College of Sports Medicine，ACSM）的资格认证委员会工作了6年，主要在团体健身小组委员会工作。我们都是美国运动医学会的研究员。本书被用于世界各地的健康和健身课程。我们认为我们之所以为这本书带来了一个独特的视角，是因为我们都致力于采用实践的方法，又非常熟悉学术界的需求和科学的要求。我们经常称自己为"实践专家！"

与所有的教学一样，技能来自实践。团体健身教学需要勇气、毅力和激情。它需要不断地学习和演练。然而，这项工作是值得的——通过有趣的锻炼帮助别人过上更健康的生活，这种感觉很棒！帮助别人最好的方法就是提高他们的生活质量。通过教育、关心和激励参与者来做出改变，对他们和自己来说都是一份礼物。我们希望本书能帮助你成为想要拥抱健康生活方式的人。这是我们能想到的你可以给自己和他人最好的礼物。

谢谢！

玛丽和卡萝尔

资源与支持

配套服务

扫描右侧二维码添加企业微信：
1. 加入体育爱好者交流群。
2. 不定期获取更多图书、课程、讲座等知识服务产品信息，以及参与直播互动、在线答疑和与专业导师直接对话的机会。

致谢

我们非常感谢多年来许多影响本书写作的人，这本书是向所有改变了我们生活的人们的致敬。我们的父母激励我们追随自己热爱的事物并努力工作，使我们的理想成为现实。感谢卡萝尔的父母琼（Joan）和鲍勃·卡斯特（Bob Caster）以及玛丽的父母詹姆斯（James）和玛格利特·约克（Margaret Yoke）对我们的信任，感谢我们已经成年的孩子托尼·肯尼迪（Tony Kennedy）和杰茜卡·约德（Jessica Yoder），纳撒尼尔·约克（Nathaniel Yoke）和扎卡里·里普卡（Zachary Ripka），感谢你们的支持，感谢你们成长为如此出色的大人。感谢马蒂·安布鲁斯特（Marty Armbruster，卡萝尔的丈夫），感谢你对我写作本书的无尽鼓励和支持。我们也感谢多年来遇到的所有影响了我们对团体健身的认识的人。

感谢以下人员和机构的启发和投入：美国运动委员会（American Council on Exercise，ACE）、美国运动医学会、美国健美操与健身协会（Aerobics and Fitness Association of America, AFAA）、肯·艾伦（Ken Alan）、伊丽莎白·安德鲁斯（Elisabeth Andrews）、克里斯·阿特贝里（Chris Arterberry）、黛比·班恩-皮拉雷拉（Debi Ban-Pillarella）、苏珊·贝恩（Susan Bane）、金·比瑟姆-马克斯韦尔（Kim Beetham-Maxwell）、劳伦斯·比斯孔蒂尼（Lawrence Biscontini）、彭妮·布莱克-斯汀（Penny Black-Steen）、泰里·布莱登（Teri Bladen）、杰伊·布拉尼克（Jay Blahnik）、安迪·布洛梅（Andy Blome）、沙伦·博根（Sharon Bogen）、简·布拉德利（Jane Bradley）博士、佩姬·布坎南（Peggy Buchanan）、唐娜·伯奇（Donna Burch）、加拿大多伦多健身器械展、沙伦·郑（Sharon Cheng）、丹尼丝·孔泰萨（Denise Contessa）、科琳·库里（Colleen Curry）、罗宾·德特丁（Robyn Deterding）、朱莉·唐宁（Julie Downing）、阿普丽尔·迪雷特（April Durette）、简·埃勒里（Jane Ellery）博士、艾伦·埃文斯（Ellen Evans）博士、梅琳达·弗莱格尔（Melinda Flegel）、特尔·法勒（Ter Filer）、巴德·格彻尔（Bud Getchell）博士、南希·吉勒特（Nancy Gillette）、劳拉·格拉德温（Laura Gladwin）、拉里·戈尔丁（Larry Golding）博士、杰奎琳·哈德菲尔德（Jacqueline Hadfield）、莫琳·黑根（Maureen Hagan）、丽莎·哈姆林（Lisa Hamlin）、谢尔·哈里斯（Cher Harris）、萨拉·希拉德（Sara Hillard）、丽莎·霍夫曼（Lisa Hoffman）、国际健身协会、珍妮特·约翰逊（Janet Johnson）、盖尔·约翰斯顿（Gail Johnston）、琼·卡恩（June Kahn）、明迪·金（Mindy King）、戴夫·科切亚（Dave Koceja）博士、塔蒂亚娜·科洛夫（Tatiana Kolovou）、莱恩·克拉维茨（Len Kravitz）博士、苏珊·昆德拉特（Susan Kundrat）、艾莉森·凯尔（Alison Kyle）、卡伦·莱瑟曼（Karen Leatherman）、德布·莱格尔（Deb Legel）、黛娜·勒夫特-埃琳（Deena Luft-Ellin）、帕特·马洛尼（Pat Maloney）、帕蒂·曼蒂亚（Patti Mantia）、道格·马凯特（Doug Marquette）、帕蒂·麦科德（Patti McCord）、格雷厄姆·梅尔斯特兰（Graham Melstrand）、玛格丽特·摩尔（Margaret Moore）、谢里·莫顿（Sherry Morton）、加达·马阿谢尔

（Ghada Muasher）、玛利亚·纳尔迪尼（Maria Nardini）、海军航空医学院（Naval Aviation School of Medicine）、克里斯·尼利（Kris Neely）、艾梅·尼科泰拉（Aimee Nicotera）、格雷格·尼德兰德（Greg Niederlander）、夏洛特·诺顿（Charlotte Norton）、美国国家体能协会（National Strength and Conditioning Association, NSCA）、托尼·奥尔达斯（Tony Ordas）、鲍勃·奥托（Bob Otto）博士、雅克·佩德格里夫特（Jacque Pedgrift）、鲍勃·佩雷斯（Bob Perez）博士、吉姆·彼得森（Jim Peterson）博士、琳达·普费弗（Linda Pfeffer）、卡伦·皮尔斯（Karen Pierce）、比尔·拉莫斯（Bill Lamos）、劳里·赖默（Lauri Reimer）、凯利·罗伯茨（Keli Roberts）、马克·罗伯逊（Mark Robertson）、尤里·罗基特（Yury Rockit）、帕特·瑞安（Pat Ryan）、皮拉斯·桑伯恩（Pearlas Sanborn）、玛丽·桑德斯（Mary Sanders）博士、霍利·谢尔（Holly Schell）、丽莎·塞克索尔（Lisa Sexauer）、约翰·谢伊（John Shea）博士、琳达·谢尔顿（Linda Shelton）、罗伯特·谢尔曼（Robert Sherman）、莎拉·肖尔-贝克（Sarah Shore-Beck）、马蒂·西格尔（Marty Siegel）博士、西丽·西顿（Siri Sitton）、迈克·斯佩扎诺（Mike Spezzano）、迪克西·斯坦福思（Dixie Stanforth）博士、凯西·史蒂文斯（Kathy Stevens）、丽莎·斯塔佩（Lisa Stuppy）、史蒂夫·塔雷特（Steve Tharrett）、瓦尔特·汤普森（Walt Thompson）博士、埃米·托科（Amy Tocco）、凯莉·沃克-黑利（Kelly Walker-Haley）、约翰·维甘德（John Wygand）和曼迪·祖尔科斯基（Mandy Zulkoski）。

特别感谢印第安纳大学布卢明顿分校公共卫生学院（Indiana University at Bloomington School of Public Health, IUBSPH）允许我们使用IUBSPH的设施拍摄图片。拍摄图片的老师包括洛丽·亚当斯（Lori Adams）、琼·安布鲁斯特（Joan Armbruster）、马蒂·安布鲁斯特（Marty Armbruster）、大卫·奥曼（David Auman）、尤利娅·阿兹列尔（Yulia Azriel）、安德鲁·贝尔（Andrew Baer）、凯莉·博特（Kelly Baute）、格里戈里·别利亚耶夫（Grigoriy Belyayev）、艾莉森·伯杰（Allison Berger）、伊恩·比克尔（Ian Bickel）、布里奇特·布莱克（Bridget Black）、泰里·布莱登（Teri Bladen）、埃琳·布雷斯（Erin Brace）、杰基·布里斯本尼克斯（Jackie Braspenninx）、莎拉·布鲁诺（Sarah Bruno）、艾利森·乔普拉（Allison Chopra）、考特妮·克拉克（Kourtney Clark）、凯蒂·科林斯（Katie Collins）、特里萨·科利森（Theresa Collison）、查德·科普伦（Chad Coplen）、莉珊德拉·夸德拉多（Lisandra Cuadrado）、乔·登克（Joe Denk）、杰米·法米列蒂（Jamie Famiglietti）、塞西拉·福琼（Ceceila Fortune）、埃米莉·加特兰（Emily Gartland）、阿比·格雷（Abby Grey）、凯蒂·格罗夫（Katie Grove）、马尔维卡·古拉蒂（Malvika Gulati）、阿莉莎·辛内菲尔德（Alyssa Hinnefeld）、丽莎·霍夫曼（Lisa Hoffman）、安·胡顿（Ann Houtoon）、利·安·霍伊（Leigh Ann Hoy）、布莱恩·赫斯特（Breigh Hurst）、布里塔尼·伊格纳斯（Brittany Ignas）、阿普丽尔（April）、迈克尔·杰克逊（Michael Jackson）、珍妮弗·杰弗斯（Jennifer Jeffers）、杰克·琼斯（Jake Jones）、杰茜卡·肯尼迪（Jessica Kennedy）、明迪·金（Mindy King）、玛吉·科博（Margie Kobow）、塔蒂亚娜·科洛夫（Tatiana Kolovou）、沃尔特·凯尔斯（Walter Kyles）、

郭蕾（Guo Lei）、乔兰·刘易斯（Joilan Lewis）、凯拉·利特尔（Kayla Little）、伊万杰琳·马尼奥（Evangeline Magno）、格里（Gerry）、戴安娜·麦卡菲（Diana McAfee）、科琳·麦克拉肯（Colleen McCracken）、埃文·麦克道尔（Evan McDowell）、卡拉·麦高恩（Cara McGowan）、德温·麦圭尔（Devin Mcguire）、杰茜卡·麦金太尔（Jessica Mcintire）、彻丽·梅里特−达里（Cherry Merritt−Darriau）、谢林·米勒（Kellin Miller）、萨米亚·穆尼（Samia Mooney）、塔米·尼科尔斯（Tammy Nichols）、帕特里克·奥布莱恩（Patrick O'Brien）、杰克·奥尔森−麦康莱（Jake Olson−McConley）、蒂法尼·欧文（Tiffany Owen）、特里西娅·奥克斯福德（Tricia Oxford）、博比·帕帕里拉（Bobby Papariella）、马特·普鲁伊特（Matt Prewitt）、布兰登·普赖斯（Branden Price）、吉尔·伦西克（Jill Rensick）、温迪·鲁滨逊（Wendi Robinson）、雷切尔·赖德（Rachel Ryder）、蒂姆·赖德（Tim Ryder）、卡米拉·索尔兹伯里（Camilla Saulsbury）、米斯蒂·施耐德（Misty Schneider）、安·施内尔（Ann Schnell）、贾尼丝·施内尔（Janice Schnell）、米根·希普利（Meagan Shipley）、纳特·希普曼（Nate Shipman）、厄尔·西姆斯（Earl Sims）、奈玛·所罗门（Naima Solomon）、安德鲁·苏德（Andrew Souder）、珍妮弗·斯塔尔（Jennifer Starr）、雪莉·泰勒（Shellie Taylor）、威尔·桑顿（Will Thornton）、沙伦·托林（Sharon Tolin）、梅特兰（Mai Tran）、卡梅伦·特罗塞尔（Cameron Troxell）、布罗克·沃勒（Brock Waller）、雅基·沃森（Jacki Watson）、许张帆（Zhangfan Xu）、玛格丽特·约克（Margaret Yoke）、凯蒂·祖克尔曼（Katie Zukerman）和印第安纳大学夏季218人班。

最后，非常感谢人体运动出版社的工作人员，特别要感谢说服我们编写这本书的朱迪·帕特森·赖特（Judy Patterson Wright）；鼓励我们写另一本书的埃米·托科（Amy Tocco）；第3版忠实的开发编辑凯特·毛雷尔（Kate Maurer）；第4版鼓舞人心的策划编辑米歇尔·马洛尼（Michelle Maloney）；负责敲定所有细节的执行编辑埃米·斯塔尔（Amy Stahl）。特别感谢图片制作二人组的道格·芬克（Doug Fink）和格雷格·亨尼斯（Gregg Henness），不断地在所有版本中提供他们的支持和建议。道格，你的耐心、镇定和创作优秀产品的能力令人惊叹！多年来，我们与人体运动出版社的员工一起工作得很愉快。你们都是学术图书出版界的佼佼者，我们很荣幸能够继续与你们合作。

第一部分

团体健身指导的基础

最佳的运动实践

本章目标

学完本章，你将能够：

- 了解团体健身的演变过程；
- 了解团体健身形式的当前趋势；
- 了解关于团体健身指导的主要的专业资质证书和教育组织；
- 为团体健身创造健康的情感环境；
- 对比以学生为中心的团体健身教学方式和以教师为中心的团体健身教学方式；
- 将团体凝聚力研究和角色示范应用于团体健身指导中；
- 分析团体健身的基本商业实践。

团体健身很有趣，它包含社交方面的内容，并以独特的、可自我选择的方式增强人们的身体素质。尽管团体健身起源于有氧舞蹈，但现在的爱好者参与的活动类型已很广泛，如动感单车、水上运动、团体力量课程、各种类型的舞蹈、瑜伽等。美国运动医学会于2018年（Thompson，2017）在全球健身调查中将团体健身列为整体健身趋势的第二位。考虑到团体活动的多样性和复杂性，我们可能会问：什么是团体健身的最佳实践？里昂等人（Delyon et al.，2016）认为在健身专业人员的期望和他们的专业训练之间存在一个问题。因此，这本书的目的就是提供专业的培训、教育，以及就如何成为一个团体健身教练发表见解，以提高参与者的生活质量。

在本章中，我们将设法讲明以下问题。

1. 团体健身是怎么开始的？它是如何开始并发展到今天的多元化状态的？
2. 如何给不同水平、体形、身高的参与者制订可持续的营销手段？
3. 如何培养团队凝聚力并树立"我们都在一起"的态度，让大家持续参与？
4. 以学生为中心的教学和以教师为中心的教学之间有什么区别？
5. 团体健身设计的基本商业惯例是什么？教练的资历如何才能发挥作用？

随着社会对保健措施的需求越来越大，专业团体健身指导将发挥愈加重要的作用。据塞利格曼（Seligman，2011）报道，群体动力学可以改善社会动力学，也可以改善健康。如果你正在阅读本书，你很可能是一位专业人士，正在寻求成为一个更好的团体健身教练应具备的知识和方法。

团体健身的演变

团体健身是怎样演变的？雅基·索伦森（Jacki Sorensen）做出了巨大的贡献，他参与了肯尼思·库珀（Kenneth Cooper）博士在研究有氧代谢能力方面的早期工作（Schuster，1979）。有氧舞蹈诞生于1969年，当时有人请索伦森在闭路电视上为美国空军队员的配偶设计一项运动计划。在准备节目的时候，她研究了库珀博士开发的著名的空军健美操项目。索伦森参加了库珀博士的12分钟跑步测试，该测试根据一个人在12分钟内跑步的距离来评估其心肺健康状况。尽管索伦森之前从未参加跑步，但当她在测试中取得好成绩时，她恍然大悟：坚持一生的舞蹈使她的心肺保持了良好的状态。这使她有了把舞蹈和有氧运动结合起来的想法（Sorensen and Bruns，1983）。她以此为灵感设计了一些跟着音乐编排的特定舞蹈动作，让其他人可以学习。这些舞蹈动作的目的是提高心率，让人们随着音乐运动，以增强体质。

同年（1969年），朱迪·谢泼德·密西特（Judi Sheppard Missett）创立了爵士舞健身项目，并将爵士舞转变为一种全球性的舞蹈运动。据塔雷特（Tharrett，2017）报道，密西特和索伦森向大众介绍了基于音乐和舞蹈的团体健身的概念。用搜索引擎搜索爵士舞健美操，你会发现它的势头仍然很强劲，并且爵士舞健美操经常出现在社区中心等组织的活动中，因为它可以使普通人参与其中。现在我们对团体健身的感觉是，它在健身场所比较常见，殊不知，却是索伦森和密西特在社区中心开创的。

团体健身课程提供了有组织的、交互式的运动体验，可以提高初学者和高级学员的用户黏性

20世纪90年代后期的团体健身

20世纪80年代，有氧舞蹈为许多人，尤其是妇女，提供了一个参与团体健身的机会。有氧舞蹈运动让大众开始主动参与锻炼。美国健美操与健身协会在1983年制定了第一版团体健身标准和指南。它还启动了第一项美国认可的团体健身教练的认证。1984年，国际健身协会（当时称为"国际舞蹈运动协会"）举办了第一次国际会议。在此期间，美国全国体育用品协会报告说，有2440万美国人参加了健美操运动（IDEA，2007）。有氧舞蹈成了一种流行文化现象——1982年，简·方达（Jane Fonda）的Jane Fonda's Workout Book（Fonda，1981）登上了畅销书排行榜的首位，紧接着出版的高强度健身录像带也获得了巨大成功。

然而，随着受伤率增加，人们对这种新运动模式的热情减退了。在高强度的有氧运动中，小腿、足部和膝盖受伤尤为普遍（Mutoh et al.，1988；Richie et al.，1985）。迪图瓦和史密斯（DuToit and Smith，2001）也特别指出，在这种运动中教练的受伤率很高。他们对澳大利亚18个健身中心的教练进行调查后，发现有77%的教练有下肢伤痛。显然，有氧舞蹈活动很有趣，但如果教练受伤率如此之高，随着时间的推移，这种活动可能无法持续发展。不过，加里克、吉利安和怀特塞德（Garrick，Gillien and Whiteside，1986）指出，最常见的受伤人群是那些之前没有参加过其他健身活动的参与者。事实上，这么高的受伤率可能是由于对许多刚开始运动的人（尤其是女性参与者）来说，有氧舞蹈是她们第一次参与健身活动。然而，缺乏进退阶的动作安排也使得团体健身课程缺少针对性。

开发有氧舞蹈的各种变式，如低强度的有氧运动，是为了提供更多的运动种类，也是为了提倡一种更安全的伴随音乐运动的方式。一项研究（Brown and O'Neill，1990）发现，高强度的有氧运动参与者中有66%经历过伤痛，相比之下，低强度健美操参与者中只有9%。低强度健美操成了20世纪80年代后期的热潮，一些专家认为，这是一种比高强度健美操更好的选择（Koszuta，1986）。在此期间出现的另一种低强度运动是踏板操。克诺德尔（Kernodle，1992）认为，踏板操是为解决大型肌群运动的空间不足这一问题而产生的。他写道，有氧健身操运动者成了"在有限空间里活动的先驱"。在健身场所中，有氧舞蹈班可以让20至30人有效地运动，通过增加纵向运动的舞步，在同样的空间内可以容纳的参与运动的人数几乎是原来的两倍。踏板操利用重力使身体进行超负荷运动。它降低了受伤风险，因为它需要整个身体对抗重力，而不会使下半身承受高强度或低强度有氧运动的冲击力。此外，这是一项功能性运动，因为参与者一般需要经常上下踏板。

团体踏板操课

20世纪90年代的踏板运动促进了许多其他形式团体健身的发展和普及。在这一时期，水上运动、动感单车运动、瑜伽和许多其他类型的团体活动出现了。20世纪90年代开发的许多团体课程都不要求参与者具备舞蹈技能，甚至不需要节奏。因此，"有氧舞蹈"一词被团体健身代替，以更好地描述已出现的广泛的活动。埃勒（Eller，1996）注意到，许多健身俱乐部已经把"舞蹈"这个词从他们的课程安排中删除了。如此一来，这种以女性为主的活动变得更加宽泛和包容。随着不同团体健身形式的出现，参与者也变得越来越多样化。例如，许多男性参加了动感单车运动、训练营和核心强化练习。因此，有氧舞蹈这个名称不再符合目前团体健身这一活动的内涵。

自20世纪90年代以来，团体健身已经发展为一种多样化的活动，几乎涵盖了所有的运动项目和人群。例如，在这一期间出现了各种融合了舞蹈和健身的新舞蹈形式。许多锻炼形式不再局限于一种运动。融合类课程也更多地成为一种常规课程，这类课程结合了有氧运动和力量训练，如自行车、力量训练或有氧运动、核心肌群训练课程。这些课程分时间段进行有氧运动、力量与体能训练。大多数健身俱乐部都有力量与体能训练区，但团体健身满足了运动者的娱乐和社交需求，这通常是提高客户黏性和运动收益所需要的。结果是，教练被激发和鼓励去开发新颖的运动课程。例如：尊巴舞或拉丁舞的一些动作被引入交谊舞中；动感单车课程可以让更多的自行车手将课程上所学习到的技巧运用于户外骑行中；而进行功能性训练可以帮助参与者提高日常活动能力，让锻炼更有目的感。

团体动感单车课

表1.1总结了几十年来团体健身的演变过程。请注意团体健身方式是如何变化的。婴儿潮一代人创造了这项活动，随着他们的成长，他们创造出了各种新颖的、吸引不同年龄段人群的团体健身形式。如果你真的想帮助更广泛的受众群体，而不是特定年龄或具备特定能力的群体，那么精通所有团体健身形式就很重要。

表1.1　团体健身的演变

时间	婴儿潮一代人的年龄	趋势
20世纪70年代	20多岁	高强度的健美操，参加10千米赛跑
20世纪80年代	30多岁	低强度的有氧运动，徒步，参加5千米赛跑
20世纪90年代	40多岁	踏板操，溜冰，水上运动，动感单车，瑜伽
21世纪00年代	50多岁	功能性训练，瑞士球，平衡装置
21世纪10年代	60多岁	核心力量训练，TRX（全身抗阻训练）等悬吊系统
21世纪20年代	70多岁	椅子运动，徒步，矫正运动，泡沫轴，水中行走

老年人团体健身课

团体健身的趋势

团体健身班是许多健身项目的生命线。这些课程能激发人们的热情，创造必要的联结性，让人们继续参与活动。我们当前健康状况的现实是，自1993年以来，全球人类的预期寿命正在上升，而美国人的预期寿命首次从78.9岁下降到78.8岁（Xu et al., 2015）。当团体健身刚开始出现的时候，许多人认为它只会盛行一时，但很显然，团体健身将会持续下去。《美国健康人群2020》的目标是，增加拥有健康体重和身体活动人群的比例，减少功能受限的人数。由负责修改《2008年身体活动指南》的研究人员出具了一则美国疾病控制与预防中心2018年的报告，该报告认为各种形式的运动都能提升个体健康水平。这项新的科学报告提供了相应的证据，证明定期运动对人的健康有显著的益处。对于有健身卡并且愿意运动的人来说，团体健身课程的确是一种好的选择。而现在的问题是，如何去吸引绝大多数没有健身经历的人群。我们相信，社区徒步、针对5千米徒步或跑步活动的团体训练，以及在老年人辅助生活护理中提供的坐立健身服务，都是未来新型团体健身的一部分。这本书中的所有指南不仅适用于健身场所的团体健身，也适用于将团体健身带入非传统的场所。

根据塔雷特（Tharrett, 2018）的研究，在过去的8至10年中，传统的健身俱乐部的会员数量稳定在美国人口的14%至20%，而国际人口的市场渗透率低于美国。有证据表明，传统的健身房内的健身计划可能不像以前想象的那样包罗万象。尽管传统的健身计划对负担得起健身俱乐部会员费用并且自身具有运动意愿的个人来说，可能是一种卓有成效的选择，但如何吸引另外80%～86%没有健身经验的人群参与其中，仍是个问题。例如，在户外跑步的参与者可能从跑步中获得与健身中心团体健身课程中类似的健康益处。现在应该思考开展新的健身项目以吸引更多人参与小团课，尤其是那些初学者和缺乏活动的人群。目前，私人训练很受欢迎，但在同样的时间内，一名私人教练只接触一个客户，而团体健身教练可能会接触40～50个学员，而且那些教授团体课程的健身教练有更多的机会去寻找新客户。

在传统健身中心之外的团体健身中，参与者可以收获类似的结果

ACSM运动和静坐时间指南

本章的"《2018年美国运动医学会健康成年人实证建议》摘要"中介绍了美国运动医学会（ACSM, 2018）有关开展运动的建议。这些建议将在后续章节中详细介绍。值得注意的是，当前的ACSM实证建议（ACSM, 2018）验证了可追溯至20世纪70年代开始进行团体健身时的一种典型的团体健身课程形式。这份指南包括心肺呼吸、肌肉力量和耐力、神经肌肉控制和柔韧性训练，这些都是多年来团体健

身所包含项目的一部分。目前，专注于将神经肌肉控制（特别是平衡性训练）纳入团体健身，这是ACSM实证指南中不曾涉及的内容，这反映了对功能性健身和老年群体健康的关注的趋势。你将在第8章和第9章中了解到更多关于这个主题的内容。

久坐式生活的几个问题

除了需要遵循ACSM运动指南外，久坐也会产生健康问题，这在文献中引起了广泛关注，同时团课教练应予以考虑。范德·普勒格等人（Van der Ploeg et al.，2012）证明了在不考虑空闲时间的身体活动的情况下，久坐时间与各种原因造成的死亡之间以及久坐时间与心血管疾病之间存在剂量反应关系。换句话说，在改善健康问题和降低死亡风险方面，参加一次身体活动（如参加一次团体健身课）不足以抵消久坐所带来的危害。卡兹马兹克等人（Kutzmarzyk et al.，2009）一致认为，久坐会导致"代谢改变"，而一次锻炼不能抵消其所带来的危害。同样，莱文（Lerine's 2014）在

梅奥诊所（Mayo Clinic）的研究表明，6小时的久坐带来的负面影响与1小时的运动带来的好处在程度上大致相等。最后，西达斯等人（Siddarth et al.，2018）发现，久坐行为也与老年人不良的脑颞叶增厚有关。建议浏览包含久坐生活方式文献的网站，并且我们也会考虑开设课时较短的课程，以鼓励不爱动的久坐人群进行活动。

教育、认证和证书

无论是面对面、在线还是通过品牌健身场馆的项目提供的团体健身课程，授课都必须建立在安全的基础上。学习安全知识的一个重要方式是获得国家组织的认证。目前，没有法律规定团体健身教练必须获得认证。然而，俱乐部老板和经理更倾向于雇获得过认证的教练：获得认证不仅意味着你拥有良好的科学态度，同时也代表了你有着专业的职业态度。斯泰西等人（Stacy et al.，2010）发现，与受教育程度较低的健身教练相比，受教育程度较高的健身教练经常使用循证信息源进行研究，如科学期

《2018年美国运动医学会健康成年人实证建议》摘要

心肺功能性训练：每周5天以上的适量运动，每周3天以上的剧烈运动，或3至5天的适量运动与剧烈运动的组合运动。每天30到60分钟有目的的适量运动，20到60分钟的剧烈运动，或者一次性完成理想时长的适量运动和剧烈运动的组合运动，或分多次每次10分钟以上、累计至所需的运动时间的运动。

抗阻训练：每周2至3天，成人还应对主要肌群进行抗阻训练，根据想要达到的训练效果，进行2至4组、每组8到12次的重复训练。

柔韧性训练：每周2至3天，针对各主要肌群完成一系列柔韧性训练，每项柔韧性训练拉伸保持60秒。

神经肌肉控制训练：建议每周2至3天、每天20到30分钟，进行平衡、敏捷、协调和步态锻炼。

改编自American College of Sports Medicine, *ACSM's Guidelines for Exercise Testing and Prescription*, 10th ed. (Philadelphia: Wolters Kluwer, 2018), 162, 168, 171, 172。

刊，受教育程度较低的健身教练则利用大众媒体来获取信息。现在许多大学都为那些希望在健身行业发展的人提供学位课程。

将参与者的健康和幸福放在团体健身体验的首位的健身教练，需要尽可能多地了解关于身体运作的知识。国际健康球拍运动协会（The International Health Racquet Sports Association，IHRSA）建议健身俱乐部聘请拥有NCCA认证组织认证的健身教练。要查看这些认证组织，可以在网上搜索"NCCA认证"，然后单击相关主题。NCCA对认证组织的认证标准与对许多其他相关的健康专业人员（护士、运动教练等）的标准相同。如果一个组织以NCCA的认证标准来考核教练，其认证的教练就会具有专业人士认可的从业相关知识。这还提供了一种方法，用来检查教练获得的认证是不是最新的。

参加NCCA认证考试时，当地或俱乐部的认证或培训项目是你开始接受教育的良好选择。在参加NCCA认证考试前必须有心肺复苏术（Cardio Pulmonary Resuscitation，CPR）和自动体外除颤器操作（Automated External Defibrillator，AED）认证证书。我们建议你获取NCCA认可的组织的认证，并参加继续教育课程，这样你才能成为最好的教练。

一个优秀的团体健身计划需要持续改进，也正是这样的需求一直激励着教练，并使其不断更新自身知识。通常情况下，健身场所会邀请讲师或为参加培训的教练支付津贴。一个优秀的组织不仅通过激励措施来留住教练，从而持续提升课程品质，而且还会定期对教练进行评估。反馈是冠军的"早餐"（Tharrett，2017），也是教练成长的方式。

当你去应聘成为一名教练时，你必须了解自身水平，同时谨记自己获得教练认证的初心。一旦你开始教学，请务必对你的课程进行评估，或者为自己的教学内容录制视频并观看。这是了解自己执教能力的一个绝佳方法。有许多方法可以用于评估课程的有效性。其中一个方法是团体健身课程评估表，见附录A。专业文献中也介绍过其他一些工具（Eickhoff-Shemek and Selde, 2006）。

学习对于团课教练的成长非常重要。许多公司、娱乐部门和健身俱乐部都要求其教练获得国家级的认证。

其他一些机构则安排了自己的培训课程或必须完成的课程。这两种方法都是为了提升执教水平，并确保教练拥有一定程度的知识和专业技能。然而，有了证书并不意味着你就能成为一名出色的教练。这只能说明你很认真，并且愿意持续学习。认真非常重要，而持续学习也非常重要。

我们希望更多的大学开设运动管理课程，让认证成为简单的知识验证。我们也希望本书能促使大学里的教职工提供团队领导力方面的学术培训。目前，许多学术机构提供运动学学位，其中包括团队领导力的内容。既然ACSM将团队领导的知识和技能加入了ACSM的运动标准，那么我们希望健身领域的科学家也能够认识到这项活动的重要性。健身专业人员和兼职带健身课的教练是有区别的。健身专业人员通常接受过运动建议和健身评估方面正规的培训和教育。

这本书是为指导团体健身的专业人员而写的。我们讨论的不只是一种形式，而是任意团体健身课程形式所包含的科学原理。本书所纳入的信息来自许多被广泛认可的国家团体健身认证组织的训练手册。我们重视认证，并且在成为团体健身教练后，一直在更新我们获得的认证。

建立团队凝聚力

作为教练，我们开设团体课程的首要目的是帮助人们通过运动过上更快乐、更健康的生活。我们希望我们的课程能够提高所有学员的生活质量。弗朗西斯（Francis，2012）引述道，健身专业人士在公共健康教育中扮演着日益重要的角色。我们通过将与健康相关的健身元素融入项目设计，来教授参与者。本书围绕《2018年美国运动医学会运动指南》中列出的健康体能展开介绍。我们知道，健康体能可以改善生理机能，也知道群体动力学可以改善社会动力学，从而改善健康状况

（Seligman，2011）。哈登等人（Harden et al., 2015）采用实地调查法分析了52项团体健身研究结果，发现92%（$n = 48$）的参与者身体活动有显著增加。团体健身的一个重要方面是参与者的社会化和联结性。迪安·奥尼什（Dean Ornish，1998）是一位预防医学医师，以格言"疾病始于'我'，健康始于'我们'"而闻名。

出色的团体健身教练会在教学过程中不断互动以提高客户黏性。事实上，布雷等人（Bray et al., 2001）发现，健身教练的沟通能力是预测参与者运动出勤率的重要指标。伯克等人（Burke et al., 2006）对这项运动的类型进行了荟萃分析。他们的研究表明，持续互动的团体健身课程氛围要优于标准的团体健身课程氛围，标准的团体健身课程几乎没有互动。

受注重健康的生活方式理念的影响，许多老年人参加了团体健身班，在那里她们也能享受社交分享的好处

戴维斯等人（Davis et al.，2015）发现了团体健身与人际关系之间存在相互联系的证据。在团体健身课中，教练往往更注重课程内容，而忽视了课程内与参与者的互动交流；然而这种互动交流有利于产生更强的团队凝聚力，更强的团队凝聚力可以带来很多好处。弗洛伊德和莫耶（Floyd and Moyer，2009）发现，与单独进行的运动项目相比，通过团体健身指导，乳腺癌幸存者的生活质量得到了更大的改善。在大多数关于团体健身的研究中，坚持参加该项目的参与者具有更强的团队凝聚力。

教练可以创造或破坏团队凝聚力。例如，比较以下场景：吉尔（Jill）开始上她的动感单车课，她提醒参与者在课堂上要遵守一个"不许说话"的规则，这样参与者就可以专注于运动；约翰教的是另一门室内健身单车课，他要求参与者在上课前向旁边的参与者问好，并询问他们来自哪里。这些教练选择了不同的上课的方法。约翰的方法比吉尔更能培养群体凝聚力。

卡伦、豪森布拉斯和麦克（Carron，Hausenblas and Mack，1996）的研究表明，建立一个专注于运动任务、有很强凝聚力的团体，可能产生强烈的黏性。在一项关于大学生运动参与偏好的研究中，伯克、卡伦和艾斯（Burke，Carron and Eys，2006）发现，单人运动被认为是最不受欢迎的运动。研究和参与者的故事告诉我们，团体健身教练要做的不只是在课堂上指挥运动，而是需要一起参与运动。专注于以学生为中心的教练可以提高班级的凝聚力，最终，改善参与者的健康状况。以下建议是在团体健身课中促进凝聚力的一些切实可行的方法。

- 记住参与者的名字，并让他们互相记住对方的名字。
- 更新你的网站时将参与者的成功案例（经许可）一起写入，以供所有人阅读。
- 分享自己的故事——对待参与者有人情味！
- 与搭档一起运动，并让参与者在运动时自我介绍。
- 进行运动时，让参与者与你一起数数或倒数。
- 以参与者的名字给运动命名。
- 与团体一起庆祝生日、周年纪念日和其他重要日子。

以教师为中心的教学与以学生为中心的教学

指导团体健身的意愿和灵感来自新的招式、朗朗上口的音乐和先进的器械，以及有效的沟通和暗示动作。团体健身课程教练学习的意义在于了解为什么选择这些动作，同时将当前的研究和知识整合起来，并为参与者提供相匹配的信息。同时做一个以教师为中心的教练和以学生为中心的教练是很重要的。一个有效的课堂从教练营造的态度和氛围开始。影响课堂环境的因素很多。在接下来的讨论中，我们将重点讨论团体健身教练应具备的职业精神，他们应既是激励者又是教育者（Kennedy and Legel，1992）。

让我们来比较一下以教师为中心的教练和以学生为中心的教练。以教师为中心的教练专注于发展与对事物进行知识性探索的学生的关系；在团体健身中，这意味着学生只是学习动作并遵照执行。教练更注重内容而不是学生的处理过程，这种方法与知识的传递有关。以教师为中心的教练，其注意力放在帮助学生模仿自己的动作上。以学生为中心的教练努力建立一种独立、有激励作用的、可实现的目标和社会联系的氛围。以学生为中心的教练认真审视所有学生的学习特点，特别关注表现不佳的学生。作为一个以学生为中心的教练，你的目标是满足个体的需要，并阐明怎样获得积极的学习体验，帮助你的学生享受成功和完整体验。

学会对参与者的健康和幸福负责，教练首先应具备积极、专业的态度并营造良好的氛围。坎达里安（Kandarian，2006）认为，团体健身教练需要做一个指导者，而不是表演者。他提倡教练们在教室里"忘记他们既定的位置"，四处走动，这样就可以了解参与者。一个纯粹以学生为中心的教练常常被认为他可以帮助人们的生活。一个纯粹以教师为中心的教练可能会被误认为是在那里进行个人锻炼。以下是以教师为中心的教练和以学生为中心的教练如何看待学习的例子。同时拥有这两种风格的教练可以改善学生在团体健身课上的学习体验。对在线学习体验的观察证明，兼具以教师为中心和以学生为中心的教练对改善学生的学习体验具有重要意义（Edmundson，2007）。

以教师为中心的教学
- 教练的作用是提供知识。
- 重点在于使得动作可以正确地完成并遵循正确的模式进行练习。
- 学生是唯一的学习者。
- 教练在一个位置进行教学，并且不离开他的位置。
- 学生对教师讲授的知识和动作做出被动的响应。
- 课堂气氛可能是竞争性的和个人主义的。

以学生为中心的教学
- 教练的作用是在体验过程中进行指导和帮助。
- 教练和学生一起学习。
- 教练在教室里四处走动，并在课堂上与所有参与者有所接触。
- 重点是从错误中成长和学习，而不是完美地完成动作。
- 学生积极参与学习过程，教练观察到学生的进步后，再继续教授更难的动作。
- 课堂文化是合作、放松、互助。
- 通过搭档练习或练习倒计时将团队聚在一起，使其竞争性降低、社交性更强。

当你通过关注学生来调整你的教学方法时，另一个需要考虑的问题是如何将学生的生活和健康融入团体健身课程。公共卫生专业人士（Hooker，2003）预测，健身专业人士将开始合作，扩大参与运动的人群，尤其是在社区层面。这个预测已经成为现实。举个例子，许多团体健身项目都被搬到了户外，如海滩训练营、社区竞走项目、骑自行车和徒步旅行项目。新版《2018年身体活动指南》科学研究报告（CDC，2018）强调了在尽可能多的不同环境中活动的重要性，而不仅仅是去健身房。团体健身教练不能假定人们整天都在运动。本章前面讨论的关于久坐时间的研究提醒我们，在与参与者交流或指导他们时，我们需要做出相应的调整。

以教练为榜样

在20世纪70年代、80年代和90年代，运动鞋公司的许多广告都展示了运动鞋的小图片和健康身体的大图片（通常是女性的身体）。这些广告包含两条信息：第一，如果你买了这双鞋，你就会拥有图片里的身材；第二，参加团体健身可以帮助你拥有图片中的身材。20世纪90年代关于运动和减肥的几项研究（Gaesser，1999；Miller，1999）鼓励人们更加重视生活方式的改变，而不必过多关注美学。

健身俱乐部和网络健身机构也会利用身体来推销项目和产品。3D 美臀（Buns of Steel）的营销活动就是一个例子。另一个例子是用身体部位来命名团体健身项目。诸如"终极腹肌""臀部和内脏""绝对双臂"等课程都出现在了美学广告词中。将项目进阶到功能性健身时代的一个方法是用积极的、有教育意义的方式来命名课程，例如，"45步"而不是"终极一步"，这样参与者就知道课程会持续45分钟。课程名称听起来越有难度，吸引来的初学者就越少（Kennedy，2004）。

美学与健康

在20世纪70年代，许多运动器械的设计是为了增加美感，而很少关注改善身体的功能性。例如，坐着采用可变阻力机进行肱二头肌弯举可以增强肱二头肌的力量，但如果使用者只用手臂力量举起，而举起过程中使用者的腰背部受伤了，那么使用者显然没有进行系统性的训练，而只是训练了单个部位。如今研究人员和从业人员承认，身体作为一个系统进行运转，因此，为了提高我们的生活水平，需要将身体作为一个系统来进行训练（Cook，2010）。德弗雷德、萨姆森和凡米特伦（De Vreede，Samson and VanMeeteren，2005）研究了98名70岁以上的健康女性。一组被指派进行功能性训练（如进行辅助起立运动），另一组被指派进行传统固定器械训练（循环使用不同的传统固定器械）。两组每周运动3次，共持续12周。结果表明，在改善老年人的功能表现方面，功能性训练比传统固定器械训练更有效。

当人们在健身中找到一种比看起来更深层的目标感时，健身可能会成为人们生活中重要的组成部分。健身运动最初可能是以外形为主的，但这种关注点正转向为健康生活而进行的功能性训练。一些人认为，不久以后我们将不再讨论运动和健身。相反，我们将开始讨论身体活动在我们生活中的重要性。使用"运动和健身"这样的术语可能会让一些潜在的参与者失去享受运动体验的机会。团体健身不仅仅是一种运动，它还具有社交和教育功能。我们需要重视身体活动的结果，以及提升团体健身的乐趣和营造社交氛围，把过去在运动和健身中有过不愉快体验的参与者带回来。

创造健康的情感环境

除了要作为积极的榜样之外，团体健身教练还需要为参与者建立一个舒适的情感环境。彭尼和柯克（Penney and Kirk，2015）指出，与一个人的"体形"相比，健康教育者应更多地关注体重状况和健康状况。对于团体健身教练来说，重要的是要注意到，教育、动机和创造性的课堂内容不是让参与者保持团体健身的唯一影响因素。加瑟等人（Gaesser et al.，2015）认为，如果我们强调心肺功能对于减肥、健康和减少疾病风险的重要性，那么大家会更容易坚持运动。作为教练，重要的是要跟所有的参与者打招呼——无论是你认识的那些人还是总是躲在教室后面的那些人（见图1.1）。你的一言一行都会影响课堂气氛，对一个刚参加团体健身的人来说，一个简单的问候也意义非凡。

奥尼什（Ornish，1998）认为，人际交往可能是在团体健身体验中创造一个舒适的环境的最重要的因素。塞利格曼（Seligman，

2011）认为学校需要教授获得幸福和成就的技能，基于这一信念，他在2005年创建了一个"积极心理学中心"。当塞利格曼的思想被应用到团体健身时，我们发现教授正确的运动方式可以促进健康，并且在指导的同时塑造一个健康的情感环境也有利于向参与者传授获得幸福的生活技能。

戈尔曼（Goleman，2006）认为，群体环境中社交能力和情商决定了团体体验的成功。戈尔曼还认为，在我们进行的任何接触中，我们都会使彼此感觉好一点（或很糟）。观看戈尔曼的关于社交能力或情商的TED演讲，你会对这个概念有一些深刻的理解。如何在团体健身环境中提升社交能力？塞德曼（Seidman，2007）认为人类最强大的影响形式是启发（inspiration）。启发这种行为是内在的、固有

的。强迫和激励由外而生，而启发是由内而生的。学习如何启发参与者，将有助于营造一个健康的情感环境。

下面是一些创建健康情感环境的创意。

- 课前，大声说出改善整体健康状况和获得幸福的感觉非常好。
- 讲一个故事，关于你如何把车停得远一些以走更多的路，以及你这样做的感觉有多棒。
- 讨论前一天晚上你是如何在晚饭后带孩子去公园，以及那天晚上他们是如何睡得更好的。
- 用积极向上的生活格言结束课程，或者每天在班上张贴一句此类格言，然后读一读。
- 选择能传递积极生活信息的音乐。

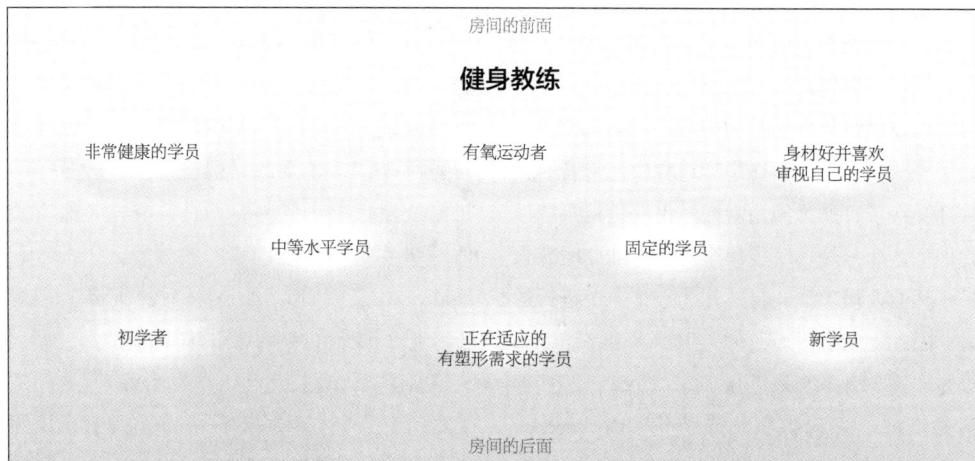

图1.1 在团体健身中未能应用社交智慧的例子就是健身教练只待在房间的前面，且只与前排的参与者交谈

一位健身教练穿着专业服装，与参与者进行交流

团体健身的基本商业实践

从商业和营销的角度来看，提高身体运动能力和功能也节省了医疗费用（请参阅"为团体健身创造健康的营销实践"）。哈佛大学的研究人员（Baicker，Cutler and Song，2010）对与工作场所慢性病预防和健康项目相关的成本及成本节约的文献进行了荟萃分析，他们的研究指出，在健康项目上每花费一美元，美国的医疗成本就缩减 3.27 美元，旷工成本就减少 2.73 美元。*Health News*（2017）报道，美国医疗保险和医疗补助服务中心预计，从 2017 年到 2026 年，医疗保健支出将以每年 5.5% 的速度增长，到 2026 年将占美国经济的 19.7%，这一比例在 2016 年为 17.9%。我们可以观察到，团体健身作为工作日的一部分出现在工作环境中，从而放大了与不断增加的卫生保健费用和全职父母有效利用时间相关的一些问题。

健身商业人口统计资料

从注重审美到注重健康的转变并不一定发生在年轻的人群中，更可能发生在婴儿潮一代在晚年经历功能缺陷的时候。从 2000 年到 2030 年，全球 65 岁以上的人口预计将增加 5.5 亿到 9.73 亿，全球范围内将从 6.9% 增加到 12.0%，欧洲将从 15.5% 增加到 24.3%，北美将从 12.6% 增加到 20.3%，亚洲将从 6.0% 增加到 12.0%，拉丁美洲和加勒比地区将从 5.5% 增加到 11.6%。"功能性训练"这一术语的出现，在很大程度上归因于这一年龄组的需求。这个年龄段的人数正在增长，我们需要根据他们的需求调整团体课程内容。另外，回声潮一代（婴儿潮一代的孩子）成长于一个不同的时代。婴儿潮一代更喜欢户外、现实生活中的健身项目，因此，就有了始于 20 世纪 90 年代末的动感单车、训练营（Tharrett，2017）。未来团体健身需要在形式和内容上做出改变，以满足大的年龄跨度和各年龄组参与者的不同兴趣。

为团体健身创造健康的营销实践

臀中肌能使髋关节外展，但为什么参与者需要强化这块肌肉，又有什么运动能有效地强化这块肌肉呢？在20世纪70年代到21世纪初的唯美主义运动期间，运动的主要目的是减肥和让自己更好看，许多人仍然因为文化影响来选择运动方法，这些文化影响决定了我们的身体应该是什么样的。当打开一台电子设备时，你可能会看到一则广告，上面写着某个运动项目如何帮助苏西或乔看起来"如此如此"。外表对我们来说很重要，但我们需要的健康不止如此：我们想要感觉更好并且活动起来更容易。不管年龄多大，我们想要有更多的精力来享受生活，我们还想在完成日常工作后感到精力充沛，尽可能长时间地保持独立生活能力。里默（Rimmer，1994）发现，老年人的身体缺陷是60岁以下的人的两倍，身体活动受限程度是他们的四倍。虽然我们可能活得很长，但我们通常在生命的最后几年无法独立生活。因此，我们每个人都将在晚年为保持独立生活能力而奋斗。

重要的是，健康的营销实践要符合科学和潮流。很多时候，健身项目会借助美学营销手段，比如挂一个牌子，上面写着："现在报名参加动感单车运动，在元旦前减肥！"基于运动科学的更好的营销策略为："现在就报名参加动感单车运动，这样你会感觉更好，并开心地度过你的假期！"一位业务经理会告诉你，从长远来看，这是行不通的，但把科学与市场营销结合起来，才是健身专业人员该做的事。你不会看到律师张贴这样的告示："在假期前离婚，我会帮助你。"那样做不专业。除非我们以专业的方式推广我们的项目，否则很难得到其他专业人士的尊重和支持。根据全美企业员工健康组织的健康调查（2011），80%的美国公司计划提供经济奖励作为工作场所健康项目的一部分，以降低医疗成本，促进经济更繁荣。向企业集团营销是个好主意；他们现在就需要我们的帮助，但他们必须把我们视为可以帮助他们的专业人士。

婴儿潮一代开启了健身运动，而且他们仍然在人口统计资料中占主要地位。阿斯特兰德（Astrand，1992）在题为 *Why Exercise* 的文章中阐述了功能性训练运动的最初迹象。在这篇文章中，阿斯特兰德博士描述了运动生理学、人的工作效率和生活功能性需求之间的联系。沃尔夫（Wolf，2001）认为"强调训练动作而不是肌肉可能是如今功能性训练所需要的范式转变"。桑塔纳（Santana，2002）将功能性训练定义为"为某个人或事物的特定职责或目的而进行的运动"。功能性训练促进肌肉和运动模式的形成，使日常活动更容易、更顺畅、更安全、更有效。功能性训练可以提高一个人的生活能力或运动表现。这个重点构成了健身最重要的好处的基础：让日常活动变得更容易，生活质量得到改善。第8章将更详细地介绍功能性训练对健康的好处。我们从健身项目的历史和市场营销的角度来阐述这个问题，西格、埃克尔斯和理查森（Segar，Eccles and Richardson，2012）的研究指出，与提高生活质量相关的运动目标明显有利于坚持运动。随着人口老龄化和医疗保健成本的不断上升，我们将进一步减少对于健身相关美学的关注，而转向强调有目的的运动和提高生活质量。

把一件物品放到架子上是一种功能性的日常活动，需要有把物品从架子上拿下来的平衡能力和核心稳定性

关系的建立与团队合作

在团体健身指导的商业实践中，我们不能低估团体健身教练的重要性。团体健身教练的作用是显著的。随着企业经营者开始认识到维护客户关系的重要性，团体健身教练将愈加重要。教练的态度和组织技能会影响会员的体验。教练需要提前到达，履行课程任务，在上课前与学员打招呼和互动。许多教练的工资是根据他们的准备时间和实际教学时间来支付的。可以说，这种准备时间对于教练与参与者建立良好关系非常重要。优秀的团体健身教练会利用处理人际关系的技巧来留住客户。

卓越始于团队合作。一个好的团体健身

课程教练是团课中重要的组成要素，他需要帮助大家完成锻炼并且照顾到每一个人；每个人都认同自己是团队的一员，并为团队提供支持。

塔雷特（Tharrett，2017）提出了构建一个成功的健身团队应具备的四个因素。

1. 确定期望值，为团队设定课程。
2. 为团队提供教育和职业发展的机会。
3. 鼓励团队——鼓励是夺标的动力。
4. 评估是否达到目标和预期。

只要有可能，就让教练一起解决问题。这会给教练创造一种归属感，而且会使他们增加对项目的忠诚度。缺乏认同感的教练通常会跳槽到另一家机构，所以，让团队的教练保持心情愉快是很重要的。记住，团体健身通常是健身场所的核心。如果健身场所核心的氛围是快乐的，那么健身场所的会员也是快乐的。培养团队精神是很好的经营方式。

招募和留住团体健身教练

未来的团体健身教练需要通过完整的招聘和面试程序，才能得到一份工作。个人面谈、面试、试课和最后评估构成了聘请和让教师准备教学的标准流程。塔雷特的*Fitness Management*（2017）包含了许多针对健身面试和招聘的面试问题。如果你是健身经理或团体健身教练的主管，建议你阅读有关如何留住和招聘员工的图书。我们推荐托马斯·普卢默（Thomas Plummer，2003）撰写的*The Business of Fitness*，因为普卢默是健身领域的专业人士。

作为一名教练，要努力在健身场所或项目中找到一个能为你带来良好体验的职位。良好的工作体验往往源于合理的商业实践。如何确定一个健身场所或项目是否有良好的经营方式？可参考以下几个方面。

团体健身教练与参与者互动，并鼓励其与他人进行游戏和交流

- 检查团体健身的时间表。是否提供各种类型和时长的课程？
- 管理层的首要任务通常也是最重要的事情。即查看你正在考虑的机构的使命和愿景声明，它们是否与你想要做的工作相符？
- 检查企业是否提供继续教育或为你的认证和继续教育付费。
- 你会成为合伙人还是雇员？你能在其他地方进行教学吗？或者有没有竞争限制合同条款？
- 是否会定期对你进行加薪评估？谁来进行评估，使用哪种评估工具？

本章总结

如果参与者感到受欢迎，学习了新事物，认识了他人，安全地完成了训练，并且相信他们的时间得到了有效的利用，那么团体健身就会很有效。这些经历不仅可以使他们的情绪发生积极的变化，而且可以改善他们的健康问题和生活质量。了解团体健身的商业实践将有助于你在一个既有良好的健身计划又有合理的商业实践的组织工作。理解以教师为中心的教学和以学生为中心的教学，理解并应用群体凝聚力研究和角色示范来指导团体健身，将有助于增强参与者的情感体验。一旦我们不再强调美学，我们就会明白运动的真正力量在于运动本身。团体健身可以是一种极好的优化生活的体验，教练的技能和知识是使体验尽可能有效的关键。

作业

1. 参加一个团体健身班，评估教练的教学模式是以学生为中心还是以教师为中心。至少给出三个具体的例子来证实你的分析。就团体凝聚力的水平采访班级参与者，询问他们是否通过这次运动认识了别人，以及这是否有助于他们坚持运动。就你的调查结果写一篇250字的短文。

2. 写一篇250字的短文，描述你从开始运动到现在的身体活动模式。说明这些年来你的运动体验是如何变化的。

基本要素

本章目标

学完本章，你将能够：

- 了解将健康要素整合到团体健身课程设计中的知识；

- 演示如何安排课前环境；

- 了解团体健身领导者的基本健康检查项目；

- 描述肌力平衡的原理；

- 研究六步渐进连续运动模式。

本章概述了适用于团体健身课程的课程设计、运动选择和进阶问题的一般原则。主题包括健身的要素（见"已定义的健康体能"），肌力平衡的原理，运动的进阶，选择合适的运动和使用评估表（如在附录A中列出的与检验关键概念相关的表）。第4章至第8章详细讨论了如何将与健康相关的健身内容纳入团体健身课程。

将健康要素整合到课程设计中

以下是标准的团体健身课程中一次完整运动的基本环节。

1. 热身。
2. 心肺活动。
3. 有氧运动后的放松。
4. 肌肉、平衡和神经运动训练。
5. 柔韧性训练。

大多数类型的团体健身，包括训练营、搏击操、动感单车、水上运动、瑜伽、普拉提和其他针对老年人的课程，都包含一组或多组这样的环节。大多数的团体健身课都是以课前准备开始，然后是热身，其中包括为接下来的运动做准备的一些相关的训练动作。这些动作的速度和幅度由小到中等逐步提升，主要目的是热身，增加血流速度，使血液更多流向肌肉，为之后的活动做准备。如果有心肺活动，那么心肺活动部分在热身之后进行，目的是提高心肺耐力、改善身体成分；这一环节可以使心率在10到45分钟内升高。在心肺活动环节后，放松环节使心率恢复到静息水平，防止血液在下肢过度淤积。肌肉训练部分根据活动的不同，可侧重于抗阻训练、核心训练、平衡性训练或其他神经肌肉控制训练（见"附加肌肉训练术语""肌肉的各种作用""肌肉动作术语"）。课程通常以柔韧性训练结束，柔韧性训练包括拉伸和放松运动，旨在进一步降低心率、提高身体意识、增强整体柔韧性。

不存在一种适合所有团体健身课程的课程模板。在训练营、高强度间歇训练（High-Intensity Interval Training，HIIT）或专项训练课中，在热身时进行特定的预备动作更有助于身体为即将到来的运动做好准备。在水上运动中，体温调节是很重要的，所以在运动结束时不推荐通过静态拉伸来增强柔韧性。在踏板操训练班上，用踏板热身是比较合适的。静态拉伸可能对老年人的热身和拉伸有益，但是15分钟的腹部训练课可能没有拉伸环节，因为这门课的目的就是增强腹部力量。这些例子都说明了为什么同一课程模板可能不适合所有的团体健身课程。

已定义的健康体能

心肺健康——长时间进行重复性的、中到高强度的、大肌肉运动的能力。

柔韧性——某一关节可以达到的活动范围。

肌肉耐力——重复完成某一动作的能力，如俯卧撑或仰卧起坐，或长时间保持静态肌肉动作。

肌肉力量——在一次收缩过程中，肌肉或肌群可产生的最大力量。

神经肌肉控制训练——掌握各种神经运动活动的技能，包括平衡、协调、步态、敏捷性和本体感受意识。

身体成分——人体中脂肪、骨骼和肌肉等的百分比。

（提示）附加肌肉训练术语

肌力爆发力——肌肉或肌群快速发力的能力：

爆发力＝（力 × 距离）÷ 时间。

肌肉稳定性——肌肉或肌群稳定关节并保持所需姿势的能力。这对于稳定脊柱、骨盆和肩带的肌肉尤为重要。

超负荷——给予身体比以往更大的挑战。超负荷可以通过增加运动频率（每周天数）、持续时间（运动组数或重复次数）、强度（总举重量）或模式（运动类型）来实现。运动模式可以通过多种方式进行修改。例如：针对相同的肌群，可以变换不同的动作来训练；也可以增加不稳定的表面，如瑞士球、BOSU球；还可以将哑铃改为弹性抗阻训练。

注意，团体健身课程的各个环节与《2018年美国运动医学会运动指南》（见第1章）中列出的与健康相关健身要素是一致的。不同的人与健康相关的健身元素的等级可能相差很大。例如，一个人可能很强壮但缺乏灵活性，或者可能有很好的心肺耐力但缺乏肌肉力量。每个健身项目中都应该包含能锻炼到健康体能的运动，以达到最佳的锻炼效果。

团体健身课程对每个健康元素的重视程度根据课程的目标以及参与者的健身水平、年龄、健康状况和体能而有所不同。作为健身专业人士，我们的目标是将所有与健康相关的健身内容都纳入健身项目，但不一定要放入所有课程。例如，拉伸课程可以增强身体的灵活性，训练营课程则可以提供心肺和肌肉的训练。因为参与者日程安排得很紧，所以需要充分利用他们的运动时间，在计划中强调与健康相关的健身部分。

（提示）肌肉的各种作用

根据所完成的动作，肌肉可以发挥不同的作用。例如，在肱三头肌屈伸时，肱三头肌弯曲、伸展肘部，因此是主要的动力（主动肌）。当肱二头肌弯举时，肱二头肌弯曲肘部，肱三头肌充当拮抗肌（肱二头肌是主动肌）。在俯身低摆中，肱三头肌只是协助肩膀伸展的辅助肌（背阔肌是主动肌）。肱三头肌也可以起到稳定肌的作用。请仔细思考它在维持支架姿势中的作用——肱三头肌稳定肘关节，保持肘部伸展。因此，一块肌肉——在这个例子中是肱三头肌——可以根据运动方式的不同发挥不同的作用。

主动肌——是原动力，是引起你所看到的运动的肌肉。

拮抗肌——与主动肌起相反作用的肌肉；它会伸长，并使主动肌收缩并移动关节。

辅助肌——协助完成运动但不是原动力的肌肉。

稳定肌——稳定关节并帮助阻止关节移动的肌肉。当肌肉起到稳定作用时，它们会等距收缩。

（提示）肌肉动作术语

等长收缩——肌肉长度或受影响的关节角度没有变化的静态肌肉运动。在进行等长运动时，呼吸很重要；在拉紧和关闭喉部声门时屏住呼吸，这一存在潜在危险的动作被称为瓦氏动作，它会增加血压并使心脏超负荷。

等张（动态）收缩——不需保持，但包含运动的肌肉动作。这是非姿势肌最常见的肌肉动作类型。等张动作有两种类型。

向心收缩——肌肉产生对抗阻力的张力时的缩短动作（通常称为正相）。

离心收缩——肌肉产生对抗阻力的张力时的拉长动作（通常称为负相）。

等速收缩——使用健身设施中不常用的特殊器械（例如，有时在康复诊所中使用的昂贵的专用等速肌力测量仪或赛贝克斯等动训练器）的肌肉动作。在这种类型的动作中，运动的速度是受控制的，任何作用于机器上的动作都会产生相等的反作用力。

肌力平衡原理

教练通常会在心肺活动环节中加入基本动作（在日常训练中多次出现的动作）。这些基本动作常常会使用股四头肌和髋屈肌。例如，有氧高-低训练课的基本步、踏步训练课的基本步、水上锻炼中的越野滑雪动作、动感单车在平坦路面的中等阻力间歇训练。这些基本动作的问题是，许多参与者在日常活动中广泛使用股四头肌和髋屈肌；因此，重复使用这些肌肉的训练计划会造成肌力失衡。日常使脊柱和髋关节屈曲运动与其他运动达到均衡是很重要的。通过你对日常活动中身体机能的理解，来确定哪些肌肉天生更强壮，哪些肌肉需要额外的关注。例如，久坐会导致髋屈肌缩短。重点关注髋屈肌拉伸及臀大肌和腘绳肌的加强，能帮助参与者实现肌力平衡。另一个例子是，外展肌是臀部重要的稳定肌，但久坐的人的这块肌肉往往不发达。因此，建议将外展肌运动纳入心肺运动，这有助于肌力平衡和进行正确的运动（见图2.1）。

深水运动是达到肌力平衡的一个例外。在深水运动中，因为没有重力干扰，肌力平衡是自动实现的。当髋部在水中屈曲时，髂腰肌和股直肌在浮力的协助下完成这个动作。当髋部伸展时，腘绳肌和臀部完成这个动作。因此，在水中更容易实现肌肉自我平衡。除了水上运动外，重要的是要分析什么动作用到什么肌肉，并改变动作选择，以促进整体肌力平衡，并最大限度地减少重复动作。

训练计划应涉及多个运动方向，这可以最大限度地帮助减少重复动作，并确保选择的动作可以从相对的两个方向锻炼肌群。在做有氧运动时使用不同的几何构型（例如，做圆周运动、对角运动、向上和向后运动）来引起兴趣。试着摆出数字8，绕着一个圆走，绕着一个台阶或圆锥体走，或者在地板上或台阶上摆出字母（如A或T）来增加心肺功能性训练环节的多样性和乐趣。提供三个基本位面——矢状面、额状面和水平面的运动方式也很重要（见图2.2）。日常生活中的许多活动主要发生在矢状面，如走路、从椅子上站起来或坐下、从地板上举起重物。此外，许多传统的运动方式（下蹲、弓步蹲、肱二头肌弯举、仰卧起坐、俯身划船等）也发生在矢状面，因此在其他平面上更有可能出现运动问题。特别注意，要加入额状面和水平面的运动，如葡萄蔓式滑步、左右踏点步、站立臀部外展、侧举、坐式脊柱扭转、对角伸直等。

图2.1 锻炼这些肌群有助于平衡日常生活中的活动：（a）外展肌和（b）腘绳肌

为了确保运动项目可以促进肌肉平衡，让我们花点时间来回顾一下主要肌肉的位置和它们的实际功能。每个关节都附着有几块肌肉，这些肌肉彼此对抗（见图2.3）。保持关节周围肌肉力量的平衡和灵活性是防止受伤和保障正常功能的绝佳方法。

许多人都有常见的肌力失衡问题，这是由日常活动、久坐的生活方式、肥胖、不良姿势引起的，或者仅仅是人类朝前活动的自然倾向。了解这些常见的肌力失衡可以帮助你在课堂上加入一些适当的强化或拉伸动作助力失衡经常会导致受伤，特别是当参与者提高运动的频率、强度，或延长运动时间时，尤其容易受伤。表2.1列出了常见的肌力失衡。

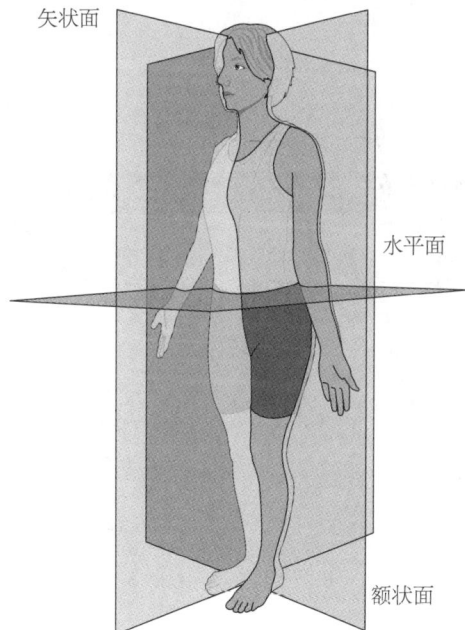

矢状面

水平面

额状面

图2.2 三个基本（主要）位面的图解

三角肌前束、中束	⟷	背阔肌
胸大肌	⟷	三角肌后束、斜方肌中束和菱形肌
肱二头肌	⟷	肱三头肌
肩部内旋肌	⟷	肩部外旋肌
腹直肌和腹斜肌	⟷	竖脊肌
髂腰肌，股直肌	⟷	臀大肌，腘绳肌
股四头肌	⟷	腘绳肌
髋外展肌	⟷	髋内收肌
腓肠肌，比目鱼肌	⟷	胫骨前肌

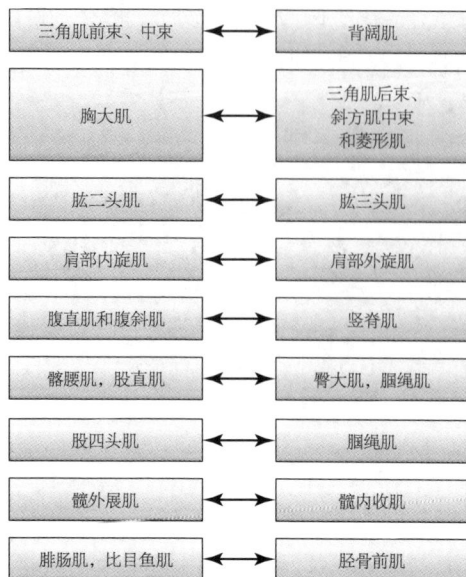

图2.3 相对的肌群

因为大多数肌力失衡源于在日常活动中缺乏平衡肌力的训练，所以教练需要记住参与者不参加团体健身课时会做些什么，这样就可以分析参与者需要强化或拉伸哪些肌群以平衡他们在日常活动中较弱或紧张的肌肉。参与者可以把团体健身班看作一个通过功能性训练来平衡日常生活、工作的机会。拉伸和强化不经常使用的肌肉可以帮助参与者促进整体肌力平衡。这种方法使团体健身教练的作用更接近于个性化教练（Kennedy，1997）。关于通常哪些肌肉需要强化和拉伸才能改善健康状况，可参见表2.2。

表2.1　常见的肌力失衡及矫正运动

肌肉	问题	常见的原因	矫正
胸大肌	紧张	坐姿、站姿不良	拉伸运动
三角肌后束、斜方肌中束、菱形肌	无力，过度伸展	坐姿、站姿不良	强化运动
肩部内旋肌	紧张	姿势不良，搬运和抓握物体靠近身体	拉伸运动
肩部外旋肌	无力	姿势不良	强化运动
腹肌	无力	姿势不良，肥胖	强化运动
竖脊肌	紧张（且通常很弱）	姿势不良，肥胖	拉伸运动（并强化）
髋屈肌	紧张	姿势不良，久坐不动的生活方式	拉伸运动
腘绳肌	紧张	久坐不动的生活方式	拉伸运动
腓肠肌	紧张	穿高跟鞋	拉伸运动
胫部肌肉	无力	日常活动中使用不足	强化运动

表2.2 功能性训练中的肌力平衡

身体躯段	需要强化的肌肉	需要强化的稳定肌	需要拉伸的肌肉
下半身	胫骨前肌	外展肌	腓肠肌和比目鱼肌
	股四头肌和腘绳肌	内收肌	股四头肌和髂腰肌
	臀肌		腘绳肌
上半身	胸小肌和斜方肌下束		胸大肌
	肱三头肌		斜方肌上束
	肩外旋肌（小圆肌和冈下肌）		三角肌前束和中束
	菱形肌和斜方肌中束		
	三角肌后束		
核心部位		竖脊肌	竖脊肌
		腹肌	

表2.2是通过将日常活动中肌肉功能概念化制作而成的。例如，拿起物体时，肘关节弯曲，肱二头肌做向心收缩；而放下物体时，肱二头肌对抗重力作用做离心收缩。由于重力方向的原因，肱三头肌在日常生活中并不经常被使用（除了那些难以从椅子上站起来的人）。表2.2旨在帮助为健康及健美而运动的参与者提高日常生活的功能性技能。这并不意味着不应在团体健身环境中活动那些较强壮的肌肉，而是我们需要关注较弱和较强肌群之间的平衡，尤其是当我们的目标是打造使参与者在日常生活中受益的运动计划时。

纠正肌力失衡的策略是强化弱小的肌肉，拉伸紧绷或强壮的肌肉。例如，由于腹肌通常较弱且松弛，所以有理由在课堂上做一些强化和收缩运动，如仰卧起坐。相反，由于下背部的肌肉（竖脊肌）通常是紧绷的，所以加入一些感觉比较舒服的拉伸运动，如猫式伸展，来拉伸和放松下背部，是很有意义的。如果腹肌

和竖脊肌之间的肌力失衡问题没有解决，脊柱就会逐渐错位，而这种错位会导致过度的脊柱前凸或背部凹陷。脊柱过度前凸是导致下背痛的一个因素，这是一种慢性疾病。在发达国家，每10个人中就有8个人在一生的某个时刻会经历这种慢性疾病。在全球范围，下背痛导致的残疾比其他任何疾病都多（Hoy et al., 2014）。

腹直肌作为脊柱屈肌可以通过全幅度的动态练习得到锻炼，而腹内、外斜肌也可以通过脊柱旋转的动作得到锻炼。在腹肌无力和过度伸展，以及导致过度的脊柱前凸时，进行这种类型的训练尤为有效。腹肌，包括腹横肌，也可以作为脊柱的稳定肌进行等长的训练。在稳定性或强化核心肌群的运动中，通常优先考虑腹横肌的收缩，这种收缩可以引起腹部凹陷或产生肚脐拉向脊柱的感觉。此外，一些医生使用"支撑"一词来描述保持脊柱在中立位所需要的动作。在稳定性训练中，部分关节和肌

肉可能会移动，这就给在整个运动过程中保持脊柱稳定带来了挑战。例如，普拉提运动（由约瑟夫·普拉提在20世纪20年代创造）使用了稳定性训练的一些概念来增强核心力量、耐力和柔韧性。有关普拉提的更多信息，请参阅第16章。

随着时间的推移，圆肩和驼背（称为过度驼背）也可能让人习以为常，这会导致颈部、肩部和上背部疼痛。引导参与者多做能锻炼到三角肌后束、斜方肌中束和菱形肌的动作，少做胸部动作，并重点进行胸部和三角肌前束拉伸，就可以帮助他们预防这个问题。

平衡肌肉力量和灵活性

平衡的另一个方面是特定肌群的力量和灵活性之间的相对平衡。如果参与者特定的肌群有很大的灵活性，教练可能需要强调力量训练而不是拉伸训练，以避免损伤关节结构和韧带组织。如果参与者某个肌群的力量优于柔韧性，那么他可能需要进行柔韧性训练，以避免肌肉和肌腱过度劳累。许多人有一个错误观念，认为越灵活、力量越大就越好。事实上，正是灵活性和力量之间的相对平衡创造了一个健康的系统。

无论是运动员还是有背部问题的普通成年人都需要适当地进行拉伸运动或强化训练。体操运动员（尤其是他们的脊柱）通常有较好的柔韧性，他们背部疼痛和受伤的概率很高。他们的背部疼痛可能与过度拉伸脊柱韧带造成的脊柱结构的不稳定，以及向下跳和过度拉伸脊柱所产生的冲击力有关。强壮的肌肉或许可以弥补过度伸展造成的不稳定，但是如果没有强化训练，疼痛和损伤会继续削弱脊柱结构。因此，体操所要求的极度的灵活性使得所有体操运动员终身进行背部和腹部力量锻炼变得极

其重要。在体操运动员退役后，他们仍然必须继续进行强化训练以使肌肉仍具有足够的功能，因为在运动过程中所造成的损伤可能是不可逆转的。

那些由于意外事故或脊柱重复运动造成背部损伤而导致脊柱韧带过度拉伸的人也有类似的问题。只要他们进行强化训练，就能控制疼痛并使肌肉保持一个合理的功能水平。当他们停止力量训练时，疼痛就会加剧，并且可能导致再次受伤。

许多下背部疼痛是由不适当的人体动力学因素引起的，通常与久坐不动有关。健身教练可以通过引导参与者在日常工作中保持正确的姿势来大大降低背部疼痛的发生率。大量的研究表明，力量训练以及协调性和稳定性运动可有效减轻背部疼痛（Searle et al., 2015）。教练要知道哪块肌肉或肌群负责完成什么动作，以及哪块肌肉或肌群是与之拮抗的。教练要认真考虑课程中应该加入什么动作，从而帮助参与者在日常运动和生活中保持最佳的状态。

主要关节的活动范围

了解每个肌群的关节活动度（Range of Motion，ROM）是教授安全有效的运动技术的另一个部分。为什么了解关节活动度很重要？想象你正在教站立式髋关节外展运动课。髋关节外展的关节活动范围约为45度。如果参与者的髋关节外展角度超过45度，他们可能使用了髋屈肌群来完成这个动作，因为髋屈肌群的关节活动范围是120度（髋屈肌群是一个强大的肌群，关节活动范围最大）。如果你不知道髋外展的幅度是45度，当参与者犯错时你就无法及时纠正，从而无法让他们获得最大的运动收益。详细信息请看附录E中的关节活动范围表。请注意，关节活动范围是一个范

围，而不是一个绝对数字。由于整体灵活性和关节结构的差异，某些参与者会比其他人有更大的关节活动范围。

渐进式功能性训练序列

在传统意义上，渐进指的是随着时间的推移逐渐加重身体负荷，并增加训练刺激，从而逐渐提高身体的适应能力。在抗阻训练中，肌肉逐渐变得更强壮或更有耐力，并提高了神经肌肉的控制力、协调性和平衡性。可以通过改变运动频率、强度、持续时间和模式等变量来逐步适应。渐进式功能性训练序列适用于各种运动和不断变化的模式。解决这个问题对团体健身很重要，因为教练必须确定他们在课堂上要教哪些动作。渐进式功能性训练序列（Yoke and Kennedy，2004；Kennedy，2004）帮助教练为学员做出更好的决策。图2.4大致描述了渐进式功能性训练序列。

在这个序列的左端是简单的运动和动作，需要较少的技巧、平衡性、稳定性、本体感觉活动性和运动控制力。这些运动对绝大多数人来说都是安全的，而且极少需要教练提示。这些运动中有许多是以仰卧或俯卧姿势完成的，只需单独的关节动作，而不是整个身体的运动，并且可以强化单个肌群。例如，仰卧式肱三头肌拉伸、斜方肌中束和菱形肌的俯卧式肩胛后缩，以及腘绳肌和臀大肌的俯卧式髋部拉伸。这些动作风险低，容易提示，而且对几乎所有的人来说都是比较安全的。

在这个序列的右端是需要更多技巧并且需要多关节参与的运动。在这些运动中要求保持脊柱和涉及核心稳定性的关节的整体性（即无论运动有多难，都能保持颈部、脊柱、肩胛骨和骨盆理想对位的能力），这些富有挑战性的动作也对本体感受器和神经肌肉系统提出了很高的要求，以保证协调、顺畅地完成动作。因此，能否安全地完成这些动作取决于运动者的具体经验和整体健康水平。许多体育专项运动在这个序列的末端进行了分类。一些较难和有争议的运动包括硬拉、弓步跳、倒立肩部推举和V形坐姿。虽然这些运动被认为是有难度和高风险的，但是具有良好核心稳定性的健康人可能能够安全、正确地完成。

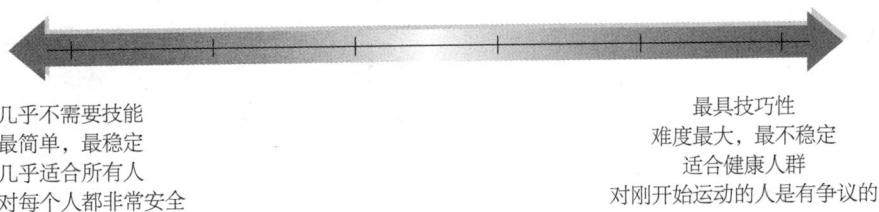

几乎不需要技能
最简单，最稳定
几乎适合所有人
对每个人都非常安全

最具技巧性
难度最大，最不稳定
适合健康人群
对刚开始运动的人是有争议的

图2.4 渐进式功能性训练序列

团体健身的负责人应当选择对整个班级来说最安全的活动。我们还建议选择能让所有参与者都能完成的运动。在这个序列中，1级到4级的运动最适合团体健身课程，5级、6级的运动适用于高级班或个人训练。经验丰富的教练会选择最能满足班级学员和受训个体需求的动作。重要的是要学会如何适当地进阶（使之更难）、退阶（使其更容易）、调整一项运动。以下是渐进式功能性训练序列的6个等级。

1级

　　孤立训练。 这一级别的运动侧重于单块肌肉和训练参与者收缩单个肌群。这个级别的训练有助于建立自信和身体意识，也能改善基本的肌肉功能。动作通常以仰卧或俯卧的姿势进行，身体尽可能多地与地面接触，减少对稳定肌的依赖。因此，这些运动通常是相当安全的，几乎每个人都能学会有效地完成这些动作。此外，许多1级运动是单关节训练，并且发生在同一个平面，因此让人很容易理解并正确完成。重力通常是在这一级别施加阻力的主要形式。1级几乎适用于所有的团体健身课程，因为所有的参与者都能完成所选择的运动。

2级

　　通过增加重量、增加力臂或使用弹力带或弹力管来增加外部阻力。 在很多情况下，此级别的动作与1级的动作相同，不同之处在于增加的阻力。请注意，在第1级和第2级中，教练通常需要给予极少的安全性和姿势提示；由于减少了稳定肌的参与并且是单独的肌肉和关节动作，运动者在保持恰当的姿势的同时，又能相对容易、安全有效地完成这些类型的动作。

3级

　　改变功能性训练姿势。 第3级是将身体姿势改变为坐姿或站姿，这两种姿势对大多数人来说都是更具功能性的姿势。坐姿或站姿降低了支撑面，增加了稳定肌的挑战性。在大多数级别的训练中，目标肌群仍然是独立的主动肌，而稳定肌只是起辅助作用。站姿哑铃运动或使用弹力管的站姿运动通常是在这一阶段引入的。

4级

　　在功能性动作上增加阻力。 在这个级别，来自重力、外部重量，或弹力带和弹力管的阻力达到最大，核心稳定肌群的负荷也在增加。这个级别的运动是以功能性的姿势完成的，大多数是使用核心稳定肌群以站立的姿势进行的。这些动作开始使肌肉能承受超负荷以应对日常生活中的压力。

5级

　　多肌群参与的抗阻训练和核心挑战。 在第5级，运动时组合使用多个肌群和关节动作。而阻力、平衡性、协调性、躯干稳定性或多平面训练则达到了更高的水平。此级别的侧重点是进一步挑战核心稳定肌。例如，保持下蹲姿势，用哑铃完成双侧肱二头肌弯举，来挑战核心肌群，而不只是简单地执行下蹲或双侧肱二头肌弯举。它也是一种功能性运动，类似于拿起两袋杂货并把它们搬到车里。

6级

　　增加平衡、速度性和旋转动作。 在此级别上的运动可能需要单腿平衡、瑞士球平衡、增强式运动、负重转体，或者其他一些生活技能或运动专项动作。例如，清洁房间时需要用力和用到旋转动作，而不是单个肌群起作用的简单移动。在这个阶段，受伤的风险会增加，所以教练在向一个团体引入这个级别的运动时必须谨慎一些。虽然加入速度性和旋转动作不如进行简单的动作安全，但我们在生活中经常做这些动作。合理地提升到这个级别后，训练将转变为增强型生活技能。双侧肱三头肌的渐进训练示例见图2.5。

图2.5　从最简单到最难（第1级至第6级）的肱三头肌渐进训练示例：（a）仰卧单侧肱三头肌拉伸，（b）仰卧负重拉伸，（c）站立式肱三头肌,弹力管下压，（d）俯身哑铃肱三头肌拉伸，（e，f）在长凳上或使用全身重量做臂屈伸，（g）使用一个瑞士球做臂屈伸。如你所见，第6级的动作比第1级复杂得多，也更具挑战性！

创造良好的课前环境

有效的团体健身课程从适当的课前准备开始。大多数团体健身教练会在开课前15分钟到达，以便准备器械、设置音响系统、迎接即将到来的学员，并进行一定的心理准备。课前准备还包括了解学员，营造积极的氛围，并按时使用准备就绪的器械开始上课。

了解学员

在团体健身课上，我们如何使项目个性化并保护参与者？了解学员！你必须知道学员想要什么和需要什么知识才能顺利地引导他们。了解学员的健康问题是提供优质服务和保障安全的重要前提；同时，这可能有助于减少职业风险。

虽然获取健康信息的方法有很多，但最理想的是让学员填写一份书面的病史表，这样可以在他们来上课前查看。不幸的是，在团体健身中，完整且详尽的病史表格是个例，而非常态。多数人都经历过这样的情况：课程正要开始，来了一个新的参与者。使用一份更简单的参与前筛选表可以帮助解决这个问题。建议所有想要开始运动计划的人都使用2019年的PAR-Q+表（ACSM，2019）。你可以在附录B中找到这个表格。使用参与前筛选表是建立教练和学员之间联系的开始，也是让新成员融入班级的一种方式。可以考虑制作一个表格，询问学员的生日、最喜欢的奖励以及其他可能增强他们体验的相关信息。

为了进一步帮助学员，你可以提供有关运动、设施安排时间表或总体计划的书面信息。无论从信息上还是法律上来说，知情同意书都是重要的文件。所有机构都应让学员在报名和支付课程费用时填写知情同意书。获得知情同意书可确保每个人都知悉与之相关的风险的权利。参与者也有权知道潜在的伤害可能如何出现、如何将伤害的风险降至最低，以及在降低风险方面负有什么责任。这些表格有助于建立基础的安全、责任和沟通，这些是团体健身经验的必要元素。

营造积极的氛围

如何营造积极的氛围？首先要在上课前介绍自己，并让学员介绍自己，当你在一个每周都有不同的人来上课的机构里教学时，更应该如此。互相介绍有助于形成"我们在一起"的态度。此外，如果学员知道你的名字和班上其他人的名字，他们就更愿意提出问题并互相交谈。刚参加团体健身班的人往往不敢问问题，并可能会感到不自在。明白这一点并要求参与者之间进行课堂交流，将为所有参与者创造一个更加开放和安全的环境。

教练的服装必须适合特定的团体健身课程。观察学员上课时的穿着，并尝试与他们的着装风格相匹配，这会让他们与你在一起时感觉更舒服。问问他们喜欢什么样的着装。同时，平衡课堂的舒适度和功能性。在进行动作示范时，学员应该能清楚看到你的躯干的情况；同时，确保你的服装和鞋子适合所上课程。例如，一些动感单车有特殊的卡式踏板，这时就需要特定类型的自行车鞋。同样地，水上运动需要一件游泳衣和一双水上健身鞋，以提供进行有效的运动支持。

最后，在自我介绍之后，对课堂形式做一个概述，以便参与者了解课程规划。告诉他们关于喝水、休息的时间，预期的强度水平，以及其他有助于使课堂成为以学生为中心的课堂的相关信息。例如，开始上课时可以这样说："这是一堂30分钟的拉伸课，没有有氧运动。你们唯一需要的器械是一张垫子。上课时请脱鞋。"在一些团体健身课程中，参与者进来后就会看到一块写有教练姓名、欢迎词和课程所需器械清单的擦写板。如果教练忘记了口头通知，该擦写板就会告知参与者课堂的有关信息。大致介绍完课堂内容后，说明参与者的责任，其中一个责任就是参与者告知期望的运动强度以便为其进行运动安排。没有什么比一个学员下课后对你这样说更糟了："这门课对我来说太简单。"告知期望的运动强度是参与者的责任，而不是教练的责任。重要的是提供一些可选项，让参与者可以选择合适的强度水平，但最终参与者要为自己选择的强度水平负责。

本章总结

　　本章概述的一般概念适用于所有的团体健身课程。作为教练，我们需要将与健康相关的健身内容整合到课堂中，包括课前介绍和筛选、遵守肌力平衡的原理、并学会适当地进阶、退阶、调整动作，同时要了解一些动作正确的关节活动度。请参阅团体健身课程评估表（见附录A），该表格概述了适用于团体健身课程的一般原则。你将会在本书从头至尾参考这个表格，完成本章的作业时也会用到它。

作业

　　参加一项你自己选择的团体健身课程。它是什么类型的课程？团体健身课程评估表适用吗？写一篇一到两页的文章，阐述以下几点。

- 前台或指导教练是否要求进行一些健康普查？
- 提到了哪些健康体能？如何提及的？
- 教练有提到肌力平衡的问题吗？怎样提到的？
- 教练有没有展示或教授任何类型的进阶/退阶运动？描述一下。
- 教练是否营造了积极的课堂氛围？如何营造的？

基于教学的概念

本章目标

学完本章，你将能够：

- 理解适用于团体健身课程的一些以教学为基础的概念；
- 在与班级学员一起健身期间，制定和使用一些激励策略；
- 在团队运动情境下创建富有活力的团队环境；
- 创造一种融洽的氛围，以帮助学员增进彼此之间的配合与默契；
- 运用动作调整、动作进阶和动作退阶的技能，防止参与者受伤；
- 演示正确的动作示范，并在非节拍课程中给出各种适合的提示；
- 为非节拍课程应用和设计音乐。

本章讨论如何引导非节拍类或是非音乐伴奏类课程。在这种类型的课程中，教练不用必须让参与者跟上节拍，也不用必须确保每个人在做同一套动作时同时移动。同样地，教练不一定要完成所有的动作。相反，此类课程的教练更应该在房间里走动，提供鼓励、激励和安全提示，偶尔进行示范或参与运动。在以教学为基础的团体训练中，教练通常较少关注动作设计，而更多关注参与者。使用自我评估工具（见图3.1）评估你的执教能力水平；此表可以帮助你找到需要改进的地方。

《2018年ACSM健身趋势调查》（Thompson，2017）发现了以下趋势。

- 在一项针对行业专业人士的调查中，高强度间歇训练被列为第一趋势。
- 自重训练排名第4。
- 力量训练排名第5。
- 老年人健身计划排名第9。
- 功能性健身排名第10。
- 户外活动排名第14。
- 循环训练排名第17。
- 核心力量训练排名第19。
- 专项训练排名第20。

其他流行的训练形式包括训练营、动感单车和水上健身课程。

在以上所有形式的课程中，教练在课堂上不太可能像学员那样连续地做同样的动作。虽然动作基本都是编排好的，但班级成员不太可能彼此同步地做每一个动作。简而言之，正如第4章所述，以教学为基础的课堂是一种完全不同于传统的、以节拍为基础的、以编排动作为导向的团体健身模式，这种模式除了其他的技巧之外，还需要教练巧妙地预先提示。

然而，需要对运动队的训练和团体健身班的训练进行区分。当训练一支运动队时，重点是竞争、取胜和挑选最好的运动员。然而，在团体健身中，我们主张人人参与，而不仅仅是鼓励那些拥有高水平体能和技能的人参与。以教学为基础的课程的主要目标是改善与健康相关的健身问题，并引导获得目标运动体验，以提高所有参与者的生活质量。重要的是要记住，精英运动员和非常健康的人只占很小一部分，而且很明显，他们的目的是跑得更快或开始下一场比赛。无论有没有团体健身教练，运动员都会进行运动。虽然一些极限训练项目强调竞争，认为这是激励参与者的最佳方式，但研究表明，这并非对每个人都有效果（Kistruck et.，2015；Garcia and Avishalom，2009），当参与者彼此不熟悉的时候效果尤其不明显。

事实上，在一种被称为N效应的现象中，竞争者（和竞争）的增多可能导致一些参与者的积极性的降低有关（Epstein and Harackiewicz，1992）。竞争显然有可能提高和降低人们的积极性。如果优先考虑的是获胜，内在的动力就可能会被削弱。竞争性的设计可能会让那些最需要教练的人心灰意冷，尤其是那些曾经有过负面的运动或竞争经历的人。我们鼓励你成为一个具备团体健身领导才能且具有包容性的教练。在以教学为基础的课程中使用渐进式功能性训练序列（见第2章）很容易就可以做到，这样可以帮助你专注于让所有参与者获得成功体验。

在以教学为基础的课程中，参与者可以一起做所有的动作（就像动感单车运动），也可以以团体为单位在不同训练站轮换（典型的循环训练或专项训练课程）。这些形式以及其他形式，将在后面的章节中进行讨论。如果你正在指导一个有若干站点的循环训练班，我们强烈建议你制作一些看起来很专业的告示牌，清楚地标明参与者在每个站点要做什么。看起来很专业的告示牌可以让学员确信你对课程有计划和目标。在第13章可以阅读更多关于制作告示牌的信息。

你的教导能力水平如何？

	需要改进	好	优秀
身体技能			
提供适当的热身和放松的能力			
损伤预防与保证安全			
风险管理能力			
进行调整和进阶的能力			
时间管理和守时			
对参与者进行教育的能力			
人际沟通技巧			
领导能力			
团队建设技能			
自我控制能力			
幽默感和有趣程度			
记住所有参与者名字的能力			

图3.1　以教学为基础的指导方式的自我评估工具
摘自玛丽・M. 约克（Mary M.Yoke）和卡萝尔・K. 安布鲁斯特（Carol K.Armbruster），2019年，*Methods of Group Exercise Instruction*（美国伊利诺伊州尚佩恩市：人体运动出版社）

基于教学的团体健身的激励策略

教练是做什么的？根据马滕斯（Martens，2012）的说法，教练从事的是"积极说服人"的职业。教练是领导和激励他人的人，是激发人们展现最好的一面的人。教练应有愿景，并且能够把这个愿景告诉其他人。斯塔尼尔（Stanier，2016）用一句话总结了教练的工作：少说，多问，你就会改变你的领导方式。具体来说，领导者或教练帮助参与者培养"我能行"的态度。当你指导一个团体健身班时，想要带领参与者完成既定目标，可能需要多次阐明这些目标，以保持参与者的积极性。当事情变得有趣和刺激时，多数人会受到激励；当他们感到成功时，或参与到过程中，他们也会产生积极性。良好的体验可激发参与者未来做出相似的行为。好的领导者和教练会接受反馈来改进课程，从而让自己得到成长。他们将这种体验描述为"我们"的体验，而非"我"的体验。记住，健康始于"我们"，疾病始于"我"。

传统团体健身与基于教学的团体健身

传统团体健身	基于教学的团体健身
强调合拍	不需要跟着节奏
音乐是关键	音乐可能会也可能不会被使用
通常精心设计	没有编排动作
通常以舞蹈为导向	没有舞蹈动作
教练与学员一起完成全部或大部分动作	教师仅偶尔演示
预先的提示至关重要	不需要预先的提示
希望学员动作保持一致	参与者可以单独行动或一起移动，不要求精确程度
教练无法给予太多个人关注	教练能够与参与者进行一对一的指导
形式包括基于节奏的有氧运动、踏板操、搏击操、尊巴舞和嘻哈舞	形式包括训练营、高强度间歇训练、水上运动、动感单车、体重控制课程和专项训练

下面是可能会对指导人员有所帮助的一个五步计划（DuBois and Hagen，2007）：（1）告诉参与者你想让他们做什么；（2）向他们展示完美的动作是什么样子的；（3）让他们做动作；（4）观察他们的表现；（5）表扬他们取得了进步或改进了动作（纠正以让他们更好地完成动作）。教练会面对各种各样的参与者，所以需要各种各样的策略。针对不同的参与者，采取不同的策略。一般来说，初学者需要更多的支持和鼓励，而那些有丰富运动经验的人可能需要更多的挑战。下面是动感单车课热身时应用五步计划的一个例子。

1. 告诉参加者该怎么做："今天我们将在有氧运动环节进行'跳步'，有些室内骑行新手可能对这种运动并不熟悉。"
2. 向他们展示完美的跳跃动作：演示跳跃动作，解释如何才能正确完成这个动作。
3. 让他们去做："现在让我们一起来练习这个动作，这样我们就会知道什么时候该做什么了。"
4. 观察他们的表现：在运动过程中，在房间里四处走动，并给出针对性的反馈。
5. 表扬他们取得了进步或改进了动作："每个人都做得很好。确保你的臀部掠过自行车座，完成完美的'跳跃'姿势。"也可以在整个团体中指出一个动作标准的参与者。

很明显，一个主要的激励策略是大量使用真诚的激励性提示。激励性提示能激发、激励、赞扬、鼓舞学员，并营造一种积极的氛围。肯定性提示类似于激励性提示，不同点在于肯定性提示特别提到了参与者做得很好的事情，换句话说，抓住了参与者做得很好的地方（见"激励性或肯定性提示的例子"）。

仔细考虑图3.2所示的连续的沟通方式。这种方式适用于班级中不同的人。根据他们的信心和技能水平，给予不同类型的提示。

激励性或肯定性提示的例子

- 你只剩（时间，如1分钟）了
- 坚持到底
- 你马上就要完成了
- 这是最难的部分
- 坚持住
- 让我们一起坚持吧
- 我们做得到
- 你做到了！我知道你能做到
- 来吧
- 我们很强大
- 还有3分钟的时间，你可以做到
- 我相信你
- 我们一起完成它
- 冲刺
- 姿势很正确，艾利森，保持你的下巴朝上、肩膀向后舒展
- 你能做到的
- 坚持下去，就可以变得健康、有活力
- 来吧，伙伴们，我们可以做到
- 再来一点
- 每一秒都让你变得更好
- 来都来了，为什么不尽力而为
- 看着你旁边的人，给他们一些鼓励
- 我们势不可当
- 保持积极的心态

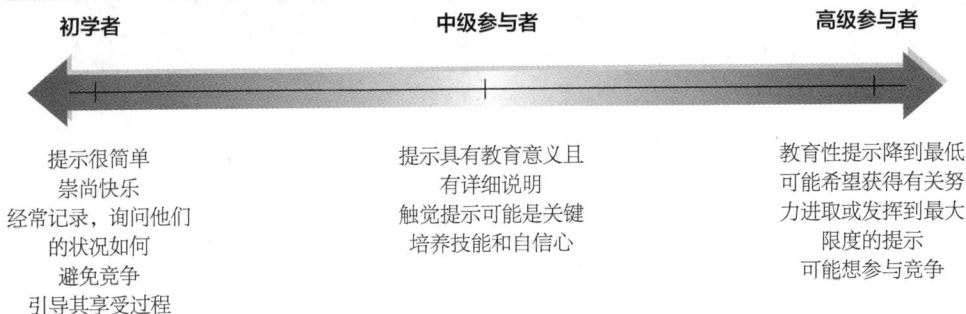

初学者	中级参与者	高级参与者
提示很简单 崇尚快乐 经常记录，询问他们 的状况如何 避免竞争 引导其享受过程	提示具有教育意义且 有详细说明 触觉提示可能是关键 培养技能和自信心	教育性提示降到最低 可能希望获得有关努 力进取或发挥到最大 限度的提示 可能想参与竞争

图3.2　连续的沟通方式

创建有活力的团队环境

作为一个以教学为基础的班级领导者，营造一个能帮助参与者共同努力并感到成功的心理和社会环境是很重要的。俗话说："当你对生活微笑时，一半的微笑表现在你的脸上，另一半表现在其他人的脸上（Motivation Grid，2014）。"创建一种所有成员都感到被接受和愿意做出贡献的团队文化，可以在一定程度上帮助参与者获得成功感。许多人参加团体健身课程，是因为他们在寻找归属感和与他人的联系。你可以通过称呼参与者的名字和更简单的自我介绍来帮助建立这种联系。关注参与者也很重要。研究表明，为了创造归属感，认识到每个人的努力和个性至关重要（Baumeister et al.，2016）。将此理念应用于实践的一种方法是留意什么时候参与者做得很好，并当时就给予积极的肯定。例如，"哇，斯科特（Scott），你今天练得很好！加油！"（见图3.3）。你甚至可以鼓励大家大喊："加油，斯科特！"当参与者互相给予积极的反馈时，团队凝聚力就会增强。积极反馈的作用很强大，它可以吸引成员加入你的班级并提高其黏性（见"激励技巧"）。根据弗雷德里克森（Fredrickson，2009）的研究，80%的美国人可能没有以最积极的态度去生活。访问积极性比率网站可以查看自己的积极性比率。

如前所述，可以通过询问参与者的意见来完成团队建设。例如，你可以询问他们对音乐的建议，或者在一些课程（如专项训练或训练营）专项询问他们最喜欢的动作，然后把这些动作编入训练站或练习。接受反馈并接纳参与者的观点，可以促使形成大家都参与其中的理念。正如比彻姆和艾斯（Beauchamp and Eys，2014）在他们的文章"Group Dynamics in Exercise and Sport Psychology"中所写的那样，已经发现多种团队建设策略可以提高参与者的黏性和出勤率。除了前面介绍的建议外，培养团体的群体自信心也很关键。这意味着在你的班级中除了提倡"我能"，还应提倡"我们能"。加文（Gavin，2018）认为，教练需要成为沟通和变通方面的专家。他建议教练们使用积极心理学和承诺的力量来打破参与者的自我限制，这反过来能使参与者发现自己的优势。让参与者获得指导和改变课堂对话的性质，可以激活参与者持续改变的能力。一个训练有素的团体健身班可以为参与者的生活带来长期的改变。

图3.3　教练鼓励参与者

激励技巧

- 人们进来时打招呼
- 为自己和他人树立一种"我能行"的态度
- 营造积极的氛围
- 帮助参与者获得积极的体验
- 微笑
- 善解人意、真实，偶尔讲述一些自己的经历和遇到的挑战
- 把手伸向所有人：击掌、碰拳、握手等
- 记住参与者的名字，认得出他们
- 给参与者具体的反馈
- 设定具有挑战性和合理性的目标
- 鼓励付出努力，而不是期待结果
- 对所有的参与者感兴趣
- 使参与者感到自己很重要，接受那些很少受关注的人

为预防受伤而进行的运动调整

在以教学为基础的课程中，个性化是一个关键概念。如果教练能了解参与者水平并对课程进行适当调整和进阶，一个基于教学的班级就可以容纳所有级别的参与者，而不是被称为初级、中级或高级班。在这一小节中，我们选择使用"调整"这个词，这意味着一项运动被改进以适应特定的问题，如背部疼痛、膝盖疼痛或肩膀疼痛，从而使运动更安全。调整通常会使运动变得更容易，但也不总是如此，所以这个术语有时会与"运动退阶"混淆。当一项运动退阶时，它会变得更容易；当一项运动进阶时，它会变得更困难。在2004年，我们开发了一个渐进式功能性训练序列，直观地说明了退阶和进阶的原理（见图3.4；Yoke and Kennedy，2004）。我们最初给这个序列划分了6个等级，但是如果你知道做俯卧撑（或其他动作）的70种方法，你就可以沿着这个序列从简单到困难设置70个等级。可以以两种方式应用这个序列：（1）编一组从最容易到最难的动作，（2）编一组训练特定肌群或实现特定目的的练习。你可以在第2章找到关于渐进式功能性训练序列更详细的信息。

能够在这个序列中退阶和进阶是基于教学的团体健身教练的基本技能。有了这项技能，你可以在一个课堂中容纳所有级别的参与者。当然，这样做需要了解大量的动作及调整方法，并完全理解什么可以让动作更简单或更困难。因此，如果你看到一个参与者正在奋力挣扎（或者相反，没有受到足够的挑战），你可以快速而轻松地为其提供一种更合适的变式或运动。在规划课程时，选择你可以随时轻松地调整或进阶的动作。

正如你所看到的，渐进式功能性训练序列有助于按照风险高低规划运动课程。为了实践伤害预防和风险管理，你会想要在大多数情

况下使用低风险的运动。观察关节压力，就可以判断一个动作是低风险、高风险，还是介于两者之间。例如，波比跳是一项受欢迎的训练营运动，整套动作包括跳跃伸手；蹲下，触摸地板；回跳到平板姿势；俯卧撑，身体下压；俯卧撑，身体上抬；跳转至下蹲；跳跃伸手，做完后立即重复整套动作（见图3.5）。波比跳是一个所有参与者都能轻松完成的动作吗？还是说，需要调整动作，以防止某些人在课堂上

难以完成？波比跳会给手腕、脊柱、肩膀、膝盖和双脚施压。这是因为快速完成波比跳，所产生动力和突然的冲击力会增加关节应力。此外，对一些人来说，心脏的位置突然下降到头部以下，然后又重新回到比头部高的位置，可能对心血管造成压力；对一些参与者来说，由于血流模式的突然变化，身体可能会处于危险的状态。

几乎不需要技能
最简单，最稳定
几乎适合所有人
对每个人都非常安全

最具技巧性
难度最大，最不稳定
适合健康人群
对刚开始运动的人是有争议的

图3.4 渐进式功能性训练序列

这里的问题不是波比跳运动是好是坏的问题，而是这项运动是否适合一个班级不同健身水平的参与者的问题。对于那些手腕、肩膀、脊柱、臀部或膝盖没有任何疼痛，并且熟悉这项运动的参与者来说，波比跳可能合适。如果是一个水平参差不齐的班级，演示改良动作是很重要的。准备好如图3.6所示的改良的波比跳，确保不太强健的参与者和那些患有关节或心血管疾病的参与者可以按照自己的节奏（更慢）进行运动，或根据需要进行调整。

从法律和健康的角度来看，安全是你要优先考虑的事。为保证安全和预防伤害，知道如何调整一项运动，以及如何进行风险管理是很重要的。在选择动作的时候最好谨慎一些，要知道因动作太过、太快而违反进阶原则是造成伤害和导致参与者退出团体健身课程的主要原因。如果运动强度高、持续时间长，或施压

太多，受伤的可能性就更大。例如，一门课程中包含了一些连续的高强度动作，如开合跳、深蹲、跳绳、药球下砸、单腿在房间中跳跃，并且多次重复整个动作序列，这可能会给一些参与者带来过多的负担。这种类型的运动序列不仅以高强度的动作为主要内容，还要求成员做大量的重复动作（持续时间长）。适当的进阶意味着逐步增加负荷（频率、强度、持续时间或形式），使身体能够安全地适应并变得更强壮，如图3.7所示。此外，所有的教练都需要熟悉主要关节的常见损伤机制；这些知识有助于你分析和避免那些可能会让身体处于高风险的姿势。请参阅"肩膀、背部和膝盖损伤的主要机制"以获得常见的损伤机制列表。

图3.5　波比跳分解为：（a）跳跃伸手；（b）蹲下，触摸地板；（c）回跳到平板姿势；（d）俯卧撑，身体下压；（e）俯卧撑，身体上抬；（f）跳转至下蹲；（g）跳跃伸手

图3.6　改良的波比跳:(a)开始位置，伸手踮脚;(b)改良版下蹲;(c)右腿向后呈弓步蹲;(d)改良版下蹲;(e)左腿向后呈弓步蹲;(f)改良版下蹲;(g)伸手踮脚

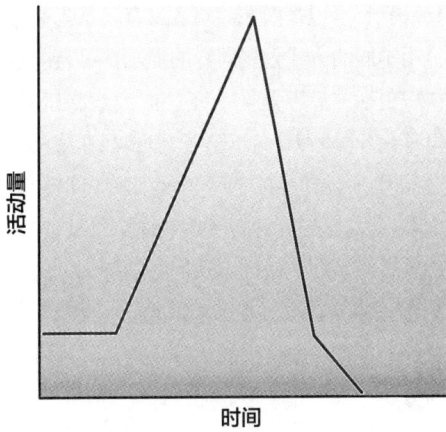

不适当的进阶——太多，太快，导致受伤和退课。

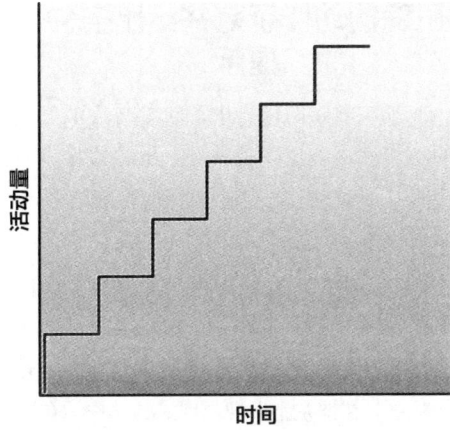

适当的进阶——频率、持续时间、强度或模式逐渐增加，使身体逐渐地适应。

图3.7　通过适当的进阶增加活动量

肩部、背部和膝盖损伤的主要机制

肩部

- 肩外旋时肩部过度水平外展
- 外展时在额状面内旋
- 强大的内旋肌和较弱的外旋肌之间的肌力失衡
- 肩胛骨上提的肌肉和肩胛骨下降的肌肉之间的肌力失衡
- 平板卧推和飞鸟离心阶段失控

背部

- 过度的脊柱屈曲
- 过度的脊柱屈曲并旋转
- 腰椎过度伸展
- 力臂过大产生剪切力（例如，双直腿抬腿）

膝盖

- 负重时过度屈曲（超过90度）
- 扭转（扭身时）
- 伸展过度

正确的动作示范并给出各种提示

在基于教学的课程中，向参与者示范正确的动作或运动过程是关键。虽然教练一般不会重复所有动作，但是教练示范正确的动作是很重要的。由于大多数人是视觉学习者（Knowles，Holton and Swanson，2011），他们需要看到一个动作到位和技术精湛的演示，以便自己很好地完成运动。重要的是，教练要言行一致，在课堂上展现出良好的动作，在所有的运动示范中呈现理想的状态。确保为参与者至少示范一次运动过程或动作，包括任何有调整的动作。

在以教学为基础的课程中，哪些提示最重要？在这类课程中由于不需要预先提示（这些在第4章中讨论），教练有更多的时间给出其他类型的提示，包括：

- 姿势提示；
- 安全提示；
- 教育和信息提示；
- 呼吸提示；
- 激励和肯定的提示；
- 意象提示；
- 视觉提示；
- 触觉提示。

这些提示将在第6章的"肌肉训练提示"和第7章的"柔韧性训练提示"部分进行深入讨论。有经验的教练不断挑战自己，给出更好的提示——参与者能够理解并利用这些提示使训练更安全、更有效。你会发现你需要大量的词汇，以及需要能够用不同的词汇、不同的方式说明同一件事。例如，假设你看到一个参与者在向上伸展时，他或她的肩胛骨抬高了（见图3.8），你可能会说，"把你的肩胛骨放下来"（姿势提示），但是如果参与者没有改正怎么办呢？用不同的方式重复同样的提示。可行的替代方案包括"肩胛骨向后缩下压""肩膀压低，远离耳朵""肩胛骨向下坠""假装在耳朵和肩膀之间有一个很大的空间""确保你可以在镜子里看到你脖子的两侧""假装你戴着长长的、晃来晃去的耳环，而你不想让它们碰到你的肩膀"（图像提示）。如果你想要进行一次明显的视觉提示，首先把自己的肩膀抬高，然后以夸张的方式一下子压下去。如果你需要做一个触觉或触碰提示，在得到参与者的允许后，站在这个人的后面，当参与者举起手臂时，轻轻地按住他的肩胛骨。要发挥创造力！不同的提示适用于不同的参与者。

图3.8　为了纠正动作，你会如何提示当手臂抬起时肩胛带也上抬的参与者？

在非基于节拍的课程中编写音乐

传统的和以舞蹈为基础的团体健身课程，如尊巴舞，要求配有音乐节奏不间断的混合音乐或有节拍的音乐。不过，基于教学的课程中的音乐，因为不需要一致的、有节拍的音乐节奏，所以可以直接通过智能手机获取（不过，一定要考虑版权法）。音乐可以是重要提示（例如，当音乐改变时，参与者从下蹲变成波比跳），也可以是背景播放（无论如何都不会意识到音乐），用来增强运动的整体体验。

音乐可以提供鼓励和指导之外的激励，还可以帮你为运动过程计时。例如，如果你想做3分钟的有氧运动，然后做3分钟的力量训练，你就可以创建一个音乐播放列表来指导你的整体计划。也有一些教练的音乐播放列表中的音乐每30秒就会发出蜂鸣声，这是为高强度间歇训练和训练轮换设置的。使用音乐来帮助组织课堂，可以让你有更多的时间来帮助参与者纠正动作。如果音乐是重要提示，那它需要适合有关运动的节奏，从而激励学员。例如，一首与肌肉训练和柔韧性训练相匹配的歌曲的节奏可能不那么强烈，低音较少，这样参与者就能听到具体的运动指令。有些环节，如接力赛或比赛，如果没有音乐甚至会更好，这样参与者可以互相交流。在以教学为基础的课程上，几乎任何音乐都可以用，所以你就有机会来询问和采纳参与者的意见和对音乐的建议。

本章总结

与传统的基于节拍的团体健身课程相比，基于教学的课程要求的技能略有不同。在基于教学的课程中，教练自己参与和运动较少，而是更多地专注于区别对待参与者和使参与者的运动个性化，这有点类似于私教小团体课程。教练应强调与尽可能多的班级成员交流和互动。成功的教学型教练具有优秀的激励技能，并能营造出一个具有团队精神的环境，在这里所有的参与者都感到被认可，并有能力做出贡献。保证参与者的安全是关键，因此适当地对动作进行调整、退阶和进阶，以及提供各种各样的安全、姿势、教育和激励性提示至关重要。在这种团体健身课程中，音乐是可选项，但是当音乐被巧妙地用来激励参与者和增强参与者的体验时，它将为参与者带来积极的改变。一旦教练学会这类课程的教学方法，能更好地帮助参与者保持健康。

作业

　　查找有关高强度间歇训练的在线视频，并描述教练使用良好沟通技巧指导运动过程的三种方式。运动中是否播放了音乐？如果你觉得这首歌曲适合在以教学为基础的课堂上播放，用三到四句话来证明。教练是否为学员进阶或退阶了某项运动？

　　列出两种你观察到的进阶运动或退阶运动，或者如果教练没有进阶或退阶，列出你希望看到的两种进阶或退阶运动。

4

基于节拍的技能

这一章讲的是基于节拍的运动及其教学方法，如果你要指导基于舞蹈并编排好的团体课程，且在这些团体课程中需要预先提示，那么这些是必不可少的技能。有音乐伴奏的运动很受欢迎。像尊巴舞、街舞、搏击操、拳击、踏板操和其他课程都强调要跟着节拍运动。

本章目标
学完本章，你将能够：

- 在团体健身课中运用音乐技能；
- 创编基本的有氧运动动作组合；
- 应用变化的元素；
- 创编流畅的过渡动作；
- 演示其他编排技术；
- 在有氧运动课中学会运用各种提示方法；
- 展示使用视觉提示和镜像技术的能力；
- 创建并讲授4分钟有氧运动课程，其中至少要有两套64拍的动作并有适当的提示。

将音乐技能应用于团体健身

参与者经常说，他们认为有了音乐伴奏，运动表现会更好。根据2007年的一份文献综述，音乐可以通过（1）减少疲劳感觉，（2）提高心理唤起水平，（3）改善运动协调性，（4）促进生理放松反应，来促进运动表现（Harmon and Kravitz，2007）。另一份系统综述发现，音乐可以提高参与者对运动的依从性和出勤率（Clark et al.，2016）。音乐似乎也为运动提供了一种激励机制，可以改善参与者的精神状态。许多研究已经揭示了音乐对情绪、活动水平、心率、血压等的影响。目前，已经开发了一种评估工具来帮助健身专业人员根据参与者的兴趣和动机水平匹配音乐（Karageorghis et al.，2006）。在以节拍为基础的运动模式中，参与者可以调整他们的动作，从而跟上音乐的节拍。

在以节拍为基础的课堂上，当随着音乐的节拍活动时，参与者会感到更成功、更积极、更有活力。由于许多人能听到和感受节拍，所以当教练上课不合拍时，他们能在不知不觉中感到不协调——这可能会使参与者感到沮丧并影响会员黏性。在以节拍为基础的课堂上，参与者希望他们的动作能与音乐同步。

接下来概述搭配音乐的教学的基本要素。练习所推荐的内容，直到你能跟上音乐节拍为止。大多数有经验的教练在上以音乐为主的课时，脑子里总是有节奏、重拍、4拍、8拍和32拍的乐句。久而久之，就能听懂音乐了。请注意，有一些特定的节奏（速度）非常适合不同的环节和不同类型的团体健身（见"每分钟建议的节拍数"）。

节拍

节拍是乐句中最小的乐段。每一个有规律的节奏律动都是一个节拍。节拍被进一步分成强拍和弱拍。强拍是更强、更重要的拍子。在每一个强拍之后紧跟着的是较弱的、不那么重要的弱拍。图4.1展示了歌曲《铃儿响叮当》中的强拍和弱拍。

强拍通常落在一个单词重音的部分和一个短语中最重要的单词上，而弱拍落在一个单词的非重音部分或不那么重要的单词上。同样，当在一个小节中数节拍时，强拍是奇数（1和3），弱拍是偶数（2和4）。

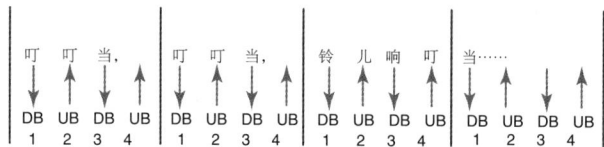

图4.1 在诸如《铃儿响叮当》之类的简单歌曲中，很容易就能识别出弱拍（Upbeats，UB）和强拍（Downbeats，DB）

每分钟建议的节拍数

热身——每分钟120至136拍

高-低强度有氧运动——每分钟134至158拍

踏步操——每分钟118至128拍

肌肉耐力——每分钟132拍以下

柔韧性训练、瑜伽和普拉提——每分钟100拍以下，或节奏不强烈的音乐即使用于团体健身的商业性混合音乐列出了每首歌每分钟的节拍，能够自己识别出速度也是很重要的，特别是如果你要把最喜欢的歌曲加入播放列表时。计算每分钟的节拍数很简单：听一首歌的时候，看着手表或时钟对每一个节拍计数。你可以数15秒，然后乘以4，或者为了更精确，你可以数30秒，然后乘以2。

小节

小节是音乐的基本组织单位，它包含一连串的强拍和弱拍。几乎所有应用于踏板操和有氧运动课程的流行音乐中，每个小节都有四拍：强拍、弱拍、强拍、弱拍。这样的音乐被认为是4/4拍，严格意义上指每小节有四个四分音符。在图4.1中，词语"铃儿响"占了一小节。

乐句

一个乐句至少由两小节组成。因此，在踏板操或有氧运动的音乐中，经常会提到8拍乐句（2小节）、16拍乐句（4小节）和32拍乐句（8小节）。一个32拍乐句包含一组四个8拍乐句，是编排一套动作和舞蹈的理想选择。当在每个32拍乐句的开头出现新的动作模式时，参与者通常会感到更有成就感和活力。32拍乐句的第一个强拍有时被称为乐句的顶头。注意听出现在每个32拍乐句结束时（理论上是倒数第7和第8拍，或第四个8拍乐句）的鼓声或音乐气势增强的地方，这表示马上进入新的32拍乐句。

通常，每个32拍乐句中的8拍乐句分为主乐句和非主乐句，如下所示。

- 第一个8拍乐句：主乐句。
- 第二个8拍乐句：非主乐句。

- 第三个8拍乐句：主乐句。
- 第四个8拍乐句：非主乐句，但在第7和8拍时伴有鼓点或其他音乐气势。

选择节奏强、容易听出节拍的音乐，能使学习过程变得更轻松。你还可以使用针对节拍类课程使用专业预混的商业音乐。

这种音乐的乐句被混合（定量）成连续的32拍，这比网上找到的大多数音乐更好。网上的音乐不是按团体健身的要求编写，而且包含额外的节拍和过渡，使得计数、编排和提示变得比较困难。

双倍速和半倍速

当一个动作以半倍速完成时，它的速度是正常情况下的一半。换句话说，完成一个方步（用你的脚画一个正方形的图案）通常需要4拍，但是在以半倍速完成时，它需要8拍。以此类推，双倍速的意思是移动速度是平时的两倍。

实践演练

使用节奏强的流行音乐，留神听音乐中的8拍分组。找到具有最强初始强拍的8拍，由此开始分组，这是32拍乐句的开头。为帮助将此方法整合到运动中，尝试以下简单的运动。（1）先用右脚，在第一个8拍乐句向右走八步。（2）向右转90度，在第二个8拍乐句再走八步（总是右脚先）。（3）在第三个8拍乐句再向右转90度，再走八步。（4）再向右转90度，在第四个8拍乐句再走八步，回到起点。你应该用脚画出了一个大的正方形。继续向右或尝试向左侧进行相同的运动，并始终用左脚先行。用不同的速度和音乐风格继续练习这项运动。

音乐风格

音乐教学中最快乐的莫过于有这么多不同风格的音乐可供选择。根据参与者的兴趣和年龄选配音乐，会增加他们的兴趣和继续运动的意愿。哈钦森等人（Hutchinson et al., 2018）发现，当参与者能够自主选择音乐时，他们会选择更高强度的运动。教练应询问参与者喜欢听什么音乐，尝试不同的曲目和新的音乐风格，以激发创造力，并为动作编排开辟新的机遇。当尝试不同的音乐风格时，请保持开放的思维和娱乐的心态，以下是不同的音乐风格。

- 摇滚、流行音乐、排行榜前40位。
- 电子舞曲（Electronic Dance Music，EDM）、家庭音乐、高科技舞曲、迪斯科、欧洲舞曲、高能舞曲。
- 经典老歌、摩城唱片。
- 布鲁斯音乐、爵士乐。
- 百老汇。
- 古典音乐。
- 乡土爵士乐、说唱乐、嘻哈、节奏布鲁斯、灵魂乐。
- 拉丁舞曲、萨尔萨舞曲、巴西舞曲。
- 雷鬼音乐、斯卡。
- 大乐队、摇摆乐。
- 乡村音乐、民谣。
- 宝莱坞音乐。
- 韩国流行音乐、中文流行音乐、日本流行音乐。
- 世界音乐。
- 假日音乐。
- 主题音乐。

任意听一首流行音乐，闭上眼睛，轻踏双脚，轻拍膝盖，或者随着有规律的、连续的节拍拍手。列出20首歌曲及其每分钟的节拍数，并描述每首歌的哪一部分最适合运动。

使用健身音乐的责任

美国法律规定，版权所有者有权对在公开表演中使用他们的音乐的行为收取费用。公开表演是指在一个对公众开放的地方或在一个聚集了亲友之外很多人的地方进行的表演。

所有的健身课程——无论是在私人俱乐部、公共礼堂、健身场馆还是工作场所的健康中心举行——都属于公开表演的范畴。由于音乐是受版权保护的实体，在课堂上使用音乐的公司、工作室、健身中心和教练如果不向音乐的制作者、出版者和发行者支付版税，就会面临违反美国或当地版权法的风险。

美国作曲家、作家和出版商协会（American Society of Composers，Authors and Publishers，ASCAP）、广播音乐公司（Broadcast Music，Inc.，BMI）和欧洲舞台剧作家和作曲家协会（Society of European Stage Authors and Composers，SESAC）是代表艺术家的主要组织，而这些艺术家录制的音乐被用于团体健身课。这些组织总共代表了全球超过10万名作曲家、词作者和出版商，并在伦敦、波多黎各和澳大利亚等地设有办事处；它们还与许多国家的唱片艺术家的组织建立了合作关系；它们确保其成员获得版税，相关的版权法得到执行。一些组织向特定的国家提供音乐许可证。例如，在英国，英国音乐版权协会是一个保护作曲家和音乐家权利的社团，负责向在工作场合中合法播放音乐的企业收取费用。

美国作曲家、作家和出版者协会和广播音乐公司都会大力追查违法者和潜在违法者。美国运动委员会（American Council on Exercise，2011）建议俱乐部和工作室为雇佣的教练取得总许可证。俱乐部的许可费用由每周上课的学生人数、俱乐部使用的扬声器数目以及俱乐部是单楼层还是多楼层来决定。在几个地方授课的独立教练可能需要获得个人音乐表演许可证。一定要和你任教的每个俱乐部确认音乐版权许可事宜。

另外，请注意，如果你购买或者下载那些专门为团体健身课程制作和预先授权的CD或歌曲，你很可能受版权的保护。越来越多的健身音乐公司正在让消费者能够直接将事先授权的音乐下载到智能手机或MP3播放器上，这样你就可以创建自己的播放列表。据业内专家介绍，健身音乐公司会遵守规则并为你支付授权费用（Biscontini，2010）；因此，我们强烈建议你使用健身音乐公司的音乐，从而使得你的音乐遴选过程变得更简单、有趣，并合乎法律的规定。

其他播放音乐的途径包括音乐编辑软件程序，它可以让教练混合歌曲、音轨、声音或改变音乐速度。这些技术的进步意味着，教练的个人音乐风格可能会在影响其班级的受欢迎程度和学员的用户黏性方面变得越来越重要。实际上，你就是班级的流行音乐节目主持人！然而，要注意，从流行的在线音乐网站下载音乐并在班级使用，可能会使你陷入法律危机。严格地说，下载的音乐和其他形式的媒体一样，也受到了同样的私人使用限制，不能在商业环境中（例如，团体健身课）播放。

有关许可费用的更多信息以及美国版权法的进一步说明，请访问相关版权网查询。随着技术的进步，播放音乐的机会越来越多，教练有责任及时了解有关版权法的最新信息。

音响系统的基本原理

一个好的音响系统对于大多数的团体健身课来说是必不可少的。一个基本的音响系统由一个或多个连接到扩音器和扬声器的声源（无线麦克风耳机、带音量控制的CD播放器或数字音乐控制器）组成。所有的固定音响系统都包含这些基本构成部分。许多教练更喜欢有一个可以自动连接到他们的智能手机的便携音响系统。便携式扬声器通常有可充电电池，市面上有好几种可以连接麦克风和耳机的便携式扬声器。

产品变化如此之快，具体建议用什么音响系统有点不切实际。为了找到一款听起来不错、易于维护的产品，花点时间做些调查是值得的。可以咨询其他的健身专业人士和机构，他们认为在当今市场上成功的产品有哪些。

嗓音保健

针对健身教练的嗓音问题进行了几项研究。在一些研究中，嗓音问题，如慢性嘶哑的发生率高达39%（Rumbach et al.，2015）。在朗等人（Long et al.，1998）的一项研究中发现，44%的人在授课期间和授课之后经历了部分或完全的失声。成为教练后，他们也经历了更多与疾病无关的失声、嘶哑和喉咙痛。根据美国国家卫生研究院（National Institutes of Health，NIH）的研究，长期过度使用声带，尤其是在不使用麦克风的情况下，会导致声带出现结节（小赘生物），并会随着年龄的增长而降低整体音质（美国国家卫生研究院，2012）。如果你定期授课，使用麦克风对嗓音保健至关重要。你可能觉得你现在不需要麦克风，因为你发声良好，很容易被听到。然而，如果你经常指导团队运动，持续地过度使用声带将导致你的声音在未来变得嘶哑，因此必须进行预防性护理。其他的一些嗓音保健建议如下。

- 教学时，保持头部、颌骨、颈部和肩膀放松。
- 尽可能面向学生，正常发出声音而不要提高或压低声音。
- 尽可能使用视觉提示。
- 养成良好的呼吸习惯，学会进行腹式呼吸。
- 尝试哼唱或打哈欠以放松脸部、颈部和喉咙的肌肉。
- 保持喉咙水分充足。
- 避免刺激物，如烟尘、烟雾或某些食物。
- 在嘈杂的地方少说话。
- 将音乐保持在合理的音量水平（请参阅"耳部护理：健身课程中音乐的音量"）。

- 避免经常清嗓子，因为这样做会产生更多的黏液。
- 教学时避免尖叫，大喊或大叫；改用麦克风。

为了保护嗓音，你需要一个好的音响系统、一个带有耳机和听筒的麦克风，以及高质量的扬声器。这些设备将大大提高你的团体健身指导的质量。毕竟，音乐是参与者勇敢地迈出一步来参加团体健身而不是独自在跑步机或椭圆机上运动的主要原因之一。

动作编排

在传统的基于节拍的课程中，参与者通常会做一些锻炼大肌群的动作，以促进心肺健康。这些动作通常像舞蹈动作，可以在跳跃（高冲击力）或保持一只脚在地板上（低冲击力）的时候完成。在本书中，我们常常把结合

耳部护理：健身课程中音乐的音量

美国职业安全与健康管理局（Occupational Safety and Health Administration，OSHA）在2001年和美国疾病预防与控制中心（Centers for Disease and Control，CDC）在2013年制定的标准规定，在长时间使用音乐的情况下（如1小时的健身课），声音强度应保持在85分贝以下。

- 因为听力损失是缓慢的、累积的，而且通常是无痛的（但是大声的音乐有时会让人受伤！），所以团体健身教练需要意识到，音乐和伴奏的声音强度可能会让自己和学生处于危险之中，而不会引起任何明显的症状。
- 保健机构和教练有义务确保其成员和学生在团体健身课程期间的声音强度的安全性。如果音乐太吵，有些成员甚至不会去上课。加埃塔（Gaeta，2016）的一项研究表明，在团体健身课程中有56%的被调查者希望他们的教练播放的音乐不要那么大声。
- 团体健身课上的音乐的声音强度在短时高峰时段测量值不应超过85分贝。
- 因为教练的声音需要比音乐大10分贝才能被听到，所以教练的声音应该不超过95分贝。
- 呼吁各健身机构在靠近教室前部中心的位置放置一个1级或2级噪声计（在许多电子产品商店可以买到，价格不到100美元），以便在上课时测量声级。教练或其他工作人员应定期检查仪表，以确保音量水平是合适的。音乐扩音器上的音量控制并不是测量声音强度的精确方法。

了高强度和低强度的运动的课程称为高–低强度有氧运动或有氧运动。这种类型的课程是通用的，不需要器械。学习教授基于节拍的高–低强度有氧运动课程的必要的、基础的技能，是许多团课教练进行团体健身指导的基础。本章介绍的基本技巧，如预先提示、流畅的过渡、编排构建，也适用于其他形式的团体健身，包括基于舞蹈的其他运动形式、踏板操、搏击操，以及某些形式的肌肉锻炼和水上运动等。下面几个部分将讨论有关有氧运动课程的团体健身课程评估表（附录A）的各个要素。

技术和安全检查

为了尽量减少关节的重复性压力和防止厌倦情绪（对教练和参与者来说都是如此），优秀的团体健身教练会不断地改变他们的动作和动作模式。任何一个动作做得太多都会对关节造成过度的磨损。请注意以下有关舞蹈设计安全性的注意事项。

- 动作必须平衡：动作有前有后，有左有右，有左侧先行，有右侧先行。

- 为了保护关节，避免使用过多的高强度动作，避免单腿重复跳跃太多（连续不超过8次），以及过多的会对肌肉骨骼系统造成压力的重复动作。

- 开合跳、滑雪跳和剪刀腿等动作会给关节带来很大的冲击力。为创建安全的课程，可以将这些动作与不同类型的动作（如踏步）相结合。

- 随时展示正确的技巧以防止受伤。

- 在完成高强度的动作时，每一次跳跃都要跟进整只脚，先脚趾着地，然后脚跟着地。这种脚趾—脚跟的着地方式能将冲击力分散到整个脚部。

- 当心足外侧的动作，如交叉步和滑步动作，在有地毯的地面上尤其要注意。这些动作会增加脚踝外侧扭伤的风险，如果参与者在感到疲劳的状态下完成这些动作，要特别小心。

- 在做弓步蹲时，保持后脚的脚跟抬起，以防止小腿后肌承受过度离心负荷（可能导致跟腱炎）。

- 在有氧运动课上避免使用脚踝配重是明智的做法，否则会增加受伤的风险。

- 由于以下因素，我们通常不建议在有氧运动中使用手部配重：（1）在有氧运动中，不建议使用超过3磅（约1.4千克）的手部配重，否则会导致上半身受伤的可能性增加；（2）不足3磅（约1.4千克）的手部配重尚未被证实可以显著影响有氧运动中的热量消耗（Yoke et al.，1988，1989）。如果你决定在课堂上使用较轻的手部配重，则应选择较慢的音乐速度（如每分钟128拍），以最大限度地减少上半身受伤的风险。

- 避免手臂长时间高举；保持手臂举起除了会增加肩关节受伤的风险，还会加快心率而相应地增加氧气消耗，进而引起升压反应。

- 避免膝盖和肘部伸展过度，这两种情况都可能是由在踢腿或快速推出时冲量过大造成的。

- 提供明确的、预期的提示，以防止摔倒和碰撞。

- 提供一个旋转步伐的替代方法，如轴转步。一些参与者会被这种动作弄得晕头转向。

基本动作

一个经验丰富的有氧运动教练应有丰富的动作库，可以对动作进行改变和创造。这些动作大多数可以在低到中等的冲击力（在动作过程中一只脚停留在地板上）或者高的冲击力（在移动过程中两只脚都离地）的情况下完成。例如，交叉步可以通过始终保持一只脚在地上（低冲击力）或换脚跳（高冲击力）来完成。研究表明，低至中等冲击力的有氧活动，以全关节活动度动作和适当的编排形式完成时，可以提供类似于高冲击力活动的心肺刺激（Otto et al., 1986, 1988; Parker et al., 1989; Williford et al., 1989; Williford, Scharff-Olson and Blessing, 1989; Yoke et al., 1988, 1989）。教练可以选择指导完全是高冲击力、完全是低冲击力或两者兼而有之的活动或课程。下面是有氧运动课中基本的下半身和上半身动作的介绍。

下半身动作

下半身的动作和动作模式可以分为2拍动作和4拍动作两种。这些动作有许多变化形式，这将在下一节中进行介绍。注意，下半身比上半身的肌肉量更多，将消耗更多的氧气，从而产生更强的心肺刺激。研究表明，站在一个地方，尽量减少下半身的活动，同时大力摆动手臂，可以提高心率，但不会显著增加耗氧量或热量消耗（Parker et al., 1989）。

以下是下半身基本的、常见的2拍和4拍动作。

2拍动作

- 步行，踏步，慢跑。
- 并步。
- 脚后跟踢臀部。
- 提膝（正面或侧面）。
- 踢腿（正面、侧面或向后）。
- 脚跟点地（正面或侧面）。
- 脚尖轻点（正面或侧面）。
- 开合跳。
- 足跟抬起。
- 旋转。
- 小马跳。
- 踢交换步。
- 弓步蹲。
- 摆步（踏踏舞）。
- 剪刀腿。
- 滑雪跳。
- 相扑式深蹲。

4拍动作

- 交叉步
- 向前走3拍，第4拍轻敲。
- V字步（也称为开开合合）。
- 曼波舞。
- 方形步（也称为爵士方步）。
- 查尔斯顿舞。
- 侧滑步。
- 爆发力深蹲。
- 恰恰舞。
- 木马舞蹈。
- 吉格舞。

上半身动作

上半身可以完成双侧训练（如杠铃推举）或单侧训练（如单手哑铃推）。上半身的动作除了可以是双侧的或单侧的，还可以与下半身动作协同或相对。例如，提膝时，右臂可以在右膝提起时抬起（协同臂），也可以在左膝提起时抬起（相对臂）。上半身的动作也可以分为低、中、高三个范围的动作，如肱二头肌弯举（手臂在两侧）、前平举至肩高、头顶推举。

实践演练

练习本章中列出的低冲击力和高冲击力的下半身动作。

然后尝试增加不同的手臂动作：低、中、高范围的动作；单侧和双侧的动作；相对和协同的动作。

变化要素

动作变化可以帮助你从基本动作中获得更多。几乎每一个基本的动作都可以通过多种方式进行变化来引发兴趣、带来额外的挑战和乐趣！变化给人一种新的动作和编排的感觉，而实际上，你只是稍微调整了那些课堂参与者已经熟悉的动作。变化的主要要素有力臂、平面、方向、节奏、强度和风格。

力臂的变化就是将一个短力臂的动作变为长力臂的动作，反之亦然。例如，从提膝到踢腿的转变是下半身的力臂变化；同样地，从双臂前平举到双侧肱二头肌弯举的转变是上半身的力臂变化。这种变化并不适用于所有的动作。

平面的变化是指在完成本质相同的动作时改变运动平面。当你将前踢改为侧踢，或将前平举改为侧举时，就引入了平面变化（见图4.2）。基本平面有额状面（外展和内收运动）、矢状面（屈伸运动）、水平面（水平的肩内收和肩外展或旋转运动）。这种变化并不适用于所有的动作。

方向变化意味着改变动作的方向。同样的动作，除了可以面向前面完成，还可以面向一侧或后面完成；除了可以向前移动（例

如，在哈娑舞中），还可以改为沿对角线移动。方向的变化也可以指随着移动而完成动作，来代替原地做动作。例如，可以在移动的时候交替提膝，而不是停在一个地方提膝。改变方向是增加强度和能量消耗的最佳策略。当方向改变时，像抬膝这样熟悉的动作会让人感觉完全不同，真是太奇妙了！在做某些动作时若朝着某个方向移动，会感觉更好；例如，在做开合跳时，向后跳比向前跳感觉要舒服得多。一个简单的动作组合可能是四个向后的开合跳（8拍），然后是一次踏步或慢跑（8拍），这个动作可以重复直到完成整个32拍乐句。

节奏变化包括改变动作的节奏或在动作中添加声音。节奏变化的一个例子就是从交替单提膝（2拍）到交替双提膝（4拍）。其他容易从单步到双步再复原的动作有脚后跟踢臀部、踏并步和弓步蹲。尝试有节奏的声音变化：在一些动作中加入单拍，然后加入双拍或三拍。拍手和跺脚也很有趣。或者让参与者在歌曲中的某处大喊、大叫或发出哼声。这种方法可能会让课堂充满活力！要记住你所在群体的统计特征和个人特征，有些人可能对发出声音感到不舒服，而有些人可能会乐在其中。

可以通过多种方式创造生理强度的变化，包括：

- 增加动作的力臂长度；
- 增加动作的关节活动幅度；
- 提高动作（或音乐本身）的速度；
- 在行进时采用更大幅度的步伐，以及在原地的动作（如踏并步）中采用更大幅度的步伐；
- 改变动作的垂直距离，这也被称为垂直位移。

图4.2 从（a）额状面变成（b）矢状面的动作

　　当将低强度的动作更改为高强度的动作时，就会发生垂直位移的情况。在做低强度的动作（如踏点步）时，当人从一边向另一边踏点步时，重心始终保持在同一水平上。但是，在高强度的运动（如两侧小马步或三步舞）中，重心会上下移动，并且会涉及更多的肌肉，从而增加了运动的强度。垂直位移也可能沿着向下的方向发生，如在低强度的并步过程中深度屈膝，这样重点是向下、向上（而不是向上、向下）。屈膝幅度过大使重心向下移动，需要更多的肌肉不通过跳跃动作而被激活（见图4.3）。许多低强度的动作都适用于这种强度变化，包括脚后跳踢臀部、提膝、踢腿和弓步蹲。相反，可以通过减少这些强度变化来降低这些动作的强度。

　　生理强度不一定等同于动作复杂性或心理强度。结合简单的舞蹈动作就可以在心率、耗氧量和热量消耗方面达到很高的强度。出乎意料的是，一项包含许多复杂的上下肢花样的技巧组合或复杂动作组合，实际上会降低运动强度，因为参与者必须专注于记住接下来的动作，并且让自己显得不笨拙。本章后面将更深入地讨论动作排序和编排问题。

　　改变动作最有趣的方法之一就是改变风格。例如，与运动风格的交叉步相比，换作时髦风格的交叉步可以使其表现和感觉完全不同，即使本质上是相同的动作！其他的风格包括拉丁（莎莎舞）、嘻哈、舞蹈、武术、乡村、爵士、爱尔兰或非洲的风格。扩展你的曲目风格，开发你的娱乐潜力！

图4.3　相同动作的强度变化:（a，b，c）高强度的踏并步，（d，e，f）深度屈膝，获得比低强度动作更强烈的变化

实践演练

播放你最喜欢的音乐（选择一首节奏强的曲目），并做一个基本的动作，如踏并步。增加上半身的动作。在每到第8拍或第16拍时，通过改变力臂、平面、方向、节奏、强度或风格略微改变动作。例如，从一个基本的并步侧臂抬举变为双臂前平举。然后试着改变方向：沿着对角线踏并步（双臂前平举）向前，

然后再返回。保持基本的动作，然后尝试改变节奏：向右踏2次并步，然后向左踏2次并步。增加额外的节奏变化，每到第4拍时拍手，再还原至基本动作。享受风格变换：在并步的内侧脚跷地的同时放松手臂（让手肘在弱拍上微微弯曲），以欢快的街舞风格轻轻扭动躯干，以此来强调弱拍。当你觉得已经在同一个动作中尝试了所有的变化，可以去尝试另一个动

作，如踏步或交叉步，并尝试加入更多的变化元素。

创编流畅的过渡

当有经验的教练授课时，他们可以使两个动作之间无缝衔接，使得更容易提示编排的动作，参与者也更容易跟上，从而提高参与者的成功率。花一些时间练习这个部分，培养连接动作的技能。为了实现流畅的过渡，要保持简单原则。一次只改变一种元素——只改变手臂、腿，或者领先脚。

连接端点

有些动作可以很自然地过渡到其他动作。大多数变化的元素都实现了流畅的过渡：从前踢到侧踢完成平面的变化，是下半身动作顺利过渡的一个例子。从前踢前举到侧踢侧举的微妙变化几乎对每个参与者来说都很容易掌握，而且只需要极少的提示。注意，每个动作都有一个起始点和一个结束点。过渡动作可将这些起始点或结束点有共同特征的动作连接起来。例如：双臂前平举（2拍动作）开始时手臂向下，结束时手臂在矢状面与肩同高；侧平举（另一个2拍的动作）也从手臂向下开始，但以手臂在额状面与肩同高结束。这两个动作能很好地连接起来，是因为它们有一个共同的起始点——手臂向下。在这两个动作之间来回切换很容易，也很自然。实际上，你甚至可以通过将这两个动作放在一起来创建一个4拍的上半身动作组合，然后你可以重复这个4拍动作。

实践演练

保持双脚不动，练习从一个上半身的2拍动作过渡到另一个动作，确保两个动作具有相同的起始点或结束点。每个2拍的动作至少做4到8次（总共8～16拍），并依次连接至少8个不同的上半身动作来挑战自己。如有必要，在动作之间短暂地停顿，以找到一个具有共同端点的动作，但要继续运动直到最终不需要停顿时为止。

领先脚

创建平滑过渡和易于跟随的编排动作的另一个要素是始终知道哪只脚领先（这很重要！）。换句话说，如果你在整个动作组合中每一步都用同一只脚领先，就可以提高参与者的成功率。如果踏并步时你一开始就向右迈步（第1拍或者强拍时右脚先动），下一个动作是交叉步，你也应该先向右迈步。在踏并步时先向右，然后交叉步时先向左，这样会让参与者感到迷惑，也会让他们很难跟上这个动作组合。除了在潜意识里不断地听着强拍，还要注意领先脚，确保它在下一拍时触地。一直以右脚领先来完成动作组合，之后让左脚领先完成动作组合，以平衡身体的神经肌肉系统和生物力学系统。（注意：为了顺利转换领先脚或领先腿，应在动作组合的最后8拍中加入一个过渡动作或连接动作。）

连接动作

你可能已经注意到，在一些下半身的动作中，两只脚在同一时间做相同的动作。例如，相扑式深蹲、开合跳和快速弹性提踵（见图4.4）。这些对称的动作是很有用的补充动作，并且如果你没有在动作组合中设计领先脚的变化动作，那么这些对称的动作可以帮助你转换领先脚。因为双脚在同一时间做同样的动作，所以很容易用任何一只脚开始下一个动作。

改变领先腿（脚）的另一种方法是对32拍动作组合的最后8拍使用一次单、单、双节奏。如果一直右侧领先，会发现应用这种节奏模式（需要8拍）将使左侧领先。单步、单步、双步动作非常适合脚后跟踢臀部、提膝和踏并步。

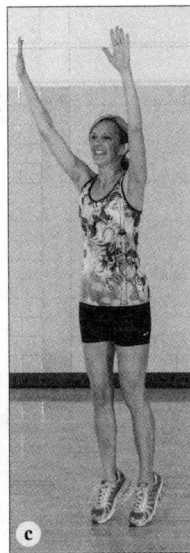

图4.4　连接动作：（a）相扑式深蹲（屈膝向下、向上、向下、向上），（b）开合跳，（c）快速弹性提踵（屈膝向下、向上、向下、向上——可以增加一个上半身的跳投动作）

填充动作

其他类型的动作是非常简单的，因此可以被反复用作填充动作，以使其他动作之间的过渡更流畅，并保障参与者的安全。步行、踏步或慢跑就是很好的补充动作。一组适合初学者的动作组合可以是走8步，提膝4次（8拍），走8步，踏并步4次（8拍），走8步，脚后跟踢臀部4次（8拍），走8步，踢腿4次（8拍）。这相当于两个32拍乐句，即64拍乐句。在动作之间插入的8步走步可以增强参与者的信心，并在复杂的编排动作中提供一次心理上的休息。（顺便说一句，8步走可以通过移动、增加强度、改变风格或增加手臂变化来变得更有趣。）一旦参与者能轻松接受这种动作组合，就可以试着去掉所有的填充动作（走步）。剩下的就是一个更复杂的32拍的动作组合：提膝4次，踏并步4次，脚后跟踢臀部4次和踢腿4次。

每个教练都需要编排一些填充动作。一旦大脑似乎停止了工作，你根本不记得接下来应该做什么动作时，填充动作就可以作为可靠的备用动作！如果发生这种情况，你总能用到走步、踏步或慢跑这些保险的备用动作。

不太能完美组合在一起的动作

某些动作无法很好地组合在一起。设计动作组合时，你可能必须加入一两个过渡动作，以使编排的动作更流畅且更易于跟上。

举个例子，从相扑式深蹲变化到前踢的

动作是很笨拙的；为了使动作更自然、流畅，必须加入过渡动作。一种可能的解决方法是：相扑式深蹲（8拍），脚尖侧触（8拍），脚尖前触（8拍）和足尖前踢（8拍）。这样的顺序会让参与者更容易掌握并满怀信心地完成。

动作组合

许多教练更喜欢用32拍动作组合来教授有氧运动课程，这种组合有时也被称为动作组合。通常这些动作组合是在课前练习的。以下是设计有氧运动动作组合的常见步骤。

1. 从四个组合在一起的下半身动作开始。确保每个动作总共占用32拍中的8拍。练习找出四个动作最流畅的排列方式。在必要的时候添加过渡动作，并删除不太合适但仍在32拍内的动作。
2. 找到与下半身动作组合相配的上半身动作。
3. 检查你的组合动作中复杂和简单的动作是否达到平衡，是否可以通过适当的强度和复杂程度的变化进行调整，动作衔接是否流畅，是否容易给出提示（见"团体健身中的提示方法"），是否可以轻松地分解（关于这一点，后面将详细介绍）。
4. 用另一个32拍的动作组合（或动作组）重复此过程。如果计划将多个32拍动作组合连接在一起，则需要确保它们具有相同的起始点和结束点，以便在各组动作之间进行平滑的过渡。

展示可选项、退阶和进阶动作

经验丰富的教练善于提供不同的可供选择的强度和复杂性动作，从而使常规动作更容易或更适合特定的需要，以适应参与者的技能和健身水平。如果班级中有很健壮的参与者，教练需要提高动作的强度和复杂性，使常规动作更难一些。一般来说，教练应该按照中等水平强度授课，并为高于或低于该水平的学员演示不同运动强度的动作。团体健身教练也应该偶尔将强度训练纳入课堂常规内容；通过强度训练，参与者将更有参与感，并根据自己的需要选择退阶或进阶。关于强度训练的例子，请看下面的实践演练。

实践演练

开始强度训练时，先做一个基本的动作，如脚后跟踢臀部，并给以提示，"用低强度做这个动作给我看"。观察参与者做这个动作，过了一会儿，说："现在演示中等强度的相同动作。"最后，问参与者："能给我演示一下这个动作的高强度动作吗？"在训练中提出增加或减少强度的建议，有助于帮助参与者建立信心。具体建议包括迈出更大幅度的步伐；增加垂直位移（向下、向上或加入单足跳行）；增加手臂的运动范围；整个动作组合中向前、向后移动，或转身。当参与者展示出高强度动作，让他们再次做出中等强度和低强度动作时，他们就知道该如何增加和减少脚后跟踢臀部的强度。重复其他简单的动作，如提膝、交叉步，或踏步。

动作编排得越复杂，展示变式动作和分解常规动作的能力就越重要。这在包括旋转或转身的舞蹈编排中尤其如此，因为一些参与者在转动时容易头晕或迷失方向。要始终为旋转或转身动作提供替代方案。例如，一个4拍的平转身通常可以修改成4拍的曼波舞步，甚至是踏步。

分解和构建动作组合

　　当教练完成动作编排并开始逐步讲解时，动作组合就被分解了。换句话说，许多参与者在教练第一次展示时无法掌握完整的、最复杂、强度最大的那一套动作。不是从完整组合开始，而是从组合的最基本、最简单的动作开始，逐步增加强度和复杂性，直到参与者最终完成为止。分解动作组合可能需要一段时间，具体取决于教练的编排和参与者的技能水平。先设计所有动作，然后将其分解为基本组成部分。一些从业者将此方法称为"从零件到整体"的方法。练习教授你自己的动作组合，就像你是第一次带领新手学习动作组合。然后，可以使用"添加动作""减少重复"这样的技巧。添加动作就像听起来的那样：在班级同学学习了动作、招式或短动作序列后，教练在现有序列中添加新的动作或招式，逐渐将最终动作组合在一起。减少重复非常有用，因为大多数参与者需要重复动作才能掌握（尤其是复杂的动作）。因此，有经验的教练会以扩展的形式讲授动作组合，扩展包括每个动作的多次重复。换句话说，将本来是32拍的招式以64拍或128拍的形式进行操练。在面向初学者的班级中，动作可能会保持扩展状态；不一定要删去动作组合中的重复动作，可使其成为最为复杂的形式。减少重复是将重复次数减少直到使动作组合变为最复杂的、32拍的版本的过程，也称为叠罗汉，即动作序列起初有大量重复的动作，逐渐去除重复，直到达到期望的组合。

写出动作组合

　　知道如何把你的想法以书面形式记录下来非常有用。许多教练会把动作、成功的动作组合和成套的动作保存在文件中。注意下面的例子。

	领先腿	动作	拍数
A	右腿领先	踏步4次	1～8
B	右腿领先	交替提膝4次踏步	9～16
C	右腿领先	踏并步4次	17～24
D	右腿领先	一个8拍，腘绳肌以单、单、双节奏的形式弯曲运动	25～32

　　请注意，A、B、C和D表示不同的动作：指定了领先腿，描述了每个动作的完成次数和动作本身，并给出了拍数。该表有助于使动作组合清晰易懂。你可以看到，单、单、双节奏的最后一个动作使左腿（脚）处于领先位置，所以整个组合可以以左侧领先重复进行，完成64拍。这个组合可以是动作编排的一个模块，然后可以将它与其他模块连接。

其他动作编排技术

　　虽然动作组合是教授有氧运动课程最常见的方法，但它并不是唯一的方法。其他的编排技术（除分解动作组合、添加动作和减少重复之外）包括分层、使用动作组合块和改变方向。这些技术通常都是在实际应用之前实践过的。另一种编排技术为自由式或一次性编排，是即兴创作的。

自由式编排

　　自由式编排方法也称为线性进阶法，是一种有效的、切实可行的技巧。组合形式的编排设计方法通常提前安排，并组织成某种模式，而自由式编排则是自发的，当场进行编排，不强调形成特定的模式。在自由式编排中，一个动作流畅地过渡到下一个动作，下一个动作又过渡到再下一个动作，以此类推。几乎没有重复。

虽然自由式编排运动需要教练具备高水平的编排技巧，但对参与者来说在心理上更容易接受一些，因为他们不需要记住复杂的动作和花样。在指导有方的自由式编排运动中，参与者不必担心会表现得笨拙或无能，因为他们总是至少有一半的动作是对的——理想情况下，教练每次只改变一个部分的动作，要么改变上半身动作，同时保持下肢动作不变，要么改变下肢动作，同时保持上半身动作不变。这种线性进阶过程编排的动作，与通过精心编排的动作相比，可以让参与者更充分地投入其中，并以更大的强度完成动作，从而能产生更好的训练效果和更多的热量消耗。

提高自由式编排运动技巧的最好方法是练习。前面"变化要素""创编流畅的过渡"部分中描述的训练对自由式编排运动特别有用。下面是一个自由式编排运动的例子。

1. 从基本的踏步开始。
2. 加入手臂前举。
3. 保持手臂动作不变，将踏步改为脚跟前点。
4. 保持下半身运动，将手臂动作换成头顶推举。
5. 保持上半身的运动，将腿部动作改变为脚趾触碰对侧。
6. 保持腿部运动，将手臂动作改为侧向推出。
7. 保持手臂运动，将下半身动作改为脚跟侧点。
8. 保持脚跟点地，将手臂动作改为长杆侧举。
9. 保持侧举，将腿部动作换成高强度的脚跟抬起。
10. 保持上半身侧举，换成开合跳。
11. 再次将腿部动作换成踏并步（上半身侧举动作不变）。
12. 保持踏并步，将手臂动作改为单侧头顶推举。

这个例子介绍的是上半身和下半身交替变化的动作，但是，只要你能提供变化丰富的动作并保持肌力平衡，并且避免过度重复那些会给肌肉骨骼系统带来压力的动作，你就可以按照自己的喜好来安排变化的序列。根据班级学员的情况（一定要在8拍乐句的第一拍开始有氧运动），每个动作可以进行4拍、8拍、16拍，甚至32拍。像往常一样，保持一个适当的强度水平，连续做太多低强度的动作会导致进阶强度太低。

注意，上述自由式编排运动示例中每一个动作都可以流畅地过渡到下一个动作。这不仅让参与者更容易跟上，也让你更容易进行提示！事实上，好的自由式编排运动极少需要提示；只要参与者做动作时在观察，并跟着你自然地过渡就可以了。当你在健身过程中想要促进群体的互动时，或者当你想要发表课堂公告或教育观点时，自由编排运动为你提供了一种理想的形式。因为没有必要预先给出提示，所以你可以谈论其他的话题。

当你在热身运动期间和在整套动作中，感觉到参与者由于过于专注于动作或记忆复杂的编排动作而感到脑部疲劳的时候，自由式编排运动会特别有用。许多教练会特意在编排的整套动作中加入自由式编排运动，让参与者在心理上得到休息，同时帮助其提高运动强度。自由式编排方法对于缺乏经验或协调能力差的参与者也很有用，因为他们不需要记住特定的动作顺序。

分层

分层技巧用于增加动作或动作组合的复杂性或趣味性。重复每一层动作直到参与者有信心完成为止，然后添加另一层次复杂的动作，请参见以下分层示例。

1. 3拍走步，在第4拍提膝。重复，并注意在第二个4拍的时候，提膝腿自然地落在另一侧。
2. 方向进行变化：向前移动，重复动作2次，共8拍，然后向后移动，重复动作2次，共8拍。
3. 在向前完成8拍动作时仅保留动作模式来增加复杂度，向后步行8拍而无须提膝。
4. 在第4拍和第8拍（提膝时）增加单脚跳的同时，外展手臂到肩膀的高度。
5. 在前进动作中加入爵士风格的动作。单脚跳并抬起左膝时，扭动脊柱并使膝盖在身前内收，露出左髋；而单脚跳并提起右膝时，扭动脊柱并使膝盖在身前内收，露出右髋。
6. 在第5、6、7、8拍（完成面朝前的动作）上做一个平转身向后行走。

这个示例多次重复相同的16拍动作，但是动作模式逐渐变得更加有趣和复杂，也更独具一格。

建立动作组并将它们串联起来

一个动作组是32拍或64拍的动作组合。教练可以创建几个动作组，然后将它们串联在一起形成一个长的组合（例如，组1＋组2＋组3＋组4）。将多个动作组连接在一起时，请尝试给它们命名或将它们与关键词或数字关联，以帮助参与者回忆不同的动作组。例如，你可以用"现在快速走步"（一个包含走大步动作的组合）等方式来提示学生。

翻转

翻转适用于那些有明确定义的元素的动作组合，如高强度和低强度的动作，或者静止和移动的动作。在参与者熟悉了初始动作组合后，对关键元素进行翻转。例如，将所有低强度的动作变为高强度的动作，将所有高强度的动作变为低强度的动作。通过使用翻转，你可以从现有的组合中获得更多的变化动作。你还可以颠倒或更改动作组的顺序。例如，如果你把动作组合成"组1＋组2＋组3＋组4"，试着把它们调换一下，按不同的顺序来讲授这些动作组，如"组2＋组4＋组3＋组1"。

这将为你的动作编排增加极大的多样性，并使参与者感到耳目一新。

团体健身中的提示方法

正确的提示对于一堂成功的基于节拍的有氧运动课程至关重要。人们会以不同的方式学习和理解你说的话；你会想要扩大教学词汇量，这样你就可以用多种方式说同样的事情，从而吸引更多的参与者。有几种类型的提示方法是必要的，包括预期性提示、动作提示、激励性提示、教育性提示、姿势提示和安全提示以及视觉提示。在本节中，我们将描述这些类型的提示，并以班级为模型讨论其优点和缺点。

预期性提示

　　预期性提示会告诉参与者何时进行下一个动作，以及下一动作将是什么。学会提供及时而适当的预期性提示通常需要进行大量的练习，因此要有耐心，并练习本书给出的技巧，最终你会成为一名让参与者可以容易跟随练习的教练。要给出良好的预期性提示，你必须理解音乐结构，能够听懂节拍、强拍和本章前面讨论过的4拍、8拍和32拍乐句。

　　如果你在提示即将要做的新动作或做过渡动作时倒数，会更容易让参与者跟上动作。

　　如果你在倒数"4、3、2和＿＿＿"，则参与者知道在"＿＿＿"（即1所在的位置）之后，将会有一个新动作。这有助于他们集中注意力并随时准备跟着一起运动。如果预期性提示（如踏并步）很短，则可能只需要一个节拍，如"4、3、2，踏并步"。较长的提示（如"交叉步向右，举起双手"）需要更多的时间来表达，因此需要更多的节拍——"4，3，交叉步向右，举起双手"。

　　教练通常不会在每一个节拍都进行预期性的提示；这样做太啰唆，会使人晕头转向——而且对他的嗓子来说也是一件很难受的事！相反，在8拍乐句中，可以每隔一拍倒数一次，如图4.5所示。练习这个例子的方法是，在建议的每一个节拍拍手，同时按照节奏进行提示。这种每隔一拍数数的方法在你做一些2拍的动作时效果很好。

节拍	8	7	6	5	4	3	2	1	8
步法	(行进)右	左	右	左	右	左	右	左	(踏并步)右
提示	"4,				3,		2,	踏	并步"

图4.5　给2拍动作提示。在提示的时候，练习从踏步过渡到踏并步

2拍动作的提示方法

　　在没有音乐的情况下，开始踏步，感觉你的领先脚（例如，右脚）每隔一拍就落下来（踏步是2拍的动作）。开始练习图4.5中的提示（"4，3，2，踏并步"），当你的领先脚触地时说"4"（这是一个强拍，一个8拍乐句的第一拍）。如果不出错，你就可以在8拍结束时向右踏并步，在强拍时以右脚（领先脚）开始新的动作（踏并步）。注意这个悖论：你在说一件事的时候，你的身体在做另一件事。在一开始这可能感觉不自然，但应坚持练习——如果你想让参与者在同一时间做同样的动作并且对你的课程感到满意，这就是一个值得学习的技能！

　　当你掌握了在提示的同时从踏步过渡到踏并步之后，看看你是否可以继续踏并步，如果可以，再提示退回到踏步。注意，你可以继续任意拍数的踏并步，当准备转换时，提供预期性提示"4，3，2，＿＿＿"（见图4.5）。当你的领先脚（如右脚）要触地时，一定要说"4"。请务必注意你的领先脚。

　　当你返回到踏步的时候，右脚仍然领先，脚在强拍或者是8拍乐句的第一拍时（正如所解释的那样，倒数是为了让参与者做起来更容易）触地。要注意，要想完成8拍并步，右脚在做右腿领先踏步前要做一个轻拍或轻触

动作（8拍并步的最后一个动作）。这叫作结束乐章，也是停在强拍的关键。如果你忘记做这个轻拍或最后一次轻触，你的动作将跟不上音乐，参与者将感到困惑。完成这个乐句中的动作比听起来要简单得多，随着音乐表演，这些动作就会让人感觉很自然。你甚至不需要向学生提及这最后一次轻拍击或轻触；只要你跟着强拍移动，他们就会无意识地这么做这个动作。

4拍动作的提示方法

学习提示4拍动作类似于学习提示2拍动作；但是，你不是每隔一拍倒数，而是每隔4拍倒数。例如，做交叉步时，首先向右，然后向左，右脚领先，整个过程不间断。当你准备好进行下一个动作时，如踏步，从4开始倒着数数，数到4时右脚开始向右做交叉步。然而，此时每一个交叉步计一次数，或每4拍计一次数，如图4.6所示。

节拍	8	7	6	5	4	3	2	1	8	7	6	5	4	3	2	1
步法	右	左	右	左(轻拍)		左	右	左	右(轻拍)	右	左	右	左(轻拍)	左	右	左	右(轻拍)
提示	"4,				3,				2,				1,	向右	行进"	

图4.6 基本的4拍交叉步动作。该图展示了从交叉步到踏步的过渡的一些提示

以向右行进结束，这应该是你的领先脚做的动作。再一次注意右脚在踏步前的最后轻拍；这一次轻拍是最后一个交叉步的结束动作，且对保持音乐的节奏至关重要。在踏步时，返回到你已经学过的2拍动作的提示，说"4，3，2，交叉步"来提示交叉步动作，这

时你将再次切换到4拍提示（见图4.6）。练习在2～4拍动作来回转换，直到预期的提示使人感觉舒服为止。交叉步同时是练习视觉提示的完美动作。如果你指出最初的交叉步的方向（帮助他们开始运动），并举起手指（4,3,2,1）让他们知道下一次转换什么时候发生，参与者

将感到很贴心。

另一个需要从2拍预期性提示切换到4拍预期性提示的练习涉及从单侧动作到双侧动作然后再变回单侧动作。有几个动作可以很好地作为这个练习的内容，包括提膝、脚后跟踢臀部、弓步蹲和踏并步。例如，从单腿脚后跟踢臀部开始，每2拍提示一次："4，3，2，现在双侧。"一旦你做双侧动作，脚后跟踢臀部就需要4拍。当你准备变回单侧动作时，每4拍提示一次："4，3，2，1，现在单侧。"

写出带有预期性提示的组合

在学习时，不仅要在纸上写下动作组合，而且还要写出预期性提示，这才是好习惯。使用此处的组合，你写的预期性提示可能如下。

技术和安全检查

提示时，请务必：

- 仔细听强拍和8拍乐句；
- 在8拍乐句顶头的强拍开始新动作；
- 用领先脚开始新动作；
- 完成所有动作（例如，最后一次轻击或轻触）；
- 从4开始倒数提示；
- 跟着节奏说话（至少在开始时）；
- 在你仍在做当前动作时提示下一个动作。

让我们回顾一下这种模式的提示方法。如上述示例所示，下一步的提示发生在你实际做当前动作的时候。对于动作A，踏步，你从4倒数提示，在应该说"1"的地方说"提膝"，此时你仍在踏步。对于动作B，提膝，使用相同的方法，提示下一步动作，在应该说"1"的地方，说"踏并步"。然而，在动作C中，下一个预期的提示更长、更复杂，因此必须出现在2和1所在的地方。你可以说，"4，3，脚后跟踢臀部模式"，重音在"模"上（在1的地方）。换句话说，你说话要跟着节奏，这有助于参与者更清楚地听出节拍。动作D更复杂，所以你可能需要跟着节奏给出动作提示和一个预期性提示，这就意味着没有时间倒数。这样一来，提示听起来可能是："单、单、双，向左转走。"这听起来可能有点复杂，但只要稍加练习，你就能掌握预期性提示的方法。这样做的结果是值得的：你的班级最终会给你贴上"好的提示、容易跟上"的标签。单凭这一技能就能让你成为受欢迎的教练，因为每个人都可以感到更自信、更有乐趣。

动作提示

使用动作提示，可以用来提示那些看起来很明显的事情，许多参与者需要这种方式来增强他们的信心和提高成功率。一个动作提示可以指出步法，或者是有节奏的拍数，如恰恰

	领先腿	动作	拍数	预期性提示
A	右腿领先	原地踏步4次	1~8	"4、3、2，提膝"
B	右腿领先	交替提膝4次	9~16	"4、3、2，踏并步"
C	右腿领先	右腿领先踏并步4步	17~24	"4、3，脚后跟踢臀部模式"
D	右腿领先	单、单、双节奏，交替脚后跟踢臀部4次	25~32	"单、单、双——向左转！"

舞（"双脚动作1、2、1、2、3 —— 1、2、2、3"），或者指出右脚和左腿，如弓步蹲（"右脚向后，左脚向后，右脚向后，左脚向后"）。这种提示还可以提供基本的方向，如在双弓步中（"双脚向下，向上，向下，切换，向下，向上，向下，切换"）。这样的提示可以带着合适的有节奏感的强调语气重复，直到参与者正确地完成这个动作。动作提示还包括指出动作的名称（如"平转身"或"扭转"），以及说明实际的方向，如"交叉步向右"。我们建议始终将"左右"两个字与指向性的视觉提示一起使用。当突然被要求向左或向右移动时，一些参与者会感到困惑和焦虑，但可以通过指向性的视觉提示缓解或消除这些感觉。

激励性提示

激励性提示可以增强参与者的自信心和提高动作的娱乐性，并产生一种游戏感。你在讲话中应穿插一些鼓励性的词语："真好""超级棒""做得好""干得太好了""你们看起来棒极了""表现出色"。一些教练每8到16拍就会给出激励提示，难怪他们的课程如此受欢迎！此外，许多教练为了好玩，会发出"哎呀"、颤音、"哈哈"、吆喝声和其他声音。如果你在课堂上玩得开心，学生很有可能也会很开心！

教育性提示

具有教育意义的提示能提供有关运动或与健康有关的主题的相关信息。在做简单的自由编排动作时，回顾有氧运动的好处，这就是将教育融入教学的极好方法。

姿势提示和安全提示

有经验的教练会不断地给出姿势和保证安全的提示。在心肺训练中常见的错位包括头部向前（下巴突出）、圆肩且驼背、手臂伸向头顶时肩膀抬高、肘部和膝盖过度伸展、脊柱和骨盆不稳定（尤其是在提膝和踢腿时）。当参与者做弓步蹲或重复动作时，臀部、膝盖和脚趾都需要指向同一个方向。安全提示包括提醒参与者在跳跃时把脚跟放下来，避免过度的冲力，使运动保持在可控范围内，保持拳头放松，按照自己的节奏运动，保持身体的水分。

要给出太多这样的提示几乎是不可能的！记住要给出正面的提示，尽可能避免使用"不要"这个词。例如，说"头向上，肩胛骨下沉"比"不要耸肩"要好得多。

视觉提示和镜像技术

尽一切可能确保参与者能成功完成动作。如果大多数学员在跟随或掌握新动作方面始终存在困难，那么他们的困难可能更多地与教练有关，而不是他们自己。这些问题可以追溯到教练的动作、过渡、动作排序、配合音乐的能力，以及正确提示的能力。因此，你要努力使你的提示非常清晰。帮助参与者始终与你一起做动作的一个主要的方法，是结合使用视觉提示和口头提示。当你与一大群人一起运动或是没有麦克风时，使用视觉提示是必不可少的；此外，它可以保护你的嗓子。基于节拍的课程的教练已经开发并广泛使用了许多视觉提示。这些提示包括计数的手势、指示方向、转弯、保持动作、指示领先腿、引起所有人的注意（"看着我！"），以及指向身体的各个部位以表示正确的姿势（见图4.7）。

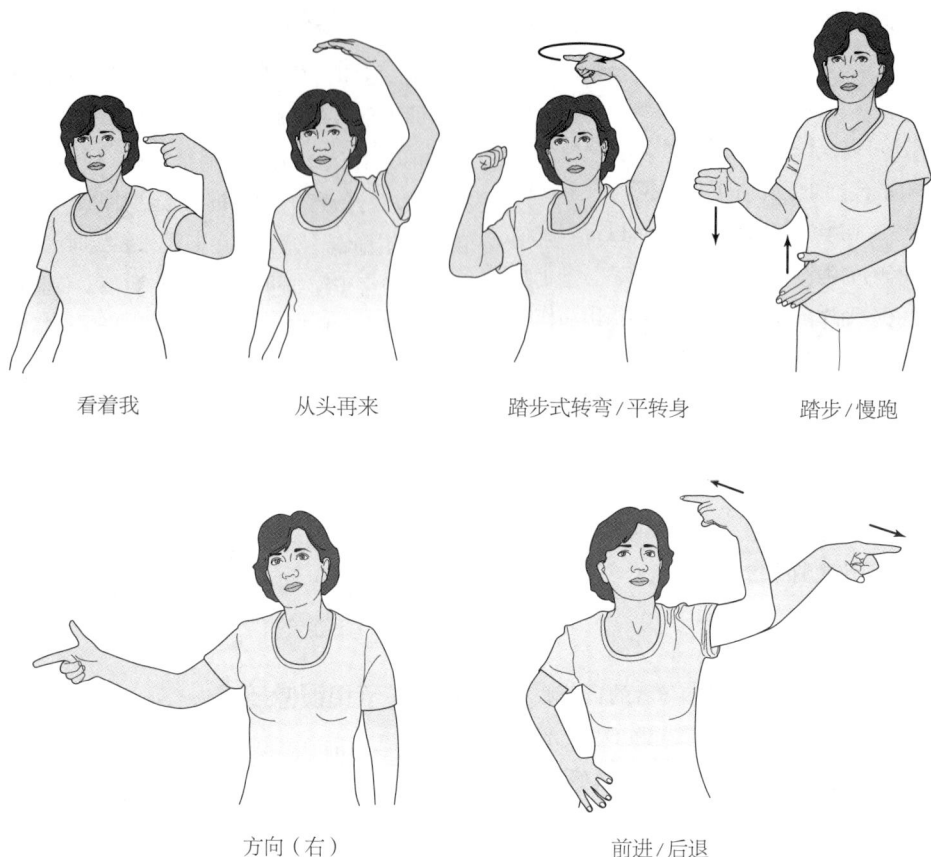

看着我   从头再来   踏步式转弯 / 平转身   踏步 / 慢跑

方向（右）   前进 / 后退

图4.7 视觉提示

　　大多数人都是视觉学习者。他们往往未经真正的思考，只是模仿教练的肢体语言，包括身体的姿势、体力和动作风格。如果你动作准确且体力不错，这是很好的；但是，如果你的姿势或技术不对，就会产生问题。

　　在运动中面对学员时，你正在使用镜像技术。镜像技术是另一项重要的需要练习的执教技术。镜像技术的优势包括教练与参与者能有更多的眼神交流，传送更清楚的声音和不太容易着迷于自己在镜子里的形象。面对学员表明你是一个以学生为中心的教练，这让你的工作看起来不那么像一场表演。我们建议尽可能多地面对学员，特别是在热身和做自由式舞蹈动作的时候，以及在课上进行肌肉训练和柔韧性训练时。面对学员的主要缺点是，如果你的组合动作相对复杂，那么学员将难以跟上。换句话说，如果你在做复杂的舞蹈动作时背对参与者，他们更有可能成功地完成动作。

　　掌握镜像技术需要练习。当你希望学员向右移动时，必须用左手指向左，而此时你说的是"向右"。如果你希望参与者前进，你需要在让他们向你靠近时向后退。你的方向提示对你来说是相反的，但对学员来说正好与他们相对应。

进行练习时，面对搭档，重复本章中描述的所有动作。

实践演练

播放节奏强的音乐，面对搭档，以做一个熟悉的动作为开始（如走路或踏步）。尽量不要说话，只用视觉提示来和搭档交流。这需要有一张生动的脸，并能表达热情！你的搭档应该根据视觉提示跟进你的动作。持续4到16拍，然后通过几个动作进行过渡（如果你的过渡平滑、自然，并且使用了变化的元素，就会很有效地完成）。注意搭档是否能及时跟上你的视觉提示。有没有什么方法可以改善你的视觉提示来提高搭档的成功率？

动作预演

当教授更复杂的舞蹈时，动作预演很有用。当学员继续做熟悉的动作时，你可以为他们演示（预演）新的动作或更复杂的动作，以便他们在做之前能够理会。例如，当学员做交叉步时，你可以通过展示交叉步旋转预演下一个更复杂的动作。

建设性的更正

如何对待参与者以及是否让他们感到自在会影响课堂的出勤率。因此，如何向参与者做出反馈很重要。图4.8提供了一个提示示例。以下是关于如何在提示参与者做出正确的姿势的同时又不会使其感到胁迫或被挑剔的建议。

- 向整个团体做一般性的陈述。"停一下——看看你的后脚脚趾是否正对着前方。为了有效地拉伸小腿，脚趾必须向前伸直。"

- 通过把人移动到正确的姿势来纠正错误。在撑墙拉伸小腿的时候，给遇到困难的人以下的指导："我想把你的脚转直，可以吗？你能感觉到被拉伸的部位有什么不同吗？"触碰参与者之前一定要征得同意。

- 紧挨着参与者进行运动。站在完成动作有困难的人旁边，展示你想要他做的动作。也许他/她看不清你的动作，或听不清你说的话，所以跟不上。如果你要纠正其动作的那个人躺在地板上，那就趴在他旁边进行示范。躺在地板上的人比站着的人更容易受到伤害，所以你必须与他处在同一高度上，以一种不具威胁性的方式进行指导。

- 在教室里四处走动。如果你待在教室的最前面，则只有前排的人才能观察到你的动作技巧。尝试在教室中间而不是在前面进行教学，或者定期从教室前面走到后面或一旁。

- 发现正确完成动作的人。几乎每个人都更喜欢听到积极反馈，而不是消极反馈。如果一个参与者在做一个动作或一系列动作时遇到了困难，指出一个在课堂上完成得很好的人，让他或她观看，或把他们组成一对。

- 确保会员安全并给出理由。将"你的脚必须在此位置"与"将脚置于此位置，因为这样可以防止你向前跌倒，也会使这个动作更容易做"进行比较。

图4.8 提示示例：（a）动作不当，（b）教练纠正。教练："请把你的前臂放在垫子上。把臀部向后移动，使它位于膝盖上方。还有，请向下看，这样你的头就会和脊柱成一条直线。太好了！"

- 使用积极的描述，不要用标签。诸如"好""坏""对""错"这样的词有情感倾向，带有评判性。与其说"乔，这个动作做得不对"，不如说"乔，让我们仔细看看这个动作，我们这样试试，我认为这会有所帮助"。

想方设法让你的课堂能为所有参与者带来积极的体验。以一种礼貌和不具威胁性的方式纠正动作和给出对姿势进行调整的建议，使参与者的运动体验更加舒适。如果他们感觉舒适，他们就更有可能留在你的课堂。如果参与者感到不自在，他们可能会错失团体健身带来的一些有利于健康的益处，如积极的情绪和自尊心的增强。从团体健身中获得的精神和情感上的好处与身体上的收获一样有益。

在创编心肺功能性训练环节的动作时，对照团体健身课程评估表（附录A）检查自己，以确保已经达到了带领训练的基本标准。要提高团队执教技术，就应实践、实验，不断挑战自我。你将来得到的回报值得你这样做。

技术检查

以下是提示的要点。

- 尽可能既从语言和视觉上进行提示。
- 尽可能使用麦克风。
- 避免不停地计数。相反，请尽可能利用计数的时间进行其他类型的提示（例如，姿势提示、激励性提示）。
- 进行预期性提示时要倒数而不是顺数。
- 保持提示语句相对简短和切题。
- 在强拍时做出提示并计数，这样新动作也在强拍上。

你将很快教授一堂参与者想要一次又一次参加的课程！安全、有效和有目的的课程设计需要特定的健身知识，以提供达到期望的成绩所需的适当的运动负荷。团体健身课程评估表涵盖了一些适用于大多数团体健身课程的原则，并围绕健康相关的健身元素进行设计。因此，团体健身课程评估表的目的之一是提供讨论课程类型的共同语言和组织系统。我们建议你在尝试教学之前使用此表格来对课程进行评估。当你读完这一章并学习了第9～17章后，你就会对打造安全、有效的团体健身课堂所需的知识有一个大致的了解。在课堂上，团体健身课程评估表可以用来评估参与者能在多大程度上将理论应用于实践。在其他场景中，此表可用于规定所有形式的团体健身课程（例如，训练营、搏击操或动感单车）中应当实现的预期效果。我们希望，项目经理要求教练考虑如何才能更好地在团体健身环境中表现科学运动的原则。团体健身课程评估表中概述了这些原则，并帮助教练将其付诸实践。

本章总结

在本章中，我们讨论了与基于节拍的、音乐伴奏的、精心设计动作的课程相关的问题。我们学习了音乐基础知识，以及教授一堂以节拍为基础的有氧团体健身课程的实用技巧。请注意，本章中描述的大多数主题和技巧都适用于其他几种类型的基于节拍的团体健身，包括基于各种音乐类型、有氧踏板操、舞蹈和搏击操的运动形式。

作业

创编一套有适当提示的基于节拍的4分钟有氧运动动作。练习该套动作，直到准备好进行教学为止。尽可能为所有动作提供高强度和低强度的选项。至少使用两个简单编排的64拍动作组（32拍右腿领先，32拍左腿领先）。加入预期性提示（在强拍时）、视觉提示和至少一种其他提示。根据本章"写出带有预期性提示的组合"一节中的示例，写出一套类似的动作。

第二部分

团体健身的主要内容

5

热身、放松和心肺训练

本章目标

学完本章，你将能够：

- 阐述课前介绍；
- 设计热身环节；
- 编创排练动作进行热身；
- 判断在团体健身课中进行拉伸运动的时机；
- 创建并介绍放松环节；
- 了解针对团体健身的心肺训练系统；
- 探究适当的强度水平；
- 演示监控运动强度的方法；
- 在心肺运动计划中应用肌力平衡原理；
- 设法解决安全问题以及了解心肺课程的正确姿势和相关技术；
- 演示如何在有氧运动的放松阶段逐渐降低冲击力和运动强度；
- 了解在场所安装自动体外除颤器的重要性。

本章的目的是介绍热身、放松和心肺运动环节的原则，这些原则在大多数团体健身课程中都是类似的。有效的团体健身课程从适当的课前准备开始。在第1章和第2章中，我们讨论了创造积极、健康的课前情感环境的重要性。

课前准备阶段的另一个重要部分是通过简要描述课程形式和简述参与者在运动期间的预期来和大家熟悉。例如，你可以说，"你好，我叫凯拉，很高兴今天能在这堂45分钟的核心力量课上成为你们的教练。这堂课没有有氧运动环节，我们会着重于力量和柔韧性的运动。我希望你们在一天中能抽出时间做一些有氧运动，这样你就能从健身中获得有利于健康的好处"。即使所有参与者都知道课程形式，教练还是需要在每节课上进行介绍。

在课前准备阶段之后，教练首先考虑的是热身。热身有几个重要的作用，包括引起心理和生理神经运动的变化，帮助身体为运动做好准备。在这一章中，我们将讨论如何设计热身活动，让你的课堂有一个好的开始。我们还将讨论何时加入拉伸和训练动作，以及如何创编课程结束时的放松活动。一些共同的原则适用于一些团体健身课程的心肺训练环节。这些原则列于团体健身课程评估表的训练环节中，并将在后文的"团体健身课程评估表要点"中再次提到。确定训练环节的形式（如间歇式或稳定式），包括退阶和进阶训练在内，并在这一环节中享受乐趣是非常重要的。在团体健身课程的有氧训练部分，你需要监控运动强度，这样一来，就需要参与者"保持了解"自己的感觉，以便享受运动的刺激。本章还讨论了学习和教授这些技巧的重要细节。

请参阅"团体健身课程评估表要点"，其中概述了团体健身课的课前、热身和放松以及有氧运动等环节的教学重点。建议使用完整的团体健身课程评估表（见附录A）来评估一门课程，并确保你在自己的课程中融入了重要的概念。

设计热身活动

热身活动通常会以动感的音乐和充满活力的动作来营造气氛。如果你使用音乐，那么第一首歌曲就要为课堂定下基调，让大家准备好开始运动。在热身的第一步，创编一些有活力的、使用大肌群的动作。第二步建立在第一步的基础上，并在适当情况下将热身和拉伸运动结合起来。如果第二步是站姿动作，并且拉伸动作（应用时）是站着的姿势，那么课堂就会直接进入心肺训练部分。

充满活力的音乐是使参与者成功完成热身运动并觉得它有趣的关键之一。在大多数的团体健身课程中，推荐使用每分钟120到136拍的乐曲和积极的歌词，这在传统的运动形态（如踏板操或其他基于节拍的课程）中是必不可少的。鼓励和启发人们的歌曲，给健身室带来了活力，并能在团体健身课上形成有活力的、互动的状态。从本质上说，音乐的选择就像动作的选择一样，决定了运动状态。

热身的几个目的

热身运动使得身体准备好进行心肺功能、肌肉力量和其他环节的训练，并提高体内温度。体温每升高一摄氏度，细胞代谢率增加约13%（Astrand and Rodahl，1977）。此外，在较高的体温环境下，流向正在运作的肌肉的血液就会增加，向肌肉输送的氧气也会增加。这些结果使产生能量的效率更高，进而促进肌肉收缩，所以有效热身的目标是使体内的温度提高0.5～1摄氏度。提高体温对运动者还有其他有益的影响，参见后文"热身的生理益处"。

团体健身课程评估表要点

课前环节的要点

- 认识参与者并使新参与者适应环境
- 准备好器械和音乐（如果要使用）

- 自我介绍并介绍课程形式
- 向班级学员打招呼
- 营造积极气氛
- 穿着适当的服装和鞋

热身的要点

- 适量的动态动作
- 为接下来的运动中涉及的动作进行演示

- 为至少两个主肌群提供动态或静态拉伸
- 为热身活动提供强度的指南
- 清晰的提示和口头指示
- 以适当的速度和强度做某些动作

有氧训练的要点

- 逐渐增加强度
- 多肌群参与
- 减少重复性动作
- 观察参与者的体态，并做出有效的、不令人反感的反馈
- 不断进行调整、退阶、进阶或提供替代方案
- 提供姿势提示和技巧提示
- 给出激励性提示

- 告知参与者运动强度，在运动过程中检查1～2次心率（Heart Rate，HR）或主观用力程度分级（Rating of Perceived Exertion，RPE）
- 促进参与者互相交流并鼓励大家玩得开心
- 提供正确的动作示范以保证参与者的动作遵循生物力学结构
- 使用适当的动作或音乐节奏

柔韧性运动、拉伸和放松部分的要点

- 对主要活动的肌肉和通常紧张的肌肉（髋屈肌、腘绳肌、小腿肌肉、竖脊肌、胸肌、三角肌前束、斜方肌上束）的静态拉伸
- 演示正确的姿势和怎样使用技巧

- 观察参与者的体态，并提供调整、退阶、进阶或替代方案
- 提供姿势提示，包括对拉伸动作进行大量提示
- 适当强调放松或视觉化
- 以积极的态度结束课堂并致谢

许多生理效应能够降低受伤的风险，因为它们能增加神经肌肉的协调能力、延缓疲劳，并使组织更不易受到损伤（Alter，2004）。根据奈曼（Neiman，2010）的研究，热身可以提高运动肌肉的力学效率和增强力量，提高神经冲动的传递速度，增加肌肉的血流量，改善必要的能量物质的输送，同时让位于心脏的肌肉为有氧运动做好准备。

在进行拉伸运动前的热身阶段，动态动作是必不可少的。赫伯特、德诺罗尼亚和坎珀（Herbert, DeNoronha and Kamper, 2011）发现，热身运动本身对关节活动度没有影响，但在热身之后进行拉伸，关节活动度会增加。许多人将这一发现理解为在运动前拉伸可以预防受伤，不过这个问题在临床研究中还没有定论。麦克休和科斯格雷夫（McHugh and Cosgrave,

热身的生理益处

热身的生理益处如下。

- 代谢率提高
- 血液和肌肉之间的氧气交换率提高
- 向肌肉输送更多的氧气
- 神经冲动传递的速度更快
- 逐渐将血液重新分布到工作的肌肉中
- 减少收缩后的肌肉放松时间
- 增加肌肉收缩的速度和力量
- 增加肌肉弹性
- 增强肌腱和韧带的柔韧性
- 能量的产生逐渐增加，以减少乳酸的累积
- 降低心电图异常的风险
- 润滑关节

2010）指出，拉伸并不会降低支撑性损伤的风险，但确实会降低肌肉拉伤的风险。许多拉伸运动的研究都是在运动员中进行的，并且与运动成绩有关。然而，《2018年美国运动医学会运动指南》提醒我们，当肌肉兴奋时，柔韧性运动是最有效的；团体健身的参与者应该在拉伸运动之前进行热身，以提升拉伸运动的效果。第7章全面阐述了柔韧性训练的建议和准则、具体运动等。本章的"评估热身活动中的拉伸"一节讨论了决定何时将拉伸纳入团体健身课程。热身运动可以预防受伤，而拉伸运动对预防受伤的效果显然微乎其微。因此，在热身过程中，重点要落在提高核心体温的动态动作而不是静态的拉伸动作上（见图5.1）。

专注于动态动作

大多数团体健身课程的热身部分持续5到10分钟。有关体育文献建议把大部分时间花在热身而不是拉伸动作上。在团体健身环境中，动态动作是什么样的？举例来说，就是一边走一边用手臂绕圈来活动四肢，然后用脚趾和脚跟走路来活动小腿；或者做侧向横跨步来活动外展肌和内收肌；或者走路时扭转髋关节来放松臀肌。较低强度和极小冲击力的动态动作是使身体准备好进行运动的首选途径。如果参与者从事的是久坐不动的工作或坐在车里，那么做动态动作就尤其重要。

记住，参与呼吸的主要肌肉——膈肌——和其他肌群一样，需要时间来调速。呼吸频率快速提高，而没有给膈膜足够的时间来适当地热身，会导致岔气和换气过度（快速的浅呼吸）。呼吸频率的突然提高意味着向心肺功能性训练部分的过渡不够平缓。在动态热身中做几次深呼吸将有助于使膈膜活动起来。

图5.1 根据研究，热身环节应专注于能提高核心体温的、有活力的动作

整合预演动作

预演动作占了热身的大部分，可帮助参与者为即将到来的挑战做好准备（ACE，2016）。预演动作是一种与参与者在运动阶段要做的动作相同但强度较低的动作。有关预演动作的示例，请参阅后文"各种团体健身形式的预演动作建议"。阿佩尔（Appel，2007）认为正确的预演动作可以使参与者在精神上和身体上都活动起来。她鼓励教练注重灵活的动态动作，而不是静态拉伸，并强调改善平衡以及侧重于协调、姿势控制和关节稳定性的动作。由于2018年ACSM指南继续将神经动作归为健身的组成部分，平衡和本体感受动作，如站立交替髋关节外展，也应属于热身活动。

在热身中使用预演动作的理念与训练的特异性原则有关。这一原则表明，身体可以特异性地适应对它提出的任何要求。特异性原则不仅适用于能量系统和肌群，也适用于运动模式。因为在训练中使用的运动单元适用于大部分的生理变化，所以必须对各种运动模式进行专门训练。在团体健身课上，参与者感到沮丧的一个主要原因是他们不能有效地完成动作。在热身时慢慢地引入运动模式（尤其是复杂的动作）有助于唤醒相关的运动单元，并确保参与者在随后的运动中成功地完成动作。

在热身中使用预演动作，不仅能让身体为接下来的动作做好准备，还能通过引入新技能来帮助神经肌肉达到最佳状态。例如，一个前交叉步式的动作（称为交叉步）可能被分解成一次走步，并提示"走，向前走，走，后

各种团体健身形式的预演动作建议

这些建议的动作预演了将在热身后的有氧运动部分使用的动作。

- 高强度间歇训练课：使用缓慢的从一边到另一边的动作，部分下蹲、平板支撑。
- 专项训练：使用敏捷梯，跨过和绕过锥形体。
- 踏板操：在热身期间使用健身椅。
- 动感单车：教参与者如何正确骑单车爬坡。
- 水上运动：在浅水或深水中，应用越野滑雪者的动作，进行间隔分段运动（休息30秒，运动30秒）。
- 力量训练：使用肌肉训练特定的动作，包括肱二头肌弯举、肱三头肌后屈伸和蹲举训练（示范如何正确地进行每一项运动）。
- 搏击操：使用横跨步、短桨腿法和可控的出拳。
- 基于节拍的课程：复习32拍动作组合中使用的动作。

退"（同时向旁边走）。这个动作可以在热身时慢慢地引入，让身体准备好在稍后的课程中快速地完成。如果在热身的时候打好了基础，学员就知道在心肺功能性训练环节遇到交叉步时该怎么做。特定于某种课程形式的预演动作是热身的主要部分。注意，在这些具体的章节中（例如，第10章搏击操、第11章踏板操训练、第12章动感单车）收录了一些适合特定模式的热身运动。踏板操热身的文字信息，参见附录C。

专项训练或训练营的热身，就像其他团体健身形式一样，包括心肺功能环节应用的一些活动内容。这些热身运动更像是你在做体育比赛前的热身运动。这种热身运动通常包括一般的健美操，其强度比正式运动低。基于教学的热身可以以开放或围成一圈的形式进行。专项训练热身部分可能包括以下一些动作。

- 用脚尖绕圈行走，预热小腿。

- 抬高膝盖走路，使股四头肌和髋屈肌活动起来。
- 抬高膝盖走路，髋部旋转，预热外展肌和内收肌。
- 走路或慢跑时，脚跟踢向臀部，以预热腘绳肌。
- 走路时做幅度大的肩部环绕运动来预热肩关节。
- 做横向动作，如交叉步，以提高身体的协调性。
- 预演动作，如简单地绕锥形体散步或慢跑，以增强横向运动的能力和提高平衡性。在训练环节，这两种动作强度较大，具有挑战性。

评估热身活动中的拉伸

是否在热身时做拉伸运动是一个有争议的问题，有关文献还没有对此达成一致的意见。观察动物从小睡中醒来，它们通常会做什么？答案是舒展身体。事实上，一种常见的用于拉伸上背部和下背部的动作就是猫式伸展。在这个拉伸动作中，脊柱弯曲，肩胛骨伸展。当久坐或站立后，脊柱感觉僵硬时，这种拉伸动作能使人感觉很好。对人类来说，要确定运动前做拉伸动作是否有效要复杂得多。根据所从事的身体活动的不同，文献的表述也会有所不同。在这场讨论中，有两个运动的目标——一个是做热身运动以减少受伤的风险，另一个是提高柔韧性；后者是健身的一个重要目标。

第6章和第7章将详细介绍有关拉伸和强化肌肉的知识。我们在此简要概述ACSM指南以及ACSM如何解决普通人群的柔韧性和拉伸问题。2011年ACSM指南（Garber et al., 2011）谈到了柔韧性，并建议每周运动2天以上，最好运动5到7天，每次拉伸主要肌群的时间为60秒。ACSM观点基于对许多拉伸运动研究的回顾。一般认为，柔韧性训练是有益的，但问题是把它们放在团体健身课程的什么时段。研究表明，拉伸并不能预防运动后肌肉酸痛。赫伯特、德诺罗尼亚和坎珀（Herbert, deNoronha and Kamper, 2011）对之前发表的10项关于拉伸的研究进行了系统回顾和荟萃分析，得出结论：运动前拉伸并不能预防运动后肌肉酸痛。他们发现几乎没有证据支持运动前进行拉伸可以防止过度使用性损伤或急性损伤这一理论。

两本知名的运动生理学教科书（McArdle, Katch, and Katch, 2014；Howley and Thompson, 2017）建议进行积极的热身运动，包括一些预演动作，然后进行短暂的拉伸运动。这两本书推荐的大部分拉伸动作应该在运动的放松阶段进行。然而，这两本书针对的是个人，通常是针对运动员写的，它们对团队来说不一定有效。一般来说，ACSM指南和之前列出的资源在热身活动中加入了拉伸运动，它们都主张在拉伸运动之前先进行热身运动，这样肌肉在拉伸运动之前就能体验到热身的好处。

除了提高关节活动度之外，静态拉伸还可以让人非常放松。拉伸运动最大的好处之一可能恰恰是研究人员无法量化的：它让人感觉良好。鉴于没有确凿的证据显示热身期间进行拉伸有内在的好处，我们的建议是，热身动作中应包含一些动态动作，还要包含一些短暂的、轻松的预备性静态拉伸动作（5~10秒），特别是如果热身是课程中唯一的涉及柔韧性训练的环节时。符合之前提到的2018年ACSM静态拉伸指导原则的更久、程度更深的拉伸运动将在团体健身结束时进行，在地板上进行拉伸更符合这种课堂形式。在课堂的某一环节纳入拉伸动作很重要，具体放在哪里取决于课程的安排。

在为团体健身课程设计热身环节时，最好把重点放在预演动作上。如果你准备做一些轻松的预备性拉伸动作，如图5.2所示，请试着把注意力集中在动态动作和拉伸上。例如，在进行站立式小腿或腘绳肌拉伸时，使手臂上下移动以保持运动。同样地，当你为固定的动感单车课设计热身动作时，在做上半身拉伸运动时要保持腿部踩踏板。

图5.2　适合热身和放松的小腿的站立拉伸运动

如果你教的是30分钟的课程，最好把拉伸放在最后，因为这有利于增强柔韧性。如果你教的是一群老年人，你可能会发现他们更喜欢在热身结束和实际运动之前进行几分钟的静态拉伸。他们在热身之后，可能会进行拉伸来增强身体柔韧性，因为这样做使他们感觉舒服。在课程结束时，疲劳可能会妨碍他们恰当地进行静态拉伸。

柔韧性是健康体能的组成部分，所以柔韧性训练应该包含在所有锻炼中。不管教授的是哪种形式的团体健身，在进行静态拉伸之前进行热身和完成一些预演动作是很重要的。这样，身体柔韧性在课程结束时得到了极大的增强。因此，对于大多数的课程形式，我们建议在运动结束时进行深度的静态拉伸，以使参与者获得最多的健康益处。

设计放松动作

课程的前5分钟和最后5分钟会影响参与者的体验。请记住，在你的课堂上，参与者一直在努力运动，他们很可能感觉不像刚开始上课时那么僵硬和紧张了。随着课程的推进，你希望他们放下当天的焦虑、担忧和压力。当音乐响起时，他们的大脑可能从逻辑和计算模式切换到自发运作和流畅性思维模式。参加训练课最困难的部分是坚持下去，而现在他们已经到了锻炼的尾声，心态和刚开始上课时很不一样，花时间照顾自己，朝着更健康的生活又迈出了一步。现在是你帮助参与者结束锻炼的时候了。在课程的最后5分钟，让参与者体验一些放松的时刻，或者在他们回到自己平常的生活之前再次激励一番。这些放松时刻可以是有组织的，也可以是随意的，可以是冷静的，也可以是静谧的。

创建有效放松时刻的技巧

- 保持安静或使用温和、舒缓的音乐（每分钟90拍或以下）。
- 尝试讲故事，提供有指导的影像或可视化创意图像。
- 描述安静的森林、微风、温暖的炉火或舒适的房间。
- 波浪或瀑布的力量可暗示继续进行日常活动所需的能量。
- 让搭档按摩或让团队讲故事，深呼吸，或逐步收紧和放松肌群可以帮助参与者放松。
- 赞扬他们付出的努力，强化他们积极的生活方式。
- 阅读励志名言或诗歌，或宣布即将进行的活动。
- 提醒参与者，运动体验的真正动力来自内心。

热身 / 放松小结

本节概述了团体健身课的课前、热身和放松阶段共有的一些变化因素。这些变化因素列在了附录A的团体健身课程评估表中。无论你是在教授动感单车运动、训练营、踏板操还是搏击操课，包含适量的动态动作，进行动作的预演，以符合生物力学规律的方式拉伸主要肌群，并以放松动作和静态拉伸结束课程都是非常重要。

心肺训练系统

在有氧运动课程中应用的主要训练系统有：持续训练（也称为稳态训练）；间歇训练，可以是定时的或分散的；使用不同的有氧运动模式的间歇训练（通常是定时的）；间歇心肺功能性训练和力量训练（有时称为高强度间歇训练或Tabata训练）。

在持续或稳态训练中，运作是用来完成一次长时间且连续的耐力锻炼，而强度变化不大。在稳态心肺训练过程中，总体生理作用通常是稳定的；应鼓励参与者监控运动强度，使其心率无太大波动（见图5.3）。

在间歇训练中，强度水平在高、低和中等之间波动。教练提供高强度的动作或短时高强度的无氧间歇训练（也称为高强度间歇训练）。在这段可能持续15秒、20秒、30秒或60秒的时间内，鼓励参与者挑战自己，也许会将他们的心率推进到目标心率区间的最高值（对于高级参与者甚至更高）。间歇训练的模式包括增强式训练、冲刺训练或爆发性动作。心肺调节环节可以组织成有规律的定时间歇性训练（例如，一首4分钟的歌曲伴奏的中等强度的动作组合，然后是1分钟的力量型间歇训练，这种顺序重复5次），或者将这些间歇训练随机地穿插在整门课程的有氧运动部分。有关高强度间歇训练的更多细节，请参见第13章。

采用不同训练模式的间歇训练是融合交叉训练和缓解无聊感的好方法。它也比一些较极端的运动更适合初学者。一般的训练方式可能包括4分钟的常规有氧运动，如台阶练习或者提膝，紧随其后的是4分钟的台阶上单脚跳（双腿交替），然后与其他的有氧运动或力量型动作组合一起，重复总共20到30分钟。间隔训练所采用的运动模式通常取决于你所拥有的器械。

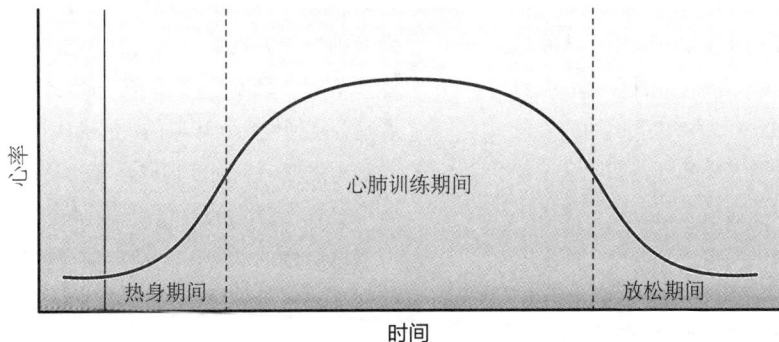

图5.3　稳态训练

另一种常见的方法是心肺训练和力量训练交替进行。例如，你可以带领班级成员进行4分钟的有氧运动、2分钟的深蹲和弓步蹲运动、4分钟的有氧运动和2分钟的肱三头肌和三角肌运动。福斯特和波尔卡里（Foster and Porcari，2010）认为，无论选择哪种类型的心肺训练，高强度的部分应在训练环节的早期进行，并在结尾部分包含更多稳态训练，这样可以使运动刺激维持一段时间。

起始强度

即使人体能有效地适应运动，在运动开始时也要逐渐增加强度，这样做的原因如下。

- 血液会逐渐从器官被重新分配给运动中的肌肉。
- 心肌逐渐适应从安静水平到运动水平的变化。
- 呼吸频率逐渐增加。

心脏节律变化最危险的时期是从静息状态转到高强度活动状态，以及从高强度活动状态转回到静息状态的时候。静息时，心肺系统每分钟可以循环约1.3加仑（约5升）血液。想象一下，每分钟有2.5个2升的液体在你的身体中循环。剧烈运动中，心肺系统每分钟必须循环多达6.6加仑（约25.0升）血液，以满足一个健康人肌肉活动的需求，即每分钟有12.5个2升的液体在你的身体中循环！从静息到剧烈运动需要花一些时间，并且在有氧运动阶段需要逐渐增加强度。如果有氧运动的参与者在开始的前几分钟就气喘吁吁，那就意味着没有留出足够的时间使血液重新分布。评估热身运动中的动作并根据需要进行调整，使强度逐渐地增加。你还可以这样开始上课："我们才刚开始，所以让我们拿出点时间，让身体适应新的强度水平。"对参与者进行以热身训练

为目的的指导，让他们了解要逐渐加大强度，而不要一开始就进行剧烈活动。

增加团体健身课的训练强度，要从小幅度、短力臂、小范围活动开始。在课程开始阶段，不要采用跳跃类动作并保持较低强度；同样，水中训练课也选择从小幅度、短力臂的动作开始锻炼。在动感单车课上，确保有氧运动的前几分钟内，飞轮张力保持较低的阻力。

适当的强度水平

无论你要带领哪种班级，都不可能同时为每个人提供帮助。

每个参与者的活动强度不同，目标也不同。理想情况下，所有课程都将根据给定的强度和持续时间进行安排。现实情况是，很多参与者来上课是因为时间方便，而不一定是因为上课时长或强度级别比较适合他们。如果参与者尝试按照教练给出的强度水平或另一位参与者的强度水平进行运动，则可能会感觉太困难或太简单而无法达到他们的运动目标。

为了促进参与者形成自我责任感，可参照以下几点做法。

- 鼓励参与者按照自己的节奏进行活动，教导他们如何使动作变得更难或更容易。
- 演示心率监控或主观用力程度分级检查，并使用常见示例告知参与者可能会有的感受。例如，在心肺功能性训练环节运动最剧烈的部分，询问参与者是否感到气喘吁吁但仍然能够说话。
- 演示高强度、中强度和低强度的动作，以覆盖各个级别的参与者。在展示多个强度级别的动作时，指出谁在做较高强度或较低强度动作，这对于参与者会有所帮助。

参与者可以通过增加以下变化使动作更

有挑战性：

- 关节活动度；
- 力臂；
- 使用多个肌肉和关节；
- 移动训练；
- 垂直位移，可以通过增加跳跃和推进力，或者通过加大屈膝、屈髋幅度（强调的是向上而不是向下）；
- 移动速度；
- 正在移动的重量。

为了降低强度，参与者可以反向操作。

帮助参与者达到他们需要的强度水平，并不断提醒他们做到这一点是他们的责任。对参与者的运动强度负责不是你的工作，你应该负责提供不同强度的运动选项，以便参与者明确选择正确的强度的重要性。

在以你自己习惯的强度级别授课时将不会有强度选项示例。我们建议你大多数时候保持在中等强度，并根据需要提供其他运动强度选项。其中一个实际示例是演示用左右脚跟点地的改良版开合跳，同时鼓励那些需要更大强度和冲击力的人进行常规的开合跳。对于那些想要进行更大冲击力或强度更大的运动的人，你可以提议进行爆发力深蹲（见图5.4）甚至是开合跳。能够教授多个级别和不同能力的人是团体健身指导真正的艺术，也是团体健身比一对一指导更难进行的原因。

在间歇训练期间监控强度和展示可选强度也很重要。这种方法可能与稳态训练略有不同。间歇训练通过改变运动时长来调整运动强度。一些教练使用渐进式的间歇训练。这就需要先进行20秒的活动，然后进行20秒的休息，然后再进行30秒的活动和20秒的休息，然后进行45秒的活动和20秒的休息。无论使用哪种训练方式，务必让参与者提前了解各种强度选项，以便他们可以计划自己的强度输出。对一个团体进行间歇训练没有固定的方法。间歇训练可以增加在运动期间进行

图5.4 对于心肺训练，请示范低强度和高强度动作，但继续以中等强度进行活动。在此示例中，教练在做爆发力深蹲，参与者在做踏板轻击（强度较低）和开合跳（强度较高）

的总运动量和平均运动强度。对健康成人和患有代谢、心血管或肺部疾病的人来说，短期（如3个月）间歇训练对心肺适应性的改善等于或大于单一强度的训练（稳态）带来的变化。

运动强度监控

监控心肺运动环节中的运动强度是团体健身教练的重要职责，也是领导团体健身班级最困难的因素之一。团体健身负责人可以通过多种方法来推进和监控运动强度。但是并不存在一种适用于所有团体健身参与者的方法（请参阅"强度监控研究在团体健身中的应用"）。许多团体健身教练已停止使用人工心率监控，因为它会影响课程流畅度。此外，随着可穿戴式活动跟踪设备的广泛使用，许多参与者都知道他们的心率。进行监控很重要，不过并没有监控强度的统一规定。使用一些方法来监控运

动强度表明了对参与者的关注。以下是如何使用目标心率、主观用力程度分级和谈话测试的简要介绍。

心率测量

正确指导如何测量心率是有效监控运动强度的第一步。

人体有很多可以监控心率的部位，最容易测量心率的部位如图5.5所示。

- 颈动脉脉搏在颈动脉上，就在喉的一侧。使用食指和中指的指尖轻轻按压来探得脉搏。不要同时触摸两侧的颈动脉，要轻轻按压一侧。
- 桡动脉脉搏在手腕处桡动脉上，与拇指在一条直线上。使用前两指或三指的指尖来给自己把脉。把手放在胸口以下。许多人是在戴着表带的地方找到脉搏的。

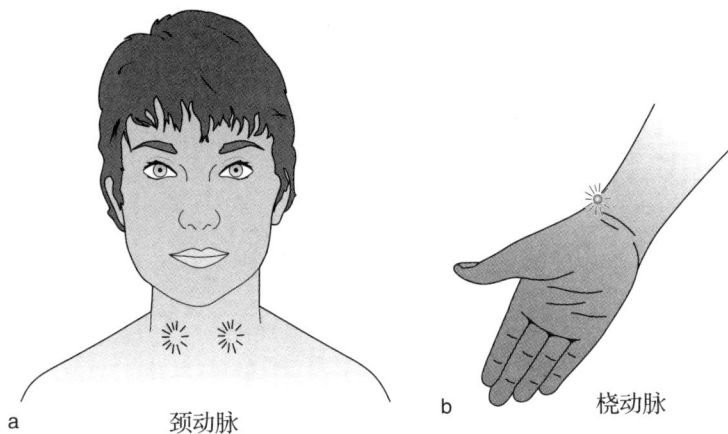

a　颈动脉　　　　　　　　　　b　桡动脉

图5.5　测量心率的解剖学部位:（a）颈动脉和（b）桡动脉

当在颈动脉部位检查脉搏时要小心。在颈动脉部位附近有对压力很敏感的压力感受器。当颈动脉受压时，这些压力感受器会向大脑传递信息：降低心率，增加血压，从而使大脑更好地获得氧气。如果过分用力按压，切断进入大脑的氧气，你很快就会倒在地上。指示参与者无论何时在颈动脉部位测心率时都要轻按，也不建议老年人在该部位测心率，因为他们的颈动脉中可能会有斑块堆积。

使用目标心率范围测量运动强度

确定目标心率的方法是心率储备法（也称为卡沃南氏公式）。使用心率储备法进行监控时的建议强度（40%～85%）通常相当于建议的最大摄氧量的百分比。

使用心率储备法在确定目标心率时，考虑了静息心率。据估计，参与者的最大心率（Maximal Heart Rate，MHR）等于每分钟220次心跳减去参与者的年龄。目前，有许多预测MHR的方程式考虑了年龄以外的变量，但是这些方程式可能有较大的估计标准误差，将其应用于一般人群时可能会导致测量结果不准确（Roberg and Landwehr Foster，2002）。福斯特和波尔卡里（Foster and Porcari，2010）推荐格利什等人（Gellish et al.，2007）提出的MHR公式：207 -（0.67×年龄），该公式可应用于年龄和健身水平各异的成人健身项目中的男性和女性。田中、莫纳罕和西尔斯（Tanaka，Monhan and Seals，2001）还推荐了一个"208 -（0.7×年龄）"的公式，该公式使用了健康男性和女性的最大心率百分比。这两种公式都是美国运动医学会推荐使用的（ACSM，2018）。尽管简单的220减去年龄乘以百分比可能会低估或高估最大心率，但它仍然是监控心肺运动强度的最简单且通常是首选

的方法，在团体训练中尤其如此。

记住，220减去年龄只能得出最大心率的一个估计值。它基于回归方程，这意味着220减去年龄并不适合每个人。服用指定的改变心率的药物的参与者，如果要使用心率储备法，应该使用在分级运动压力测试中测量的最大心率。心率储备法涉及取最大心率与静息心率之差的百分比，然后将该百分比加到静息心率中，以确定目标心率。使用心率储备法对目标心率进行计算的示例，参见"使用心率储备确定目标心率"。建议使用各种测量方法后告知参与者运动强度水平。接下来将介绍主观用力程度分级和谈话测试，它们是另外两种可以有效测量团体健身环境中运动强度的方法。

主观用力程度分级

主观用力程度分级是确定运动强度的另一种常见方法。参与者使用自己对运动强度的主观感知，以博格制定的6至20级主观用力程度分级量表或0至10级主观用力程度分级量表来评估稳态活动水平（Borg，1982）。自博格的主观用力程度分级规则诞生以来，教练们还发明了许多其他方法来衡量主观用力程度。有趣的是，主观用力程度分级既有效又可靠（Dunbar et al.，1992；Robertson et al.，1990），并且与运动、最大摄氧量和心率等心肺参数的增加密切相关。在团体健身中，主观用力程度分级可与心率一起使用，也可分开使用，都能监控大多数参与者的相对运动强度。服用改变心率的药物的参与者可以使用主观用力程度分级监控他们的相对运动强度。福斯特和波尔卡里（Foster and Porcari，2010）指出主观用力程度分级适用于大约90%的人群，不适用于久坐程度深的人和有明显肌肉力量的人。

使用主观用力程度分级时，对分级量度的

使用心率储备确定目标心率

一名40岁的参与者，每分钟静息心率为60次，想要以其心率储备的50%至70%进行运动。她的目标心率范围是多少？

步骤1：估算最大心率。

- 最大心率估计值 = 220 - 年龄
- 最大心率估计值 = 220 - 40
- 最大心率估计值 = 每分钟180次

步骤2：找到心率储备。

- 心率储备 = 最大心率估计值 - 静息心率
- 心率储备 = 180 - 60
- 心率储备 = 每分钟120次

步骤3：找到心率储备的50%至70%。

- 心率储备的50% = 心率储备 × 0.5
- 心率储备的50% = 120 × 0.5
- 心率储备的50% = 每分钟60次
- 心率储备的70% = 120 × 0.7
- 心率储备的70% = 每分钟84次

步骤4：找到目标心率范围（50%至70%）。

- 目标心率范围 = 心率储备的百分比 + 静息心率
- 50%目标心率 = 60 + 60 = 每分钟120次
- 70%目标心率 = 84 + 60 = 每分钟144次
- 目标心率范围 = 每分钟120至144次

由于许多参与者会触诊脉搏并且可能没有心率监控设备，因此可以将目标心率除以6，以获得10秒心率数。

每个级别进行口头描述很重要。这些描述必须使参与者清楚地了解每个级别所代表的强度。例如，如果使用6到20级的博格量表，则等级为6或7可以被描述为站着不动的强度，等级为11可能是步行去商店，等级为13可能是在间歇运动中开始呼吸困难，等级为15可能是跟在狗的后面沿街道奔跑。将真实任务与主观用力程度分级相关联，有助于参与者了解他们处于每个等级时的感觉（见图5.6）。

谈话测试

谈话测试是衡量运动强度的另一种主观方法，可以用作心率和主观用力程度分级的辅助手段。参与者运动时，呼吸应有节奏且感到舒适。特别是对于初学者，运动时进行交谈可以测试他们是否达到了适当的强度。随着强度的增加，他们的呼吸速度将变得更快、呼吸更浅。如果参与者在交谈时需要在各个词之间喘气，那么运动强度就太高了，应该降低（高强度间歇训练法可能是另一回事）。谈话测试可能适合那些健康水平较高的人，但对于那些不太了解自己的身体，以至于无法理解谈话测试概念的初学者，谈话测试可能会让他们感到困惑。

主观用力程度分级强度	
1	休息
2	稍微用力
3	刚超过稍微用力
4	轻度用力
5	适度用力
6	有点困难
7	困难
8	非常困难
9	极其困难
10	最大的努力

图5.6　主观用力程度分级量表

摘自：B.舍恩菲尔德（B.Schoenfeld），力量和塑形（伊利诺伊州尚佩恩市：人体运动出版社，2016），201。

强度监控研究在团体健身中的应用

研究表明，监控运动强度的最佳方法因运动方式而异。帕克及其同事（Parker and colleagues，1989）进行了一项关于团体健身强度监控的研究，他们发现在高强度和低强度的团体健身中测得的心率所反映出的相对运动强度（最大耗氧百分比）低于跑步过程中测得的心率所反映出的相对运动强度。这显然是由加压效应造成的，即上半身的剧烈运动可以升

高心率而不会相应增加最大耗氧百分比。其他针对团体健身的形式（踏板操、间歇训练、高－低强度训练，以及渐进式跑步机训练）的研究（Roach，Croisant and Emmett，1994）得出结论，心率可能不是运动强度恰当的预测指标，而主观用力程度分级才是监控强度的首选方法。

格朗等人（Grant et al.，2002）比较了50岁以上男女的两种有氧运动模式（步行和有氧舞蹈）的主观用力程度分级和生理反应。他们发现在该年龄段的运动中，与步行相比，团体健身课的强度要高一点。但是，两种运动方式均符合ACSM对运动强度的要求。

最后，弗朗哥利亚和罗兹（Frangolias and Rhodes，1995）的研究表明，在水中运动期间胸部浸入水中时使用心率监控并不合适。最好结合其他强度监控的方法，以最大限度地增强团体健身的效果。许多关于心率的研究是针对跑步者和骑自行车的人，而不是针对团体健身的参与者。因此，在跑步机课或动感单车课中，心率监控器可能是比较有效的，而在手臂朝着多个方向活动的搏击操课中，主观用力程度分级可能是更好的选择。

无论你是使用目标心率、主观用力程度分级还是谈话测试来监控运动强度，都需要记住实际应用中的几个要点并与团体分享。

- 测量心率时，关掉音乐，以免节拍影响脉搏率的计数。
- 鼓励测试桡动脉脉搏，而不是测试颈动脉脉搏；如果测试的是颈动脉脉搏，提醒参与者要轻轻按压，以避免减少流向大脑的血流量。
- 在开始、中间和结束时检查运动的强度，以便在必要时对运动进行调整。
- 在检查强度的同时使参与者保持移动，

以防止血液淤积在下肢。

- 如果使用目标心率范围测量运动强度，并从1开始计数，请使用10秒脉搏计数法。计数每次心跳，并将此数字乘以6，即可得到每分钟的心跳次数。许多团体健身场馆在团体健身区域中都有图表，方便进行乘法运算。
- 在利用主观用力程度分级测量运动强度时，请参与者对自己的感觉进行评分。如果房间里有主观用力程度分级量表，则将量表上的数字指给参与者。如果没有现成的量表，只需在1到10的范围内，问问他们认为自己感觉有多困难，并说明1就像静止不动，而10则等于最大值。如果参与者想要有好心情，鼓励他们以5（适度或中等级）、6或7（困难级）的水平进行活动。
- 根据心率或RPE结果进行调整，并鼓励参与者按适合自己的水平进行活动。

心肺训练中的肌力平衡原理

在带领参与者做心肺训练时，请记住要平衡施加在肌肉和关节上的压力。下面概述了在团体健身课的心肺训练过程中促进肌力平衡的一些实用方法。

- 对于锻炼股四头肌和髋屈肌的下蹲或前弓步动作，可以考虑通过站立式交替脚后跟踢臀部和髋部伸展来增加腘绳肌的锻炼。
- 为了平衡前屈运动，加入足够的髋部、脊柱和肩部伸展运动以及肩胛骨回缩运动。
- 在动感单车课上，髋部和下背部弯曲是标准姿势，让参与者在课上坐起来

几次，伸展脊柱，压低肩膀，并收缩肩胛骨。

- 一般来说，向前走路等日常活动中的动作主要发生在矢状面。将站立髋外展和髋伸展运动融入有氧运动，可以帮助参与者平衡他们日常生活中的活动。
- 在专项训练课上向前走或跑，然后再向后走或跑，这有助于促进肌力平衡。
- 心肺训练过程中讨论肌力平衡有助于参与者在运动中找到比运动本身更有意义的目标。
- 花点时间指出肌力失衡的状况，以及如何纠正它们，可以增添教育元素，这为学员带来积极的团体健身体验至关重要。

有氧运动后的放松运动

建议每组有氧运动的最后几分钟动作不要太激烈，以使心肺系统得以恢复。有氧运动后缺乏放松运动可能会增加心律不齐的风险（American Council on Exercise，2011）。因为如果运动强度不是逐渐降低，代谢废物就会滞留在肌细胞内。因此，如果不做放松运动，许多人会出现痉挛和肌肉僵硬的情况。适当的运动后的放松有利于排出代谢废物，并使身体恢复到安静状态而避免受伤。有氧运动后的放松运动还可以防止血液在下肢淤积，并使心血管系统渐进过渡到承担更多的工作量。如果肌肉锻炼紧随心肺功能性训练环节，做好放松运动就尤其重要。

在有氧运动过后的放松过程中，鼓励参与者放松、减速，保持手臂在心脏下方，并减少运动的强度。使用节奏舒缓的音乐，改变语

气，用语言向参加者表述进行运动的过渡。这有助于营造一种放松的氛围，可在有氧运动后让血液重新进行调整。

安全问题、良好的姿势和技术

保证安全是心肺训练中的头等大事。为了最大限度地减少重复应力，应避免连续进行大量的高应力动作。例如，开合跳或波比跳被认为是高应力动作。应做多少个开合跳或波比跳才合适呢？没有确切的答案，这取决于参与者。明智的做法是将高强度的动作穿插在一些对肌肉和关节有较低冲击力或不同应力的动作中，如行进、踢腿或敏捷性训练。总而言之，要避免动作重复太多，特别是高强度或高冲击力的动作。高强度的动作包括跳绳、滑雪跳、高踢腿、全深蹲或单腿跳跃。同时，鼓励参与者在不过度伸展肘部或膝盖的情况下活动关节。为保护关节，要始终保持膝盖和肘部轻微弯曲。

身体活动和运动有哪些风险？根据ACSM（2018）的说法，运动可能会增加肌肉骨骼损伤和心血管疾病的并发症的风险。而肌肉骨骼损伤是最常见的与运动有关的并发症，通常与不适当的运动进阶和运动强度、既往病情及以前的受伤情况相关。不良的心血管疾病的并发症通常与剧烈运动有关。

为了获得美国国家健身专业认证，团体健身负责人需要获得心肺复苏术和自动体外除颤器的合格证书，并了解该设施的紧急操作程序。根据美国心脏协会（2018）的规定，50个州和哥伦比亚特区现在都可以使用自动体外除颤器作为《善良的撒玛利亚人法》的一部分。为此，他们发布了有关自动体外除颤器的使用指南。根据ACSM的设施标准和指南（2018），许多州都要求在健身场所中配备自动体外除颤器。各州还建议健身场所将其自动体外除颤器程序与当地应急管理系统（Emergency Management System，EMS）进行协调。之所以这样做是为了确保与增强型短信服务供应商之间的顺畅沟通和统一的响应。据报道，若能在心搏骤停者昏倒后的一分钟内成功除颤，其存活率高达90%（Balady et al.，2002）。除颤每延迟1分钟，心搏骤停者的存活率下降7%至10%；超过12分钟没有除颤的心搏骤停者仅有2%至5%的存活机会。美国心脏协会（American Heart Association，AHA）和ACSM关于保健和健身场所中的自动体外除颤器的联合立场声明（2002）中提出了在临床和健身场所使用和购买自动体外除颤器的建议。一旦健身场所配备了自动体外除颤器，它将成为更全面的生存链的一部分，可以提高需要进行心脏复苏的患者的恢复概率（见"自动体外除颤器"）。

自动体外除颤器

自动体外除颤器是一种计算机医疗设备，可以检查人的心律，识别需要电击的心律，并建议急救人员实施电击。法律规定，美国多个州的健身场所必须提供自动体外除颤器，现在大多数心肺复苏术课程都包括自动体外除颤器培训。里德等人（Reed et al., 2006）认为，健身和娱乐场所中的心搏骤停发生率最高。具有自动体外除颤器的场所中发生心搏骤停者的治愈率很高；根据沃罗汉（Wolohan, 2008）的观点，如果健身场所没有自动体外除颤器，可能会被认为是疏忽。根据国际健康、球拍和体育俱乐部协会（The International Health, Racquet, and Sportsclub Association, IHRSA）的建议，健身俱乐部经营者应了解在其场所中安装自动体外除颤器的好处。根据施罗德和唐伦（Schroeder and Donlin, 2013）的调查，35岁及35岁以上的健身俱乐部会员的数量正在稳步增加。事实上，该人群目前占健身机构会员人数的55%以上。到2035年，美国45%的人至少有一种与心脏病有关的问题（Fisher, 2017）。在场所安装自动体外除颤器表明你最关心的是参与者的安全。我们建议所有健身机构均应安装自动体外除颤器，并相信最终所有州的运动场所都会安装自动体外除颤器。

本章总结

本章概述了大多数团体健身课的课前、热身、放松和心肺功能性训练环节的相关知识。无论你是教授动感单车、水上运动、踏板操，还是高强度间歇训练课，我们建议你为课前指导制订一个计划，并确保热身训练包括动态动作和预演动作。确保课程中的心肺功能性训练部分的强度逐渐增加，使不同的肌群被激活，提供动作选项，与参与者互动并监控他们的运动强度。在心肺训练后的放松过程中要逐渐降低运动强度。这些原则将引导你创建安全有效的团体健身课程，使参与者愿意继续参加你的课程。

作业

参加一门团体健身课程，使用团体健身课程评估表（附录A）评估教练的课前、热身、有氧运动和放松环节。将观察结果记录在团体健身课程评估表中，然后写出250字左右的总体评价，就好像你是在将这名教练当作你的员工进行评估一样。在此评价中，写下你认为进展比较顺利的三件事和教练可以在将来做得更好的三件事。

6

肌肉训练

本章目标

学完本章，你将能够：

- 解释肌肉训练的建议和准则；
- 在肌肉训练中熟练地给出提示；
- 以正确的方式和姿势展示运动；
- 在所有运动位面上展示运动的进阶、退阶、选择和替代方案；
- 了解肌肉训练中的人身安全问题；
- 在肌肉训练中使用器械；
- 识别并演示肌肉训练。

肌肉力量和耐力的发展对于全面健身至关重要，并且是团体健身项目不可或缺的一部分。要成为合格的团体肌肉训练教练，了解基本的解剖学、运动学（关节动作），以及肌肉训练中的安全性问题和器械的使用方法非常重要。你还需要了解各种各样的运动方式。在本章中，我们会提供有关肌肉训练的详细说明和图片，这些内容构成了本章的主体内容。有关描述从上半身肌肉开始，接着是躯干肌肉，最后以下半身的肌肉结束。团体健身课程评估表（附录A）中适用于肌肉训练的要点列在"团体健身课程评估表要点"中。

肌肉训练的建议和准则

大多数团体健身教练会在课堂上提供某种形式的肌肉力量和耐力训练。为全面促进健康，你必须纳入维持和改善肌肉力量、耐力和爆发力的运动，以及增强柔韧性和心肺功能的运动。抗阻力训练的一些好处见"抗阻训练的好处"。

美国运动医学会（2018）针对普通健康成年人的肌肉健康提出了以下建议。

• 每个主要的肌群（胸部、肩部、腹部、背部、臀部、腿部、手臂）应训练2至4组。注意，当前的美国运动医学会指南（2018）和

美国运动医学会的声明（Garber et al., 2011）表明，单组训练是有效的，尤其是对于初学者或年长的成年人。建议进行多肌群的多关节运动，也可以加入单关节的运动。使用器械、自身体重或两者结合进行各种运动。大多数成年人应一组动作重复8到12次，初学的中年人和老年人可能更适合一组动作重复10到15次。爆发力训练也适用于大多数人（特别是老年人），因为缺乏肌肉爆发力可能是摔倒风险增加的一个因素（Reid and Fielding，2012）。

• 强度（举重量）可能因人的目标和健康水平而异。例如，要想增强力量，对于初学者和中级健康水平者，运动强度为1RM的60% ~ 70%（中等到剧烈强度），对于久坐的人或老年人，运动强度为1RM的40% ~ 50%（低到较低的强度），对于有经验的力量训练者，运动强度为1RM（高到非常高强度）的80%以上。

• 每周对每个肌肉组进行2 ~ 3个非连续日的锻炼，如果可能，每2 ~ 3次课对每个肌肉组进行不同的运动。

• 保持正常的呼吸，屏住呼吸会导致血压升高。

改编自美国运动医学会*ACSM's Guidelines for Exercise Testing and Prescription*, 10th ed.（费城：Wolters Kluwer，2018年），第168页。

团体健身课程评估表要点

肌肉训练环节的重点

• 提供姿势和技巧提示
• 提供安全提示
• 给予激励性提示
• 锻炼多个肌群
• 减少重复动作
• 观察参与者的体形，并提供建设性的、不令人反感的反馈

• 不断调整动作，提供退阶、进阶或替代方案
• 给出清晰的口头指示，使用适当的音乐音量
• 提供正确的动作示范以保证参与者的动作遵循生物力学结构
• 使用适当的动作或音乐节奏

请注意，在团体健身中，如果你无法获得较重的配重，那么按照既定准则进行抗阻训练并不总是那么容易。如果你的团体健身室只有2、3、5、8、10磅（约0.9千克、1.4千克、2.3千克、3.6千克、4.5千克）的哑铃，参与者可能很难在一组8到12次的重复中使肌肉疲劳，也很难达到美国运动医学会关于运动强度的规定。接下来介绍在团体健身中增加肌肉训练强度的方式。

重复次数

团体健身课的参与者经常会问："我应该做多少次仰卧起坐（上半身蜷曲、抬腿等）？"答案是"视情况而定"。参与者应该在保持良好的体态和姿势的同时，尽可能多地重复做这些动作，当感到疲劳（而不是肌肉感到十分疲惫）时就应该停止。而且，在训练中给自己更多挑战、选择更难的动作会更容易产生疲劳。举个例子，在做仰卧起坐时，把手举过头顶并伸直（增加了力臂）会比手放在身体两侧更难，因此也更具有挑战性。完成难度更大动作变式的学员的重复次数要比完成简单动作变式或不努力的学员的重复次数少。

增加强度

在团体健身中指导肌肉训练时，如何能增加参与者的运动强度？至少有以下三种增加运动强度的方法。

1. 让学员在每次做重复动作的时候有意识地收缩肌肉。有意识的肌肉收缩产生的张力类似于等长肌肉运动时产生的张力。大多数人可以在保持肘部角度固定的同时收缩肱二头肌。有意识的肌肉收缩是指在肘部进行全活动度运动的同时持续收缩，这是一种很好的教学技巧。除了增加运动强度外，有意识的肌肉收缩还能增强身体意识和使姿势更协调。

2. 使用各种阻力装置来增加运动的强度并提供超负荷。常用的阻力装置包括哑铃和配重杆（例如，运动棒、杠铃等）。根据运动形式的不同，台阶可以倾斜或下斜以增加阻力。你还可以使用瑞士球、BOSU球、泡沫轴和核心板来增加各种运动负荷。长力臂训练，也称为悬吊训练，在团体健身中很流行；这种类型的肌肉训练需要在房间中安装悬吊装置，如

抗阻训练的好处

- 进行日常活动更轻松
- 瘦体重（肌肉）增加
- 由于无脂体重增加而加快新陈代谢
- 获得强壮的肌肉、肌腱和韧带
- 骨骼更强壮，患骨质疏松症的风险降低
- 降低受伤风险
- 降低意外跌倒的风险
- 降低下背部疼痛的风险
- 增强幸福感和自信心

TRX。对于水中运动，可以通过戴上手蹼，携带哑铃、杠铃、船桨、弹力带和弹力管，穿上浮力靴、脚蹼等方式，增加阻力。由于在团体环境中提供大量的哑铃或负重板不现实，所以健身机构可能没有大量8磅或10磅（约3.6千克或4.5千克）或更重的哑铃。因此，为更高级的参与者提供足够的负荷需要有创意。

3. 改变运动形式（Yoke and Kennedy, 2004）。在团体抗阻训练中，这意味着要使用渐进式功能性训练序列（见图6.1，从较容易的训练渐进到难度更大的、复杂的训练）。为此，你需要全面了解针对主要肌群的不同运动的综合知识，并能够评估哪些运动适合哪些参与者。通常，学员的健康水平越高，他或她就越需要强调多肌肉、多关节运动（Fleck and Kraemer, 2014；Sorace and LaFontaine, 2005）。许多运动都有几种可以使参与者在渐进式功能性训练序列上选择的动作变式。例如，俯卧撑从最简单到最困难的变式包括：扶墙俯卧撑，手和膝盖放在地面的俯卧撑，双手放在台阶上的膝盖俯卧撑，双手放在地板上的膝盖俯卧撑，膝盖抬高放在台阶上的膝盖俯卧撑，双手在台阶上的全身俯卧撑，双手在地板上的全身俯卧撑，脚在台阶上的全身俯卧撑，脚踩在瑞士球上的全身俯卧撑，一只手臂的全身俯卧撑。一位称职的教练应熟悉这些进阶、退阶和调整的过程，并能够帮助参与者确定哪些动作是适合他们的。有关更多信息，请参阅本章后面的"示范进阶、退阶、调整和替代动作"一节。渐进式功能性训练序列在第2章有详细的描述。

时长

教练增加运动强度的另一种技巧是增加力量训练的持续时间，或鼓励进行更多的重复训练。尽管这种方法在某些班级可能适用，但你必须谨慎使用这种方法。如果你鼓励对每项运动进行大量的重复，那么在一节包括有氧训练的一小时的课程中，参与者很难活动8到10个主要的肌群。

肌肉训练提示

肌肉训练所需的提示与跟着音乐带领学员的有氧运动时所需的提示是不同的。例如，当你教授一堂基于舞蹈的课时，良好的预期性提示是必要的，这样你就可以让学员知道接下来要做什么动作，这有助于确保班级作为一个整体一起安全地进行运动。然而，在肌肉训练过程中，预期性提示远没有姿势提示、安全提示和激励性提示重要。

几乎不需要技巧
最简单，最稳定
几乎适合所有人
对每个人都非常安全

最具技巧性难度最大，
最不稳定
适合健康人群
对刚开始运动的人是
有争议的

图6.1 渐进式功能性训练序列

关键的定义

压力适应

可以通过增加重复的次数或阻力值来逐渐增加运动的强度。突然增加强度，如突然增加重复次数或阻力，可能会导致肌肉损伤。另外，保持同样的强度不会使肌肉骨骼产生压力适应（提升）。如果参与者能在目前的水平上重复15次以上，就应指导他们增加1到2磅（约0.5到0.9千克）重量，或者转而使用更厚的弹力带。ACSM建议，当参与者可以完成超出预期数量1到2个的重复动作，并且已经连续做了至少两次训练时，根据所使用的肌群，阻力值应该增加2%到10%（ACSM，2009）。

恢复时间

当肌肉承受超出极限的压力时，它需要时间进行恢复。这段时间称为恢复时间。通常，肌肉需要1～2天（24～48小时）来复原，因此抗阻训练应当每隔一天进行一次。如果你每天进行力量训练，则应每天着重训练不同的肌群，尤其是在强度较高的情况下。

动作控制训练

缓慢、平稳且受控的移动速度可确保在整个关节活动度持续施力。请注意，每分钟130拍或更快的音乐节奏，会增加冲力和受伤风险；使用较慢的音乐节奏（大约每分钟116～126拍）做运动需要有控制力和力量。如果你想进阶，可以在课程进行中使用较慢的速度和音乐节奏。

全幅度动作

利用肌肉和关节结构的全活动范围，以帮助保持灵活性，并达到最佳的状态。通过更大的关节全活动度来锻炼肌肉和肌腱，使肌纤维能够顺应整个长度进行活动。除非限制活动范围是你的目的，比如在一些腹部锻炼或物理治疗中，否则不鼓励脉冲式运动（或进行有限的关节活动）。脉冲式运动可能对参与者有吸引力，因为他们在其中能更快地"感觉到燃烧感"；这是由于部分肌肉收缩得很快，因此立刻就能感觉很紧张。然而，其余的肌肉却没有得到充分利用。向参与者告知有关关节全活动度的好处。记住，"没有付出就没有收获"这句话最初是为竞技运动员和军队中的士兵创作的，而不是为大众。更好的说法是"无痛训练"！

训练特异性

特异性原理（有时解释为对强加的要求的特定适应）表明，特定的适应是针对特定的训练、活动或拉伸运动而发生的。这意味着被训练的身体部位才会产生效果；例如，训练上半身对下半身几乎没有影响，反之亦然。

避免连续计数

有些教练会掉入一些"计数陷阱"，即每一次动作都进行计数。我们建议你只在最后一组或者最后几次进行计数。例如，告诉你的学生，他们还要做8个肱二头肌弯举动作，而你希望他们达到疲劳的程度，要在最后的8次重复动作中尽可能用力收缩肱二头肌。然后，从8开始倒数，提高音量，并给予一两次激励性提示，鼓励参与者在最后一次重复时达到肌肉超负荷的效果。有经验的教练会大量使用激励性提示。你能做到的！

面向学生

肌肉训练部分是面向学生的理想时机。面向学生是一种个人选择，可以让你更好地看到学生的姿势。在运动的最初几次重复动作中示范正确的体态和姿势之后，可以在教室里四处走动，观察每个人的体态，并在需要的时候替他们进行针对性的纠正。这是一个称呼参与者的名字并给予鼓励的好机会。下面将讨论肌肉训练中提示的基本类型。

姿势提示

由于下背部疼痛仍然是致残和使健康状况不佳的主要原因（Maher et al., 2017），因此在课堂的每个环节中提供有关体态和站立姿势的口头提示很关键；在进行肌肉训练和拉伸运动的环节时，提供适当的姿势和体态提示尤为关键。请参见图6.2，以了解讲授正确站立姿势时要记住的要点。

当给予姿势提示时，请注意脊柱、肩胛骨、肩膀、手腕、肘部、臀部、膝盖和脚踝的关节。因为大多数的运动都涉及稳定肌，所以也要给出一些关于这些部位的提示。例如，当你带领全班同学用弹力管做背阔肌单手下拉时，你可以做如下提示：

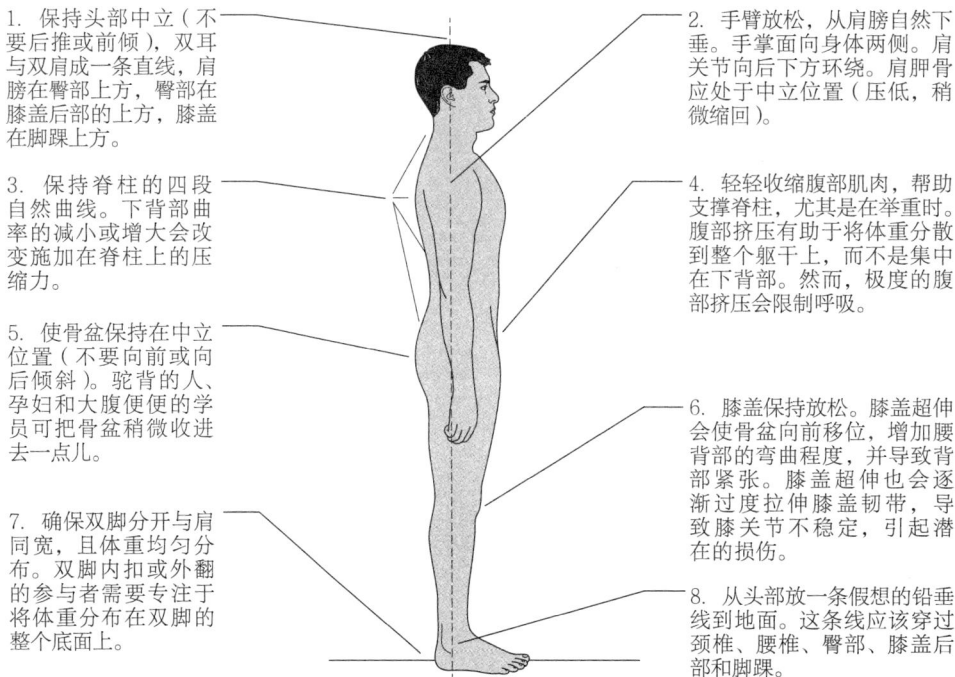

1. 保持头部中立（不要后推或前倾），双耳与双肩成一条直线，肩膀在臀部上方，臀部在膝盖后部的上方，膝盖在脚踝上方。

2. 手臂放松，从肩膀自然下垂。手掌面向身体两侧。肩关节向后下方环绕。肩胛骨应处于中立位置（压低，稍微缩回）。

3. 保持脊柱的四段自然曲线。下背部曲率的减小或增大会改变施加在脊柱上的压缩力。

4. 轻轻收缩腹部肌肉，帮助支撑脊柱，尤其是在举重时。腹部挤压有助于将体重分散到整个躯干上，而不是集中在下背部。然而，极度的腹部挤压会限制呼吸。

5. 使骨盆保持在中立位置（不要向前或向后倾斜）。驼背的人、孕妇和大腹便便的学员可把骨盆稍微收进去一点儿。

6. 膝盖保持放松。膝盖超伸会使骨盆向前移位，增加腰背部的弯曲程度，并导致背部紧张。膝盖超伸也会逐渐过度拉伸膝盖韧带，导致膝关节不稳定，引起潜在的损伤。

7. 确保双脚分开与肩同宽，且体重均匀分布。双脚内扣或外翻的参与者需要专注于将体重分布在双脚的整个底面上。

8. 从头部放一条假想的铅垂线到地面。这条线应该穿过颈椎、腰椎、臀部、膝盖后部和脚踝。

图6.2 站立时正确的姿势

- "膝盖稍微弯曲。"
- "让尾椎骨朝向正下方，头顶向天花板伸展。"
- "双脚分开与肩同宽。"
- "收缩腹肌，使脊柱保持中立位。"

换句话说，清楚运动的步骤，就可以提示这个动作了。

以下是下蹲时可能用到的姿势提示示例。

- "确保你的双膝在脚趾的后面，重心要指向脚跟。"
- "弯曲膝盖时让尾骨朝向后背。"
- "收紧腹肌，挺起胸！"

视觉和触觉提示也非常有助于促进摆出正确的姿势。当你在下蹲动作中描述膝盖的姿势时，可以尝试使用以下视觉提示：指着你的膝盖，使用错误的、正确的方法——首先演示不正确的膝盖姿势，在过度屈曲的膝盖与地面之间画一条想象的线；然后重新调整膝盖，以展示正确的姿势。你也可以进行触觉上的提示，如：把手指放在尾骨上，表示它应该朝向后墙；触碰你的腹部，表示腹肌起支撑作用；将身体和关节放在正确的位置。如果你不知道该说什么或演示什么，可以从语言和视觉上描述所有关节的姿势。即使是简单的肱二头肌弯举，也需要注意下半身的姿势。膝盖应该如何摆到位？骨盆、脊柱、肩膀、脖子和手腕呢？

安全提示

安全提示教会参与者如何使运动更安全并防止受伤。例如，在做深蹲时你可以说：

- "双手放在大腿上，或者交替做前平举，其中一只手放在大腿上，这有助于保护下背部。"
- "下蹲时保持腹部收缩能支撑下背部，防止受伤。"

激励性提示

是否采用激励性提示可以使运动效果呈现出较大的差别。以下是可以用来鼓励参与者的示例：

- "做得很好！"
- "我真的很喜欢你们所有人的膝盖保持良好姿势的样子！"
- "你们真棒！"
- "不错！"

许多教练会对肌肉训练的每个（或几乎每一个）动作进行提示。

以下是另外一些可以用来鼓励他人的提示：

- "用力挤压！"
- "收缩！"
- "推举，呼吸！"
- "哦，对！放松！"
- "自觉地收缩那块肌肉！"
- "开始！"
- "你能行的！"
- "你做到了！"

教育性提示

以下包含一些可以在强化环节时用来优化教育因素的提示示例：

- "侧平举可以活动三角肌，即肩膀顶部的肌肉。"
- "缓慢、平稳地进行动作控制训练。"
- "开始运动，进行锻炼，举重或进行抗阻拉动时，先吸气；接着，呼气！"
- "关注重复次数不如关注你所活动的部位重要。"
- "如果你感到有疼痛、刺痛或关节不适，请停止！"

- "正确的动作比重复次数或负荷量更重要。"
- "你可以活动一侧直到感到疲劳，然后切换到另一侧，或轮流活动两侧。"
- "如果你是新来的，累了就换另一边或者停下来，即使其他同学还在继续运动。"
- "我们要做很多重复的动作，这种动作并不能减掉这个部位的脂肪，但是，它可以强化你的肌肉。要减掉脂肪，你需要进行有氧运动。"

仔细观察语言和肢体提示，你会发现更多的指导方法。好的语言提示要求使用恰当的术语和指令来进行提示。例如，想象你在教授一个站姿髋外展的动作，你可以参照以下做法。

- 要求参与者收缩稳定肌（腹肌、臀大肌）。
- 逐个给出适当的关节排列提示。
- 提醒参与者，这个动作的关节活动范围大约是45度，所以用脚跟的外缘提腿很重要。如果参与者的脚趾向上翘起，那就意味着正在进行髋关节屈曲，这就会锻炼到股四头肌和髋屈肌，而几乎不会锻炼到大腿外侧肌肉。提醒参与者保持动作缓慢和可控，在两侧交替进行活动，以提高舒适度和达到更好的肌力平衡。
- 给出提示时要进行鼓励，要以积极的方式说出所有需要改正的地方。不要说"不要锁紧膝盖"或"你的膝盖太僵硬"，而是说"稍微弯曲膝盖，好吗？"或"你介意稍微弯曲一下膝盖吗？这有助于减轻膝盖和背部的压力，并确保你的安全"。

身体上的、亲身的（触觉的）提示是另一种向参与者反馈他们体姿的方式。当你给出身体提示时，在房间里四处走走，从不同的角度观察参与者。将你的手轻轻地放在参与者的肩膀上，提醒她放松肩胛骨，这就是一个身体或触觉提示的例子。在触碰参与者之前，一定要征得同意。如果参与者有不舒服的感觉，不要触摸对方。

以正确的姿势示范动作

给予口头提示时，正确地进行动作和拉伸很重要。如果你说腿部保持45度的关节活动度，但同时你把腿举得比45度高，就会让参与者感到困惑。大多数参与者都是视觉型学习者，他们会模仿你做的动作。因此，给出视觉姿势提示是很有帮助的。例如，如果你说"你的膝盖稍微弯曲一些"，你可以同时指着自己弯曲的膝盖。如果你说"收腹"，你可以指着自己收缩的腹肌。实践是成为有效的视觉示范者的关键。不断地练习自己的动作，这样你就可以成为一个好的示范者，从而激励班级学员，并保障课程安全、有效。

示范进阶、退阶、调整和替代动作

以教师为中心的教练和以学生为中心的教练之间的一个很大的区别是，以后者帮助个别参与者更安全、更合理地运动，减少疼痛或问题的出现。

除了了解基本运动之外，有经验的教练还熟悉各种进阶、退阶、调整和替代动作，以为班上的每个人提出适当的运动建议。如果参与者在运动中说膝盖、肩膀、背部或其他身体部位疼痛，请帮助他们调整动作以使其更舒适，或者提供完全不同的动作来锻炼相同的肌群。例如，假设一个学生告诉你她做俯卧撑时手腕疼痛，你可以建议她试试用她的拳头或手指撑开，或者让她把手握在结实的哑铃上做俯卧撑。这些调整都有助于在做俯卧撑时保持肩部和手腕在一条直线上，并缓解疼痛问题（见图6.3）。或者你可以建议学生尝试在墙上做俯卧撑，这样就可以减少需要承担的体重（这是一种退阶）。如果这些方法都不能缓解疼痛，建议进行另一种针对胸肌的运动，如平板卧推。如果她的手腕仍然疼痛，你可以建议她去看医生（如果之前没有去看）。

渐进式功能性训练序列（在第2、3、8、9、13、15和16章中进行了介绍，如图6.1所示）根据训练特定肌群的难易程度对运动进行了排列（Stenger，2018）。随着参与者逐渐提高力量和耐力，他或她就能够进阶，进行更难的运动并沿着序列向右移动。相反，从序列难度较大的一端进行运动时遇到困难的参与者，可以退阶到能够以良好的姿势安全地完成更简单的运动。运动调整也可以是退阶，但不一定

如此。例如，可以将参与者从四足支撑（全部四肢）的姿势调整为膝盖着地的肘撑平板。虽然这样进行调整可以帮助参与者减轻手腕或背部的疼痛，但从核心稳定性或耐力上来说，做起来并不会容易很多。ACSM（2009）建议新手从简单的运动开始，当他们对动作越来越熟练的时候，再逐步进阶到复杂的运动。有关更多信息，请参阅"运动序列术语"。

重要的是，要在房间里走动，观察并协助参与者。演示完动作后，开始在房间里四处走动，注意观察班级成员。当你待在一个地方时，你只是给了参与者一种参照标准。此外，指导他们是团队运动的重要部分；当你在附近观察时，参与者会更有效地倾听和完成动作。当你在教室里走动时，可以让班级成员看到你有同理心，也有能力去调整对他们来说有问题的动作。

图6.3 手部或手腕的动作调整，帮助手腕保持中立位

运动序列术语

进阶——通过增加平衡或协调性挑战来使特定的运动变得更难；增加对核心稳定性的需求；或者使动作更具备多肌肉、多关节参与性或多平面性；也可以通过选择其他更难的运动来实现运动的进阶。

退阶——通过提供更高的稳定性或支撑性，减少对强大的核心稳定肌的需求或专注于单块肌肉或单关节动作来使特定动作变得更容易；还可以通过选择其他更容易的动作来实现运动的退阶。

调整——调整特定的动作以适应诸如关节痛之类的问题。调整可能会使动作更容易（请参见退阶标准），也可能不会。例如，指关节俯卧撑是针对腕痛患者做的调整；但是，它并没有使动作本身变得更容易，而只是减轻了手腕上的压力。

替代动作——为同一肌群提供完全不同的（但最好是相同水平的）动作，以适应参与者的水平。

肌肉训练的安全性问题

当你负责一个团体健身班时，安全是一个重点关心的问题。一般来说，团体健身教练在设计肌肉力量训练和健身计划时需要比私人教练更小心谨慎。负责任的私人教练会对所有的参与者进行全面的健康记录，在适当的时候要求其出具医生的许可，并根据每个参与者独特的肌肉骨骼需求制订个性化的计划。团课教练很少有机会为特定的参与者量身定制运动计划。课堂上的每一项运动对班上的每个人（包括初学者和久坐不动的人）最好都是安全的。你可以为那些身形较好的参与者展示运动的进阶版本，但是，在示范了进阶动作之后，你就要展示适合班上大多数人的动作变式。大多数参与者会试图模仿教练示范的任何内容，即使那个特定的变式可能并不适合他们。（参与者也会无意识地模仿教练的体态和姿势，因此一定要用标准的姿势来示范所有的动作。）

鼓励参与者听从他们自己的身体，注意那些小的刺痛或不良感受，这些可能是将来受伤的警告信号。大多数参与者都听过"没有痛苦，就没有收获"的说法，并认为如果他们在参加运动课后没有受伤，那就不是一次很好的运动经历。没有疼痛，就没有收获，可能适合参加比赛的运动员，而在团体保健和健身环境中不适用。向参与者讲授肌肉酸痛和关节痛之间的区别：肌肉酸痛通常在24至48小时后消失，对想要挑战自我的参与者来说可能是可以接受的；但是关节疼痛几乎不会好转，是有问题的征兆。教授参与者区分这两种疼痛，并停止任何导致关节疼痛的活动。记住，如果有痛苦，可能就不会有什么收获！

造成与运动有关的损伤的主要原因是活动得太多、太快。逐渐地进阶到更困难、更剧烈的运动和持续时间更长的运动需要时间。你选择的动作必须适合班上的参与者。这意味着你必须准备好随时改变课程计划，变化取决于来到运动班的参与者的健康水平和能力。储备庞大的动作库和充足的备用方案，从而使课程能够满足每个人的需求，这是成为一个好的团体健身课程教练的关键。

授课时，请保证优秀的技术和正确姿势。避免出现以下情况：

- 膝盖或肘部过度伸展；
- 冲力过大；
- 不适当的扭转（像是跨栏运动员做拉伸，施加在关节上的旋转扭转力）；
- 在负重姿势，如下蹲或弓步蹲时，膝盖过度屈曲（膝盖弯曲超过90度）。

避免做一些危险的动作，并遵循高风险运动的指南，以保护参与者和自己。高风险的团体健身动作包括：

- 弹震式拉伸；
- 全深蹲（臀部降低到膝盖以下）；
- 腰椎极度或过度伸展；
- 颈椎过度伸展；
- 腰椎无支撑前屈（避免在背部没有支撑的情况下俯身够脚尖；可以将手放在木块、地板、脚踝、小腿或大腿上）；
- 躯干前屈加大幅度旋转（例如，做风车般的转动）；
- 无支撑的横向脊柱屈曲；
- 跨栏运动员式的拉伸；
- 全程仰卧起坐；
- 全程直腿仰卧起坐；
- 双直腿抬腿；
- 硬拉；
- 早安式；
- 犁式姿势（瑜伽）；
- 全眼镜蛇式姿势（瑜伽）；
- V字转体。

对健身感兴趣的普通参与者来说，进行这些运动的潜在风险可能会大于好处（Yoke，2010）。例如，尽管全深蹲是奥运会举重的基本功，在瑜伽、芭蕾和棒球中也都有这样的动作，但许多研究人员都认为全深蹲会增加膝盖疼痛、受伤和膝盖骨关节炎的风险（Juneau et al., 2016; Kreighbaum and Barthels, 1996）。同样，我们也不建议在团体健身课程中进行全深蹲训练。在为参与者选择动作时，要考虑风险收益比和适当性问题。

对所有健身专业人士而言，能够从运动的有效性和安全性方面分析一项运动是一个重要技能。美国健美操与健身协会（2010）设计了一种分析方法。以下是五个带有附加注释的关键分析问题。

1. 运动的目的是什么？（对于日常生活或特定的运动重要吗？）
2. 该运动是否对达到上述目的有效？（对于抗阻运动，请考虑对主动肌施加的阻力。）
3. 运动是否会引起一些安全性的担忧？（考虑主要关节。）
4. 参与者是否能够在一组运动持续期间以正确的姿势进行活动？
5. 运动对谁适合或对谁不适合？

后续问题可能涉及风险收益比，以及是否有任何调整可使运动更安全或更恰当。

肌肉训练器械

团体健身肌肉训练中可以使用各种各样的器械。哑铃、弹力带和弹力管是大多数健身场所的标准配置，许多俱乐部还备有举重杠、带杠铃片的杠铃、瑞士球、BOSU球、药球、壶铃、泡沫轴、核心训练板、平衡板、TRX、健身圈等。其中一些可用于团体健身中肌肉训练的器械见图6.4。下面介绍各种器械的使用方法。

哑铃

大多数健身俱乐部和健身中心会提供几组哑铃，重量为1～10磅（约0.5～4.5千克），用于团体健身课。哑铃提供了一种实用、便捷的、使肌肉骨骼系统负重的方式，可以广泛用于各种各样的运动中。以下是安全有效地使用哑铃的建议。

- 在参与者能够以合适的体态和技巧单独进行抗阻力训练（包括能够在整个关节活动范围中自觉收缩特定肌肉）之后，再让他们使用配重设备。肌肉动作的离心或拉长阶段（当放下配重设备时）应有意识且谨慎地进行。不受控制的离心动作是肌肉骨骼损伤的主要原因（请参阅"重量训练中的常见错误"）。

- 教导学员抓握哑铃时要放松，因为用绷紧的拳头举重可能会无意中升高血压。许多学员在握紧拳头时也会屏住呼吸和过度用力。用力和关闭喉部声门是屏住呼吸的动作，又称为瓦式动作，对患有心脏病、高血压的人以及怀孕的妇女有潜在的危险。瓦式动作还增加了晕厥、头晕和心律异常的可能性。要不断提醒学员进行深呼吸！

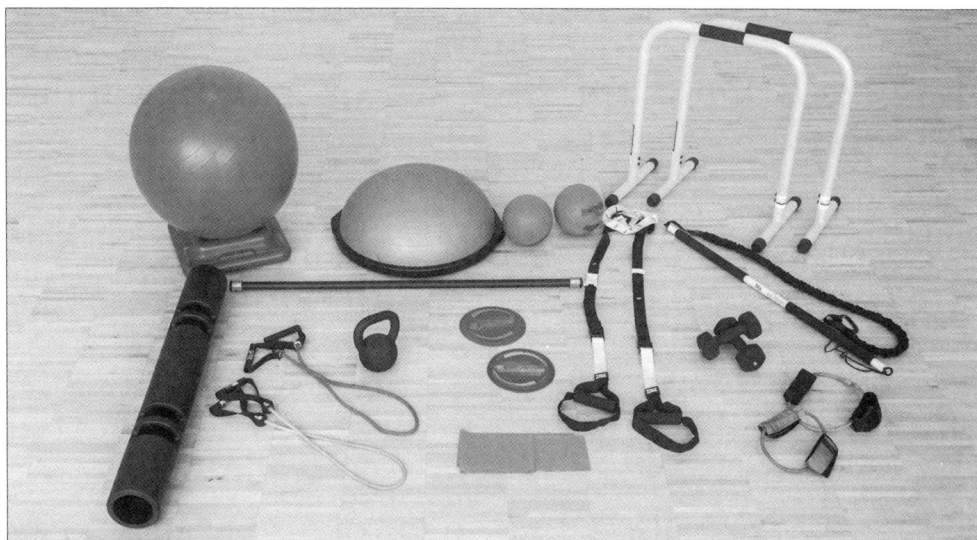

图6.4　某些可用于团体健身中肌肉训练的器械

- 确保参与者在所有运动中都保持手腕处于中立位置，尤其是抓握重物、弹力管或弹力带时。握住重物或弹力管时反复弯曲或伸展手腕，会增加患上腕管综合征或网球肘的可能性。
- 鼓励参与者选择一个允许他们能保证正确的姿势，但在重复几次后仍然能使目标肌群疲劳的负荷。

在有氧运动的课程中增加哑铃时务必要小心。许多早期的团体健身研究表明，在有氧运动中增加1 ~ 2磅（约0.5 ~ 0.9千克）的配重不会显著增加热量消耗或摄氧量（Blessing et al., 1987；Kravitz et al., 1997；Stanforth et al., 1993；Yoke et al., 1988）。尽管增加有氧运动中的负重量可能会提高局部肌肉的耐力，但也必须考虑风险收益比。在做复杂的下半身动作时，手部负重1 ~ 2磅（约0.5 ~ 0.9千克）的快速动作带来的效果令人生疑；同时，这样的动作还会增加受伤的风险，对脆弱的肩关节来说尤其如此。当注意力和焦点都集中在步法上时，上半身的姿势可能也会受到影响。

技术和安全检查

教导参与者如何正确举起和放下配重设备而又不损害其下背部的方法如下。

- 面对哑铃，双脚分开与肩同宽。一只手放在大腿前作为支撑，另一只手伸出去拿哑铃。
- 拿起哑铃，把它转交给放在大腿上的那只手。紧靠大腿握持哑铃，将手靠在大腿上作为支撑。
- 用没拿东西的手拿起另一个哑铃。紧靠另一条大腿握持哑铃，然后站起来。
- 颠倒此过程，将哑铃放回地板上。
- 这个理念在于始终将一只手靠在大腿上作为支撑，然后再单手举起重物。这是一种在拾起物体时保护脊柱的好方法；要尽可能用一只手抬起物体，同时另一只手放在大腿上，以支撑背部。

杠铃和举重杠

一些机构会买进成套的杠铃和举重杠，用于团体健身。杠铃可以为更高水平的参与者提供不错的选择。但是，在包括初学者和中级学员在内的混合课堂中，杠铃运动可能会很麻烦，由于许多用杠铃在双侧进行活动的运动对核心稳定性的要求更高，因而更具挑战性。重要的是，教练要提供多种运动选择，并要留神不要在团体面前不断地用杠铃进行演示和活动。如果教练讲解了一套更简单的动作，却不断地示范更高难度的版本，参与者就可能会模仿所示范的内容，即使这些动作难度超出了他们的水平。可能不适合团体健身参与者的杠铃

重量训练中的常见错误
- 使用太重的配重，使得无法保持良好的姿势
- 无法稳定身体核心（骨盆、脊柱和肩胛骨）
- 用力地同时屏住呼吸，并关闭喉部声门（瓦氏动作）
- 使用过快的速度或过大的冲力，特别是在动作离心阶段
- 关节活动范围过大或过小

动作的示例有：健身房式后蹲举或前蹲举、俯身杠铃双侧上提、俯身杠铃高位（水平）双侧上提、站立划船和硬拉。这些运动都需要极强的核心稳定性和身体意识才能安全地完成。

此外，参与者需要能够很好地完成杠铃深蹲，才可以安全地从地板上拿起杠铃。我们建议你将团体杠铃活动应用于有举重室经验的班级。

弹性阻力

使用弹力带和弹力管是使肌肉系统超负荷的另一种方法。许多机构都备有不同强度和厚度的弹力管和弹力带，使参与者逐渐加重训练的负重。弹性阻力与大多数负重运动不同，其张力在开始位置较小，在达到最大关节活动范围时最大。例如，当参与者用固定在脚下的弹力管进行肱二头肌弯举时，张力在屈曲的最高位（关节活动度最大）时最大（Page and Ellenbecker，2003；Miller et al.，2001）。相比之下，当参与者使用哑铃进行肱二头肌弯举时，在黏滞点处的张力最大，此时肘部大约弯曲90度，克服重力所需的力最大。通过各种自由重量和弹性阻力进行全幅度的超负荷训练，是一种很好的力量训练方式。请注意，将弹性阻力与哑铃或杠铃结合起来可以创造更多的动作。图6.5显示了RIP训练器装备。RIP是一种将弹性阻力与杠铃结合在一起的阻力器械，可以产生不对称拉力和多平面部位挑战（RIP训练器一次只能容纳10名参与者，最适合中高级健身水平人士）。

以下是安全、有效使用弹力带和弹力管的建议。

- 为了保证安全和减少关节应力，将弹性阻力器械放置在与运动的肌肉相同的平面上。例如，在肱二头肌弯举过

程中，弹力管会从前臂直接垂下；固定点应该正好在运动臂的下方、后方或前方。如果固定点在另一面（不在同一平面内），则运动的安全性会降低；在这种情况下，旋转力或扭矩施加于运动的关节和韧带上，并可能导致受伤（Page and Ellenbecker，2003）。但是，一些专业人士建议进行多维度的训练，在这种训练中，关节和肌肉在多个平面中受到挑战（Cressey et al.，2007）。RIP训练器旨在将旋转运动与传统运动相结合，如握住固定在一根弹力管上的横杆一端的同时，进行深蹲（矢状面的运动）。弹力管的拉力不对称，而且只连在横杆的一端，它会施加一个旋转力或水平方向的力，因此利用其进行运动需要更强的核心稳定性。由于许多RIP训练器可以连接到中央锚定装置，因此这种阻力器械可以用于团体健身。但是，出于对所需能力和核心稳定性的考虑，建议中级和高级运动者使用此运动形式。

- 通过选择不同厚度的弹力带或弹力管或让参加者往上握使其变短，来调整弹性阻力，也可以使用多根细的弹力管来增加阻力。这种方法的优点是允许在运动平面内有多条拉力线。例如，在站立式肱二头肌弯举时，弹力管可以固定在肘关节的前方，也可以固定在肘关节的后方。

- 握弹力管或弹力带时，请确保参与者保持手腕的中立位（见图6.6）。在使用弹性阻力器械之前，请医生为参与者诊断其是否有腕管综合征。

- 提醒参与者抓握时尽可能保持放松，以

图6.5 此RIP训练器可同时容纳10名运动者

免血压升高。使用带手柄的弹力管可以更易于避免握紧拳头并保持双手放松。

- 教导参与者在运动的离心（负相）阶段学会控制。避免参与者突然停止收缩时出现反弹效应和关节应力，这些情况会让弹性阻力器械把关节猛地拉回到其起点。
- 定期检查弹力管或弹力带是否有破裂或撕裂的现象。

- 将弹力管放在台阶下方时，请使用为此专门设计的弹力管（通常有一根尼龙条，可防止弹力管在与台阶接触时过度摩擦和老化）。
- 尽可能将弹力管和弹力带放在衣服上，以免挤压或摩擦皮肤以及拉扯体毛。
- 将视线从弹力带上移开（尤其是进行上半身的阻力活动时），这样可以在弹力带断裂时保护脸部。

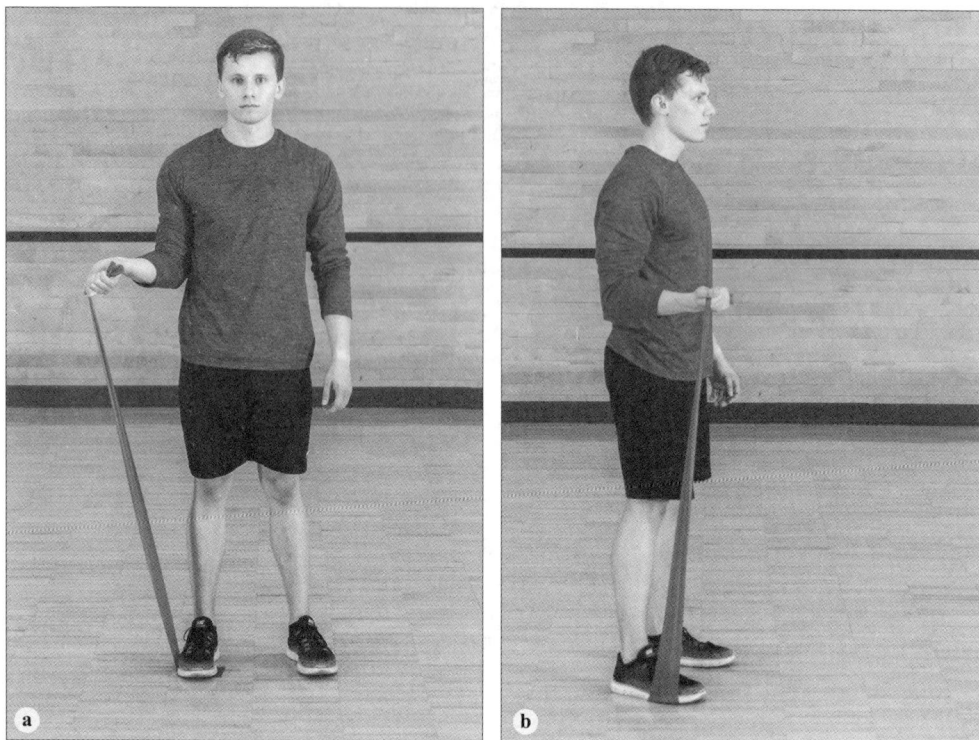

图6.6（a）错误的手腕姿势，（b）正确、中立位的手腕姿势

踏板

踏板或长凳可用于增加或减少给定运动中的阻力，并改变训练肌群的重点。如果将踏板的一端抬高，运动者会处于一个倾斜的状态，这是以自重为主的动作。例如：如果参与者在做仰卧起坐时是上斜的（头部高于臀部），则比平躺（仰卧）时容易进行运动；如果是下斜（头部低于臀部），那么这时做仰卧起坐比平躺时更难，承受重力带来的阻力更大。

主要训练肌群也可以通过使运动上斜或下斜的动作来改变。一个典型的例子是平板卧推，这种仰卧姿势的运动主要针对大部分胸大肌以及三角肌。如果以上斜姿势进行平板卧推，则会增加三角肌前束和胸大肌锁骨部的参与，当以下斜姿势进行平板卧推时，情况恰恰相反：胸大肌胸肋部和背阔肌的参与增加，三角肌前束和胸大肌锁骨部的参与较少。

踏板也是下半身调节的有用道具。弓步蹲、下蹲和单腿上台阶都是可以用踏板进行的运动（见图6.7）。踏板的使用增加了肌肉训练环节的多样性，并增加了使你的训练课程适应个别参与者需要，以及适当地使参与者超负荷的可能性。

图6.7　（a）踏板深蹲和（b）踏板弓步蹲

瑞士球和BOSU球

理疗师多年来一直在使用有弹性的大型瑞士球来进行力量和柔韧性训练。BOSU球（波速的意思是双侧朝上）可用于肌肉调节、柔韧性、平衡性和有氧运动训练。瑞士球对于训练核心肌群（腹肌和腰部肌肉）以稳定躯干和脊柱极其有效（Santana，2016；Willardson，2004）。利用瑞士球和BOSU球进行训练还可以有效地强化其他肌群。研究表明，在用瑞士球进行针对其他肌群的运动（如平板卧推锻炼胸大肌和肱三头肌）时，可以更大程度地募集核心肌群（Goldenberg and Twist，2016；Marshall and Murphy，2006）。一般而言，使用瑞士球和BOSU球进行运动的难度比不使用这些器械进行运动的难度高，因为它们需要较好的平衡性以及更多稳定肌的参与。BOSU球具有不稳定的表面，通过改善肌肉本能反应、运动知觉和增加小肌肉的参与来提高人体的平衡性。根据BOSU球的使用方式（圆顶朝上或平面朝上），它也可能极大地考验平衡性和协调能力（见图6.8）。我们建议参与者在进行瑞士球和BOSU球运动之前，先使肌肉力量和耐力达到合格水平。瑞士球的大小应根据参与者的身高或腿长来确定，并应常常充气至指定大小（见表6.1）。本章后面将介绍使用瑞士球和BOSU球进行的运动。

图6.8 在瑞士球上做仰卧起坐，可以是:(a)上斜的（重力辅助）(b)与地板平行的，(c)下斜的（对抗重力）。(d和e)也可以在BOSU球上做对角线扭转卷腹（加上腿部运动）动作

表6.1　瑞士球尺寸建议

参加者身高	瑞士球尺寸
<60英寸（<152.4厘米）	18英寸（45.7厘米）
60～67英寸（152.4～170.2厘米）	22英寸（55.9厘米）
68～74英寸（172.7～188.0厘米）	26英寸（66.0厘米）
＞74英寸（＞188.0厘米）	30英寸（76.2厘米）

注：当参与者坐在球上时，膝盖和臀部都应成90度角；表中换算单位为约值。

肌肉训练运动

在本节中，我们将按关节逐个介绍其对应的主要肌群。对于每个关节，我们展示了其对应的主要肌肉的解剖图，并纳入了适当的强化运动，这些运动都带有相应的口头提示。请参阅附录D中的人体运动学关节动作表以了解每个肌肉或肌群的功能。了解此信息将帮助你设计新颖、有效的运动方法，并帮助你想出主要肌肉的适当拉伸动作。在附录E中，你将找到每个主要关节的活动范围。

肩关节和肩胛带

图6.9和图6.10分别展示了肩胛带和肩关节的主要肌肉。表6.2和表6.3列出了使用这些肌肉的日常活动以及适合团体健身的基本的强化运动。有关肩胛带和肩关节的所有主要肌肉的关节动作，请参见附录D。所选的肩关节动作的活动度请参见附录E。随后的图片和描述展示了肩关节和肩胛带肌肉的训练活动和拉伸运动。记住，保持肩胛带肌肉的强健对保持良好的姿势和避免肩膀受伤是非常重要的。

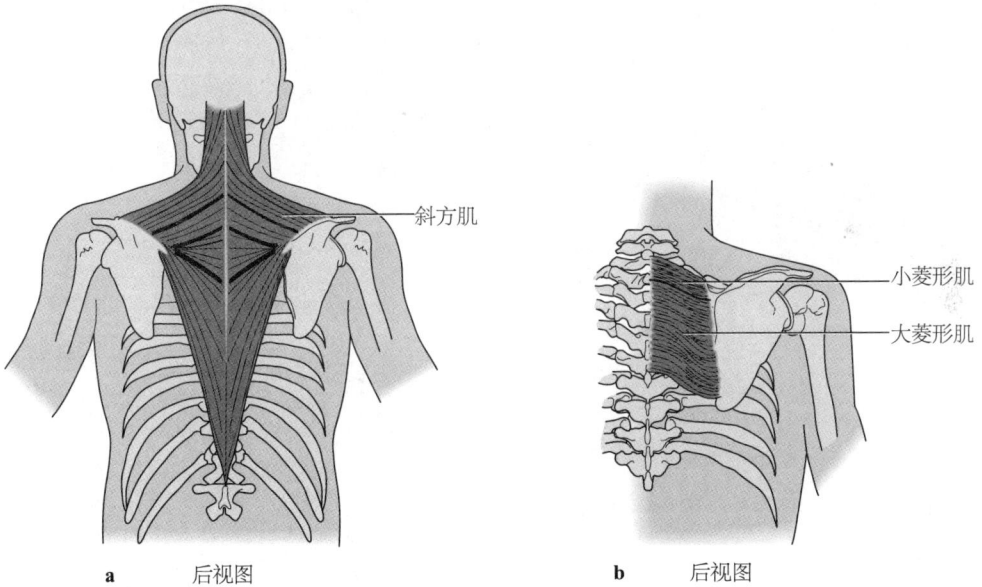

| a | 后视图 | | b | 后视图 |

图6.9 重要的肩胛带肌肉

斜方肌

小菱形肌

大菱形肌

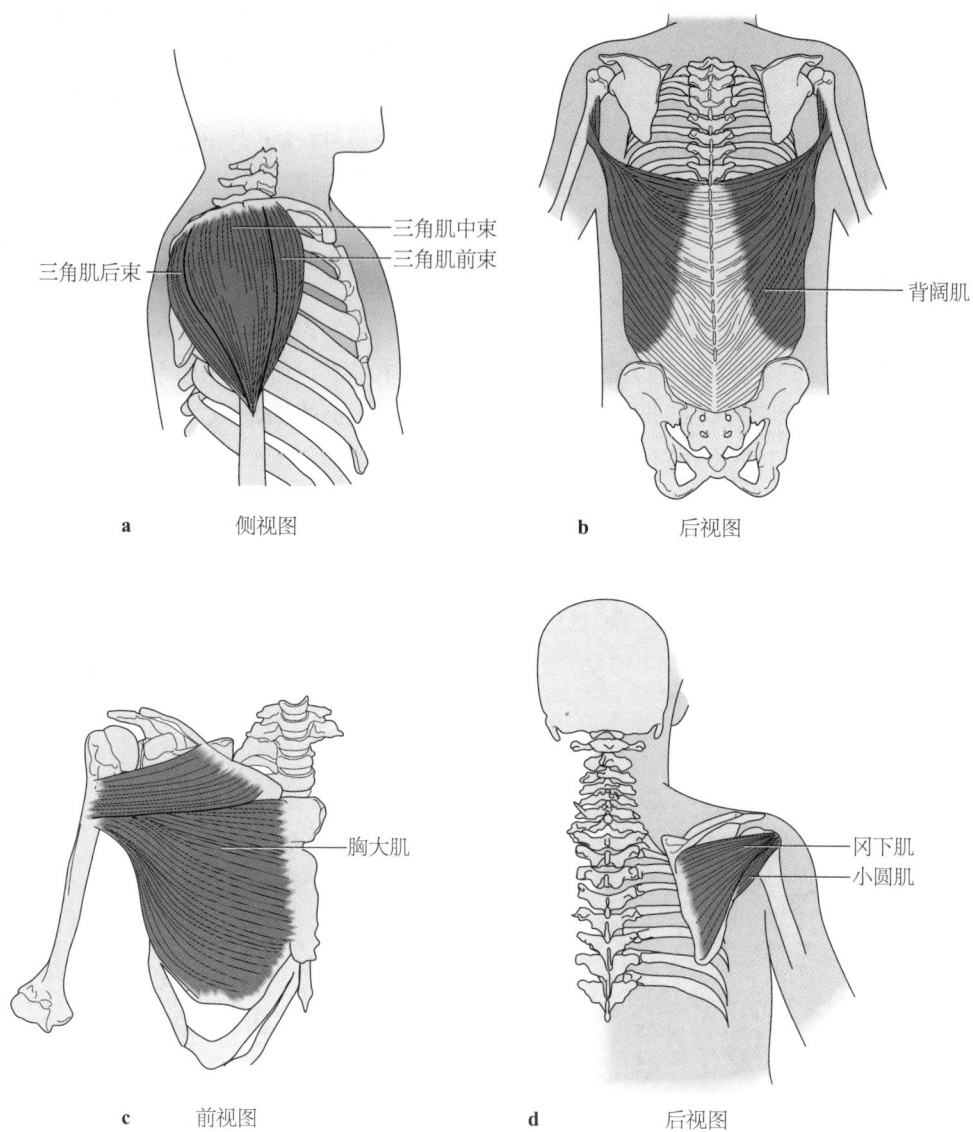

a   侧视图

三角肌中束
三角肌前束
三角肌后束

b   后视图

背阔肌

c   前视图

胸大肌

d   后视图

冈下肌
小圆肌

图6.10 肩关节肌肉

表6.2　肩胛带关节肌肉

肌肉	日常活动	运动
斜方肌I和II	将电话放在耳边	耸肩
斜方肌III和菱形肌	稳定姿势	高位划船、反向飞鸟、俯卧背举、坐式高位划船
斜方肌IV	稳定地从椅子上站起来	抵抗低位下臂屈伸的阻力

表6.3　肩关节肌肉

肌肉	日常活动	运动
三角肌前束和中束	将物品抬、举、推过头顶	前平举、侧平举、推举、上提
背阔肌	将物品拉向身体、举起	俯身低位划船、俯身肩部拉伸、坐式低位划船、单臂弹力管内收
胸大肌	将物品推到身体前面、举起、投掷	俯卧撑、平板卧推、哑铃飞鸟、站立胸前弹力管前推
三角肌后束（与肩胛骨牵拉肌协同工作）	将物品拉向身体、抬起	俯身高位屈臂摆动、反向飞鸟、俯卧背举、坐式高位划船
旋转肌群（冈上肌、肩胛下肌、冈下肌、小圆肌）	开门和关门、稳定肩关节	侧卧肩外旋、仰卧内旋、站立弹力管转肩

三角肌运动

前平举

三角肌前束、胸大肌锁骨部（肩部屈曲）

提示

- 站立（或坐在台阶或瑞士球上），双脚分开，与肩同宽；膝盖略微弯曲；脊柱和骨盆保持中立位。
- 肘部伸直，但不要过度伸展。
- 肩胛骨向下，稍微缩回。
- 开始时掌心保持自然，手腕始终伸直；如果是中级或高级学员，掌心可以朝下（内旋）。
- 保持躯干稳定，同时屈曲肩关节至手臂与肩同高（90度）。

供参考　当你领导一个团队时，要考虑限制使用此项运动。原因在于，日常活动内容（以及上下交替拳和踏板课）对身体前面肌肉的挑战要比对后面肌肉的挑战频繁得多。哑铃、杠铃或弹力管可以用作阻力。这种运动可以双侧进行，也可以单侧进行；单侧的运动对背部更安全。

侧平举

三角肌中束、冈上肌（肩部外展）

提示

- 站立（或坐在台阶或瑞士球上），双脚分开，与肩同宽，膝盖略微弯曲。
- 颈部、脊柱和骨盆保持中立位。
- 肩胛骨保持中立位（向下并稍微缩回）。
- 确保手腕处于中立位（既不弯曲也不伸展）。
- 对于短力臂的变式，手肘可以弯曲90度；对于更传统的长力臂的变式（使用长力臂比较难），则弯曲15度（此时手臂几乎是直的）。在运动开始时，掌心朝下（中位内旋姿势），始终保持这个姿势，大拇指朝前。
- 肩部外展时，手臂抬起至90度或小于90度的幅度。运动结束时，肩膀略高于肘部，而肘部略高于手腕。

供参考　在这项运动中，特别重要的是要规避惯性，不要把手臂举过肩膀（双臂外展不应大于90度），否则会对肩部造成冲击。为了增加阻力，可以手持哑铃或弹力管进行侧平举。

哑铃推举

三角肌中束和三角肌前束、冈上肌、肱三头肌（肩部外展、肘部伸展）

提示

- 站立（或坐在长凳或瑞士球上），两脚分开，与肩同宽，以保持稳定。
- 膝盖放松，脊柱和骨盆保持中立位。
- 肩胛骨向下并且略微缩回（中立位）。
- 从手在头以下的位置开始，将哑铃握在肩膀的高度，手掌朝前（内旋），双手稍宽于肩膀。
- 向上推时，肘部要拉直，但要稍微弯曲（即不要过度伸展）。
- 保持胸部挺直，脊柱挺直。

供参考　可以用哑铃、杠铃或弹力管进行这个运动，以增加阻力。应在头部前方进行推举，以减少对肩关节的损伤；因为肩部的位置很脆弱，而且在额状面后的外旋动作会增加受伤的风险，所以颈后推举已引起争议。这项运动可以单侧或双侧进行。

站立划船

三角肌中束、三角肌前束、冈上肌、肱二头肌（肩部外展、肘部屈曲）
可选：斜方肌上束、菱形肌、肩胛提肌（肩胛上提）

提示

- （a）站立时，双脚分开，与肩同宽；膝盖收紧；脊柱和骨盆保持中立位。双手内旋（朝下抓握），相距6~8英寸（约15.2~20.3厘米）。
- （b）肘部（而不是腕部）先动，并使肘部低于肩膀。
- 尽量保持手腕中立位（避免手腕弯曲，这会增加手腕和肘部受伤的风险）。
- 避免惯性。

供参考 出于对肩关节损伤的担忧，站立划船引起了争议。因为进行这项运动时肩膀要内旋，所以肘部不能高于肩膀（外展不超过90度）。这是非常重要的，因为肘部高于肩膀有可能会造成肩关节撞击综合征。虽然传统的变式包括肩胛带屈臂摆动，但我们不建议普通人群或团体健身时这样做。从功能性训练的角度来看，大多数健身和保健运动者需要加强必要的肌肉的力量，以保持肩胛骨朝下，而不是向上。因此，肩胛带屈臂摆动可以被视为站立划船中一种可选的运动。为增加阻力，可以手持哑铃、杠铃或弹力管来完成这个运动。

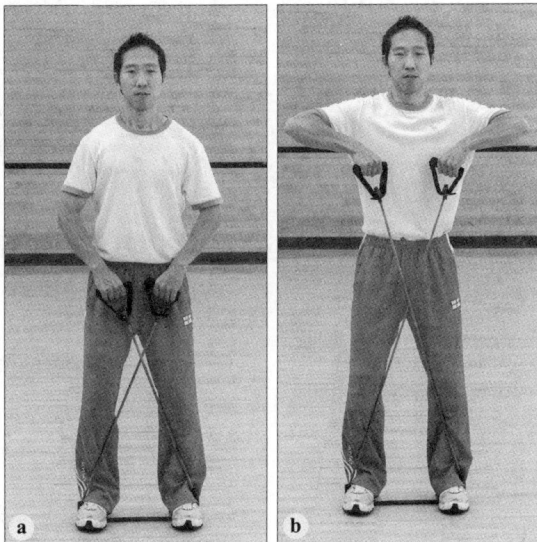

背阔肌运动

俯身低位划船

背阔肌、大圆肌、三角肌后束、肱二头肌（肩部伸展、肘部屈曲）

注意 由于斜方肌和菱形肌处于对抗重力的位置，所以它们是完成这项运动有力的稳定肌。如果是在双侧进行，竖脊肌和腹肌也是脊柱重要的稳定肌。

提示

- （a）双脚交叉站立，前腿膝关节弯曲，不活动的手放在前腿大腿上作为支撑。
- 所有关节朝向相同的方向，臀部和肩膀挺直并平齐。
- 从后脚脚跟到头顶形成一条长直线。

- 脊柱保持中立位,避免耸起上背部。
- 颈部延续脊柱的线条,并在整个运动过程中保持中立位。
- (b)手臂上抬过程中,保持肩胛骨稳定且处于中立位。
- 活动的关节是活动侧的肩关节和肘关节,其他关节保持不动。
- 移动的手臂紧贴胸腔。
- 上提时不要旋转脊柱。
- 始终保持肩膀水平。

供参考　这项运动是在团体健身中活动背阔肌的最佳选择之一,我们建议在团体健身时采用单侧运动。虽然双侧运动的效果也极好,但是不可能每堂团体课中的每个学生都能够在双侧运动中正确地稳定脊柱,并保持正确的姿势。可以手持哑铃或弹力管来完成俯身屈臂摆动,对水平高的参与者而言,两者都适用。另一种变式是直臂肩后伸,在做这个动作时肘部保持伸直。

坐式低位划船

背阔肌、大圆肌、胸大肌、三角肌后束、肱二头肌(肩部伸展、肘部屈曲)

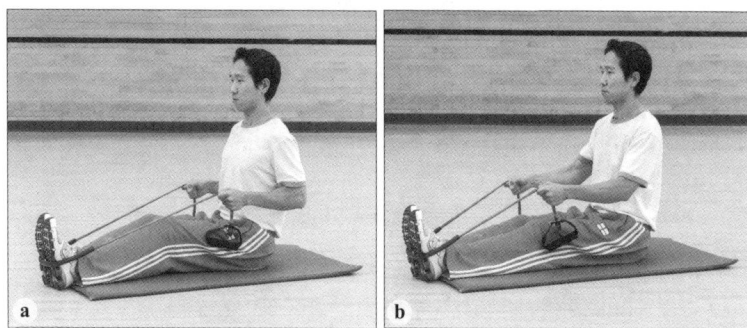

提示

- (a)坐在地板上(或台阶上),膝盖微微弯曲,以确保骨盆和脊柱通过坐骨(坐骨结节)成一直线。把弹力管绕在脚上,或者固定在一个稳定的柱子上。
- 保持脊柱挺直,并始终保持中立位。
- 使脊柱成一直线,肩胛骨向下并远离耳朵。

- （b）双臂在矢状面移动，使上臂靠近胸腔。
- 以中位内旋的姿势握住弹力管的手柄（掌心相对）。
- 仅移动肩膀和肘部，保持下背部不动。

单边背部下拉

背阔肌、大圆肌、胸大肌、肱二头肌（肩部内收、肘部屈曲）

提示

- （a）站立时，双脚分
  开，与肩同宽，以保
  持稳定。
- 脊柱和骨盆保持中
  立位。
- 一只手抓住弹力管或
  弹力带，将其固定在
  头顶处。
- （b）用另一只手向外
  侧下拉，保持肩胛骨
  向下，头部向上。
- 将肘部朝向肋骨方向。
- 在有控制的情况下，
  向上缓慢地松开弹力
  管或弹力带。

供参考　如果没有高滑
轮（在大多数举重房里都能找
到），要在团队中进行这项运动唯一的方法就是使用弹性阻力器械。尽管有些教练试图用哑铃来
模仿下拉运动，但这并不正确，因为在握持自由负重进行活动时，抵抗重力拉力的肌肉实际上
是三角肌，而不是背阔肌。

胸大肌运动

哑铃飞鸟

胸大肌、三角肌前束（肩部水平内收）

提示

- 仰卧，双脚平放在地板或工作台上，膝盖弯曲。
- 脊柱和骨盆保持中立位。

- 以手在上的姿势开始，肘部稍微弯曲。
- 手掌可以内旋或中位内旋（掌心相对）。
- 只活动肩关节，稳定肘部、手腕、肩胛、脊柱和骨盆。
- 将手臂向两侧放低，直到上臂与胸部平行。要特别小心不要超过适当的关节活动度，否则会导致肩膀受伤。

供参考 这项运动是用哑铃进行的，可以在台阶上呈上斜或下斜姿势进行。另外两种变式分别是短力臂飞鸟和坐姿屈臂夹胸，在做这两个动作时，肘部弯曲成90度。

平板卧推或坐姿推胸

胸大肌、三角肌前束、肱三头肌（肩部水平内收、肘部伸展）

提示

- 仰卧在地板或哑铃凳上，膝盖弯曲，双脚放在地板上。
- 保持脊柱和骨盆处于中立位，腹部肌肉用力。
- 使用双手相距较远的、内旋的握法。
- 在肩膀和肘部活动的同时，稳定所有的关节，包括肩胛骨、腕部和脊柱处的关节。
- 上臂与躯干成80 ~ 90度，前臂垂直于地面。
- 保持动作缓慢并有所控制，避免突然的下降。
- 如果在踏板上进行活动，请避免使肘部下落哑铃凳下方太远，因为这会增加肩部关节的压力。

供参考 握哑铃的双手距离越近，肱三头肌用力越多，胸肌用力越少。这个运动可以用哑铃或杠铃进行，可以在踏板上呈倾斜或下滑姿势。躺在地板上做这个运动会影响关节的活动范围，因为地板会妨碍你做动作。

俯卧撑

胸大肌、三角肌前束、肱三头肌（肩部水平内收、肘部伸展）

注意 此项运动涉及几种重要的稳定肌——腹肌、竖脊肌、臀大肌、斜方肌、菱形肌、前锯肌和胸小肌。

提示

- 头部、脊柱和骨盆保持中立位。
- 头部与脊柱在一条线上。
- 除在桌面姿势外,臀部都处于中立位(采用桌面姿势,臀部弯曲90度)。
- 手指指向前方,以最大限度地减小手腕受到的压力。
- 双手比肩膀稍宽。
- 上臂垂直于躯干(在水平面内)。
- 活动的关节是肩关节和肘关节;其他关节均保持不动,这对预防伤害很重要。
- 避免背部下沉、肘部过度伸展或颈椎过度伸展。
- 向上撑时呼气。

变式

俯卧撑有很多种变式。以下是难易程度从小到大的几种变式:扶墙俯卧撑,(a)桌面俯卧撑,双手在台阶上的膝盖俯卧撑(中间体),(b)双手在地板上的膝盖俯卧撑,膝盖在台阶上、双手在地板上的膝盖俯卧撑(下斜),双手在台阶上的全身俯卧撑,(c)双手在地板上的全身俯卧撑,双脚在台阶上的全身俯卧撑,单腿全身俯卧撑。

供参考 俯卧撑是团体健身中进行胸部运动的一个很好的选择。始终展示至少三个变式,以适应不同能力水平的学员。肘部离肋骨越近,这项运动就越像是用肱三头肌进行的俯卧撑,对胸部肌肉的锻炼作用就越小。

站立胸部前推

胸大肌、三角肌前束、肱三头肌（肩部水平内收、肘部伸展）

提示

- （a）双脚平行站立，与肩同宽，或双脚交错站立，与臀部同宽。
- 将弹力管或弹力带绕在芭蕾扶手杠或挂钩上（或借助舞伴），背对扶手杠。
- 将弹力管或弹力带置于臂下，用手抓住其两端。
- 脊柱、骨盆、肩胛骨和手腕处于中立位。
- 收缩腹部肌肉。
- （b）仅移动肩膀和肘部，呼气，并将弹力管推离固定点。
- 在整个运动过程中使整个躯干保持稳定。

供参考 为了获得理想的拉力和最佳的肌肉活动，请将弹力管或弹力带固定在身体后方的固定物体上；将弹力带绕在背后而不是将其固定在固定物体上会减弱运动效果。（或者，如上图双人运动所示，用两个弹力管或弹力带互相绕过对方。）注意：传统的带哑铃的站立胸部平推不是有效的选择，因为重力并不直接与肌肉动作相对抗。支撑手臂抵抗重力的肌肉是三角肌，而胸肌实际上很少用力。

斜方肌中束、菱形肌和三角肌后束的运动

俯卧肩胛回缩（俯卧反身屈臂夹胸/俯卧背部推举）

斜方肌中束、菱形肌、三角肌后束（肩胛回缩、肩部水平外展）

提示

- 俯卧在地板上（或台阶上），前额朝下，头部与脊柱成一条直线。手臂放在地板上，上臂与躯干成90度，肘部弯曲成90度。
- 将手掌放在地板上。
- 收缩（蜷缩）肩胛骨，并让两侧肩胛骨彼此靠近。

- 保持额头朝下，脊柱保持中
  立位。
- 确保手肘向上举向天花板，
  而不是向后举向臀部。

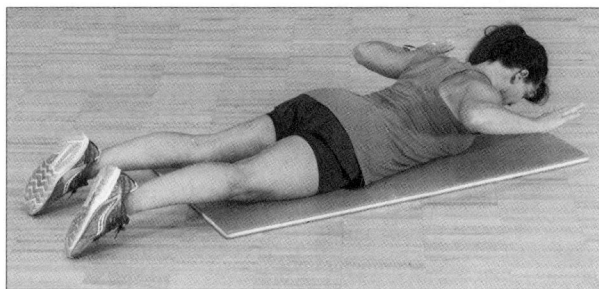

供参考 这项运动只需要一张垫子，当与几组俯卧撑交替应用时，它可以构成一项很棒的超级训练组。大多数参与者做这个动作的关节活动度较小，无法举起比他们的手臂重很多的东西。即便如此，俯卧肩胛回缩仍然是一种很好的姿势矫正锻炼和教育锻炼。

坐式高位（水平）划船

斜方肌中束、菱形肌、三角肌后束、肱二头肌（肩胛回缩、肩部水平外展、肘部屈曲）

提示

- 坐在地板上，臀部屈曲90度，脊柱保持中立位。
- 保持膝盖略微弯曲，让躯干与坐骨成一条直线。
- （a）将弹力管缠在双脚上，手掌朝下，握住手柄。
- 开始时肘部伸直，手臂在胸前水平面上。
- （b）向后划（将其保持在与地板平行的水平面内），并有意识地收缩肩胛骨。
- 保持手腕伸直，脊柱挺直、稳定。

供参考 不要把这个运动与低位划船混淆，后者主要训练背阔肌。在高位划船中，手臂举至略低于肩膀的水平面上。进行一个标准的2拍上提动作，或者为了使变化更多样，可以尝试一个4拍的上提动作：第1拍时向后拉，第2拍时缩回肩胛骨，第3拍时放松肩胛骨，第4拍时松开。

单侧俯身反向飞鸟

斜方肌中束、菱形肌、三角肌后束（肩胛回缩、肩部水平外展）

提示

- 选择最舒适的站立俯身姿势：双脚分开，与肩同宽，一只手放在同侧大腿上；或双脚交错，一只手放在大腿前侧。靠臀部进行转动，调整臀部和肩膀，使脊柱保持中立位。
- 向下压肩膀和肩胛带，使其远离耳朵。
- 活动臂垂直于躯干，将手臂向后朝天花板举起，肩胛骨向脊柱移动（回缩）完成动作。
- 只有肩胛骨和肩关节移动，脊柱、骨盆、肘部和手腕保持不动。
- 有意识地收缩三角肌后束、斜方肌中束和菱形肌。

供参考　进行这项运动时，可以用弹力带、弹力管或哑铃来增加阻力。对于大多数团体健身课，不建议使用双侧俯身反向飞鸟这个动作。大多数参与者无法在进行双侧活动时适当地稳定躯干并保持腹肌和竖脊肌强烈收缩。一只手在大腿上单侧支撑脊柱进行的俯身动作的风险要低得多。这项运动也可以以半跪姿势或俯卧在台阶上进行。

单侧俯身高位划船

斜方肌中束、菱形肌、三角肌后束、肱二头肌（肩胛回缩、肩部水平外展、肘部屈曲）

提示

- 选择最舒适的站立俯身姿势：双脚分开，与肩同宽，一只手放在同侧大腿上；或双脚交错，一只手放在大腿前侧。靠臀部进行转动，调整臀部和肩膀，使脊柱保持中立位。
- 向下压肩膀和肩胛带，使其远离耳朵。
- 活动臂垂直于躯干，将手臂向后在水平面上朝天花板提起，肩胛骨向脊柱移动（回缩）完成动作。
- 只有肩胛骨、肩关节和肘部移动，脊柱、骨盆和手腕保持不动。
- 有意识地收缩三角肌后束、斜方肌中束和菱形肌。

供参考　进行这项运动时，可以用杠铃、弹力带、弹力管或哑铃来增加阻力。不要混淆这项运动与针对背阔肌的低位划船。在高位划船中，手臂举至略低于肩膀的水平面上。为了使变化更多样，可以尝试4拍的上提动作：第1拍时向后拉，第2拍时回缩肩胛骨，第3拍时放松肩胛骨，第4拍时松开重新开始。同样，在团体健身中要非常小心地练习双侧俯身高位上提；大多数参与者在做双侧俯身动作时很难稳定躯干。

外旋肌运动

站立式肩关节外旋

冈下肌、小圆肌（肩部外旋）

提示

- 站立，双脚分开与肩同宽；膝盖略微弯曲；脊柱和骨盆保持中立位。
- 肩胛骨向下，稍微回缩（肩胛骨保持中立位）。
- 非活动侧的手握住弹力管，将其固定在对侧的髋关节上。
- 在活动侧，弯曲肘部至90度，抓住弹力管。
- 保持上臂靠近身体，将前臂移到旁边，向外旋转肩关节（就像打开门一样）。
- 保持前臂与地面平行，手腕保持中立位。
- 有控制地、缓慢地做动作。

供参考　强化外旋肌群对于抵消肩部内旋肌产生的巨大力量很重要。内旋肌包括肩胛下肌、大圆肌、胸大肌、三角肌前束、背阔肌和肱二头肌。强健的外旋肌有助于维持肩关节的正常功能，降低受伤的风险。我们建议不定期地在课程中做这项运动。

肘关节

肘关节主要的肌肉如图6.11所示。表6.4列出了使用这些肌肉的日常活动以及针对这些肌肉的基本强化运动。肘关节和桡尺关节肌肉及其关节的动作见附录D，肘关节和桡尺关节的关节活动度见附录E。接下来的图片和文字描述展示了有关肘关节的一些运动和拉伸活动。

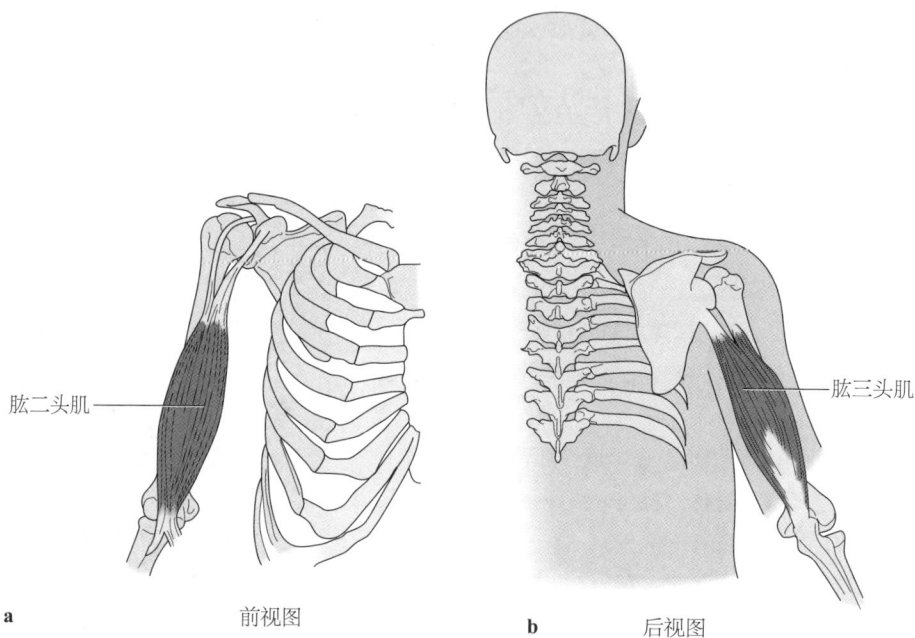

肱二头肌

肱三头肌

a　　　　　　　前视图　　　　　　**b**　　　　　后视图

图6.11 肘关节主要的肌肉

表6.4 肘关节主要的肌肉

肌肉	日常活动	运动
肱二头肌、肱肌、肱桡肌	搬运、举起	肱二头肌弯举、单臂哑铃弯举、槌式弯举、正握弯举
肱三头肌	坐在椅子上和从椅子上起来、扔球	屈臂、伸臂、手臂下压弹力管、仰卧肘关节拉伸

肱二头肌运动

交替哑铃肱二头肌弯举

肱二头肌、肱肌、肱桡肌（屈肘）
可选：旋后肌（桡尺关节旋后运动）

提示

- 站立时两脚分开，与肩同宽；膝盖收紧；脊柱和骨盆保持中立位。
- 向下压肩膀，稍微向后压（肩胛骨自然放松）。
- 将上臂靠近肋骨（肩关节自然放松），手掌朝向大腿外侧。弯曲一只手臂，平稳地在关节活动范围末端翻掌向上（将手掌向上翻转），接着弯曲另一只手臂。
- 双手尽可能放松，保持肱二头肌紧张。
- 腕部保持完全中立（腕部勿主动屈曲或伸展）。
- 控制向下的动作，避免肘部过度伸展。
- 在向下的过程中，手掌恢复到中位内旋姿势（面对大腿）。

供参考 这个运动可以站着进行，也可以坐在台阶上进行。也可以使用杠铃、哑铃或弹力管来增加阻力，还可以选择性地在举重结束时将手腕外旋（手掌向上）。其他的变式包括在整个过程中保持外旋姿势和不交替进行双侧运动。槌式弯举（整个动作中手掌保持中位内旋姿势）和正握弯举（整个动作中手掌内旋并向下）是挑战肱二头肌、肱肌和肱桡肌的运动。

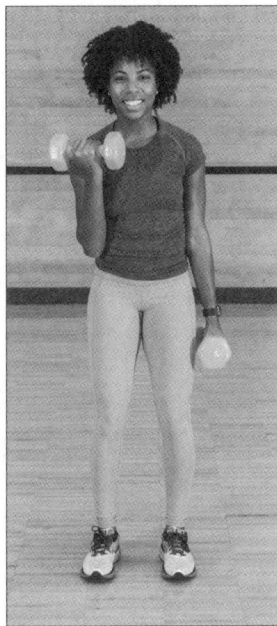

单臂哑铃弯举

肱二头肌、肱肌、肱桡肌（屈肘）

提示

- 跪下，单膝跪在地板上。
- 将另一只脚置于地板上，膝盖弯曲90度。
- 将活动臂的肘部置于屈膝腿的大腿略靠内侧处，将另一只手置于肘部后方作为支撑。
- 以髋关节为转轴向前移动，保持脊柱中立，保持肩膀向下。
- 弯曲肘部，沿着身体对角线举起重物。
- 手腕保持中立。

* 慢慢回到起始位置，防止肘关节锁死（过度伸展）。

供参考　也可以坐在凳子上或瑞士球上进行此运动。

肱三头肌运动

仰卧肱三头肌伸展

肱三头肌（肘部伸展）

提示

* 仰卧在地板或台阶上。
* 保持膝盖弯曲，脊柱保持中立位，腹部收缩。
* 屈曲活动臂的肩膀，将肘部向上笔直指向天花板；手应该靠近头的一侧。
* 平稳地伸展肘部抬起哑铃，使肱三头肌收缩。
* 肘部不要张开，小心地将哑铃降低到起始位置。
* 在整个运动过程中，上臂保持静止。

供参考　可以在单侧进行这项运动，这是最简单的变式。也可以通过两只手各握一个哑铃，同时握一个哑铃或握一个杠铃进行双侧的运动（这个变式是最具挑战性的）。

弹力管肱三头肌下压

肱三头肌（肘部伸展）

提示

* 站立时两脚分开，与肩同宽，脊柱、骨盆保持中立位。
* 收缩腹肌并向下压肩膀。
* 用活动侧的手握住弹力管的一端，用另一只手将弹力管固定在活动侧的肩膀上。
* 伸展肘部，使活动臂笔直向下压。
* 伸直肘部，但不要过度伸展，并尽可能保持手腕中立。控制向上时的动作（离心阶段），保持有意识的肌肉收缩。

肱三头肌屈伸

肱三头肌（肘部伸展）

提示

- （a）俯身站立，双脚交错，所有关节指向同一方向；臀部和肩膀保持挺直。
- 将非活动侧的手放在同侧大腿上，以支撑下背部。
- 保持脊柱和颈部处于中立位，收腹。
- 肩膀下压，保持肩胛骨处于中立位。
- 向后抬起活动臂，使上臂与地板平行（肩膀保持向下）。
- （b）有控制和有意识地收缩肌肉，伸直肘部，但不要过度伸展。
- 保持手腕中立。

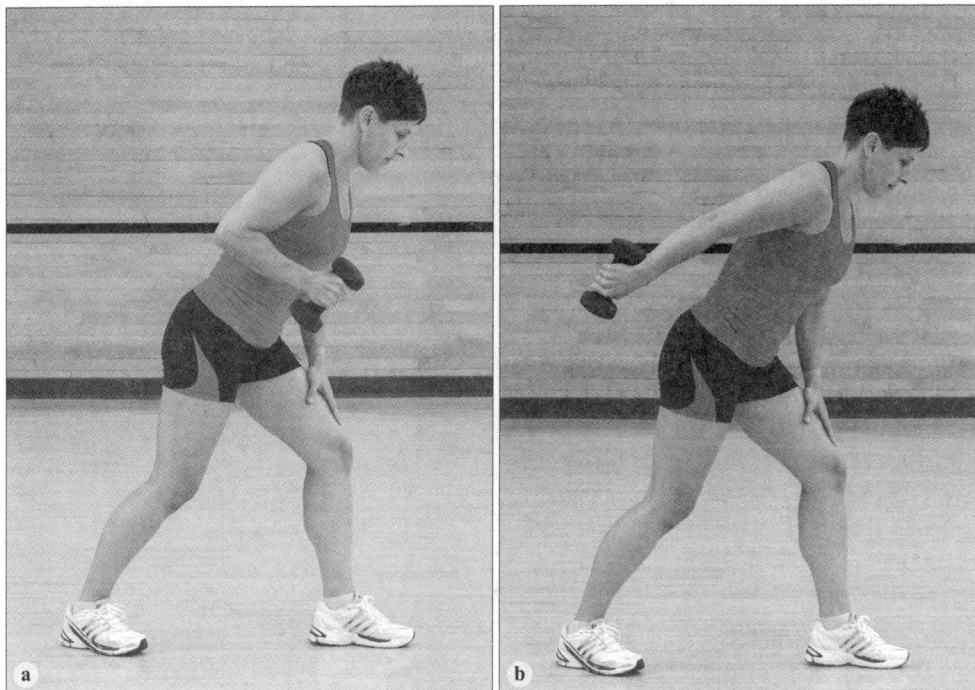

　　供参考　虽然这项运动可以在双侧进行，但我们不建议在一般的团体健身课程中这样做。大多数参与者不能在保持脊柱处于中立位和姿势正确的前提下呈现出恰当的俯身姿势；此外，足够的核心稳定性对保护下背部至关重要。对几乎所有人来说，单侧进行这一运动是一种很好的调整，也可以以半跪的姿势做屈伸动作。在做屈伸动作时常见的错误包括旋转脊柱、耸肩、锁死肘部和使用惯性。

单侧法式推举（头顶肱三头肌推举）

肱三头肌（肘部伸展）

提示

- 站立（或坐在台阶上），膝盖保持放松；骨盆和脊柱保持中立位；腹部收缩。
- 活动侧肘部应直对天花板，活动侧前臂应在头部后方。
- 用另一只手支撑上臂。
- 平稳地认真控制动作，将重物垂直向天花板推举，然后小心地将其放回头部后方。
- 在整个运动过程中，抬起头并使颈部完全保持中立，使肘部紧贴头部。

供参考 这项运动对肩部肌肉紧绷或过度驼背的参与者来说比较困难。如果很难或不可能做出正确的姿势，则建议采用另一种肱三头肌运动方式（如下压或屈伸），以使参与者可以更安全地完成动作。法式按压可以双侧进行，但这种运动特别不适合上肢柔韧性不佳的人。

肱三头肌臂屈伸

肱三头肌（肘部伸展）

提示

- 将手放在地板上或台阶上，手指朝前。
- 上臂位于地面或台阶上方，双手支撑身体。
- 肩胛骨下压，远离耳朵，伸长脖子。
- 稳定下半身，避免移动腿部和臀部。
- 肘关节应该是唯一活动的关节。
- 伸直和弯曲肘部，要使肘部靠近身体两侧。
- 避免肘部过度伸展。

供参考 这是一个更高级的运动。即使是适合初学者的运动版本（手放在臀部下面）也需要很强的身体意识才能进行。应避免肘部弯曲超过90度，以及将肩关节向后伸得太远（避免屈伸幅度过大），因为这样做会增加肩关节受伤的风险。从最简单到最困难的屈伸顺序如下：坐在地板上屈伸，抬起臀部在地板上屈伸，双手放在台阶上屈伸，双手放在台阶上、双脚放在另一个台阶上屈伸，双手放在瑞士球上屈伸。

脊柱关节和躯干肌肉

　　脊柱关节和躯干肌肉如图6.12所示。表6.5列出了脊柱关节的主要肌肉，使用这些肌肉的日常活动以及针对这些肌肉的基本强化运动。有关脊柱关节肌肉及其关节动作的信息，请参见附录D；有关各种脊柱运动的关节活动度信息，请参见附录E。接下来的图片和描述展示了肌肉训练运动和脊柱关节肌肉的拉伸动作。

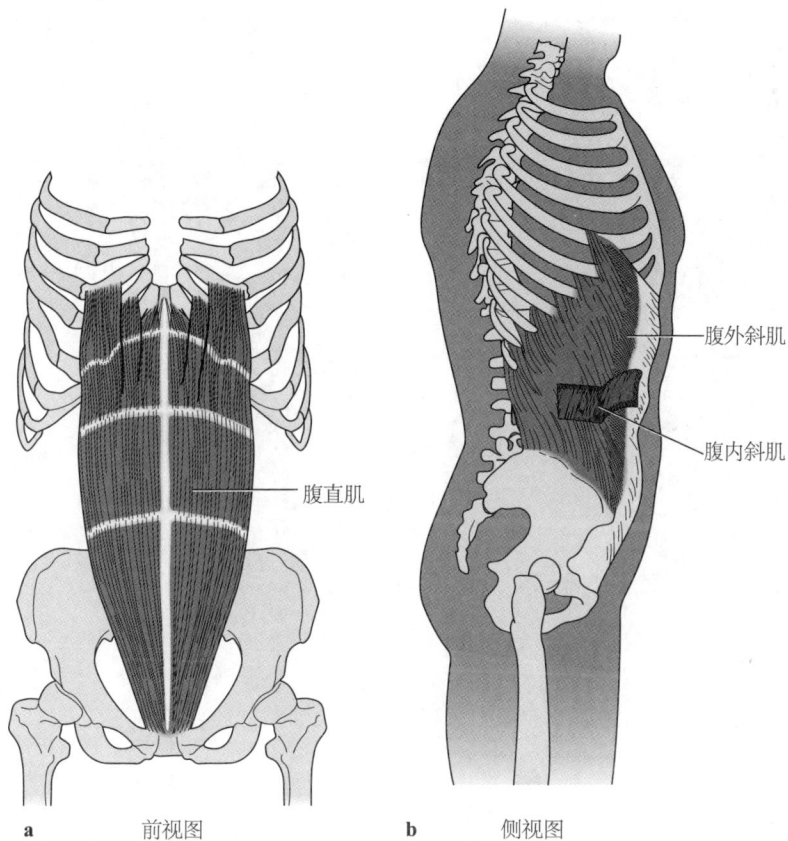

| | | 腹外斜肌 |
| | 腹直肌 | 腹内斜肌 |

a 　　前视图　　　　　　**b** 　　侧视图

图6.12 　脊柱关节和躯干肌肉

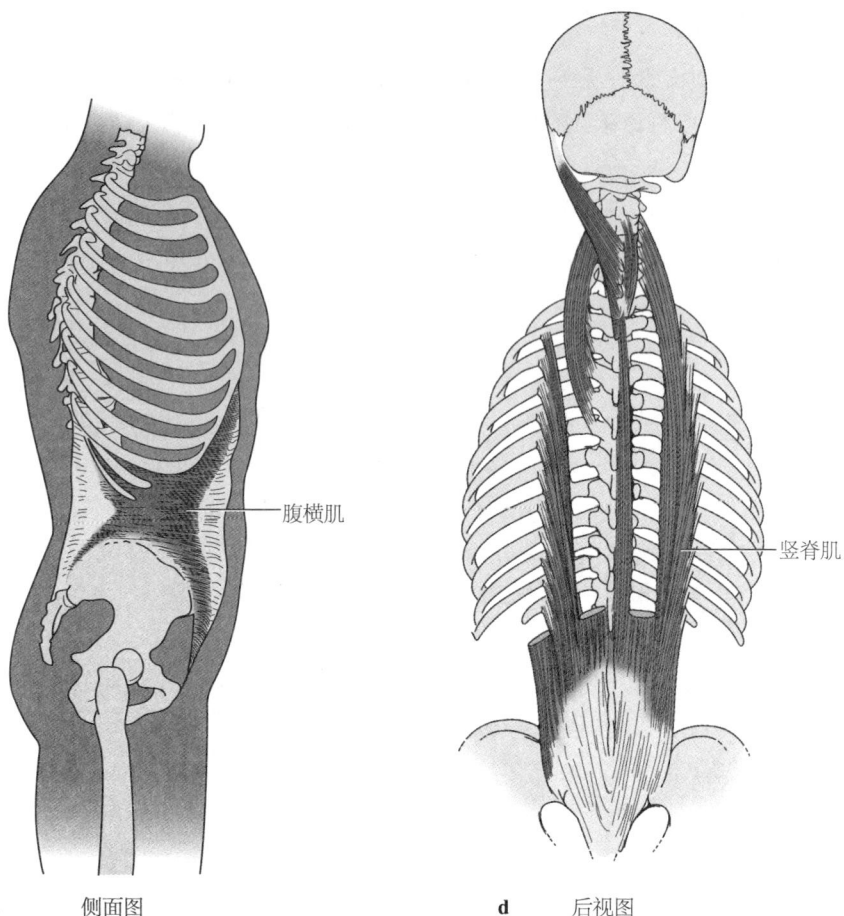

c   侧面图   d   后视图

图6.12 脊柱关节和肌肉（续）

表6.5 脊柱关节的主要肌肉

肌肉	日常活动	运动
腹直肌	起床、保持姿势	屈体、骨盆后倾、提臀
腹内斜肌和腹外斜肌	侧弯以捡起东西、保持姿势	对角扭转屈体
腹横肌	笑、咳嗽、保持姿势	屈体、普拉提运动、四足爬姿
竖脊肌	向前弯捡起东西、保持姿势	俯卧伸展、四足爬姿

腹肌运动

腹肌骨盆倾斜运动

腹直肌、腹横肌

（脊柱屈曲和骨盆后倾、腹部受压）

提示

- 仰卧，膝盖弯曲，脊柱保持中立位。
- 使用膈膜或腹部呼吸，呼气并用力收缩腹肌，使得骨盆向后倾斜。
- 因为这项运动主要针对腹肌，所以要避免让臀肌用力。
- 用力收缩腹肌，感觉在耻骨附着物上有拉力。
- 保持小范围的运动，并不是运动幅度越大越好。
- 在下降时避免拱起下背部，回到脊柱中立位即可。

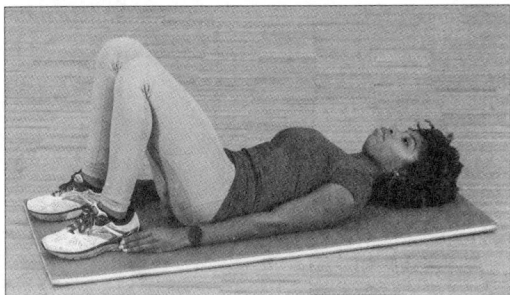

供参考 这是一个很好的运动方法，可以教会我们正确使用腹部或膈膜呼吸。以下是腹肌骨盆倾斜运动的渐进序列（按照从最容易到最困难的顺序列出运动的变式）：脚平放在地板上，膝盖弯曲；腿稍直，脚跟放在地板上；仰卧在倾斜的健身凳上，骨盆低于头部且悬空。对于所有的变式，尽量使用腹肌而不是臀肌来进行腰椎屈曲和骨盆后倾运动。

基本屈膝（卷腹）

腹直肌（脊柱屈曲和骨盆后倾）

提示

- 仰卧，膝盖弯曲，脊柱保持中立位。
- 进行膈式呼吸，呼气，弯曲脊柱，将肋骨拉向髋关节。
- 颈部保持中立；它没有独立动作（它只是随需要而活动）。
- 避免颈部向上或过度伸展颈部。
- 将肩胛骨抬离地面，脊柱弯曲约35度。
- 避免在下降时拱起下背部，只回到中立位。

供参考　此运动有很多变式。手臂变式（按照从最容易到最难的顺序列出）包括：手臂在两侧，手臂在胸部交叉，双手放在耳朵后面，双手放在前额，手臂在头后面交叉以及手臂在头顶伸直。下肢变式（同样按照从最容易到最难的顺序列出）包括：双脚支撑在墙壁或健身凳上（对有后腰问题的参与者来说非常有好处），膝盖弯曲仰卧在倾斜的踏板上（头部高于臀部），脚在地板上膝盖弯曲仰卧，双腿抬高膝盖弯曲仰卧，双腿抬高膝盖伸直仰卧，在倾斜的踏板上仰卧（头部低于臀部），仰卧在瑞士球上（可以是倾斜、平躺或下滑），仰卧掷健身球。如果需要增加多样性和难度，请将上身的卷腹与提臀和骨盆倾斜相结合。

腹肌提臀

腹直肌（脊柱屈曲和骨盆后倾）

提示

- 仰卧，弯曲臀部，抬高双腿，膝盖略微弯曲。
- 将膝盖和髋关节稳定在一个固定的角度。
- 保持这个角度（或姿势）不变，呼气，用力收紧腹部，骨盆向后倾斜。动作幅度要小。
- 避免主动屈曲髋关节或摆动和摇晃腿部。

供参考　这个运动是之前介绍的腹肌骨盆倾斜运动的较难的版本。在提臀之前，确保参与者可以以协调的腹部呼吸方式进行正确的骨盆倾斜。在提臀的过程中，膝盖可以弯曲或伸直，这取决于腘绳肌的灵活性和下背部的情况。就像增加上半身的卷腹难度（整个脊柱弯曲）一样，使用一个倾斜的踏板使臀部在头部下方可以增加运动的难度。为了增加花样，试试这个4拍的变式：第1拍时骨盆倾斜（腿在空中），第2拍时上半身向上弯曲，第3拍时上半身向下弯曲，第4拍时骨盆下移。

腹内 / 外斜肌运动

沿对角线扭转卷腹

腹外斜肌、腹内斜肌（脊柱屈曲、旋转）

提示

- 仰卧，单膝弯曲，脚放在地板上。
- 将另一只脚放在屈膝腿的大腿上。
- 一只手放在地板上，另一只手放在头后面。
- 呼气，沿对角线卷腹，将肋骨移向对侧髋关节。
- 颈部保持中立（下巴和胸部之间相隔一个苹果的距离），并将肩胛骨从地板上移开。
- 保持动作缓慢并有控制力，避免惯性。
- 变换双腿，然后在相反的一侧重复进行运动。

供参考　此项运动有很多变式。上臂变式包含单侧和双侧进行的运动，包括（按照从最容易到最难的顺序列出）双臂位于两侧，双臂交叉在胸前，双手放在耳后，双臂在头后交叉以及双臂在头顶伸直。下半身的变式包括（同样按照从最容易到最难的顺序列出），双脚在地板上（膝盖弯曲），双腿悬在空中（膝盖弯曲或伸直），以及一只脚在地板上，另一只脚在空中伸展。另外，可以使用倾斜的踏板或瑞士球来增加额外的负荷。

核心训练运动

接下来的三项运动的目的是训练核心肌群，从而使脊柱在中立位下保持稳定。第一项运动是单腿画圈，因为它是在仰卧姿势下进行的，所以最容易。接下来的四足爬姿要求具备较好的平衡性和核心力量。平板支撑更难，因为需要更强的核心稳定性来保持良好的姿势。

单腿画圈

髂腰肌、股直肌、腹横肌（髋部绕圈、腹部受压）

提示

- 仰卧，一条腿（膝关节处弯曲）在
  地板上，另一条腿向天花板伸展，
  脚趾指向天花板。
- 收紧腹部，将肚脐向脊柱方向拉，同
  时脊柱保持中立位，以保持脊柱的四
  个正常的曲度，从而牢牢地固定住躯
  干。臀部和肩膀均匀地压在地板上。
- 用垂直于地面的腿在空中画小圆圈，
  先顺时针画，再逆时针画。
- 只有在骨盆可以保持水平和稳定不
  动的情况下，才能增大圆圈的大小。
  换至另一侧重复动作。

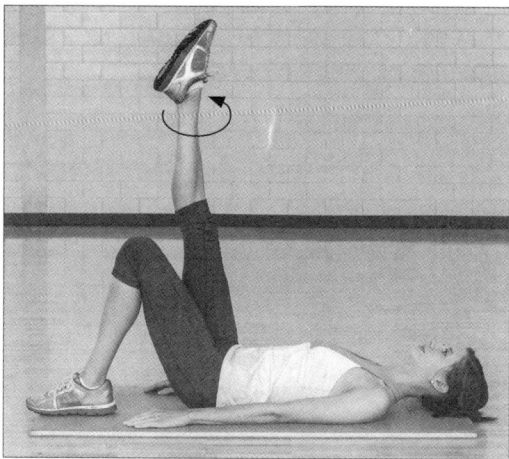

供参考 在此项普拉提运动中，髋屈肌起着主动肌的作用；腹直肌、腹内/外斜肌、腹横肌和竖脊肌稳定脊柱。进行上述运动，腘绳肌必须有足够的柔韧性。

四足爬姿

竖脊肌、腹横肌、臀大肌、腘绳肌、三角肌、前锯肌（保持脊柱和肩胛骨处于中立位、腹部压缩、髋部伸展、肩部屈曲）

提示

- 四肢着地，双手在肩膀正下方，膝盖在臀部正下方。
- 使骨盆、脊柱和肩胛骨处于安全的中立位。
- 慢慢地将一只手臂向前伸，另一侧的腿向后伸，保持髋部和肩膀水平，脊柱保持中立
  位。保持该姿势不动。
- 慢慢回到四肢着地的状态，不要破坏你的姿势，然后在另一侧重复进行练习。

供参考 可以静态地进行此运动（每侧保持5～30秒），也可以动态地（在两侧来回平稳地交替）进行。这两种变式都是为了提高躯干的稳定性，并锻炼作为稳定肌的竖脊肌和腹肌。

平板支撑

竖脊肌、腹横肌、臀大肌、腘绳肌、股四头肌、三角肌、前锯肌（保持脊柱和肩胛骨处于中立位、腹部压缩、髋部伸展、膝部伸展、肩部屈曲）

提示

- 双手和脚趾着地，使身体从头顶一直到脚跟成一条直线。
- 颈部、脊柱和骨盆保持中立位。
- 腹部向脊柱贴近。
- 保持不动并呼吸。

供参考 平板支撑有很多种变式，以下按照从最简单到最难的顺序列出：膝盖平板支撑，前臂平板支撑，上图中显示的基本平板支撑，一条腿抬起的平板支撑，一条腿进行外展或内收的平板支撑，以及向侧平板式旋转再返回的平板支撑。

竖脊肌运动

俯卧脊柱伸展

竖脊肌（脊柱伸展）

提示

- 俯卧，额头放在垫子上，颈部保持中立位。
- 髋关节贴地，双臂放在身体两侧。
- 伸展脊柱，慢慢抬起上半身，颈部保持中立位（下巴略收）。
- 平稳下降并重复该动作。

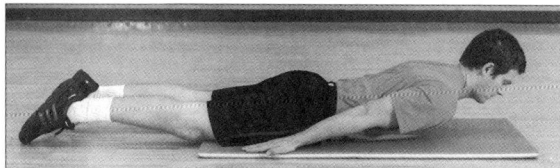

供参考　对一些参与者来说，主动的腰椎伸展或过度伸展可能会有问题。要经常询问参与者感觉如何，并在需要时进行调整。告诉参与者，如果感到疼痛就应停止活动。加强下背部肌肉力量的保守方法是只进行等长收缩〔只将胸部、颈部和头部抬离地面1英寸（约2.5厘米）左右并保持不动〕。鼓励参与者与医生讨论有关背痛的问题。这项运动的其他变式，按照最容易到最难的顺序排列：手臂成90度，脊柱伸展；手臂在头顶，脊柱伸展；对侧手臂和腿、脊柱伸展；在瑞士球上进行的脊柱伸展。

健身专业人士的提示

　　凯莉·罗伯茨（Keli Roberts）：国际主持人、教练、培训师\健身教育家。她获得的资质证书有美国运动医学会临床运动生理师（ACSM CEP）、美国运动委员会团体健身教练（ACE GFI）、CPT、HC、AFAA。作为许多好莱坞名人的教练，凯莉在消费市场上享有盛名。她是ACE和AFAA的继续教育专家，也是抗癌运动专家。她已经为SPRI编写了两本关于弹力带抗阻训练的手册和一本关于使用运动棒的手册，并且是人体运动出版社即将出版的 *A Professional's Guide to Small Group Personal Training* 一书的作者。她曾经出现在许多健身视频和杂志中，还是一个狂热的竞技山地自行车车手。

　　"肌力与体能课是我最喜欢教的课程！许多女性不喜欢独自进入健身房，肌肉训练课程是一个很好的机会，可以增强她们日常生活所需的力量。我的第一条原则——要有一个训练逻辑！我喜欢让各种动作序列互相补充，比如，你们可以排成一行做一套弓步蹲，然后是硬拉（如果适合你的课程），接着立即进行单侧哑铃划船。在这个例子中，腘绳肌和背阔肌一直保持紧张，可以承受大量的负荷。接着重复相同的动作序列，进行第二组锻炼（单侧上提动作则使用另一侧）。由于肌肉一直保持紧张状态，所以这样的锻炼可以使肌肉超负荷。这两套动作已经足够使锻炼产生效果。接下来的锻炼就按照这个训练逻辑来进行其他运动。"凯莉说。

髋关节和膝关节

　　由于许多下半身运动会同时使用髋关节和膝关节，因此我们将有关这两个关节的知识结合了起来。图6.13和图6.14分别展现了膝关节和髋关节的肌肉。表6.6和表6.7分别列出了这两个关节周围主要的肌肉，使用这两个关节的日常活动，以及每个关节的基本强化运动。有关髋关节和膝关节的肌肉的动作请参见附录D，部分髋关节和膝关节动作的关节活动度请参见附录E。接下来的图片和描述展示了髋关节和膝关节的肌肉训练运动。

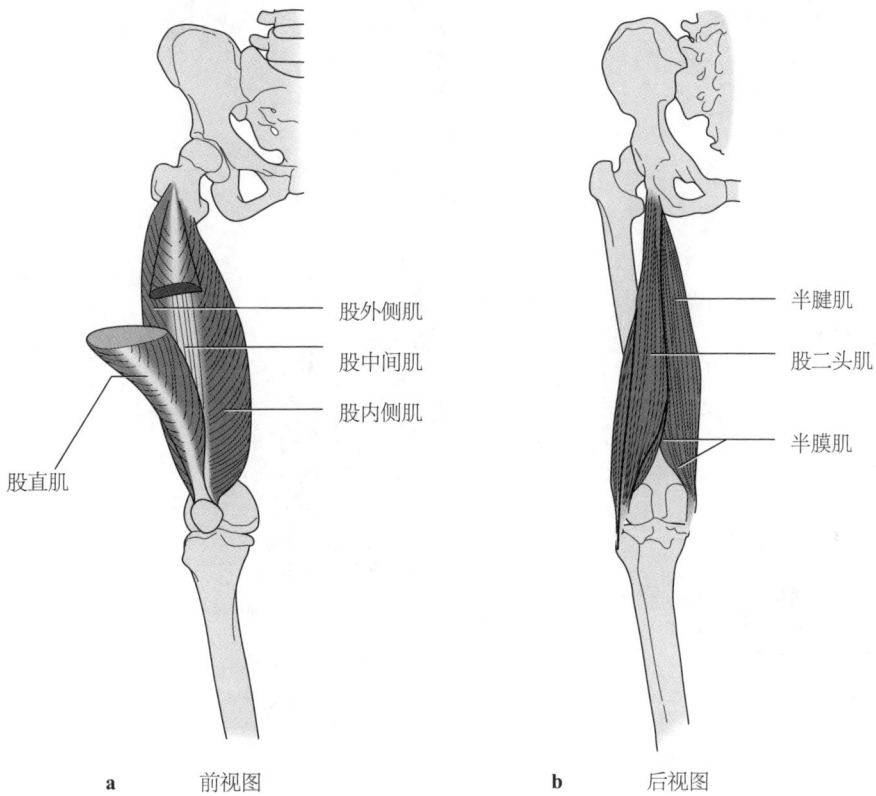

| a | 前视图 | b | 后视图 |

图6.13 膝关节肌肉

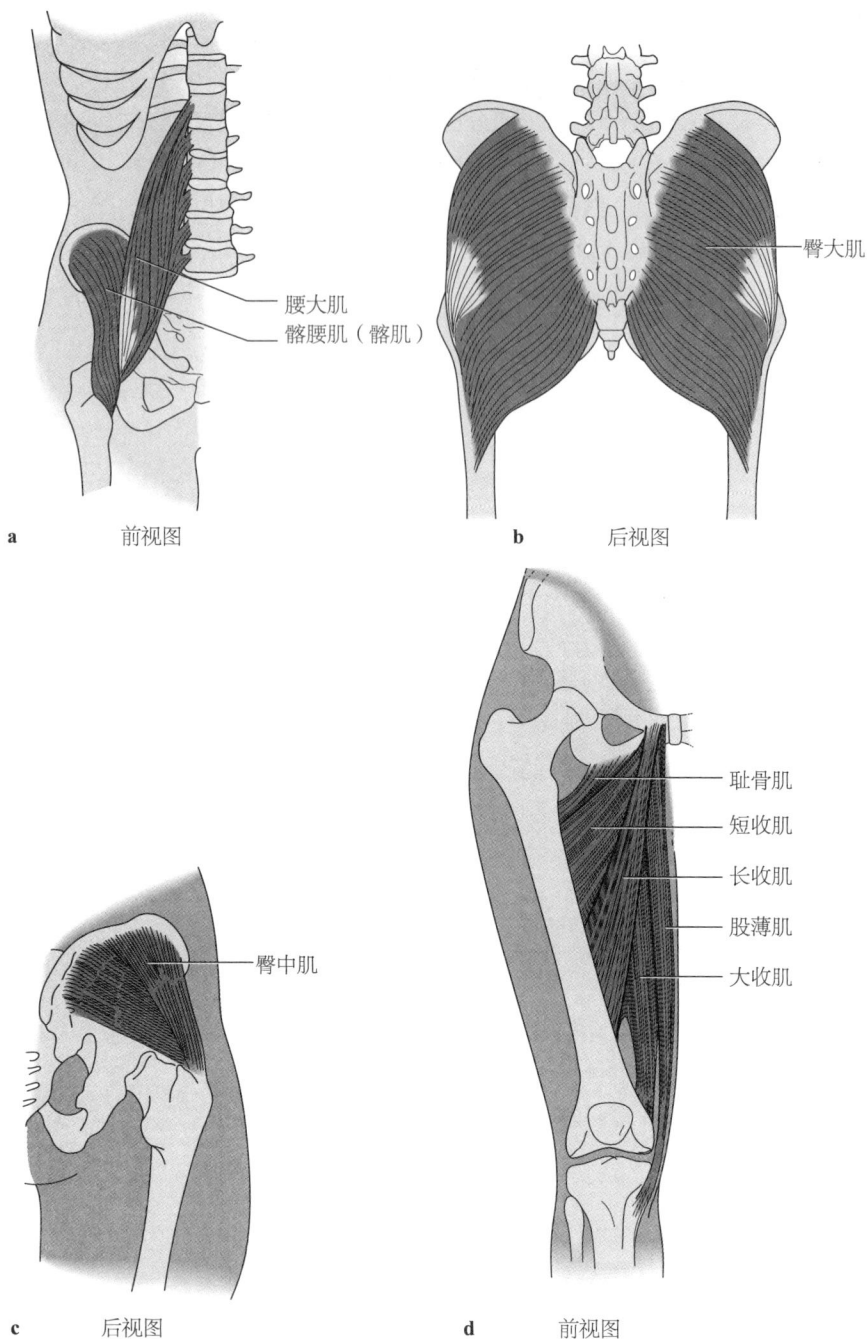

a   前视图

腰大肌

髂腰肌（髂肌）

b   后视图

臀大肌

c   后视图

臀中肌

d   前视图

耻骨肌

短收肌

长收肌

股薄肌

大收肌

图6.14 髋关节肌肉

表6.6　膝关节肌肉

肌肉	日常活动	运动
股四头肌（股直肌、股内侧肌、股中间肌、股外侧肌）	步行、骑自行车、爬楼梯、坐下、起立	深蹲、弓步蹲、膝关节伸展、相扑式深蹲
腘绳肌（半腱肌、股二头肌、半膜肌）	游泳、跑步	俯身腿弯举、四足支撑腿弯举

表6.7　髋关节肌肉

肌肉	日常活动	运动
腰大肌和股直肌	爬楼梯、步行、上车、踢球	站立和仰卧抬腿（髋关节屈曲）
臀大肌、腘绳肌	爬楼梯、跑步、上山	深蹲、弓步蹲、四肢着地抬腿、骨盆后倾
臀中肌	走路时稳定臀部、保持平衡	侧卧抬腿、站立外展
髋内收肌	走路时稳定臀部、骑马	侧卧抬腿、仰卧内收

股四头肌、臀大肌和腘绳肌的动作

仰卧抬腿和膝关节伸展

髂腰肌、股四头肌（髋部屈曲、膝部伸展）

提示

- 仰卧，保持脊柱中立位，腹肌稳定。
- 将一只脚放在地板上，膝盖弯曲。
- 伸直另一侧膝盖，并将腿抬离地面成45度角。
- （a）弯曲、伸直、抬高膝盖，动作要平稳有控制。
- （b）如果需要，可以双腿交替进行，抬高和放低腿，同时保持膝盖伸直。

供参考 膝关节伸展和髋部屈曲可以采用仰卧、肘部支撑仰卧或站立的姿势时进行。仰卧是最简单的姿势。此外，膝关节伸展可以包括一组四次的仰卧屈膝（股四头肌等长收缩，使膝盖收紧）和最终的膝关节伸展（仅通过最后几度的运动度活动膝关节）。这些变式有助于纠正膝关节周围潜在的肌力失衡。可以增加弹力带或脚踝配重作为额外的负重。

深蹲

股四头肌、臀大肌、腘绳肌（膝部伸展、髋部伸展）

提示

- 站立时两脚分开，与肩同宽，脚趾向前伸直或向外轻微旋转（与膝盖方向相同）。

- 脊柱和骨盆处于中立位，腹部上提并内收。

- 弯曲膝盖，将尾椎骨和身体三等分的中间部分向后压。

- 保持躯干挺直，挺胸，头部与脊柱成一条直线，放低身体，直到大腿几乎与地面平行，或者直到腰部曲线开始变得过度弯曲。

- 不要让臀部降低到膝盖以下。

- 膝盖位于脚趾后面（避免超出脚趾），脚跟放在地板上。在整个运动过程中保持腹部收缩和脊柱稳定。

- 将一只手放在大腿上，以确保下背部的安全，另一侧手臂向前弯曲，以保持平衡。

- 返回到起始姿势时，完全伸展髋关节（可能会稍微向后倾斜骨盆）并伸展膝盖，但不要膝超伸。保持脊柱始终处于中立位，收缩腹部。

供参考 几乎每个人都能从学习正确的深蹲训练中受益。这种功能性运动可以帮助参与者在举重、上下椅子和完成其他日常活动方面掌握更好的技巧。按照从简单到难的顺序，列出了深蹲的各种变式，包括抓住芭蕾舞把杆或搭档进行的较舒适（辅助）深蹲训练，抓住垂直放在身体前面的运动棒进行的深蹲训练，双手放在大腿上进行的深蹲训练，一只手放在大腿上进行的深蹲训练，双手在身体两侧握住哑铃进行的深蹲训练，颈后杠铃深蹲和颈前杠铃深蹲（最后三种变式对下背部会有更大的受伤的风险）。

相扑式深蹲

股四头肌、臀大肌、腘绳肌、内收肌（膝部伸展、髋部伸展、髋部内收）

提示

- 双脚分开站立，脚趾与身体的中线成一定角度。
- 髋关节向外转，确保膝盖与脚趾朝向同一方向（如果不能，调整双脚，使脚趾和膝盖在同一条线上）。
- 骨盆处于中立状态，尾骨直指向下方。
- 脊柱处于中立位，肩膀保持水平，胸部挺起。
- 保持挺胸向外转的姿势，将膝盖弯曲到不超过90度的角度（弯到90度时大腿与地板平行）。
- 伸直膝盖并回到起始姿势，有意识地收缩臀肌和大腿内侧肌肉。

　　供参考　可以用哑铃或杠铃进行这项运动，以增加阻力；一旦掌握了良好的姿势，就可以将上半身运动与相扑式深蹲结合使用。实际上，相扑式深蹲是深蹲训练的变式。因为相扑式深蹲时骨盆要保持中立位，脊柱保持直立，有些参与者可能会发现做这个动作比深蹲训练更容易。其他参与者也可能会发现，由于需要外转很大幅度，这个运动更难。虽然股四头肌是这项运动的主动肌，但臀大肌也会等长收缩以保持髋关节外旋，内收肌也会在运动的抬升身体阶段用力（尽管没有对重力的抵抗）。

弓步蹲

股四头肌、臀大肌、腘绳肌、髋外展肌、髋内收肌
（膝盖伸展、髋部伸展、髋部稳定）

提示

- 对于静止的弓步蹲，双脚交错站立，间隔至少相距3英尺（约0.9米）；腿长的参与者站立时应将脚分得更开。
- 抬高后脚脚跟，使后脚脚趾球着地。
- 骨盆处于中立位，尾骨向下，脊柱处于中立位，腹肌收缩。
- 髋关节和肩膀都保持水平。
- 弯曲双膝并慢慢放低身体。
- 身体放低到足以使前膝弯曲约成直角，前面的

大腿大致与地板平行的位置。

- 不要让臀部位于膝盖以下，也不要让后面的膝盖着地。
- 保持骨盆和脊柱挺直，避免向前倾斜。
- 返回起始姿势，保持后面的脚跟抬高。
- 请从站立姿势开始，练习前弓步。两脚分开，与肩同宽，使脊柱、骨盆保持中立位。
- 向前走，脚跟、大脚趾球、脚趾依次着地。
- 慢慢放低身体，前膝弯曲不超过90度。
- 前腿的膝盖要在脚趾后面（不要超过脚趾）。
- 躯干保持完全直立（要求髋屈肌具有柔韧性），后脚的脚跟离开地面。
- 用前脚蹬，然后返回到起始姿势。
- 在后腿伸直的状态下做长而饱满的弓步蹲时，可能有必要用前脚向后做错步，这种更高级的动作会使用两到三个较小步幅的步子。

供参考 一般来说，弓步蹲是一项更高级的运动。要正确做好弓步蹲，参与者需要具备较强的下肢力量、灵活的髋屈肌、稳定的躯干、平衡性和协调性。弓步蹲的变式很多，包括前弓步、后弓步和侧弓步。这些变式都可以在静态、动态或行进的情况下进行。前弓步、后弓步和鹤式弓步可以在后腿弯曲或笔直的情况下进行（直腿进行练习会比较困难，需要更大的灵活性）。弓步蹲是一种出色的增强下半身力量的训练方法，但必须注意保持标准的姿势（尤其是对于膝盖）以避免受伤。

四肢着地的臀肌和腘绳肌的运动

臀大肌、腘绳肌（髋部伸展、膝部屈曲）

提示

- 采取四肢着地姿势；将手放在肩膀下方（或靠在前臂上），将膝盖放在髋关节正下方，脊柱和头部形成一个平面。
- 提起腹部，使脊柱与头部保持中立位。
- 臀部和肩膀都保持水平。
- 保持躯干稳定不动，在第1拍时缓慢地将一条腿在身后笔直地抬起，在第2拍时弯曲膝盖，在第3拍时挺直膝盖，然后在第4拍时将腿放回初始位置。
- 在做这个运动时，有意识地收缩臀肌和腘绳肌。

供参考 臀部伸展和膝盖弯曲可以在俯卧、四肢着地甚至站立时进行。臀部伸展和膝盖弯曲可以单独进行，也可以将如上所述的动作两两组合在一起进行。俯卧是最稳定的姿势，且很适合初学者，不过这种情况下髋关节的活动度很小。四肢着地和站立姿势都比较难以保持稳定，

并且都对腹部和下背部的肌肉的等距收缩带来了挑战。在做此动作时要避免惯性，因为动作太快会导致背部过度伸展，引发潜在的伤害。用肘部和膝盖进行此项运动，以此替代用双手和膝盖进行此项运动，这样关节活动度可能增加，而背部过度伸展的风险则较小。

臀肌运动

髋关节外展

臀中肌

提示

变式1

（a）进行侧卧髋关节外展。

- 躺在一侧，头靠在手臂上。
- 脊柱保持中立位（不要将头放在手上，这样做会在颈部施加过大的压力）。
- 髋关节保持上下重叠。
- 如果目标是有针对性地锻炼大腿外侧肌肉，则确保两个膝盖骨都朝前（以避免髋关节外旋和屈曲以及随后除髋外展肌外的其他肌肉用力）。
- 有意识地收缩外展肌，慢慢地抬起和放下腿。

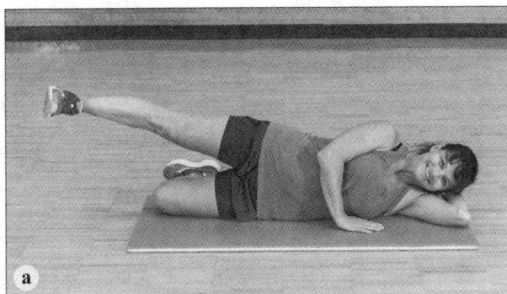

变式2

（b）如果你是在站立时进行此运动：

- 确保站立腿的膝盖稍微弯曲，让骨盆和脊柱可以保持中立位；
- 保持臀部水平，活动腿的膝盖向前；
- 腿外展和返回时，要保持躯干稳定。

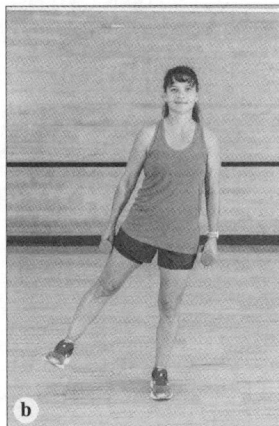

供参考　可以采用侧卧或站立姿势对外展肌进行有效的孤立锻炼。侧卧姿势是最安全的，因为它具有稳定性且对重力产生直接阻力，所以也可以说是最有效的选择。此运动有很多种变化，包括上面的腿伸直，上面的腿弯曲，上面的腿与身体成一直线以及上面的腿的髋关节屈曲45度；此外也有许多节奏的变化。可以增加弹力带或脚踝配重作为额外的负重。

髋内收肌运动

髋关节内收

长收肌、短收肌、大收肌、股薄肌、耻骨肌

提示

变式1

（a）从侧卧姿势开始进行髋关节内收。

- 躺在一侧，头靠在手臂上。

- 髋关节保持上下重叠，脊柱保持中立位（不要将头放在手中，因为这会使脊柱不成一条直线）。

- 下面的（活动的）腿与身体成一条直线。

- 上面的腿位于身体前方，脚的内侧靠在地板上。（除非参与者的大腿骨较长且臀部较小，否则他们应将上膝保持稍微抬高的姿势，以确保髋关节保持重叠状态——髋关节不重叠会导致更多地依赖于髋内收肌以外的其他肌肉，并且可能对背部造成压力。）

- 有意识地收缩肌肉，慢慢地抬起和放下下面的腿。

变式2

（b）从仰卧位开始进行髋关节内收，仰卧，双腿抬至空中。

- 腘绳肌紧绷的参加者应弯曲膝盖，以确保腿部的重量压在躯干上，而不是地面上。

- 稳定腹肌，帮助保持躯干稳定性。

（c）打开和合上双腿，有意识地收紧大腿内侧肌肉。

　　供参考　可在侧卧位或仰卧位对内收肌进行针对性锻炼；侧卧位更有效，因为它有效地利用了对抗重力的阻力。髋关节内收运动可以通过力臂的变化、增加节奏变式、使用弹力带或配重来增加该动作的多样性。为了使上面的膝盖在侧卧位时稍微抬高，可以使用踏板、毛巾或小球。

踝关节

　　图6.15展示了踝关节的一些主要肌肉。表6.8列出了一些踝关节肌肉，使用这些肌肉的活动，以及这些肌肉的基本强化运动。踝关节肌肉及其动作见附录D，踝关节运动的关节活动度见附录E。接下来的图片和文字描述展示了踝关节肌肉的一些运动和拉伸动作。

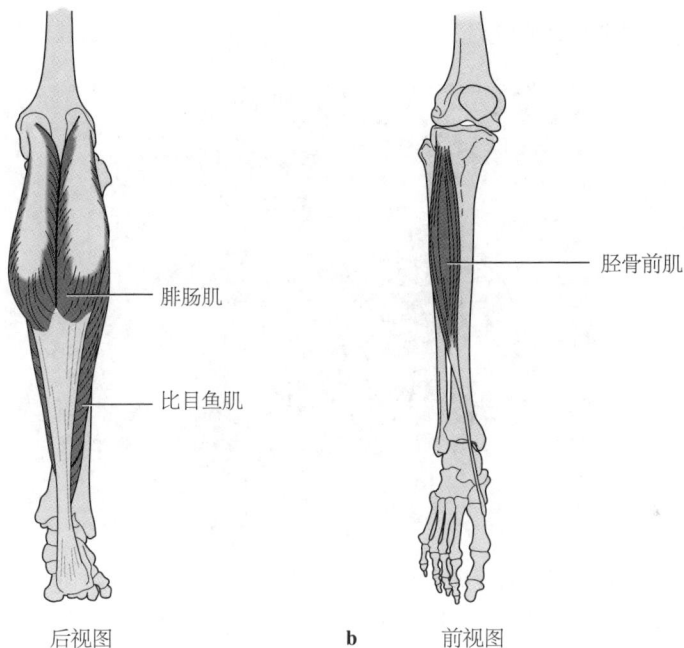

| **a** | 后视图 | **b** | 前视图 |

图6.15　踝关节肌肉：（a）腓肠肌和比目鱼肌，（b）胫骨前肌

表6.8　踝关节肌肉

肌肉	日常活动	运动
胫骨前肌	上山、足尖点地	脚趾抬起
腓肠肌、比目鱼肌	散步、奔跑、跳跃	提踵

胫部肌肉运动

胫部运动

胫骨前肌（踝关节背屈）

提示

- 坐下，重心位于坐骨上，脊柱处于中立位。
- 保持膝盖弯曲，每只脚勾脚一次、绷脚一次。
- 在整个关节活动度中进行活动，使每只脚绷脚时尽可能地绷直，然后再将脚趾朝向胫骨尽可能地屈曲。
- 有意识地收缩胫部肌肉。

　　供参考　这项运动可以与基本的仰卧起坐相结合进行。卷腹时，向后弯曲一侧脚踝，当脊柱恢复到中立位时放松脚踝。每次卷腹时，轮流活动两侧脚踝。

小腿运动

小腿运动

腓肠肌和比目鱼肌（踝关节跖屈）

提示

- 站立时保持膝盖放松，骨盆和脊柱保持中立位。
- 保持腹部紧绷。
- 双脚分开，与臀部同宽。
- 两只脚后跟抬离地面，尽可能地立于脚趾上。
- 双脚落在地板上。

供参考　为了使小腿肌肉充分活动，站在踏板的边缘，将脚跟尽可能地往踏板下方靠，然后回到脚跟抬起的位置。必要时使用栏杆或扶手来保持平衡。

实践演练

　　和同伴一起练习以上的每一个运动，轮流做每一个动作。研究图片、提示和其他的信息，在你的同伴活动时给予提示。确保以很好的姿势完成每一项运动。为本章中的每项运动至少写两条提示。

使用瑞士球的运动

使用瑞士球或BOSU球可以进行许多运动。接下来介绍的几种运动将多个关节和肌肉结合在了一个动作中。进行多关节和多肌肉的运动比较难，所以应根据你的班级学员水平来调整这些动作。

坐姿弹力带膝关节伸展和坐姿头上哑铃推举

股四头肌、三角肌和肱三头肌

提示

膝关节伸展

- （a）以良好的姿势坐在瑞士球上，将弹力带绕在双脚脚踝上，单膝有控制地伸直。
- 臀部和肩膀都要保持水平。
- 收缩腹肌。

头上哑铃推举

- 坐在瑞士球上，保持良好的姿势，脊柱保持中立位。
- 收缩腹肌。
- 开始时，双手与肩同高，手掌彼此相对，肘部朝下。
- （b）将双臂举过头顶，保持肩胛骨下沉。

供参考 抬起另一条腿，可以作为额外的挑战。

仰卧桥式和深蹲

臀肌、腘绳肌和股四头肌

提示

仰卧桥式

- （a）仰卧，双脚放在瑞士球上。
- 收缩臀大肌，将臀部向上举，成平板状（延伸桥式）的姿势。
- 收缩腹肌。

靠墙深蹲

- （b）进行站立式墙壁深蹲时，将球贴墙塞入下背部。
- 将脚放在离墙足够远的地方，当蹲下时，膝盖将成90度角，小腿垂直地面。
- 脚趾、膝盖、臀部和肩膀都应朝向同一方向。

供参考 也可以在BOSU球上进行站立式深蹲，以增加难度。

侧卧髋关节外展

臀中肌

提示

- 身体侧躺在球上，保持正确的姿势，使髋关节和肩关节保持对齐。
- 用上面的腿进行髋关节外展。

　　供参考　你可以让下面腿的膝盖靠在地板上；或者，为了使动作更难，可以按如图所示的姿势保持膝盖伸直，然后把一只脚放在另一只脚上面。

侧卧髋关节内收

髋关节内收肌、股薄肌、耻骨肌

提示

- 侧身躺下，上面的腿放在球上，球放在下面的腿上。
- 保持髋关节堆叠，脊柱保持中立位。
- 向上移动双腿和球，使下面的腿内收。

挑战稳定性的俯卧撑

胸大肌、三角肌前束、肱三头肌

提示

变式1

俯卧，双脚置于球上，然后用双手移动以远离球，保持平板姿势，腹部收缩，头部与脊柱成一条直线。

（a）开始俯卧撑。

变式2

（b、c）也可以使BOSU球的平坦面朝上进行俯卧撑。

　　供参考　球离你的脚越近，俯卧撑就越困难。尝试用一条腿来保持平衡，进行一次更困难的挑战！

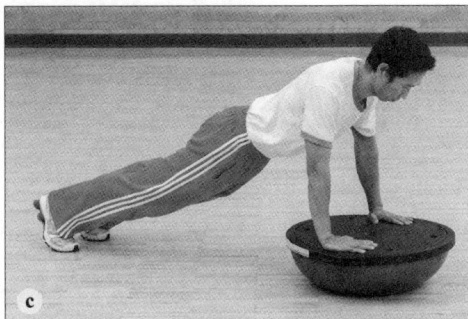

俯卧反向飞鸟

斜方肌中束、菱形肌、三角肌后束

提示

- 俯卧，球置于下肋骨下方，并且双臂垂直于躯干。
- 保持肘部轻微弯曲，手腕保持中立位，头部与脊柱成一直线。水平地向天花板外展双臂，回缩肩胛骨。

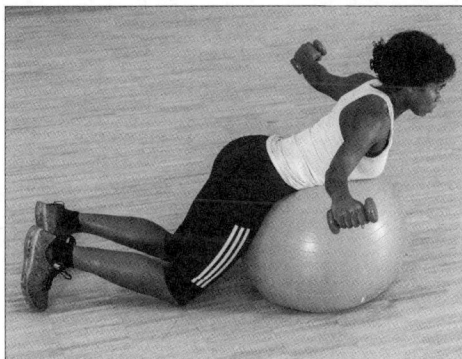

俯卧肩关节伸展运动

背阔肌、三角肌后束

提示

- 俯卧，瑞士球位于下肋骨下方，手臂位于两侧。
- 肘部伸直，手腕处于中立位，头部与脊柱成一直线。
- 将伸直的双臂朝天花板上举。

供参考　抬起一条腿，进行额外的挑战。

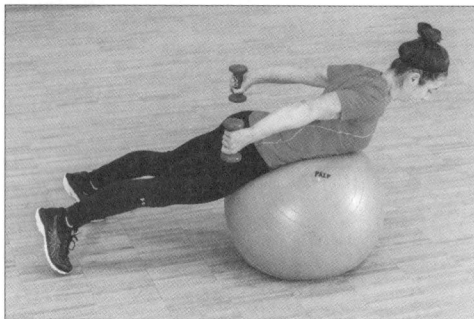

俯卧背部伸展

竖脊肌

提示

- 俯卧，双手置于耳后，脊柱在球上方稍微向前弯曲，或背部保持平坦。
- 有控制地伸展脊柱。

仰卧起坐

腹直肌

提示

- 仰卧在球上，进行仰卧起坐。
- 通过移动到倾斜的位置来降低难度，通过移动到倾斜的位置或抬起一条腿来增加难度。

供参考　做旋转仰卧起坐挑战腹内/外斜肌。

本章总结

　　本章概述了团体健身中大多数肌肉训练环节的常见变化要素。了解肌肉解剖和关节动作，选择适当的运动和器械，用正确的姿态对特定的运动进行示范和提示，这些对一个团课教练都很重要。激励参与者安全、有效地进行肌肉训练活动是团体健身教学的一个重要环节。

作业

1. 准备写一份针对每个主要的肌群（小腿肌肉、胫部肌肉、外展肌、内收肌、股四头肌、腘绳肌、臀大肌、三角肌前束和中束、背阔肌、胸肌、斜方肌中束和菱形肌、三角肌后束、腹肌、竖脊肌、肱二头肌和肱三头肌）的强化运动。列出使用这些肌肉进行的动作的关节活动度、关节活动、涉及的主要肌肉（使用正确的术语），以及至少3条关于每个动作的提示。你可以把这些记在便条卡上，或者使用任何有助于你学习的方式。

2. 从本章涵盖的主要肌群列表中选出5个肌群：小腿肌肉、胫部肌肉、外展肌、内收肌、股四头肌、腘绳肌、臀大肌、三角肌前束和中束、背阔肌、胸肌、斜方肌中束和菱形肌、三角肌后束、腹肌、竖脊肌、肱二头肌和肱三头肌。为你选择的5个肌群设计训练动作，并给出进、退阶方案。

7

柔韧性训练

本章目标

学完本章，你将能够：

- 说明柔韧性训练的建议和准则；

- 辨别并恰当地展示拉伸运动；

- 熟练地对拉伸运动进行提示；

- 以正确的姿势展示拉伸运动；

- 展示拉伸运动的进阶、退阶、调整和替代方案；

- 了解柔韧性训练中的安全问题；

- 以适当的方式结束课程。

团体健身课评估表要点

柔韧性环节的重点

- 对主要活动的肌肉和通常紧绷的肌肉（髋屈肌、腘绳肌、小腿肌肉、竖脊肌、胸肌、三角肌前束、斜方肌上束）的静态拉伸
- 使用正确的姿势和技巧进行演示
- 观察参与者的动作，并提供调整、退阶、进阶和替代方案
- 提供姿势提示
- 适当强调放松或将动作形象化
- 使用适当的动作或音乐节奏
- 以积极的态度结束课程，并感谢学员

柔韧性已被美国运动医学会确定为健康的关键组成部分之一（ACSM，2018）。拉伸是任何运动必不可少的部分；它有助于放松紧绷的肌肉，并通过纠正肌力失衡来减少受伤的风险（请参阅"柔韧性训练的好处"）。柔韧性的定义为关节能达到的活动范围（ACSM，2018），它指的是关节活动度，具有关节的特异性。这意味着某一个关节灵活，但不一定另一个关节灵活；关节可能在一个方向上灵活，但可能在另一个方向上不灵活。要促进整体健康，就必须纳入拉伸运动，以保持和提高柔韧性，并为通常紧绷的肌肉提供拉伸运动（见"通常紧绷的肌肉"）。

柔韧性训练的好处

- 改善日常活动的能力（例如，从地板上捡起铅笔）
- 降低下背部疼痛的风险
- 提高运动表现
- 降低受伤风险
- 减轻肌肉紧张
- 增加放松功效
- 更大的关节活动度
- 减少压力和紧张感
- 增强身心联系
- 改善体态

通常紧绷的肌肉

- 斜方肌上束
- 胸大肌、三角肌前束和内旋肌群
- 背阔肌
- 竖脊肌
- 髂腰肌
- 腘绳肌
- 小腿肌肉

柔韧性训练的建议和准则

团体健身课上有几个时间点适合进行拉伸运动。这些时间点包括热身、有氧运动后的体温下降阶段、针对特定肌肉或肌群的抗阻训练后，以及课程的结尾。此外，学会如何教导整个班进行拉伸和放松会让你更有机会成为团体健身课程的负责人（请参阅"团体健身课程评估表要点"）。如果你教你的学员拉伸每一块肌肉和通过深呼吸来缓解过度紧张，你会受到更多学员的喜爱。

记住，要拉伸人们使用最多的肌群。例如，在上完动感单车课程后，拉伸股四头肌、小腿肌肉和腘绳肌很重要，因为它们是骑自行车时使用的主要肌肉。在搏击操课后，应带领学员拉伸臀部周围用于踢腿的肌肉；继续拉伸用于出拳的胸部肌肉也很重要。

以下是ACSM（2018）关于柔韧性训练的建议。

- 在拉伸运动前做热身运动，提高肌肉温度。
- 对大多数人来说，静态拉伸应该保持10到30秒，建议老年人保持30到60秒。每周应至少拉伸2到3次，不过每天进行拉伸被认为最有助于提高柔韧性。拉伸至肌肉感到拉紧的程度，但不要引起不适。重复每个拉伸动作2到4次，每个肌群的拉伸时间总计约为60秒。
- 深度拉伸最好在课程结束时进行，特别是在课程中包括大强度的力量和爆发力训练时。

改编自美国运动医学会 *Acsm's Guidelines for Exercise Testing and Prescription*, 10th ed.（费城：Wolters Kluwer，2018），第171页。

其他拉伸建议如下。

- 鼓励参与者聆听他们自己身体的声音。拉伸运动应该会感觉不错！
- 鼓励肌力平衡（请参阅第2章）。
- 建议参与者在保证关节活动度的情况下提升肌肉力量，而不是仅仅提高柔韧性。没有力量的柔韧性会导致受伤。

请注意，在热身阶段不需要长时间保持拉伸；热身的目的不是增强柔韧性，而是在剧烈运动之前使关节和肌肉充分活动。研究表明，热身期间的静态拉伸不一定能减少受伤的风险（Baxter et al.，2017）。

拉伸运动应该是使人感到舒适的。通过以下提示来鼓励学生做出正确的姿势："移动到你可以感觉肌肉略微拉紧的位置并保持住。你应该有拉伸感但没有疼痛。如果你在发抖，请降低拉伸的强度。"以学生为中心的教练应提供拉伸的可选动作，并以一般的柔韧性动作作为示范，这样参与者就不必设法模仿一种他们无法安全地完成的运动形式。与其他健身活动一样，重要的是让参与者适当地、循序渐进地向前推进。瑜伽（见第15章）一直被视为可以增强柔韧性的活动。然而，当你把富有挑战性的瑜伽姿势纳入一般健身课程时，要小心。这些姿势中有许多是针对高级瑜伽学员在一个专门的环境中进行练习的，比如在正式的瑜伽课上。

一些机构有足够的泡沫轴供团体健身课程使用；使用泡沫轴可以自我放松肌筋膜。筋膜是位于肌肉内部和周围的结缔组织，它在全身形成一张连接网，被认为是决定一个人是否灵活的主要因素（Myers，2014；Alter，2004）。在自己进行肌筋膜放松时，通过施加垂直于肌纤维的压力（通过躺在或靠在泡沫轴或筋膜球上）来提高灵活性，这有助于释放结缔组织的紧张感（见图7.1）。通常情况下，如果在滚动时发现某个紧张的部位，建议在这个部位保持20到60秒，让肌肉和结缔组织可以逐渐地放松。

图7.1 使用泡沫轴为竖脊肌和股四头肌进行按摩

柔韧性训练提示

在进行柔韧性运动时，提醒参与者什么是正确的姿势，以增强整体的身体意识并提升拉伸的有效性。每次拉伸至少给出2个或3个口头提示，以确保拉伸动作是有效的。例如，当你带领训练班进行站立位腘绳肌拉伸时（见图7.2），提示参与者使骨盆向前倾斜以拉长腘绳肌。

图7.2 站立位腘绳肌拉伸，骨盆前倾。教练必须时刻牢记良好姿势的原则，并使用伤害预防策略来保护主要关节

如果你了解自己的身体构造（关节动作），那么弄清楚如何拉伸肌肉是很容易的。要拉伸肌肉，只需要完成与肌肉向心收缩相反的动作。举个例子，如果你恰好带领参与者进行肩部训练，如锻炼三角肌的侧平举和头上杠铃推举，那么你可以指导他们做涉及肩内收的拉伸动作，这是与三角肌肌肉向心收缩相反的动作。一旦你理解了这个原则，你就可以想出适用于任何肌群的拉伸运动（要记住安全指南）。主要肌群的关节动作可以在附录D的表格中找到。在本章的后面，你将回顾每个主要肌群的站立拉伸动作（适用于热身和课堂最后的柔韧性训练环节）和地面拉伸动作（一般不用于热身活动）。

柔韧性训练中的安全问题

就像进行肌肉训练一样，我们在为班级选择拉伸运动时也要考虑风险收益比和是否合适的问题。例如，跨栏式拉伸运动适合在比赛中进行跨栏的跨栏运动员；对其他团体而言，跨栏式拉伸运动对膝关节内侧副韧带带来的风险大于好处（过度拉伸这些韧带会导致膝关节不稳定，从而导致严重的膝关节损伤）。即使传统的跨栏式拉伸不会立即引起疼痛，也不要这样做。不要使用跨栏式拉伸训练，可以教一个改进的版本（对膝盖来说更安全）或介绍一种完全不同的腘绳肌拉伸运动（见图7.3）。

图7.3　避免做跨栏运动员的拉伸运动（a），因为这会增加膝盖受伤的风险。相反，可以做这里给出的改良版的拉伸动作（b）

此外，重要的是，参加者在进行拉伸运动时应采取一些预防措施。被动过度拉伸和弹震式拉伸运动均会引发牵张反射。每当你突然拉伸或过度拉长肌肉时，肌纤维中的特殊受体（肌梭）会发现该活动。如果肌肉被突然拉伸或持续过度拉伸激活，那么神经运动系统就会刺激肌肉进行收缩而不是伸展。简单地说，如果你过度拉伸或进行弹震式拉伸，那么肌肉为了保护自己就会缩短。此过程通常称为牵张反射。对于团体健身中的大多数运动者，建议进行静态拉伸。

柔韧性运动

在这一节中，我们将展示主要肌肉的拉伸运动。当你对哪种拉伸运动锻炼哪块肌肉有疑问时，请参考附录D中的关节动作表。如果你知道了任何肌肉的向心关节动作，那么你就可以自己决定最佳的拉伸运动。最佳的拉伸运动（从运动机能学角度而言）总是与肌肉的向心关节动作相反。例如，髂腰肌的一个主要动作是髋部屈曲。因此，对这个动作来说，一项好的拉伸运动需要涉及一些髋部的拉伸。

三角肌拉伸运动

三角肌前束、三角肌中束和三角肌后束

提示

变式1

- （a）要拉伸三角肌中束和三角肌前束，请以标准姿势站立，一只手的肘部在身体后面弯曲。

- 用另一只手握住弯曲手的手腕，收回肩胛骨，轻轻地将手臂向身体背部的另一边拉。

- 试着将头向另一侧倾斜，以舒适地拉伸颈部的侧面（斜方肌上束）。

变式2

- （b）要拉伸三角肌中束和三角肌后束，站立时要两脚分开，与肩同宽，膝盖略微收紧。

- 头部、脊柱和骨盆保持中立位。

- 向下压肩胛骨，在肩膀和耳朵之间保持较大的空间。

- 在身前轻轻地将手臂朝躯干推近。

供参考 这些拉伸动作也可以坐在地板上、踏板上或瑞士球上进行。

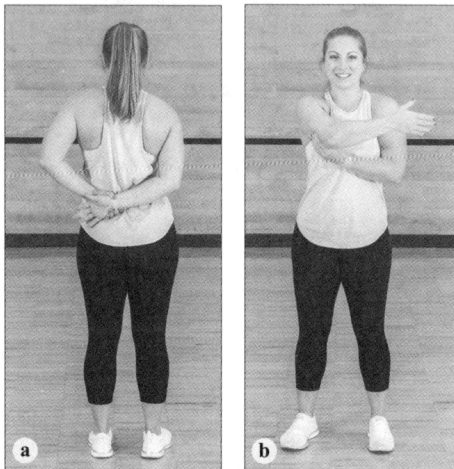

背阔肌拉伸运动

提示

变式1

- （a）站立时双脚分开与肩同宽，膝盖弯曲，骨盆收拢（骨盆后倾）。

- 弯曲（屈曲）脊柱并收腹。

- 将一只手臂向上向前伸出，让上背部拱起并向一侧稍微弯曲，以增加背阔肌的拉长感。

- 将另一只手放在大腿上以支撑下背部。

变式2

- （b）站立，两脚分开与肩同宽；膝盖略微弯曲；骨盆、脊柱保持中立位。
- 将一只手放在大腿外侧，另一只手向头顶上方伸出。
- 抬起手时，沿着身体的一侧拉长，将肋骨与髋分开。
- 做一个舒适的、平缓的体侧屈。
- 将另一只手放在大腿上，以帮助支撑下背部。

供参考 这些拉伸运动可以以坐姿进行。

胸大肌拉伸运动

提示

变式1

- （a）站立，双脚与臀部同宽或与肩同宽。
- 保持膝盖放松，骨盆和脊柱保持中立位。
- 将手臂放在身体后面，如果可能，将双手扣紧（尽管这不是必须要做的）。保持肩膀向下，腹肌收缩；避免下背部拱起。
- 如果需要，可以抓握一条毛巾或皮带来帮助增强拉伸运动的强度。

变式 2

- （b）站立时，双脚分开与肩同宽。
- 保持膝盖放松，骨盆、脊柱保持中立位姿势。
- 将双手置于耳后，肘部抬高，肩膀朝下。
- 挺起并打开胸部时，向后轻轻打开肘部。
- 当胸部肌肉打开和拉伸时，感觉肩胛骨收缩并靠在一起。

供参考 这些拉伸运动可以以坐姿进行。

斜方肌拉伸运动

提示

变式 1

- （a）为了拉伸斜方肌上束，应以标准姿势站立。

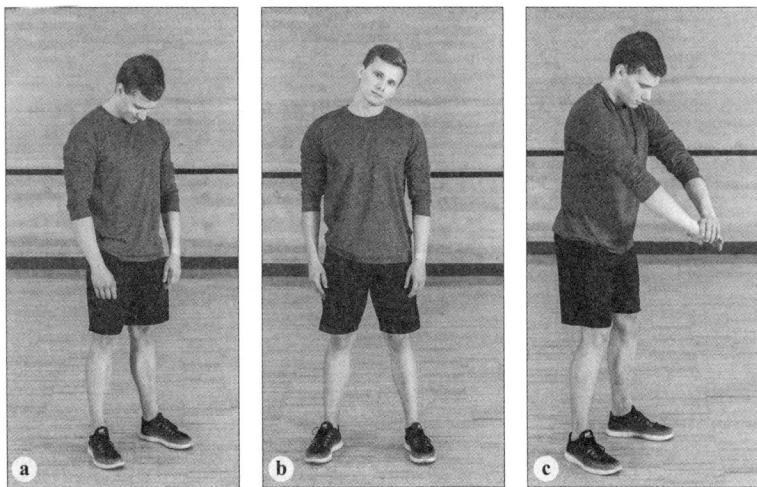

- 将头部向前轻轻倾斜（颈椎弯曲），将下巴朝向胸部。
- 不要让上背部向前弯曲，这种拉伸运动只适用于颈部。
- 如果需要，可以将手轻轻放在头顶上，不要拉。
- 尝试轻微地、小心地倾斜头部（朝左小脚趾方向，然后朝右小脚趾的方向），以消除颈部和肩部的紧张感。

变式 2

- （b）拉伸斜方肌上束时，站立，双脚分开与肩同宽，膝盖放松，骨盆和脊柱保持中立位。
- 有意识地向下压肩胛骨。
- 将头向左侧倾斜（侧屈），感觉颈部右侧舒适地拉伸。
- 如果愿意，可以将左手轻轻放在头上，以增加拉伸感（不要用手拉）。
- 在另一侧重复进行。

变式3

- （c）为拉伸斜方肌中束和菱形肌，站立时膝盖收紧，骨盆略收（骨盆后倾）。
- 弯曲背部（弯曲脊柱）。
- 将双手在胸前紧扣。
- 肩胛骨尽可能分开。
- 收腹，将肚脐拉向脊柱，让头部平缓地往延续脊柱的方向延伸。保持上半身在髋关节上方（避免无支撑的脊柱前屈）。

肱二头肌拉伸运动

提示

变式1

- （a）站立，两脚分开，与肩同宽，膝盖放松。
- 保持骨盆、脊柱和肩胛骨处于中立位。
- 将一只手臂在身体前面伸出（肩部弯曲），肘部伸直，用另一只手支撑前臂或手腕，如果需要，轻轻伸展手腕。

变式2

- （b）以上述相同的姿势站立。
- 肘部伸直，肩膀向外旋转，将手臂伸到身体后面。
- 手掌向前、向上（拇指朝上）。
- 使肱二头肌被拉长。

肱三头肌拉伸运动

提示

变式1

- （a）站立，双脚分开与肩同宽，膝盖收紧。
- 垂直向下压尾骨，使腹肌内收，保持脊柱中立。
- 将一只手的肘部指向天花板，并让这只手沿着背部向下伸。
- 将另一只手放在弯曲手臂的上臂或肘部，轻轻辅助拉伸动作。
- 保持头部和颈部成一条直线，避免耸肩或头部前倾。
- 保持肩膀向下并远离耳朵。

变式2

- （b）如果想要更有力地拉伸肱三头肌，同时也拉伸对侧的三角肌前束和外旋肌，站成同样的姿势，再次将一只手的肘部指向天花板，并让手指沿着背部向下伸。
- 另一只手在背后伸出，沿脊柱向上伸，伸向另一只手。
- 如果需要，可以借助毛巾或皮带使双手轻轻地彼此靠近，强化拉伸。

供参考 借助这个拉伸动作可以发现左右两侧肌力失衡很严重。很多人一侧的肌肉明显比另一侧更紧——要继续进行拉伸运动！尽量不要强行拉伸，尤其是肘部朝下朝向地板的一侧；在这一侧较弱的外旋肌群可能已经拉伸到最大限度，如果试图强行拉伸，很容易受伤。逐渐地从拉伸变为放松。

腹直肌拉伸运动

提示

变式1

- （a）俯卧，用肘部支撑身体。
- 轻轻地向上拉伸脊柱，使其远离臀部。
- 用前臂对着地板向下压，使肩膀远离耳朵。
- 让肩胛骨沿背部下沉。

变式2

- （b）如果变式1让你感到不舒服，你可以进行调整，平躺于垫子上，将手臂向上伸展，上半身稍微抬离地面。
- 拉长腹肌。
- 保持头部与脊柱成一条直线（颈椎不要过度伸展）。

供参考　在瑜伽中使用的完整眼镜蛇式动作是这种拉伸运动的高阶版本。由于眼镜蛇式动作极有可能过度拉伸脊柱的长韧带，我们不建议将其列入团体健身课程。

腹斜肌拉伸运动

提示

变式1

- （a）屈膝坐下，一侧髋关节外旋（打开），另一侧髋关节内旋。
- 双手尽量舒适地绕在关节外旋腿的一侧，拉伸腹斜肌和背阔肌。
- 如有需要，可以在这个姿势的基础上将手臂抬起向外伸。

变式2

- （b）仰卧，双臂向两侧伸展，双膝向躯干收拢。
- 让膝盖有控制地倒向一侧地面。
- 头转向另一侧。
- 深呼吸，放松，享受多块肌肉被拉伸的感觉（腹斜肌、胸肌、髋外展肌、竖脊肌、腹直肌都在拉伸）。

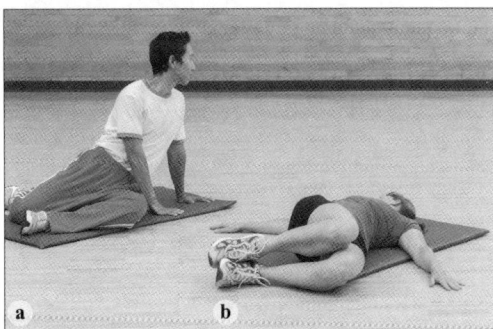

竖脊肌拉伸运动

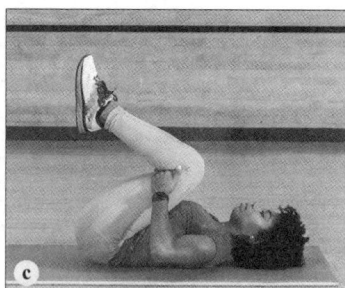

提示

变式1

- （a）站立，两脚分开与肩同宽，膝盖弯曲。
- 将手放在大腿上，收紧骨盆（骨盆后倾），弯曲脊柱。
- 将肚脐向脊柱方向贴近。
- 让你的头部沿脊柱方向自然延展。
- 双手放在大腿上支撑背部，同时把腰部向后压，拉长下背部的肌肉。

变式2

- （b）四肢着地，做猫式伸展。
- 向上弯曲脊柱，并使腹部向上和向内收缩。
- 骨盆收拢，尾骨指向下方。
- 使你的头部沿着脊柱线平缓地弯曲。
- 腰部向上和向后推，以增加下背部的伸展度。

变式3

- （c）仰卧，双膝抱至胸部，双手置于双膝后。
- 使脊柱屈曲，尾骨向上弯。
- 如果感觉舒适，轻轻地左右、前后，或以画圆的方式摇摆，以按摩下背部肌肉。
- 让头部和颈部在地板上保持中立位。

供参考 鼓励参与者找到可以使背部感觉舒服的腰部和腹部拉伸运动，并为他们提供多种选择，让他们找到自己最喜欢的运动。

髂腰肌（髋屈肌）拉伸运动

提示

变式1

- （a）双脚交错站立。
- 双脚之间的距离应足够远，以避免前面的膝盖过度弯曲（前膝应在脚后跟正上方，小腿垂直于地面）。
- 将所有关节部位转向同一个方向：脚趾、膝盖、臀部和肩部都应该朝向同一个方向。用力挤压臀肌，挤压骨盆使骨盆后倾（尾椎骨略向前和向下倾斜）。
- 收腹，躯干挺直，脊柱、肩胛骨保持中立位。
- 感觉右髋前侧的髋屈肌拉长并拉伸。如有必要，站在墙壁旁以保持平衡。

变式2

- （b）为了进行更深度的拉伸，可以采用跑步者的弓步蹲，把后面的脚拉得更远。
- 前面的膝盖弯曲成直角；胫骨垂直于地面，而前面的大腿与地板平行。
- 躯干尽量保持直立，双手放在地板上或大腿上保持平衡。
- 如果需要，可以将后面的膝盖放在地板上（但是应避免直接接触木地板，可以使用垫子以提供缓冲作用）。

如果你选择先展示跑步者使用的弓步蹲，也要同时展示较简单的版本，因为许多参与者在练习跑步者使用的弓步蹲时会觉得不舒服。请特别注意前面的（弯曲的）膝盖，因为过度弯曲是很常见的错误，并可能给膝盖带来一些问题。

变式3

- （c）仰卧在地板上，一条腿拉向胸部（双手放在膝盖上或放在膝盖后面），另一条腿伸直放在地板上。
- 脊柱保持中立位，收腹。
- 在保持将弯曲的膝盖拉向胸部的同时，轻轻地试着将挺直的膝盖的背部向地面按压。感受伸展的髋关节上面的髋屈肌的拉伸。

股四头肌拉伸运动

提示

变式1

- （a）单脚站立，保持膝盖放松，腹肌收缩，骨盆、脊柱和肩胛骨保持中立位。
- 用手握住另一只脚（通常是同侧的手，但只要感觉舒适，任何一只手都可以），轻轻地将脚跟拉向臀部。
- 确保臀部、膝盖和踝关节都在一条直线上（没有扭矩），膝盖指向地面。
- 检查臀部和肩部是否在同一平面。
- 如果出现平衡问题，请站在墙壁附近以寻找支撑。
- 如果你不能舒服地够到脚或脚踝，试着抓住裤腿或袜子，或者把脚放在凳子或椅子上，挤压臀肌，让骨盆向后收缩。

变式2

- （b）侧身躺下，用上面的手抓住上面的那只脚，弯曲膝盖，轻轻地把它拉向臀部。
- 保持髋关节堆叠，收腹，脊柱保持中立位。
- 让位于下方的手臂像垫子一样在头下弯曲（不要把头放在手上，因为这会使颈部错位）。

供参考 拉伸股四头肌的另一个极好的姿势是俯卧。只需将一只手放在前额下（避免颈部过度伸展），另一只手向后伸，抓住同侧脚踝，轻轻地将其拉向臀部。

臀大肌和腘绳肌拉伸运动

提示

变式1

- （a）站立，双脚分开，与臀部同宽，一只脚向前，使这只脚的脚跟与另一只脚的脚趾在一条线上。
- 将尾椎骨后压，就像准备坐下或蹲下一样。
- 保持臀部和肩部在同一平面。
- 以髋关节为转轴（脊柱无屈曲），躯干前屈，保持脊柱中立。收缩腹肌，双手放在弯曲的膝盖的大腿上（这有助于保护下背部）。
- 膝盖弯曲的腿为支撑腿，另一条腿为拉伸腿。
- 拉伸腿的膝盖是伸直的，但不要过度伸展。

- 脚可能会背屈或跖屈。
- 臀部保持水平，并沿着伸直腿的方向转动，这样可以沿着腘绳肌的纵线拉伸。

变式2

- （b）仰卧，单膝弯曲，膝盖弯曲侧脚放在地板上，脊柱和肩胛骨保持中立位。
- 另一条腿的膝盖伸直（但不要过度伸展），轻轻地将伸直的腿向躯干方向拉（脚可以是伸直的或回勾的）。
- 手可以放在大腿或者小腿后面，甚至抓着脚趾，这取决于柔韧性。
- 对于柔韧性较差的人，在脚底绕一条毛巾或皮带会很有帮助。

变式3

- （c）保持挺直坐在坐骨上（坐骨结节），使骨盆、脊柱保持中立位。
- 如果你觉得很难在不耷拉着头的情况下坐直，可以在尾骨下垫一块毛巾，或者用一条弹力带（或毛巾）绕在脚周围，这样就可以使自己坐直。（做这种动作时，弯曲身体对脊柱有害。）
- 伸出一条腿。保持臀部水平，另一条腿的膝盖弯曲，尽可能以伸展腿一侧的髋关节为转轴进行活动。
- 保持脊柱挺直，挺胸，头部自然沿着脊柱延伸。

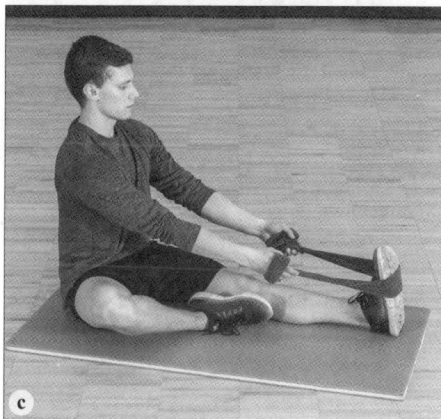

供参考　熟悉坐式腘绳肌拉伸的变式；许多参与者无法以适合的姿势进行这些拉伸，而且也有背部受伤的风险。可以让参与者使用一些道具（臀部边缘下的楔形物或毛巾、脚周围的皮带），将手放在身体后面作为支撑（而不是向前伸），或者选择另一种腘绳肌拉伸的方式（例如，仰卧腘绳肌拉伸）。坐式拉伸可以是单侧的，也可以是双侧的（两条腿都放在前面），但是双侧拉伸的姿势可能会对下背部造成更大的压力。

臀中肌拉伸运动

提示

变式1

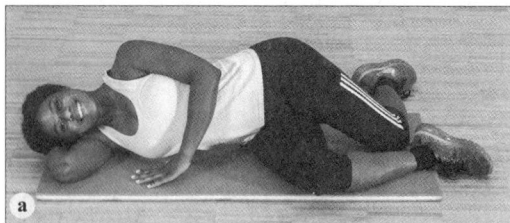

- （a）侧躺，手臂舒适地置于头下，臀部堆叠，脊柱保持中立。
- 屈曲髋关节，使下面的腿位于身体前面（膝盖可以弯曲）。
- 将上面的腿置于与躯干成一条直线的位置，并弯曲膝盖。

- 轻柔地将上面弯曲的膝盖朝地板放低，保持髋关节端平、堆叠，避免脊柱侧向屈曲。
- 不要让上面的腿移动到躯干的前面或后面；它与躯干在相同的平面上，才能有效进行大腿外侧拉伸。

变式2

- （b）坐姿端正，坐于坐骨之上，脊柱和肩胛骨保持中立位，右腿向前伸出。
- 将另一侧腿斜跨过躯干，试着将膝盖和大腿向躯干按压，并抵住对侧的肩膀。可以感觉到左腿外侧和臀部肌肉的拉伸。

髋关节拉伸运动

提示

变式1

- （a）以跨坐姿势坐在地板上，两腿分开，将重心放在坐骨上（坐骨结节）。
- 如有必要，将手放在身体后方的地板上，以帮助骨盆、脊柱和肩胛骨保持中立位。
- 打开髋关节，让膝盖骨朝向天花板。
- 脚可以伸直或弯曲。

- 以髋关节而不是腰部（脊柱不弯曲）为转轴，将尾骨指向后墙，使躯干向前，保持中立位。
- 以髋关节为转轴，移动得越远、身体越向前移动，你就越需要把手放在更靠前面的地板上以获得支撑。

变式2

- （b）仰卧，膝盖弯曲；两脚掌相对放于地面，骨盆、脊柱和肩胛骨在中立位。
- 让双腿张开（外展），直到感到大腿内侧产生令人舒适的拉伸感。
- 将双脚并拢放在地板上，膝盖弯曲。

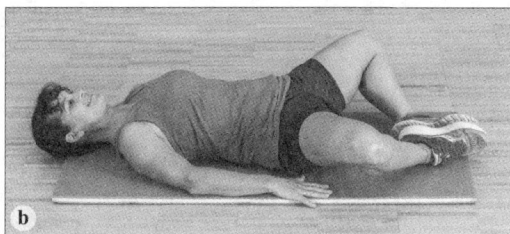

胫骨肌肉拉伸运动

提示

变式1

- （a）双脚交错站立，一只脚在身体后面。
- 从后脚到头部保持在一条直线上，在前腿保持平衡的同时，使腹肌收缩。
- 将后脚绷直（足踝跖屈），脚趾触地。
- 使所有关节保持在一条直线上，并避免脚踝向右或向左倒。
- 感受胫骨肌肉和脚的顶部（前侧）的拉伸。

变式2

- （b）俯卧，拉伸股四头肌。
- 一只手放在前额下，另一只手抓住脚。
- 当你轻轻地将脚后跟拉向臀部时，绷直脚（脚趾）。
- 不仅在股四头肌，而且在胫骨（胫骨前肌）和脚的顶部（前侧）都能感觉到拉伸。

小腿拉伸运动

提示

变式1

- （a）双脚交错站立，一只脚放在身体后面。
- 调整双脚之间的距离，以使后脚脚跟舒适地着地。
- 前面的膝盖正好在脚跟上方，并且前面的小腿垂直于地板。
- 将所有关节部位转向同一个方向：脚趾、膝盖、臀部和肩膀都应该朝向同一个方向。
- 前面的膝盖略微弯曲，后面的膝盖伸直。
- 将双手放在前面的大腿上，检查从后脚跟到头部是否形成一条长直线。
- 使脊柱保持中立位。
- 收缩腹肌，略微挺起胸部，并保持肩膀向后和向下。
- 也可以将双手放在墙上进行这个拉伸运动。

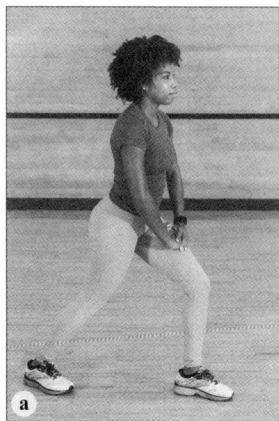

变式2

- （b）站成上面描述的姿势，弯曲后面的膝盖，直到感觉舒服为止。
- 后脚脚跟保持向下，关节应该排列整齐——都指向同一个方向。
- 弯曲膝盖可以对比目鱼肌进行更深度的拉伸，并有助于拉长跟腱（跟腱通常较紧）。

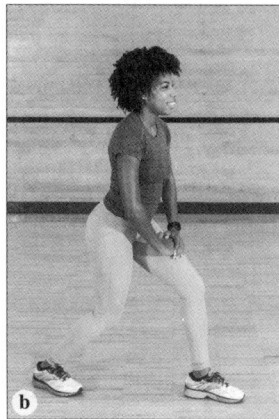

课程末尾的柔韧性锻炼

一节课程中的最后一个柔韧性训练环节是获得长期改善的最佳拉伸时间。学生已经充分热身，在心理上已经准备好进行放松并进行拉伸运动。教练主要提供可长时间进行的各种拉伸运动（每种运动持续15～60秒）。研究表明，柔韧性的改善与拉伸的频率和持续时间有关（Feland，2000；Davis et al.，2005）。促进舒适的拉伸、减轻压力的最佳方法之一是让学生在保持姿势的同时进行呼吸计数；让他们每拉伸一次就做3到5次深呼吸。可以建议他们想象自己所有的压力和张力（来自肌肉和其他方面）随着每次长时间的呼气从自己的身体排出去，使他们逐渐变得放松和精神焕发。在课程结束时，重要的是要以积极的话语结束，告诉他们他们已经完成了课程。这给了他们一点时间回味你给他们所带来的良好感觉，也为你提供了一个回到外面世界的优雅过渡。最后以真诚的一句"感谢你今天的参与"结束课程，会让他们今后还想参加你的课程!

本章总结

本章介绍了柔韧性训练的要点，包括ACSM的一些建议、拉伸的好处、柔韧性训练中的安全问题以及最佳拉伸姿势的提示。我们为每个主要肌群提供了1~3种拉伸运动，并给出了一些可行的变式。这样你就可以明白，怎样组织一系列拉伸动作，特别是在团体健身课程结束时。

作业

1. 准备为每一个主要肌群编写一种拉伸运动（小腿肌肉、胫部肌肉、外展肌、内收肌、股四头肌、腘绳肌、臀大肌、三角肌前束和中束、背阔肌、胸肌、斜方肌中束和菱形肌、三角肌后束、腹肌、竖脊肌、肱二头肌和肱三头肌）。对每一种拉伸运动至少列出三条提示。你可以把这些记在便条卡上，或者使用任何有助于你学习的形式。使用本章详细介绍的拉伸运动，或者创编自己的拉伸运动。

2. 选择三个肌群，并为每个肌群编写进阶版本的拉伸运动。例如，如果选择腘绳肌，那么差不多每个人都能做到的最简单、最安全的腘绳肌拉伸方式是什么？需要更强的柔韧性和身体意识才能完成的腘绳肌拉伸运动是什么？只有非常灵活的人才能安全地以良好的姿势完成的运动变式是什么？

8

神经运动和功能性训练

本章目标
学完本章，你将能够：

- 了解神经运动训练的原则和建议；
- 了解功能性训练的原则；
- 确保平衡性或功能性训练课的安全性；
- 使用平衡性和功能性训练课程的器械；
- 教授平衡性训练课程；
- 教授功能性训练课程。

本章介绍了运动训练中的两个重要概念：神经运动和功能性训练。这两种类型的活动都非常适合团体健身环境，并且在许多卫生和健身机构中都很常见。神经运动和功能性训练有许多潜在的健康益处，请参阅"神经运动和功能性训练的好处"。学习这部分知识有利于增强你教授这些运动的能力，并进一步帮助参与者提高身体素质、进行日常生活活动和获得幸福感。

神经运动和功能性训练的好处

- 降低了摔倒的风险及对摔倒的恐惧
- 改善平衡性
- 减少受伤风险
- 改善步态
- 改善协调性和敏捷性
- 提高了反应能力和快速移动的能力
- 形成更强壮的核心肌群
- 改善体态
- 提高进行日常生活活动的能力

神经运动训练原则和建议

神经运动训练是美国运动医学会在其2011年的声明（Garber et al., 2011）和2018年的指南中正式确定的相对较新的健身手段。神经运动训练包括平衡性、预防跌倒、协调、步态、敏捷性和肌肉运动知觉等技能的训练。这种训练对每个人都很重要，但已被证明对老年人尤其重要，是降低跌倒风险的有效方法（Karinkanta et al., 2015；Bird et al., 2010；Nelson et al., 2007）。在神经运动活动中，平衡性和敏捷训练似乎最有益处（Karinkanta, Heinonen and Sievanen, 2009；Liu-Ambrose et al., 2004）。许多研究也发现太极是改善平衡、敏捷性、运动控制、肌肉运动知觉和生活质量的有效方式（Hackney and Wolf, 2014；Gatts, 2008；Jahnke et al., 2010）。你可以在第17章了解更多关于太极的知识（参见第17章的"身心课程"）。此外，一些研究人员发现，平衡性和敏捷性训练可以降低受伤的风险，最显著的是降低运动员的前交叉韧带损伤和踝关节扭伤的概率（Sugimoto et al., 2016；Hrysomallis, 2007）。

美国运动医学会2018年的指南建议，每周应进行2天或3天以上的神经运动训练，每次20到30分钟。建议进行诸如瑜伽和太极拳等涉及动作技能、肌肉运动知觉训练的多层面活动。当前，美国运动医学会还没有关于强度或最佳活动量、运动模式或进阶的实证建议。在本章中，我们将主要侧重于平衡性运动以及功能性训练运动。许多功能性训练动作整合了平衡性和敏捷性技能。平衡性被定义为使身体的重心适应于其支撑面的能力。当然，保持平衡的能力是很重要的，无论是站着不动（静态平衡）还是在空间中移动身体（动态平衡）。在第6章中讨论过，正确的姿势是具有良好的平衡性的关键。在运动时，有两种类型的姿势控制：预期性姿势控制和反应性姿势控制（Rose, 2010）。当你避开一个能看到或预计看到的物体时，这被称为预期性姿势控制；当你必须对一个超出你预计的对象（例如，被路上的石头绊倒）做出快速反应时，这被称为反应性姿势控制。这两种类型的姿势控制，都是身体在日常生活活动中充分发挥作用所必需的。

平衡性活动和其他神经运动活动涉及多个身体系统，包括感觉系统（视觉、听觉等）、运动系统、认知系统、本体感觉系统（触觉、运动觉、位置觉、痛觉等），以及前庭系统

（位于内耳）。理想情况下，这些系统协同工作以促成最佳的平衡。不幸的是，对于某些人，尤其是对于老年人，这些系统中的一个或多个可能会受到损害，从而影响平衡能力。值得注意的是，研究表明，老年人比年轻人更注重在日常活动中保持平衡；这归因于刚刚谈到的一个或多个身体系统功能的衰退（Shumway-Cook and Woollacott，2000）。最值得注意的是，对跌倒的恐惧导致许多老年人变得僵硬；这种对抗恐惧的改变可能在简单的姿势中有所帮助，但实际上可能会在需要动态反应时增加跌倒的风险（Young and Williams，2014）。幸运的是，我们现在有越来越多的证据表明，与年龄相关的平衡性的改变可以逆转，或者至少可以延缓（Lesinski et al.，2015；Morrison et al.，2010）。

功能性训练原则

佩–奥洛夫·阿斯特兰德（Per–Olof Åstrand）在题为Why Exercise?的具有里程碑意义的文章中创造出了"功能性训练"一词。他说，"如果动物被合理地打造，它们就应该被打造并保持刚刚好的结构，没有超过满足功能需求所需的结构"（1992，p.154）。

奥斯特兰德博士领先于时代做出预测，人们不久将更关注为什么他们应该运动，而不是运动如何改变他们的体质。我们不是通过运动来改善我们的外表，而是需要通过运动来改善我们的生活。"功能性训练"这一术语常被用来解释这种从美学到有目的的锻炼的运动。有目的的运动训练可以提高我们的日常生活质量。

由于身体活动或运动、身体功能和伤残风险之间的联系，绝大多数功能性训练文献都主要关注老年人群。例如，约瑟夫森和威廉斯（Josephson and Williams，2017）在一项初步研究中将18位老年人分为3组；这3组分别是功能性抗阻训练组、标准抗阻训练组、对照组。在进行为期6周、每周2次的训练之后，功能性抗阻训练组与标准抗阻训练组和对照组相比，平衡性有了显著的改善。这两位作者得出结论，在抗阻训练过程中通过神经运动功能可以有效降低跌倒的风险。

迪安格、萨姆森和范·梅特伦（DeVreede，Samson and VanMeeteren，2005）在研究中发现了另一个现象，他们将老年人随机分为两组：一组是功能性特定任务组（使用辅助站立训练和功能性训练），另一组使用各种阻力器械进行力量重复训练。尽管两组人员的整体力量都有所提高，但功能性特定任务组的报告显示，该组老年人的日常生活质量有了改善。

老年人口数量的增加给团体健身教练带来了独特的挑战和机遇。老年可能是一个人一生中进行身体运动最重要的时期。随着年龄的增长，人的身体会逐渐衰退，最终会丧失独立能力，同时身体功能被严重削弱，那么，怎样对抗这种趋势呢？老话说得好，"如果你不使用它，你就会失去它"（或者"要么动动它，要么失去它"）。团体健身教练可以通过功能性训练帮助老年人保持活力和独立能力。你可以在第9章读到更多关于老年人运动的内容。

对于年轻人（18~32岁），韦斯及其同事（Weiss and colleagues，2010）发现，传统抗阻训练和功能性抗阻训练都有助于增加他们的耐力、平衡性和传统的力量。并且在两种类型的肌肉训练中，参与者的生活质量指标均得到了改善。但是，由于肌肉特异性的原理，我们可以认为基于功能的运动项目对日常功能的影响最大。在功能性健身训练中，肌肉的训练和发展是为了使日常活动更容易、更顺畅、更安全、更有效。功能性运动旨在提高人们在现实世界中独立活动的能力。简而言之，功能性训练就是为了生活而进行的健身训练。每个人都过着不同的生活，有些人整天提东西，有些人在工厂工作，还有许多人整天坐在办公桌前或开车。几乎每个人都会做一些日常的动作，比如走路、站起来、坐下去、弯腰捡地板上的东西。功能性训练的目标是使身体轻松地、安全地处理上述情况以及其他一些现实生活中的情况。

功能性训练的另一个特点是，这些动作是用来训练肌肉以一种协调的、全身的方式协同进行工作，这正是当你进行日常活动时肌肉工作的方式（参见"功能性训练的特征"）。想象一下，当你拿起一个沉重的洗衣篮或一个被装满的垃圾桶时，肌肉是如何配合的。当你弯下腰，伸直髋关节、膝盖和脚踝时，腿部肌肉发力，上半身肌肉负责抓住和举起重物，与此同时，躯干肌肉正忙于保持脊柱的稳定。在现实生活中，你几乎不可能一次只活动一块肌肉。许多肌肉同时工作以顺利、有效地完成真实世界中的动作，这就是功能性运动背后的理念。

功能性训练的特征

- 多关节的
- 多肌肉的
- 多平面的
- 发生于功能性姿势中（日常生活活动所需）
- 包括了平衡性
- 需要核心稳定性

功能性运动通常由多关节、多肌肉的动作组成。不像传统的肱二头肌练习器那样仅活动肘部，真正的功能性运动可能涉及肘部、肩膀、脊柱、臀部、膝盖和脚踝。功能性运动不是单独训练肱二头肌，而是可以同时增强股四头肌、腘绳肌、臀肌、腹肌和背肌；一个例子就是蹲下拿起哑铃，然后进行站立式肱二头肌弯举。这样的活动重复了弯腰拿起装满食品杂货的袋子，然后把袋子放在厨房柜台上的动作。值得注意的是，大多数真正的功能性运动是在站立或直立的姿势下进行的，因为这更接近于我们现实生活中的日常姿势。功能性运动的另一个标志是它往往是多平面的，在数个平面中活动身体，包括三个基本平面——矢状面、额状面和水平面。传统的训练通常发生在单一平面上；例如，标准的肱二头肌弯举只发生在矢状面上。在现实生活中，我们不断地在许多平面上移动，所以在一个平面上反复训练并没有太大的意义。

功能性训练也适用于专项运动训练领域。这种形式的功能性训练由希望提高运动员的成绩的健身专业人士设计。沃尔夫、莱穆拉和科尔（Wolfe, Lemura and Cole, 2004）以及桑塔纳（Santana, 2016）都将功能性训练描述为训练动作的艺术而非肌肉艺术。他们认为，这种范式转变是提高运动员的成绩以及改善日常生活活动的表现所需要的。

根据沃尔夫、莱穆拉和科尔的研究，如果运动计划仅使用一些器械或进行孤立的重复性运动，那么客户的功能性需求就得不到满足。你必须加入平衡性和速度训练，并通过各种平面的运动（矢状面、额状面和水平面）来锻炼身体，而不是专注于仅在一个方向上强化身体的单平面运动。在此提醒一下，我们并非建议你对所有参与者避开所有孤立的力量动作。单关节运动和单肌肉运动是有价值的，特别是对初学者、体弱的老年人、身体意识差的人和肌力失衡的人而言。在功能性训练序列的另一端，一项运动不会仅仅因为具有挑战性，就被认为是功能性运动。例如，一些壶铃运动，比如土耳其式起立，被认为具有功能性，但我们需要问一下是针对谁来说具有功能性。从地面上站起是一种很好的运动，出于功能性训练的目的，应当将其纳入训练内容；然而，从地面上站起的同时，一只手将重物举过头顶，可能不是生活所必需的。如果参与者想要进行这样的运动，可以尝试确实能提供功能性益处的其他运动选项，例如，可以尝试从地面上半起立的动作。

桑塔纳（Santana，2002；2016）通过描述人们在日常生活中使用的各种运动模式来给功能性训练下定义。他在关于功能性训练的理论中指出，因为在日常生活中，我们有时站立，有时走来走去，身体重心忽升忽降，一会儿推一会儿拉，还会伴随着许多动作进行旋转，所以我们的训练动作也应该模仿这些基本的日常动作模式。同样，美国运动委员会在其 *Personal Trainer Manual*（2014）中列出了包含日常生活中所有活动内容的五种主要运动：

1. 俯身举起东西的动作（例如，蹲举）；
2. 单腿的动作（例如，弓步蹲）；
3. 推的动作；
4. 拉的动作；
5. 旋转动作。

库克（Cook，2011）是一位与职业运动员一起工作的理疗师，他强调功能性健身运动的重要性，编创了一系列测试来衡量人体的功能性动作。这些评估方法称为功能性动作筛选（Functional Movement Screening，FMS）测试，被用在一些健康、力量和训练项目中。

像里克利和琼斯（Rikli and Jones，2013）设计的高级功能性动作的测试一样，库克的测试是为了测量运动员的功能性动作。我们已经看到，在现役军人中使用功能性运动筛查方案可以提高训练效果（Kennedy- Armbruster et al.，2012）。我们希望最终能够设计出针对更多人的功能性运动测试。

功能性训练评估、理论和建议，与参与者需要通过团体健身体验在日常生活中看到益处这一想法是一致的。如果我们提供与现实生活相关的运动，甚至以功能性的日常活动来命名，将帮助参与者将健身融入他们的现实生活。例如：肩上三角肌杠铃推举运动可以认为是一种帮助把东西放到橱柜里的运动；直臂深蹲动作可以模拟从烘干机里拿衣服。我们越是更多地把日常活动融入到训练中并让参与者了解训练的重要性，就越能更有效地提高参与者的生活质量和幸福感。

平衡性和功能性训练中的安全问题

适用于普通人群的功能性训练动作可以很容易地纳入团体训练课。改变传统的站立式双侧头顶杠铃推举，通过增加站立式单侧髋关节外展，使之成为一个更复杂的动作，就是一个将更多功能性动作融入课堂的例子。

不管引入什么样的平衡性运动，安全还像以前一样是关键。当教那些平衡性差的人的时候，要避免在他们还不适应和安全地站立时就进阶到难度更大的动作。确保椅子或栏杆在他们触手可及的范围内，如果不能确保这一点，你就待在他们身边并提供适当的保护。教会参与者手部支撑的有关运动及其进阶版本（见"手部支撑的平衡性运动进阶"），并鼓励他们自己做选择。

手部支撑的平衡性运动进阶

第1级——用双手抓住支撑物

第2级——用一只手抓住支撑物不放

第3级——用指尖轻轻接触支撑物

第4级——在支撑物上弹钢琴（松开手指，然后像弹钢琴一样移动手指）

第5级——双手比支撑物高出几厘米

第6级——双手在两侧或肩膀外展90度，保持平衡

第7级——环顾房间的同时完成第6级的动作

第8级——闭上双眼完成第6级的动作

那么应如何平衡运动安全与功能性训练之间的关系呢？虽然运动的一个重要好处是减少受伤的风险，但在身体完全掌握之前，进行一项困难的运动实际上可能会导致受伤。一些功能性运动，如俯身低位双侧划船（双臂同时运动），被认为是风险较大的，因为在这些运动中，为了在抬起配重时保证背部的安全和稳定性，需要核心肌肉有耐力。建议刚开始运动或刚开始进行抗阻训练的参与者从更稳定的姿势开始（如仰卧或坐着），或者一只手放在大腿上进行单侧低位哑铃划船（见图8.1）。在力量、耐力、柔韧性、平衡性、协调性、核心稳定性得到改善和身体意识得到增强后，参与者可以进阶到以肌肉整合为重点的更多功能性的动作。图8.2为渐进式功能性训练序列，以说明在选择平衡性和功能性运动时应考虑的因素。

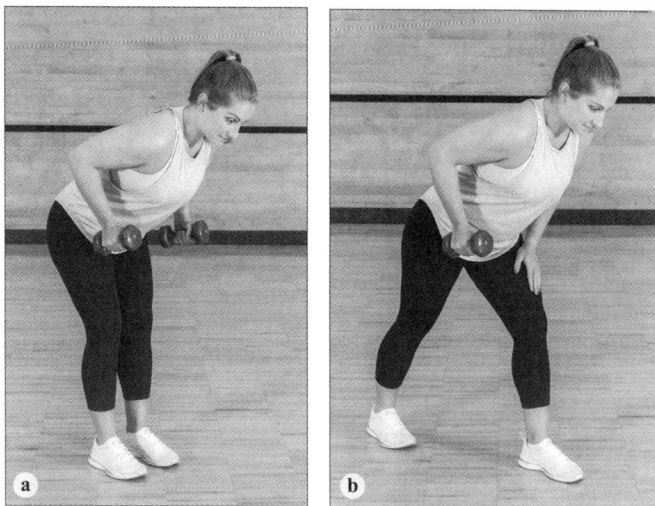

图8.1 俯身低位哑铃划船：（a）双侧低位哑铃划船和（b）单侧低位哑铃划船

综上所述，功能性健身是一个重要的目标，因为参与者进行训练就是为了改善在日常活动中的功能。肌肉的单独运动对于那些刚开始进行抗阻训练的人来说是极好的；随着时间的推移，他们就想要转向功能性的动作，即把身体作为一个整体，复制生活中会做的动作。这种类型的训练如果运用得当，可以帮助减少受伤的风险，使日常活动更容易进行，并提高生活质量。

肌肉的单独运动	运动
单关节的运动	多关节的运动
发生在单一平面上	发生在多个平面上
简单	较复杂
动作缓慢	快速的动作
更安全	更危险
稳定，几乎不需要平衡性	不稳定，需要高水平的平衡性
具有很少的功能性	更加具有功能性/运动专项性

图8.2 用于功能性训练和平衡性训练的渐进式功能性训练序列

平衡性与功能性训练器械

尽管不需要器械也可轻松地进行平衡性和功能性训练的教学，但仍可以使用几种器械来帮助增加负荷，并使学员在课堂的学习更加有趣（见图8.3）。

- 第6章讨论了瑞士球，请回顾一下有关正确尺寸的信息。这些重量很轻的大球可以用来挑战呈坐姿、侧卧、仰卧，或俯卧姿势时的平衡性；瑞士球也可以作为躺卧的工作台或椅子。
- BOSU球在几乎所有姿势（站立、坐、侧卧、俯卧、仰卧和四肢着地）下都可以用于锻炼平衡性。BOSU球既可以球面朝上使用，也可以平坦面朝上使用。几项研究表明，用BOSU球进行训练是有效的。例如，斯特罗姆及其同事（Strom and Colleagues, 2016）发现，在BOSU球上保持平衡比在地板上保持平衡使用的踝部肌肉更多，而古万达和戈帕莱（Gouwanda and Gopalai, 2017）发现，在BOSU球上进行双侧站立可以改善姿势稳定性。

图8.3 平衡训练课用到的器械

- 泡沫轴通常用于滚压和舒缓肌筋膜。同时，泡沫轴可以作为一种用于核心稳定性运动和平衡性挑战的好用的、性价比高的工具，尤其是在采用仰卧和俯卧位时。
- 某些机构提供了核心训练板和平衡板；这些板绕轴旋转，可以提供高水平的平衡性挑战。
- 平衡缓冲垫可以在做各种姿势时使用。这些充气塑料垫靠近地面，可以帮助一些参与者在俯卧、仰卧和坐姿运动中感觉更安全。
- 泡沫平衡垫（如阿瑞克思）非常适合在采用站立姿势时提供超负荷的平衡性。在参与者掌握了站在地板上的单腿平衡运动之后，让他或她站在一张泡沫平衡垫上，作为一个额外的挑战。
- 标志盘，也称为平衡垫，通常有六个颜色鲜艳的圆垫。你可以购买完全平坦的圆垫，或是带圆顶和黏性的小垫子，使用时既可以将其平坦的一面朝上，也可以将圆顶的一面朝上。这些工具都是跳岩或其他平衡性和敏捷性训练的好工具。
- 平衡木（例如，平衡木健身、阿瑞克思平衡木）是低、窄、软的平衡木［高2.5英寸，长5英尺（高约6.4厘米，长约1.5米）］，可以在上面进行多种运动。

平衡训练教学

与其他形式的团体健身指导一样，大多数平衡课以热身开始，以放松运动结束。一种有效的动作设计方法是按姿势和器械来组织运动。例如，可以从站立式活动开始，结合静态和动态平衡挑战。可以让参与者从不需要任何器械的平衡运动开始，接着在BOSU球上进行运动，然后在半圆泡沫轴上进行站立式挑战等。之后进行快速行进或动态平衡挑战。接下来可以安排四肢着地或平板支撑，然后进行仰卧的运动。这种类型的设计可以帮助你的课程顺利进行。请记住，对于这种类型的课，可以使用附录A中的团体健身课程评估表。

平衡动作

你知道多少平衡动作？让我们探讨一下团体健身课程中常用的平衡动作。

以下运动是静态平衡的常见运动。

基本单腿平衡

这种动作有时在瑜伽中被称为树式。单腿站立，另一条腿的膝盖弯曲；传统的树式中弯曲的膝盖可以朝向前方（矢状面），也可以朝向侧面（额状面）。确保弯曲的腿不要靠在膝关节上，可以靠在小腿上或大腿内侧。肩膀可以外展90度，双臂可以伸到头顶上方，也可以在胸部交叉，或者双手按在胸口前紧抱（祈祷姿势）。支撑脚向下压时，头顶上抬。保持30秒。

退阶

抓紧椅子、扶手或运动棒；靠墙站立。

进阶

站在泡沫平衡垫、BOSU球或泡沫轴上。抬起手臂或转头可增加难度。

摆腿单腿平衡

此动作可通过髋关节屈曲和伸展（a，b；矢状面）或髋关节外展和内收（c，d；额状面）来完成。单腿站立，调整好姿势，同时通过髋部屈曲和伸展来摆动另一条腿。保持核心稳定和脊柱伸长。每侧重复8到12次。重复这个运动，同时通过髋关节外展和髋关节内收，将腿前后摆动。按图片所示动作或参照对基本单腿平衡运动的建议，进行退阶或进阶。

环绕单腿平衡

　　保持单腿平衡，同时用另一条腿做环绕动作，或使用其他动作，如用另一条腿踩踏板、用另一条腿踢腿、用另一条腿做脚跟—脚趾—脚跟—同时运动的动作等。按图片所示动作或参照对"基本单腿平衡"动作的建议，进行退阶或进阶。

干扰性单腿或双腿平衡

让参与者分成两个人一组，在一个参与者的腰部缠上弹力带。另一个参与者握住带子的两端，从不同的方向随意扯或拉弹力带。目标是始终保持核心稳定和平衡。

单腿直腿硬拉

单腿站立，调整好站姿，以髋部为转轴；保持脊柱完全处于中立位，非支撑腿向后抬起，最好与躯干成一条直线。变式包括手握一个哑铃、瑜伽平衡柱或瑞士球。

退阶

抓住栏杆或其他稳定的物体；以髋部为转轴小幅度活动。

进阶

站在一个不稳定的表面（泡沫平衡垫、BOSU球等之上）；增加旋转动作，把手伸向身体的一侧，然后收回。

站立和快步走

以下是动态平衡运动——要求参与者在空间内移动身体时保持平衡。

走钢丝

让参与者沿着地板上的"钢丝"向前走。用胶带在地板上画一条线；如果是在木地板上，则可以让参与者沿着由木地板形成的线往前走。鼓励参与者把脚放好，使一只脚的脚后跟接触到另一只脚的脚趾，而且正好在另一只脚的脚趾的前面。

退阶

将钢丝放在距离墙壁1英尺或2英尺（约0.3米或0.6米）的地方，以便参与者在必要时可以用一只手借助墙壁作为保护；对于稳定性差的人，在另一侧放一排椅子供其另一只手使用。退阶的另一个方法是在地板上以与臀部相同的宽度划两条平行的线（就像火车轨道一样）；鼓励参与者脚趾向前，沿着两条线平稳地向前走。

进阶

让参与者沿着钢丝用脚后跟或踮着脚尖向前走，或者让他们沿着钢丝向后走。另一种进阶方法是让参与者在钢丝上行进，将每只膝盖控制在空中，并在每次抬膝时保持几秒钟的平衡。

跳岩

将标志盘或小平衡垫放在地板上当作"石头"。让参与者从一块圆垫走到另一块圆垫上，在前进的过程中在每块"石头"上保持平衡。

退阶

将圆垫紧挨着放在一起，靠近墙壁，并允许参与者以固定的节奏行走。这样就不需要参与者具备太好的平衡性。

进阶

把圆垫放在相距更远的地方，这样就需要参与者从一个圆垫跳到另一个圆垫上。要求参与者在每个圆垫上用一条腿保持平衡。如果使用有圆顶的充气垫，翻转垫子，使平坦的一面朝上，就是对平衡性的一个更大的挑战。

弹力带阻力行走

将参与者分成两人一组，在一个参与者的腰部缠上一条弹力带。让这个人慢慢往前走，搭档继续拉弹力带的两端。开始时先让搭档站在身后，使拉力在矢状面形成一条直线。

退阶

两人近距离站立；在弹力带上施加轻微的力量或阻力；让往前走的参与者双脚平行，缓慢地行走。

进阶

两人离得远一些站立，对弹力带施加较强的作用力或阻力。两个人可以都用手拿着弹力带，而不是缠在腰上，如下图所示。让往前走的参与者沿着钢丝行走，或者在地板上走直线，时而慢慢地抬起一个膝盖并保持平衡。此外，拉弹力带并提供阻力的搭档可以站在一边，在额状面施加力量。

仰卧平衡

仰卧是一种安全且相对稳定的姿势，但用这种姿势也可以挑战平衡性。

单腿臀桥

（a）仰卧，膝盖弯曲，双脚平放在地板上，双臂放在两侧。平滑地撑成臀桥姿势，保持髋关节水平，骨盆和脊柱处于中立位，腹肌用力。一条腿朝向天花板抬起，保持一会儿。

退阶

保持双脚在地板上以增加稳定性；在做臀桥动作时将双脚放在BOSU球上。

进阶

在瑞士球或BOSU球上完成此臀桥动作。通过改变手臂的姿势（从双臂放在两侧到双臂与地面成90度，最后到手臂在头顶上方），或者通过让脚踝背屈，使这个运动变得更难。（b）仰卧，在脊柱下纵向放置一个瑜伽平衡柱，双臂交叉进行单腿拱桥，这是一个具有挑战性的平衡运动。一个更难的版本是把瑜伽平衡柱放在脚下。

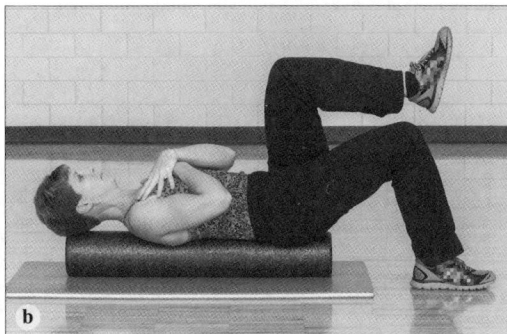

俯卧或四肢着地平衡

以下动作对核心稳定以及平衡提出了更大的挑战。

四肢着地

四肢跪地，双手在肩膀正下方，膝盖在臀部正下方。脊柱和骨盆处于中立位，抬起并收紧腹肌。平稳地举起一只手臂并伸展对侧的髋关节（均在矢状面内），不要移动躯干。保持10秒。

退阶

仅抬起一只手臂或一条腿，不要同时抬起。

进阶

在额状面外展肩部和臀部，而不是在矢状面抬高胳膊和腿；或者，保持躯干平衡和稳定，同时双侧肘膝相碰。可以通过使用器械或工具来增加平衡挑战的难度。例如，单膝跪在一个BOSU球上，另一只手放在一个药球上保持平衡。

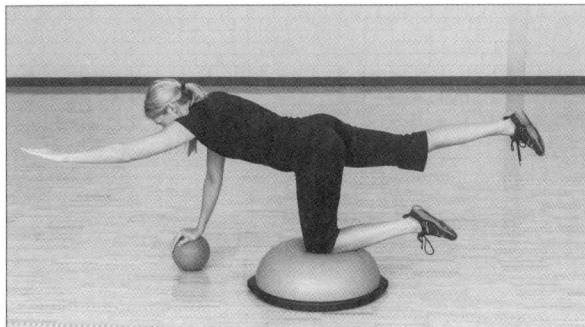

平板支撑的变式

抬起身体，进行基本的平板支撑，腹部用力，脊柱和骨盆保持中立位。抬起一条腿（髋关节伸展），保持10秒。

退阶或调整

通过进行前臂平板支撑来做调整。通过跪着甚至是靠着墙做平板支撑来实现退阶。试着抬起一只胳膊或一条腿。

进阶

（a）如"四肢着地"的动作的进阶，可以通过在额状面上抬起一条腿或一只手臂，或通过使用如瑞士球、BOSU球、核心板或瑜伽平衡柱之类的器械或工具来增加难度。较困难的锻炼方式可以是将双手放在瑜伽平衡柱上，脚放在瑞士球上。此外，（b）侧平板支撑对平衡性提出极大的挑战，尤其是在使用工具的情况下。

功能性训练课教学

功能性训练动作的定义可能会因运动的原因而有所不同。但是，正如前面所讨论的，大多数专业人士都认为功能性动作：发生在多关节、多肌肉和多平面；包含平衡性；需要核心稳定性；以日常生活活动所需的功能性姿势呈现。激活运动可以用于热身——它可以激活能量系统，刺激神经肌肉系统的活动。一些专业人士建议进行筋膜训练，认为沿着肌筋膜线的运动是最有效的（Myers，2014）；这种思路支持"训练动作，而不要训练肌肉"这句格言所阐述的内容。

此外，在第13章中讨论的专项训练和训练营运动有重叠。由于功能性训练课程的编排包含特定的锻炼动作，因此你将在这些课程中使用基于教练式的教学方法。因此，功能性训练课程包括符合前面列出的标准（多关节、多肌肉等）的练习和运动，并且可以使用最少的器械同时进行（无巡回站）。但是，你可以加入诸如壶铃、悬挂训练系统、坠球、沙袋、踏板和ViPR（带手柄的大型硬质橡皮管）等器械，增加多样性。

健身专业人士的提示

艾梅·尼科泰拉（Aimee Nicotera）女士，拥有营养科学学士学位和健康教育硕士学位。她获得了ACSM、ACE和AFAA的认证，并持有许多健身项目的专业资质证书，如动感单车、TRX、袋鼠弹跳、普拉提，以及室内赛艇运动。艾梅曾在商业和企业健身机构工作，曾管理过强生公司和西顿健康管理中心。她曾是位于美国马萨诸塞州莱诺克斯的埃奎诺克斯（Equinox）健身俱乐部和峡谷牧场（Canyon Ranch）的团队健身经理。除了是一名健身教练和项目开发人员，艾梅还是一名受欢迎的国际健身节目主持人，指导扶手杠、间歇训练、柔力球等方面的大师班。

"我喜欢包含促进认知性健康策略的教学形式！把运动和需要正念的任务结合起来，可以给健身课增加一种游戏感，以及独特的变化。例如，给几个不同的动作（慢跑、深蹲、弓步蹲、塔克跳跃等）指定一个数字、声音或视觉信号，然后随机给出一些指导性提示，可以为参与者带来几分钟的身心挑战！"艾梅说。

功能性训练动作

下面是一些建议融入功能性训练课程的动作。合适的动作包括弹力管站立式划船（高位和低位），使用哑铃，或以平板支撑、拱桥和四肢着地的方式俯身划船（高位和低位）。这些动作或在本章前面介绍过，或在第6章中有过介绍。此外，你可以通过加入第13章中介绍的运动，编创更多的运动或适用于训练营的重点运动。

深蹲

传统式深蹲是一种经典的功能性运动。仔细想一想你每天下蹲的频率，坐下和站起来的时候、上厕所的时候，以及从地板上拿东西的时候，这些都是频繁进行的需要肌肉协调性、力量、耐力和平衡性的动作。

退阶

让参与者把瑞士球放在背后进行墙式深蹲，或者如下图所示，让参与者尝试与搭档进行端坐深蹲。如果膝盖疼痛，可通过减少关节活动范围来调整动作，避免让膝盖一直弯曲成90度。保持膝盖不超过脚趾。

进阶

深蹲的变式有数十种。例如，你可以用深蹲跳来增加速度，用哑铃或加重的杠铃来增加负重，或者通过左右或者前后移动的深蹲来增加方向变化。

弓步蹲

弓步蹲也是功能性运动。仔细想一想，当你快速弯腰从地板上捡起一个小物体时是如何移动的。许多人都会迈出来，弯曲前膝，拿起东西，然后双脚并拢站起来——这就是弓步蹲的一种！教授弓步蹲动作时，应将注意力集中在前面的膝盖（避免过度屈曲超过90度，保持胫骨与地面垂直）和尾椎骨（使之保持向下）上；脊柱保持与地面垂直和中立，后腿的脚后跟抬起。

退阶

进行静止的弓步蹲（脚不要从地板上移开），站在墙壁附近帮助保持平衡。

进阶

向前弓步和向后弓步要比静止的弓步更难，行进弓步更难。要进行真正的挑战，请按图片所示动作进行移动式俄罗斯弓步：（a）在肩膀处握住配重并向前迈弓步；（b）然后在做弓步向下的姿势时将配重举过头顶。向前走并在另一侧完成动作；重复进行，在地板上行走时双腿交替向前走。另一个常见的弓步蹲进阶动作是轮子或时钟序列（也称为一个弓步矩阵）：右腿前弓步（12点的姿势），右腿前弓步到两点的位置（身体朝向两点），右腿侧弓步到3点的位置（身体朝向12点），转向5点的位置后进行右腿前弓步（身体朝向5点）；返回，右腿后弓步到6点位置，左腿后弓步到6点位置，转向 7点位置进行左腿前弓步，左腿侧弓步到9点位置，左腿前弓步到10点位置，左腿前弓步到12点位置。对于功能性的弓步蹲变式，可以考虑纳入"捡硬币锻炼"；向前弓步，伸出前脚，就像捡起一枚硬币一样。

迈台阶

迈台阶之所以是功能性运动，是因为它们正好与爬楼梯的动作相关。使用4 ~ 8英寸（约10.2 ~ 20.3厘米）高的一段台阶，让参与者一只脚踏上台阶，8到20次后换另一只脚重复该运动。

单腿跳行

一条腿进行单腿跳行有助于增强平衡性、力量、敏捷性和协调性。至少有一篇文献建议，单腿跳行会导致关节压力增加，所以连续跳的次数不要超过8次（Aerobics and Fitness Association of America，2010）。你可以让参与者在房间里来回移动，右腿跳8下，然后左腿跳8下。

伐木和类似的动作

伐木、捡干草、扔球重复了日常生活和专项运动中可能用到的动作。在团体健身的环境下，当你将班级分成两人一组时，这些锻炼方法都很有效。每组参与者站在彼此之间相距4英尺或5英尺（约1.2米或1.5米）的地方；在做伐木动作时，参与者轮流用力地把球扔出去，使之通过地板弹到一边（朝着搭档的方向）。当球被弹飞后，搭档将球接住，重复同样的斜劈动作。

搭档弹力管站立卷腹

搭档弹力管站立卷腹动作以功能性姿势锻炼了腹肌。搭档背对彼此站立，各自手靠着头部拉住弹力管手柄；搭档之间的距离应足够远，使弹力管不松弛。与此同时，每个人都要在站立受到阻力的情况下进行脊柱屈曲和骨盆后倾。参与者通常需要一次视觉演示和一些提示才能正确地运动。观察他们，确保其屈曲脊柱，而不是屈曲髋部。

本章总结

　　在本章中，我们介绍了神经运动和功能性训练的原理、研究和建议。我们以平衡训练为重点，因为大量的实证研究证实了平衡性运动的重要性。本章还介绍了平衡性或功能性训练课程的许多运动选项，包括退阶、进阶和变式。我们希望你将这种类型的课程教学添加到你的技能库中，这样就能将运动和生活中的活动体验联系起来。这个做法可以帮助参与者将生活中的运动与团课训练联系起来，从而了解有组织的训练的价值。

作业

1. 研究功能性训练和肌筋膜线，并写一篇1500至2000字的论文来论述研究结果。利用这项研究来扩展自己的功能性训练理论。在论文中，应至少引用三篇有关功能性训练的文章。

2. 设计一堂平衡性训练课。课程中应包括一次热身和放松运动，并列出要放在训练环节中的锻炼项目。试着向你的同学讲5分钟的课。

教授老年人

本章目标

学完本章，你将能够：

- 了解与团体健身有关的老年人方面的知识；
- 执行教授老年人团体健身时应遵循的准则，了解特殊注意事项；
- 促进老年人在团体健身中的社交联系；
- 为残障的老年人提供适当的运动方法；
- 为年龄较大的参与者讲授安全有效的基于椅子的课程。

健身专业人士的提示

　　肯·艾伦（Ken Alan）是一位具有40多年经验的教练、球队训练员、主持人和教育家。他是*ACSM's Resources for the Group Exercise Instructor*中《课程设计和授课》一章的合著者。自2005年以来，肯一直是美国加利福尼亚州立大学富勒顿分校运动学系的教员。他还是美国运动协会团体健身和私人教练认证的学科专家。

　　"教授老年人健身课程可能是你作为教练能获得的最充实的体验。的确，这很有挑战性，因为你会遇到一位拉伸能力比我们所有人都强的75岁的老人，下一位就是一位从高中起就没有运动过的65岁的老人。你的班级里的同学步调并不总是整齐一致。更有可能的是，班上有25个人，那么对同一运动就有25种变式。一个关于给出提示的建议是，提供一种'基础动作'的提示（不是'基本动作'，'基本动作'听起来在妄加判断），并允许退阶或进阶。"

　　"当相对年轻的参与者告诉你她/他自己的健康状况越来越好时，这很不错；当老年人告诉你'上下车变得越来越容易'或'我现在爬楼梯不用停下来休息了'，这就更不错了。这些都是对他们日常生活有影响的巨大成就。这些成功非常值得庆祝！记住要把每个人都当作重要人物来对待。"肯这样说。

人口统计学的变化最终反映在了团体健身的趋势中。根据美国运动医学会2018年全球健身趋势调查，老年人健身计划在商业、临床、公司和社区机构中排名第7（高于去年的第11位）（Thompson，2017）。全球许多国家/地区的65岁以上群体的数量正呈现出前所未有的增长趋势。事实上，根据美国人口普查局（2016）的数据，2025年至2050年，全球老年人口预计将增加近一倍，达到16亿人，而总人口的同期增长将仅为34%。

老年人是所有年龄组中身体活动最少，而产生的医疗卫生支出最高的群体（Nelson，2007）。根据沃森等人（Watson et al.，2016）的资料，2014年，有27.5%的50岁以上成年人在工作以外没有进行身体活动，并且不活动的频率随着年龄的增长而显著增加。研究表明，参加身体活动的老年人获益颇多（Awick et al.，2015）。例如，许多研究表明，进行较高水平的身体活动可以减少认知能力下降和痴呆症的发生（Blondell，Hammersley-Mather and Veerman，2014）。佛朗哥及其同事（Franco and colleagues，2015）调查了老年人对身体活动的看法，发现一些老年人仍然认为身体活动是不必要甚至有害的。这些作者认为，应强调身体活动的好处，要尽量减少身体活动的潜在风险，并且要解决参与身体活动的障碍，如成本和安全，以及可进入的健身场所。

哈迪和格罗根（Hardy and Grogan，2009）对年龄在57至87岁的老年人展开了一次深入的重点小组研究，发现运动的乐趣和他人帮助提供动力是提高老年人参与度的重要因素。很明显，就提供团体健身服务而论，老年人是我们需要重点关注的人群（见本章后面"参加身体活动和运动对老年人的好处"）。在这一章里，我们将详细介绍老年人的一些需求和问题，以及特定运动的调整，包括教授基于椅子进行的课程。

团体健身课程评估表要点

热身环节的重点

- 保持适当的运动节奏和强度
- 包括适量的动态动作
- 为至少两个主要肌群提供动态或静态拉伸

训练环节的重点

- 使用各种肌群
- 减少重复动作
- 观察参与者的姿势，并提供建设性的、不令人反感的反馈
- 不断提供调整、退阶、进阶或替代方案
- 提供姿势和技巧提示
- 给出激励性提示
- 教导参与者了解强度
- 促进参与者互动并鼓励娱乐
- 经常进行示范和让参与者参与良好的身体力学活动
- 使用适当的动作或音乐节奏

柔韧性训练环节的重点

- 包括对锻炼的主要肌肉进行静态拉伸
- 展示良好的姿势和技巧
- 提供姿势方面的提示
- 适当强调放松和形象化
- 以积极的态度结束课程并感谢全体同学

老年人团体健身的方式

老年人可以通过多种方式享受团体健身。一些老年人可以参加常规的课程，如动感单车、踏板操、肌肉训练、普拉提和瑜伽。身体健康、能独立活动的老年人也可以参加低强度的有氧运动课程，或者以队列舞或民族舞蹈为特色的课程。太极在预防跌倒、改善平衡和调节血压方面对老年人特别有益，这一点已经得到了证实（有关太极的更多信息见第17章）。第14章中提到的水上运动特别适合老年人。在水里不仅很容易移动并且有利于缓解关节酸痛，而且它还提供了一个有趣的社交环境。关于上述的运动形态，我们在其他章节中已经介绍了很多，我们将在这一章中重点讲对体弱的老年人的教学。具体来说，我们将介绍基于椅子的团体健身课程的技巧和运动（见"团体健身课程评估表要点"）。

了解与团体健身有关的老年人方面的知识

老年人是美国人口增长最快的部分。美国运动医学会（2018）制定了专门针对老年人和运动的指导方针以及声明（Chodzko-Zajjko et al.，2009）。老年人数量的增加对团体健身教练来说，既是一个独特的挑战，也是一个极其重要的机会。

老年人的类别

老年人可以按年龄分为"年轻老人"（65~74岁）、"年老老人"（75~84岁）和"最老老人"（85岁以上）（Hooyman and Kiyak，2011）。但是，功能性年龄（一个人能够进行身体活动的水平）可能比实际年龄更为重要。功能性年龄分为身体优秀、身体健康、身体独立、身体虚弱和身体依赖几种类别（Spirduso，2004）。作为团体健身教练，你的班级中可能有除了身体依赖者之外所有类别的老年人。本章的主要目的是培养指导基于椅子课程的运动班所需的技能，这很可能会吸引身体独立或身体虚弱的老年人（见图9.1）。

影响身体活动的典型的与年龄相关的变化

以下列出了随着年龄的增长而发生的一些常见的生理变化。

- 静息血压升高，导致高血压。许多老年人服用降血压处方药，其中大多数药物会影响心率。因此，一般不建议老年人使用心率来评估运动强度。可以用主观用力程度分级和谈话测试来代替。

- 肌肉量逐渐减少，这主要是由于缺乏运动。这种现象被称为肌肉衰退综合征。肌肉量的减少导致肌肉力量和耐力的下降，进而导致日常生活活动能力的下降。幸运的是，适当的肌肉训练可以帮助扭转这一过程。

- 体内脂肪水平增加。即使一个人一生都保持体重不变，也很可能由于缺乏运动而导致肌肉量减少，脂肪增加。此外，基础代谢率（Basal Metabolic Rate，BMR）每十年减少约2%，因此消耗的热量越来越少。这种体脂增加而体重没有明显增加的现象被称为隐性肥胖。

- 柔韧性下降，主要是由于缺乏活动。随着肌肉、肌腱和韧带弹性的降低，关节囊变得僵硬，这些问题会随着骨关节炎的出现而加重。

- 对酸痛和受伤的敏感性增加。在充满挑战性的基于椅子的训练后，老年人更容

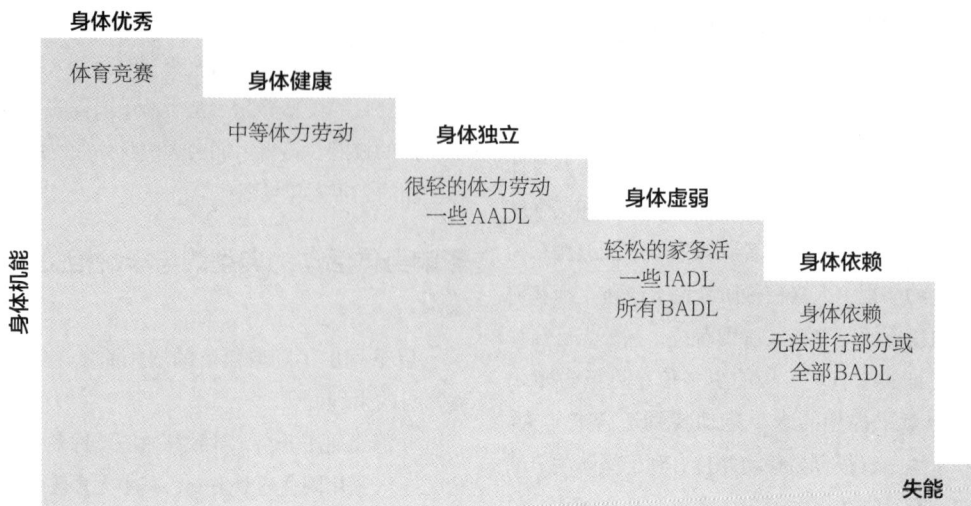

图9.1　身体机能的等级。AADL 表示日常生活的高级活动，IADL 表示日常生活的工具性活动，BADL 表示日常生活的基本活动

经 W.W. 斯皮杜索（W.W. Spirduso）、K.L. 弗朗西斯（K.L. Francis）和 P.G. 麦克雷（P.G. MacRae）许可转载。*Physical Dimensions of Aging* 2nd ed.（伊利诺伊州，尚佩恩市，人体运动出版社），第264页。

参加身体活动和运动对老年人的好处

　　老年可能是人一生中最需要身体活动和运动的时期。随着年龄的增长，人的身体会逐渐衰老，身体功能会严重下降，最终会丧失独立性，那么，应采取怎样的对策呢？老话说得好，"不进则退"。团体健身教练在帮助老年人保持活力和独立性方面扮演着重要的角色。表9.1列出了通过运动训练可以改善的功能性活动。运动对这一人群的重要作用如下。

- 降低痴呆症和阿尔茨海默病的风险
- 改善平衡性并降低跌倒的风险
- 增加骨密度
- 增加肌肉含量和去脂体重
- 改善关节活动范围和提高肌肉柔韧性
- 降低静息血压
- 改善胆固醇的状况
- 减轻关节炎疼痛
- 提高葡萄糖耐受性（降低患糖尿病的风险）
- 增强免疫力
- 减少压力、沮丧和焦虑
- 增加社交互动（在团体健身中）
- 提高幸福感
- 增强进行日常生活活动和保持独立的能力

易感到酸痛。因此，我们建议使用2小时疼痛规则：如果肌肉和关节在课后2小时仍然疼痛，那么这堂课的强度就太大了。

- 骨骼质量和骨密度下降，尤其是女性。骨骼质量和骨密度下降容易患上骨质疏松症，在老年人中很常见。骨骼越脆，摔倒的风险则越大。
- 平衡能力下降。平衡能力不佳可能部分归因于其他因素，如缺乏活动、肌肉质量下降和骨密度下降。此外，许多老年人视力下降，还会发生内耳变化和听力下降，使他们在不熟悉的环境中对自己没有把握。因此，经常会看到一些步履蹒跚的老年人，走路时双脚几乎始终留在地面上。由于老年人平衡能力的下降，许多日常活动如步行、爬楼梯和跨越障碍物等都变得更加困难。请阅读第8章，了解更多关于平衡的内容。

ACSM指南和特殊注意事项

医疗证明

根据美国运动医学会的研究，45岁以上的男性和55岁以上的女性由于年龄的原因，被认为有患心血管疾病的一种潜在危险因素（ACSM，2018）。许多老年人还有至少一种其他危险因素，如家族病史、吸烟、久坐的生活方式、肥胖、高血压、胆固醇问题或糖尿病。对于没有心血管或代谢疾病症状、以前没有活动过的老年人，或者只打算进行轻度或中等强度的运动的，则不必进行医疗检查。但是根据ACSM的说法，那些有疾病迹象或症状且具有多种危险因素的人，应该在开始身体活动计划之前寻求医疗检查。建议所有年龄段的参与者，不论年龄，均填写附录B中更新后的PAR-Q+；此表格可以用作参与体育运动前的健康筛查工具。对于老年人，建议使用健康史表格。

表9.1　运动训练可以改善的功能性活动

运动训练类型	功能性任务
有氧耐力	为了完成任务或参加活动而行走，进行一些需要体力的活动，如吸尘、打扫和爬楼梯
上半身和躯干的阻力运动	举起并抱住孙子、在旅行期间将行李放在头顶上方的储物箱中、搬运杂货、打开沉重的门、进行诸如拔除杂草之类的园艺工作、进行诸如擦窗户之类的家务劳动
下半身的抗阻运动	从地板上站起来、上下椅子或进出浴缸、爬楼梯、从地板上拿起包裹、踏上马路边
上半身的柔韧性运动	开车或步行时转头看交通状况、拉上衣服背面的拉链、在后背抓痒、伸手到橱柜的高处、梳理头发
下半身和躯干的柔韧性运动	穿上袜子和鞋子、检查双脚、剪脚趾甲
神经运动健身活动，包括平衡性、敏捷性、协调性和步态训练	遛狗、避开障碍物、越过路缘石、爬楼梯、在花园里拔草、意外失去平衡时做出适当的反应

经D.J.罗斯（D.J. Rose）同意转载，出自D.J.罗斯编著的*Physical Activity Instruction of Older Adults*, 2nd ed. 中"设计老年人运动项目时的重要注意事项"（伊利诺伊州，尚佩恩市，人体运动出版社），144。

ACSM老年人指南

2018年，美国运动医学会发布了针对老年人的指南（ACSM，2018）。注意，以下建议很重要（要注意健康体能的这四个组成部分）。

1. 有氧训练。

- 频率：至少每周进行5天中等强度的运动，或至少每周进行3天高强度运动。

- 强度：RPE是评估强度的首选方法，按照0~10的等级来衡量，中等强度为5~6，剧烈强度为7~8。

- 时间：中等强度的运动——30~60分钟，每组至少10分钟，每周总计150~300分钟。高强度运动——每天20~30分钟，每周总计75~100分钟。

- 类型：任何不施加过大压力的运动模式；强烈建议步行。对那些进行负重活动有困难的人来说，最好进行水上运动和动感单车运动。

2. 抗阻训练。

- 频率：每周至少2天。

- 强度：介于中等强度（5~6）和剧烈强度（7~8）之间，强度范围为0~10。

- 时间：涉及主要肌群的8~10项运动；1~3组，每组8~12次。

- 类型：渐进式举重训练项目或负重健美操。

3. 柔韧性训练。

- 频率：每周至少2天。

- 强度：拉伸至感到紧绷的程度。

- 时间：拉伸动作应保持30~60秒。

- 类型：每个主要肌群的持续拉伸；静态拉伸而不是弹震式拉伸。

4. 平衡性（神经运动）训练。

- 频率：每周2~3天。

- 类型：逐渐减少支撑面的动作，干扰重心的动态动作，减少感觉输入的动作（例如，闭眼站立）和太极拳。

老年人的特殊注意事项

- 认识到功能性能力的巨大差异。一些85岁的人非常健康，而一些65岁的人功能严重衰退。

- 一个人不运动的时间越长，运动强度就应该越低。许多老年人需要时间更长、动作更平缓的热身和更长的放松时间。在运动计划的各个方面循序渐进是关键。

- 请记住，运动太多、进阶太快是学员放弃和受伤的主要原因。应帮助参与者找到合适的强度、合适的配重、合适的重复次数等。请遵循ACSM的主观用力程度分级使用指南。

- 对参与者进行自感用力以及聆听自身身体的重要性的教育。如果可能，请提供一份所有人都能看到的大号字体打印的RPE表。

- 老年人更容易脱水，所以要鼓励他们在上课期间经常休息、喝水，以防止脱水。

- 重点关注功能性活动；有关功能性训练的更多信息，请参见第8章。功能性运动有助于更轻松地进行日常生活活动。步行、从椅子上站起来和坐下（下蹲）、平衡性运动、肱三头肌–臂屈伸、手和手腕运动都是功能性运动的例子。

- 注重养成良好的体态。由于地心引力会对每一个直立的人施加一个向前的拉力，因此我们的背常常都有点向前弯。这种趋势会随着年龄的增长而恶化，除非我们主动采取行动来扭转这一过程。随着年龄的增长，肩胛骨回缩和脊柱伸展运动变得越来越重要，它们应该成为每节课的一部分。

- 最好避免在高龄、有骨质疏松症或严重驼背的情况下进行脊柱屈曲运动（参见"骨质疏松症"）。

- 如果出现了关节疼痛，请降低运动或锻炼的强度和减少持续时间（请参阅"关节炎"）。

- 一些参与者可能身上有假体，如髋关节或膝关节置换物。请他们遵循医生关于适当运动和关节活动范围的建议。

- 尽管能够从地板上站起来是一项重要的终身技能，但许多老年人不会参加涉及地板动作的课程。他们实在很难再上下移动，而且有些人可能还有内耳问题（例如，梅尼埃病），当从上到下或从仰卧到俯卧时，会造成头晕和不适。将地板运动纳入老年人课程意味着许多潜在的参与者将不会参加。因此，特别是对于身体虚弱的老年人，我们建议进行基于椅子的课程，包括一些坐姿和站立姿势。

- 如果使用等长收缩运动（例如，用小而轻的球；见图9.17），那么给予有规律的呼吸提示就很重要。参与者在进行等长肌肉运动时，通常会无意识地屏住呼吸。在用力和关闭咽喉声门时屏住呼吸被称为瓦氏动作，这有一定的风险，会导致血压升高和心脏负荷过重。由于许多老年人已经有高血压，而且可能有心脏病发作的风险，所以他们在运动时不要太用力和屏住呼吸。

- 考虑在课上加一些让人"感觉很好"的动作，以使参与者离开时的感觉会比刚进教室时好得多。

老年人课程中的音乐

寻找并播放适合老年人的音乐，可以询问参与者喜欢什么样的音乐，要避免带有攻击性歌词的音乐。较安全的选择包括大型爵士乐队、摇摆乐、百老汇、经典老歌、摩城音乐和乡村音乐。通常应优先使用器乐，而非声乐，这样参与者可能更容易听到并专注于你给出的提示。保持音乐音量中等、节奏适中（例如，热身、放松和肌肉运动时每分钟110～124拍，有氧运动时每分钟124～136拍）。许多老年人有听力障碍，对太吵闹或太轻柔的音乐很敏感。你要用麦克风，口齿清晰，不要让音乐压过你的声音。大多数商业健身音乐公司都有专门为老年人准备的CD和曲目。

实践演练

播放你最喜欢的放松音乐。练习至少4种不同的"感觉很好"的动作并给出提示。为了掌握这个技巧，在运动的时候闭上眼睛，深呼吸，将你的意识集中在身体感知上。注意能注意到的一切。例如，如果你注意到有调整脖子的冲动，就允许自己按照身体想要的方式做一个颈部的微小动作。同样地，用心地把意识集中在你的肩膀、肩胛骨、脊柱、臀部、膝盖、脚踝、脚趾、手等部位。允许你的身体做出任何动作；任何身体的冲动都是来自你的身体的暗示，即你的身体需要做出一个特定的动作。通过形成身体意识，你将开始形成一些可以提供给你的课堂参与者的建议。在指导班级进行活动时，让参与者知道你的话只是建议。帮助他们舒适地闭上眼睛，尝试各种动作，直到他们意识到在特定的时刻，什么动作对他们来说最舒服。这种有意识的运动可以具有非常好的治愈性和自我滋养。

为基于椅子的课程改进的"感觉很好"的动作

注意：一个"感觉很好"的动作应该让你当下感觉良好，而不是之后才感觉良好。因此，像深蹲这样的动作，可以强化膝关节周围的肌肉，一旦肌肉变强壮，就可以帮助减轻疼痛。但严格地说，深蹲并不是一个"感觉很好"的动作，因为它通常不能立刻使人感觉到舒适，尤其是对于那些膝盖疼痛的人。当引导参与者做"感觉很好"动作时，鼓励他们闭上眼睛，找到身体现在需要的是什么，帮助他们找到能使自己放松和快乐的动作。

- 太阳式呼吸：坐在椅子上，慢慢地吸气，同时将两只手臂朝着天花板向外、向上转圈，然后呼气，同时将手臂往下转回来，绕着身体画出一个"太阳"的轮廓。重复3至5次。

- 绕肩：只需坐着，将肩胛骨向上、向后和向下转，强调向后和向下的动作（最好避免向前转，因为大多数参与者的背都会向前弯）。鼓励他们进行缓慢的深呼吸——在肩胛骨抬高时吸气，压下时呼气。

- 坐姿四足式：猫式弓背或狗式弓背、侧屈、骨盆旋转、穿针引线——先在椅子上前后倾斜骨盆（强调骨盆前倾和脊柱伸展），然后左右摇摆骨盆，最后用骨盆和胸腔画圈。所有的动作都应该缓慢地进行，同时有意识地进行深呼吸。

- 坐位挡风玻璃刮水器动作，脊柱扭转，肩膀画圆圈：通过坐在椅子的边缘并让两个膝盖从左到右慢慢放松（髋关节将在水平面内旋和外旋），以调整此动作。进行几次感觉舒适的重复之后，身体的一侧保持不动，轻微扭转脊柱的同时扶着椅子，以防止摔倒（见图9.2）。在另一侧重复此动作。为了完成这个动作，你还可以在肩膀和手臂增加一个让人"感觉很好"的动作，如向侧面、前方、向上或任何让参与者感觉良好的地方伸展手臂。

- 俯卧眼镜蛇式动作：让参与者在椅子上向前倾，将他们的双手（或肘部）放在前面的椅背上，实现此动作的调整。轻轻地按压进行小范围的脊柱伸展（见图9.3）。

图9.2　在椅子上做挡风玻璃刮水器动作

图9.3　椅子上的脊柱伸展动作

- 脚踝动作：坐着，抬起双腿，然后沿一个方向缓慢转动脚踝，画完整的圆圈，接着再朝向另一个方向转动。然后完全背屈脚踝，将脚跟尽可能向外压。即使参与者很可能会穿着鞋子，也请他们看看是否可以将脚掌向外压（就好像他们在站着进行提踵动作一样），然后完全跖屈脚背，绷直脚趾。重复此动作。最后做更多的脚踝转动或画8字的动作。

关节炎

根据美国关节炎基金会（Arthritis Foundation，2018）的研究，关节炎是美国成年人致残的主要原因。骨关节炎、类风湿性关节炎和纤维肌痛是三种主要的关节炎疾病，其中以骨关节炎最为普遍。因为关节会受到长骨末端软骨逐渐损耗的影响，骨关节炎也被称为退行性关节疾病。这种损耗会导致骨头对骨头，以及运动时疼痛和僵硬程度的增加。最常受影响的关节是膝关节、髋关节、肩关节以及手关节和指关节。

研究表明，治疗关节疼痛的最佳方法是运动；关节炎基金会支持将运动作为促进活动的最佳“药物”（Ochel，2017）。请注意，这与许多人的想法相反；患有关节炎的人通常认为休息是最好的解决办法。但是，久坐不动实际上会导致关节进一步退化，并在患者尝试进行日常生活活动时引起更多疼痛。关节活动度小的活动和适当的负重运动非常有助于防止进一步的关节损伤并保持关节功能。步行、动感单车，尤其是水上运动，是维持关节润滑和血液流动的重要活动。另外，过度的冲击和不适当的关节压力（如深度屈膝）会加剧关节的疼痛。

骨关节炎的一个关键症状是关节疼痛的周期性发作（称为突然复发）。当参与者相对无痛时，鼓励他们尽可能多地活动，提高肌肉力量和耐力。因为强壮的肌肉为关节提供了支撑，减少了对关节的冲击力，所以有助于减轻关节的压力。当参与者病情复发时，帮助他们，鼓励他们感受自己的身体并降低运动强度。这意味着在肌肉训练中，他们会抓握较轻的配重或不会使用配重。停止任何引起疼痛的运动很重要。如果关节很痛，最好做一些轻柔的拉伸运动、热身和“感觉很好”的运动。在某些情况下，可以进行等长运动（要强调呼吸！），因为等长运动可以激活肌肉，且不需要关节进行活动。虽然本章的重点是基于椅子的运动，但最好告诉参与者，步行也已经被证明可以减轻骨关节炎疼痛（Loew et al.，2017；Bieler et al.，2016）。

骨质疏松症

骨质疏松症，又称多孔性骨，是指骨头中的钙和其他重要矿物质逐渐流失，导致骨密度降低的一种症状。相应地，较低的骨密度使骨骼变脆，增加了人在正常的日常活动中骨折和跌倒的可能性。随着年龄的增长，骨质疏松症会越来越常见，这主要是由于缺乏运动；为了保持最佳的骨密度，骨骼必须承受一定的机械应力。为保持健康的骨骼，需要从饮食中摄入足够的钙和维生素D。随着骨质疏松症的发展，上脊柱变得越来越后凸（前屈和驼背），会导致疼痛，还会增加保持平衡和进行日常活动的难度（见图9.4）。越来越多的证据表明，适量的负重运动可以预防或延缓骨质疏松症的发生。几项研究甚至表明，负重运动能显著改善骨密度（Sharib and Youssef，2014）。最好是让身体保持直立（最好是站立）的姿势，此时骨骼必须对抗重力承受身体的重量，因为在日常生活的大多数活动中也是如此。强壮的肌肉对降低跌倒和骨折的风险也很重要。研究表明，那些能够在一年内增加举重量的参与者可以增加他们的骨密度（Lohman et al.，2008；Petersen et al.，2017）。

团体健身教练在教导骨质疏松症患者时，可以使用以下5个重要的概念。

1. 避免高冲击力和其他类型的高跌倒风险的活动，包括踏板操、滑行、迷你蹦床，甚至是交叉步。
2. 肌肉运动很重要。主要运动包括深蹲、坐姿哑铃单臂（头顶）推举、下拉和坐姿划船（在团体环境中，用一根弹力管或弹力带）。

3. 没有任何疼痛、缓慢地进行所有运动。开始时要缓慢，要有轻微的阻力（适当地进行），这对减少疼痛很重要。
4. 避免脊柱弯曲。请记住，如果我们不小心，重力将使我们所有人变得驼背（见图9.4）。对患有进行性骨质疏松症的人来说，这意味着最好不要做仰卧起坐、四肢着地猫式（竖脊肌）伸展，甚至是肩胛骨前伸。
5. 可以通过坐直，或靠墙中立位站立，以及呼气时将腹壁凹陷，来强化腹肌。一定要保持脊柱直立并处于中立位；只有当肚脐试图碰脊柱时，腹壁才会移动。

其他姿势提示如下。

- 鼓励适当地进行脊柱伸展和肩胛骨收缩（反重力的运动）。已经证明，脊柱伸展和体态训练可以减轻老年人的过度驼背（Katzman et al.，2017）。坐在椅子上，将颈椎作为脊柱的自然延伸（避免颈椎过度伸展），并将脊柱靠着座椅靠背伸展或按压，这是老年人可以练习的一项极好的生活活动。

- 由于肌肉疲劳是一个限制因素，所以应避免运动时间太长或重复太多次。可以考虑每隔一段时间进行一次运动，然后进行拉伸或休息。

- 确保参与者在站立运动期间始终能抓握某些东西（例如，椅背）。关于平衡性运动期间手部支撑进阶的建议，请参见第8章。

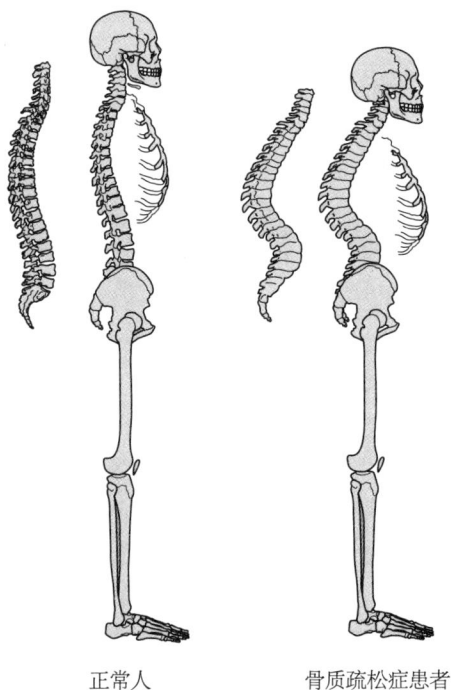

正常人　　　　　骨质疏松症患者

图9.4 骨质疏松导致的脊柱和体态改变

在团体健身中促进老年人的社会关系

大多数老年人上课的原因有两个：他们想要变得更健康，感觉更好，或者他们想要处在一种可以与他人建立友好关系的社交环境中。随着有越来越多的老年人独居，社会关系变得越来越重要。团体健身教练可以成为积极、有趣和支持性社交网络的强大推动者。社会支持增强了幸福感，并有助于提高课堂依从性。"社会关系"这一概念对老年人来说可能比年轻人更重要。法兰斯等人（Farrance et al.,2016）发现，当老年人感觉自己是社区的一部分时，他们不太会退课。团体健身教练可通过以下策略，协助老年人建立社会关系及友谊。

- 保持课堂愉快、轻松、积极的氛围。避免产生每个人都必须严格按照你说的去做的情况（以教师为中心）。
- 运用幽默的技巧。鼓励参与者讲（有趣味的、高雅的）笑话，确保每节课至少讲一个笑话。
- 留出足够的时间进行团体互动。在上课时采取放松的交谈方式；记住，在上课期间建立的联系能让人们持续来训练。
- 进行相互介绍。帮助每个人记住名字的一个好办法是，在行进或抬膝的热身时，让参与者组成团体（或者，如果坐在椅子上，开始上课时，将四五把椅子围成一圈）。大家围成一圈的时候，让每个人做自我介绍。也可以让参与者佩戴带有大号字体、色彩鲜艳的姓名标签。
- 帮助新参与者融入团队。在课堂上为新参与者做介绍，并请一位友好的正式参与者帮助解决新参与者的问题。
- 鼓励和组织外出游玩。建议聚在一起喝咖啡、喝茶或在公园会合散步。
- 鼓励参与者向朋友和家人寻求支持，以保持积极的生活方式。
- 对每个参与者表现出真实的、诚挚的兴趣。你对他们越了解，就越能促进班级成员之间的联系。

老年班的器械

此类课程所需的器械极少。每个参与者都需要一把结实的椅子，最好还有某种类型的阻力器械，如弹力管或弹力带、轻型哑铃或较轻巧的直径约12英寸（约30.5厘米）的灌沙球。骨球是部分充气的球，可用来进行许多不同的坐在椅子上的等长训练。还有一种特殊的椅子也可用于基于椅子的课程；这种椅子除了有一个可以连接两个用于保持稳定的椅子后腿的踏板外，还附有弹力管（见图9.5）。

图9.5　适用于老年人的阻力椅

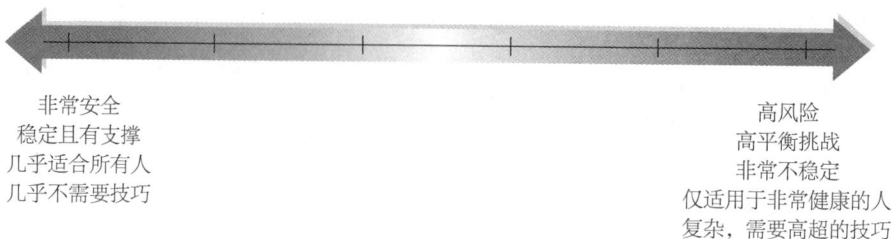

非常安全
稳定且有支撑
几乎适合所有人
几乎不需要技巧

高风险
高平衡挑战
非常不稳定
仅适用于非常健康的人
复杂，需要高超的技巧

图9.6　渐进式功能性训练序列

残障老年人的运动调整

如果使用本书已经介绍过的渐进式功能性训练序列，针对体弱老年人的基于椅子的课中的大多数运动，将来自序列的最左侧（见图9.6；Yoke and Kenedy，2004）。换句话说，它们通常是1级或2级运动。要想安全、恰当地教授老年人，了解大量的序列左侧的运动非常重要。

此外，了解尽可能多的常见运动的变式也很重要。老年人更容易出现关节疼痛、关节炎、骨质疏松症、心脏病、内耳疾病、头晕、平衡障碍、身体意识差、对运动的恐惧和紧张等情况。在接下来的运动中，我们将详细介绍一些针对肩膀、背部、臀部和膝盖疼痛的重要运动调整。在教学时，最好从运动的改良版本开始，或者在演示基本运动时，应展示改良版本作为可选项。

描述运动变式和退阶的方式可以对参与者的信心和独立性产生很大的影响。例如，当展示某一种退阶或变式时，你可以说：

- “如果做那个动作感觉不舒服，请尝试一下这个。”
- “如果你有疼痛或不适，这还有另一种选择。”
- “如果你的肩膀今天感觉有点不舒服，请改成这样做。”

与说“如果这对你来说太难了，那就这

样做”或“如果你是初学者，那就这样做”相比，使用上述建议的措辞要好得多，否则让人尴尬。

为老年人讲授基于椅子的课程

热身

老年人在椅子上的热身运动的时间要比年轻人的热身运动时间长，建议进行10到15分钟。以下是一些建议，请所有人就座。

1. 使用本章前面介绍的任何一种或所有“感觉很好”的运动。
2. 手臂抬至平行于地面。大约重复4次后，在动作中增加提踵（见图9.7）。
3. 手斜着伸过身体，一只手一次。逐渐

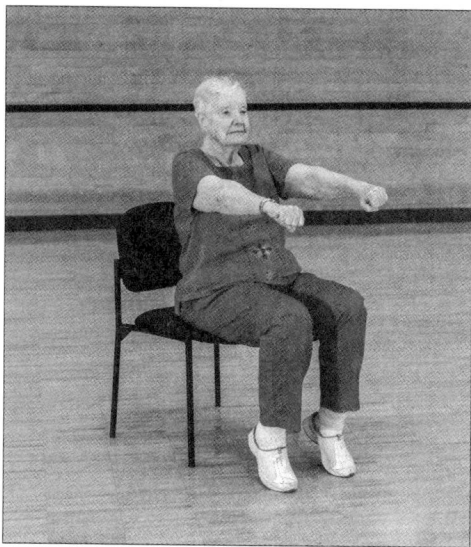

图9.7　提踵时肩关节屈曲

地在每次伸出手时增加脊柱扭转幅度。

4. 坐式跳绳：旋转手腕，同时脚趾轻拍（踝关节背屈），如同跳绳一般（见图9.8）。

5. 坐式踏步：踏步和摆动手臂时提膝。这个运动可以进阶成向右踏步4次，然后向左踏步4次。

6. 1、2、3，脚尖点地：提膝3拍，然后在第4拍时点地（并拍手）。

7. 坐式腘绳肌拉伸：坐在椅子的边缘，朝着一条伸出的腿的方向以髋关节为转轴运动，双手放在对侧的（支撑）大腿上。在另一侧重复（见图9.9）。

8. 坐式髋屈肌拉伸：左半边臀部坐在椅子右侧，同时用左手抓住椅子另一侧。右侧髋关节从椅子的侧面向下、向后伸，骨盆后倾。在另一侧重复（见图9.10）。

9. 坐式胸部拉伸：坐在椅子的边缘，轻轻扶住椅背。肩膀有疾病的参与者，最好将双手放低一些。如果感到舒适，建议参与者在这个姿势进行小幅度的脊柱伸展，保持头部与脊柱成一直线（见图9.11）。

图9.8 坐式跳绳（转动手腕并使脚趾轻点地）

图9.10 坐式髋屈肌拉伸

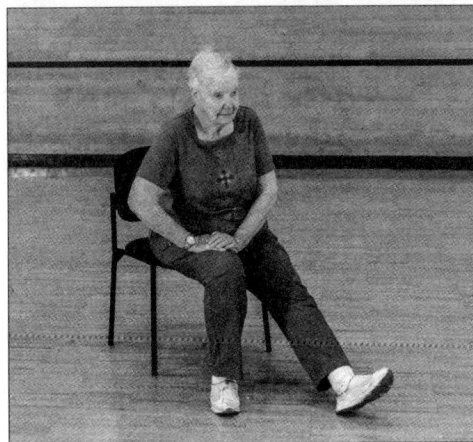

图9.9 坐式腘绳肌拉伸

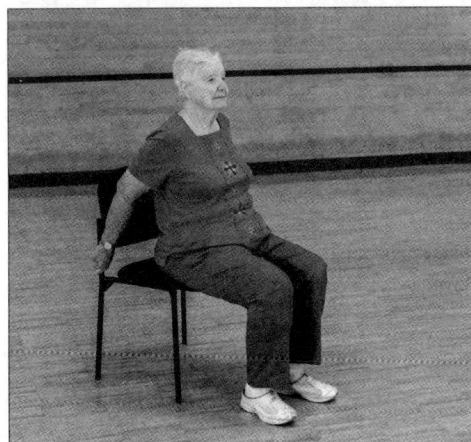

图9.11 坐式胸部拉伸

运动激励

坐在椅子上进行以下运动。

1. 用弹力管或弹力带进行低位划船：将弹力管牢固地缠在脚上，坐在椅子的边缘，从髋关节开始略向前倾（使脊柱保持中立位），并进行双侧低位划船，呼气，活动背阔肌和肱二头肌（见图9.12）。

2. 用弹力管或弹力带进行肱三头肌下压：用左手将弹力带固定在右肩上；用右手握住弹力带的另一端（帮助参与者调整松弛度以达到适当的阻力）。呼气，然后向下按压弹力带，并进行单侧肘关节伸展。在另一侧进行重复（见图9.13）。此姿势中肩膀处于中立位，这可能是肩膀疾病患者最安全的锻炼肱三头肌的方式。

3. 用弹力管或弹力带进行肩胛骨收缩：双手分开约2英寸（约5.1厘米），掌心向下，肘部向上（肩膀有疾病的人可以肘部向下），在胸前抓住弹力带。呼气，将肘部向后拉，收缩肩胛骨，挤压斜方肌中束、菱形肌和三角肌后束（见图9.14）。

图9.13 弹力带肱三头肌下压

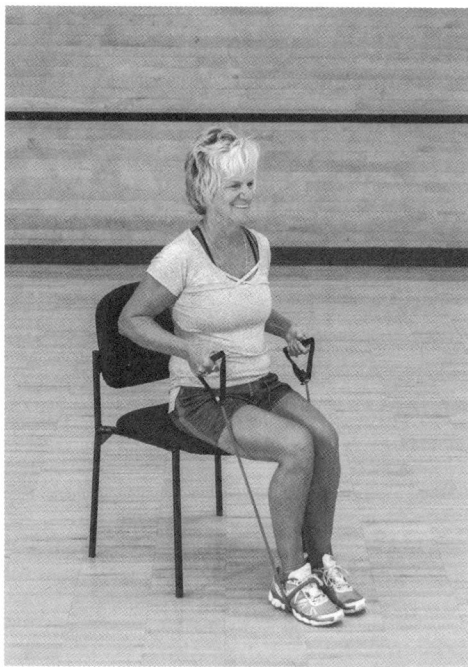

图9.12 将弹力管缠在脚上进行低位划船

图9.14 弹力带肩胛骨收缩

4. 弹力管或弹力带肩上推举：将弹力管固定在椅面下方，对三角肌和肱三头肌进行单侧或双侧肩部上举（向上举时呼气；见图9.15）。这些动作可以在矢状面或额状面（肩屈或肩外展）中完成，也可以直接在头顶上方或在身体前面沿对角线进行，使动作多样化。最保守的做法是在矢状面上（肘部贴着肋骨）完成，限制关节的活动范围（沿对角线而不是在头顶上方）。

5. 用哑铃进行侧平举：以最舒服的姿势坐着，呼气并外展肩关节，使其略小于90度（见图9.16）。外展超过90度会加重肩部疾病病情。对有肩部问题的参与者来说，将手臂向前移动并远离传统的额状面是一个不错的调整；如果有疑问，可以只进行矢状面的双臂前平举。

6. 用轻便的球进行胸前推压：将球举在胸前，向前推，肘部伸直；（等长水平肩内收）按压8次，每次按压时呼气，然后返回重新开始。重复进行（见图9.17）。

图9.16 侧平举

图9.15 肩上推举

图9.17 胸前推压

7. 用轻便的球进行背阔肌等长肩部伸展：将球置于大腿上，肘部向下按压球8次（每次按压时呼气）。也可以通过将球拿在一侧并进行等长单侧肩关节内收来活动背阔肌；在另一侧重复（见图9.18）。

8. 用轻便的球进行等长腹部运动：将球放在腰椎和椅子靠背之间；坐着，脊

图9.18 背阔肌肩关节内收

柱保持中立位。呼气时，朝着球的方向将肚脐向脊柱贴近；吸气时放开。通过增加轻微的骨盆后倾，实现该运动的进阶。注意脊柱上部保持中立位；对于患有骨质疏松症（脊柱无屈曲）的人来说，这是锻炼腹部肌肉的一种极好的方式（见图9.19）。

9. 用轻便的球进行竖脊肌或脊柱伸展：将球放在胸椎（上背部）和椅子之间，从脊柱中立位开始，呼气并靠着球向后按压，直到脊柱伸展。确保头部与脊柱成一条直线，避免颈椎过度伸展（见图9.20）。

10. 蛙式运动（无须器械）：这项运动模仿普拉提的动作，可帮助老年人保持伸展脊柱的能力。吸气时，将手臂向前伸到胸部的高度（见图9.21a）；在呼气时，肩膀水平外展，就像在水中进行蛙泳一样（见图9.21b）。重点是收缩肩胛骨，挺起并打开胸部，伸展脊柱。肩膀有问题的参与者可以通

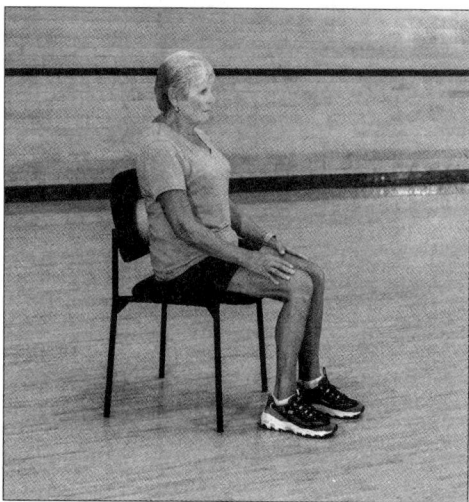

图9.19 坐式腹部运动

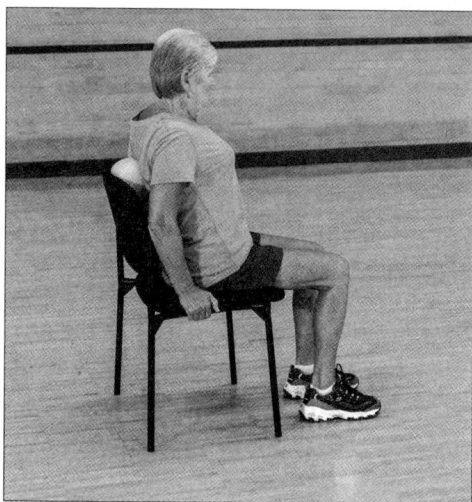

图9.20 竖脊肌运动

图9.21 蛙式运动

过降低手臂的高度（进行更大限度的肩部伸展）来做出调整。

11. 下巴收拢：让参与者像平时一样坐着（很可能弓着背，下巴向前突出），在呼气时，抬头，坐直，向上拉长头顶，轻轻收回下巴。重复8次。注意：注意让参与者慢慢移动，注意移动时颈部的感觉。快速和粗暴地迫使颈部摆出这些姿势会导致受伤（见图9.22）。

12. 用轻便的球进行等长髋关节内收：将球置于大腿之间，呼气并内收8次（见图9.23）。休息并重复。你可以通过增加凯格尔运动来使这个运动进阶。

13. 用轻便的球进行等长髋关节伸展运动：将球放在地板上，抓住椅子座

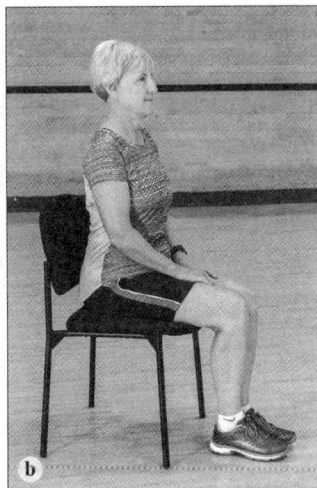

图9.22 下巴收拢

图9.23 髋关节内收运动

位或扶手。将一只脚放在球上，然后向下按压，呼气，锻炼臀大肌和腘绳肌。重复8次，然后换另一侧（见图9.24）。

　　下面是一些站在椅子后面，抓住椅背进行的运动。参见第8章，了解适用于所有站立运动的手部支撑进阶运动。

1. 深蹲：抓住椅背，重心放在脚后跟上，放松，尾骨指向后面，以髋关节为转轴进行活动，保持脊柱位于中立位。通过呼气，挤压臀大肌和收缩股四头肌。注意，对老年人群来说，由于臀部和膝盖的问题，限制关节活动范围比较明智。因此，应进行局部深蹲。深蹲有许多变式；例如，可以在每次深蹲结束的时候提踵（脚踝跖屈）；可以进行髋关节外旋的改良式深蹲（相扑式深蹲）；可以进行横向深蹲，向右跨出，然后深蹲，再返回，然后向左跨出（一直抓着椅背）。保持所有动作平稳、可控、缓慢地进行（见图9.25）。

2. 移动式弓步：握住座椅靠背，呈对角线向右转，然后迈出右脚（左手握住椅子）大致形成前弓步，让左踵（后面的脚后跟）抬起（见图9.26）。恢复到起始姿势并用左脚（右手握住椅子）向前迈。所有关节要面向同一方向，这很重要。例如，向右迈弓步时，脚趾、膝盖、髋部和肩膀都应该朝向右——避免在任何关节处进行扭转。慢慢地、用心地完成这个动作；教学员迈步，并保持前面腿的膝盖位于脚趾后面。部分弓步适合那些有膝盖或髋关节问题的人，或者残障人士。

3. 静态弓步：用左手握住椅背，面朝右。双脚保持固定弓步姿势——右脚在前，后面的脚跟抬起。双脚应保持足够的距离，以使前面腿的膝盖在运动过程中保持在脚趾后面，尾骨指向下方，骨盆和脊柱处于中立位。一旦参与者掌握了固定式弓步，就让他们穿过右脚斜着伸出手（右手），就像要从地板上捡起东西来一样（见图9.27）。

图9.24　腘绳肌和臀肌运动

图9.25　下蹲

图9.26 移动式弓步

图9.27 静态弓步取物

4. 1，2，3，踢（或摸）：握住椅子的背部，
1，2，3踏步，然后轻轻地进行低位的
踢腿动作（或脚趾、脚跟触碰地板）；
在另一侧重复。这种简单的模式可以
帮助增强活动能力、协调性，甚至提
高心率和新陈代谢。你可以编创许多
变化形式；例如，每次踢腿不必面向
前方，而是将身体转向一侧。你可以

要求参与者在踢腿时"别动"，并评估
他们的平衡性。你可以要求他们提膝
并增大关节活动度。每侧还可以添加
一次三拍的上步提膝。

注意：第8章介绍了大量的平衡性运动，
如果参与者抓住椅背且能够站立，其中很多运
动都可以用在以椅子为基础的课堂上。

手部运动

许多老年人的手指和拇指关节都患有关
节炎，这使日常活动变得很困难，使人感到痛
苦不堪。事实上，一些研究表明，手指关节炎
的患病率仅次于膝关节炎，在71至79岁的人
群中，近90%的女性和近80%的男性受到影
响（AAOS，2012）。你会发现，大多数年长
的参与者都会非常重视学习一些可以帮助增加
手的灵活性和改善手部功能的运动。应鼓励他
们避免做任何会引起疼痛的运动。在关节炎发
作的期间，你可以建议他们在温水盆中做些轻
柔的手指拉伸运动。

1. 弹钢琴：只需伸出双手，假装弹钢琴，
活动所有手指。
2. 用手绕圈和画8字：将两只手腕绕圈
翻转，然后向相反的方向转。用双手
和手腕画8字。
3. 张开手掌和握拳：张开双手并充分拉
伸，使手指彼此分开；然后合上并握
紧拳头。重复8次（见图9.28）。
4. 伸展并弯曲手指：所有手指完全伸直
（伸展）；然后仅弯曲每根手指的最后
两个关节，尝试用指尖触摸手掌（见
图9.29）。
5. OK手势：将一只手的食指放在大拇指
下，做出OK手势。用另一只手，轻
轻将剩下的三个手指拉回到伸直的状

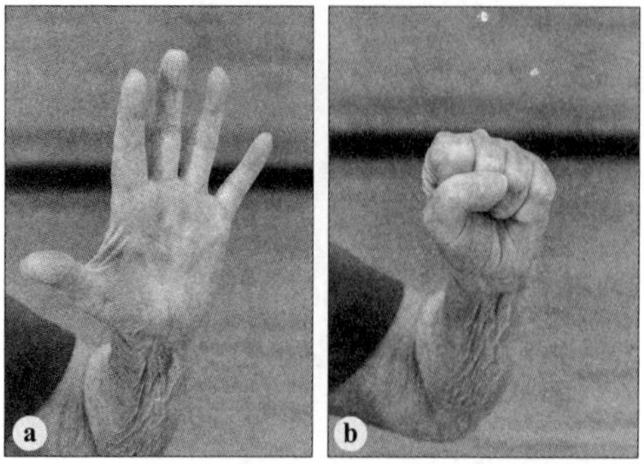

图9.28 张开手掌和握拳

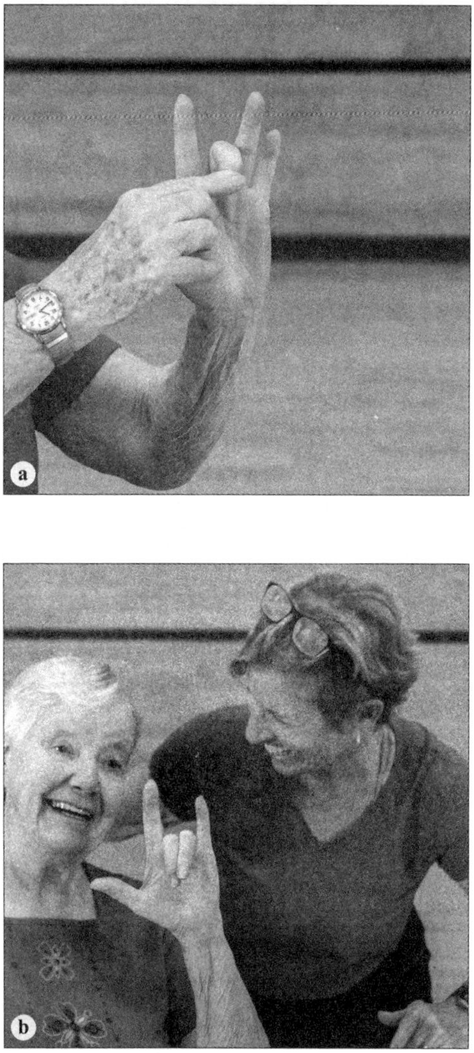

态（见图9.30）。放下中指重复这个手势，然后放下无名指重复，再放下小拇指重复。

6. 手指抬起：将一只手的手掌朝下放在大腿或其他平整表面上。以2、3、4、5、4、3、2的模式，将手指从大腿上抬起（伸出）（见图9.31）。

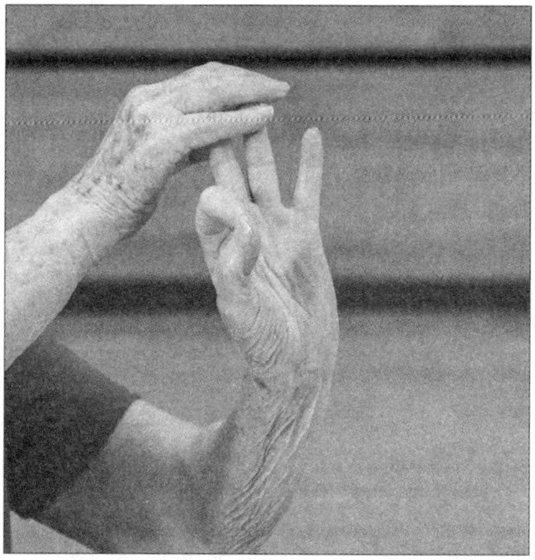

图9.30 OK手势运动

图9.29 手指屈曲运动

图9.31 手指抬起

7. 拇指触摸：将拇指按在食指的底部，然后分别按第三、第四和第五个手指的底部。重复（见图9.32）。

图9.32　拇指触摸

8. 拇指画圈和画8字：将拇指绕圈旋转，再逆向旋转。然后画8字形，再逆向画8字形。

柔韧性

　　所有的拉伸运动保持15到60秒，鼓励参与者在拉伸时缓慢地进行深呼吸。教他们找到有拉紧感但没有不适感的关节活动度；拉伸运动应该让人感觉很舒服！

1. 考虑重复进行"感觉很好"的动作。
2. 小腿拉伸：站立在椅子的后部，握住椅背。将一只脚向后放到足以感觉到小腿拉紧的位置，脚踝背屈，脚趾指向前方。在另一侧重复。
3. 臀肌拉伸：坐在椅子上，将一条腿的膝盖抱在胸前，双手放在膝盖下面，脊柱保持中立。在另一侧重复（见图9.33）。

图9.33　臀肌伸展运动

4. 髋内收肌拉伸：坐在椅子的边缘，将右腿放在一侧。左手放在左大腿上，以髋关节为转轴进行活动，向前倾，直到感觉到有拉伸感。在另一侧重复（见图9.34）。

图9.34　髋内收肌拉伸运动

5. 髋外展肌拉伸：坐在椅子上，右腿交叉放在左腿上。为增强拉伸效果，轻轻地使右腿更加向内收。在另一侧重复（见图9.35）。

扭转，用一只手抓住椅子，另一只手放在对侧大腿上。在另一边重复（见图9.36）。

图9.35 髋外展肌拉伸

图9.36 坐式脊柱扭转

6. 坐姿躯干转体：坐在椅子上，脊柱保持中立位。轻轻地、慢慢地向一边侧

7. 重复从热身开始的腘绳肌、髋屈肌和胸部拉伸运动。

本章总结

本章介绍了在与残障老年人一起运动和教授基于椅子的团体健身课程时的一些重要的基本问题，涵盖了衰老的几个方面的问题，并讨论了包括骨关节炎和骨质疏松症在内的特别的运动注意事项。本章还详细介绍了许多以椅子为基础的运动、"感觉很好"的动作、灵活性和柔韧性运动、手部运动和肌肉训练运动。我们希望你熟悉一些1级和2级的运动，以便可以安全有效地教授这一能从中获益的人群。你的知识、技能和热情真的会让事情变得不同！

作业

1. 通过研究5个为年长团体提供健身课程的网站来为你可能会教的基于椅子的课程编一个名字；列出网站及其使用的创意名称；然后为课程创建名称，并描述你可能会在课堂上使用的器械和工具。

2. 准备为残障和体弱的老年人教授4分钟的基于椅子的课程，并进行提示。在便条卡上写下你的计划，并列出你可能要进行的动作调整。

第三部分

团体健身形式

搏击操

本章目标

学完本章，你将能够：

- 为搏击操课程创建热身活动；
- 了解搏击操的标准动作、技巧和安全事项；
- 编排和指导基本的搏击操动作；
- 创建搏击操组合动作并使用编排技巧；
- 采用合适的内容、标准动作、技巧、提示和音乐，创编并指导一套2分钟的搏击操动作。

背景确认

在阅读本章之前，先做以下工作：

阅读

- ☐ 第4章中标题为"将音乐技能应用于团体健身"的部分；
- ☐ 第5章，"热身、放松和心肺训练"。

练习

- ☐ 第4章"将音乐技能应用于团体健身"部分中的音乐练习；
- ☐ 第4章"团体健身中的提示方法"部分中的提示练习。

搏击操是一种流行的团体健身形式。术语搏击操涵盖各种武术导向型的锻炼，包括有氧搏击操课程、搏击健身舞和泰拳。综合搏击操课程可能还会包含其他的武术项目，如太极、以色列马伽术、Forza、柔术和卡波耶拉。搏击操课程中大部分学员的目标是改善健康和健康体能；大多数人上课并不是为了真正地搏斗。因此，为了加强安全性和降低受伤风险，团体搏击操课程中的基本动作通常都是依据经典武术动作改进而来的。如果你打算教授这种形式的团体健身，那么你不应当局限于基础的团体健身培训和认证，而应进行专门针对搏击操的额外训练。精心教授的搏击操课程可以是一种不错的锻炼，并且对你和你的参与者来讲还会趣味盎然（参见本章中的"搏击操研究成果"）。与搏击操相关的团体健身课程评估表要点列于"团体健身课程评估表要点"中。

创建热身活动

搏击操热身活动遵从第5章中概述的热身推荐做法，并且包括动态动作、预演动作和恰当的拉伸。姿势提示和安全的音乐速度在搏击操热身中也非常重要。

动态动作和预演动作

搏击操热身与其他类型团体健身热身的最大区别在于前者包含了搏击操专有的动态预演动作。记住，预演动作是随后在课程高强度心肺部分中所用动作的低强度版本。这些动作会让身体为接下来的搏击操锻炼做好准备，包括冲拳、刺拳、勾拳和踢腿——预演时执行这些动作的速度都要慢于真正锻炼期间所用的速度。在学员练习这些基础动作时，你要专注于教授合适的姿势和技巧。教初学者时，要

团体健身课程评估表要点

热身环节的要点

- 要包含适量的动态动作
- 要提供预演动作
- 拉伸主要肌群时要遵循生物力学规律
- 要为热身提供强度指南
- 要包含明确的提示和口头指示
- 要采用恰当的音乐节奏（每分钟125~135拍）或者采用能激发运动欲望的音乐

训练环节的要点

- 要缓慢地增加强度
- 要多肌群参与
- 要尽量减少重复性的动作
- 要观察参与者的姿势，并提供建设性、非胁迫性的反馈
- 要不断地提出运动调整、退阶做法、进阶做法或替代做法
- 要提供姿势和技巧的提示
- 要给出激励性提示
- 要向参与者教授有关强度的知识；在锻炼激励期间要检查一到两次HR（心率）和RPE（主观用力程度分级）
- 要促进参与者的互动，并鼓励娱乐
- 提供正确的动作示范以保证参与者的动作遵循生物力学结构
- 在心肺训练环节之后的放松阶段要逐步降低冲击力和强度
- 采用合适的音量和音乐节奏促进合适的运动模式和进阶

搏击操研究成果

若干项研究考察了搏击操对心肺训练的效果（Albano and Terbizan, 2001;Bellinger et al., 1997; Bissonnette et al., 1994; Franzese et al., 2000; Greene et al., 1999; Kravitz, Greene, and Wongsathikun, 2000; O'Driscoll et al., 1999; Ouergui et al., 2014; Perez et al., 1999; Scharff-Olson et al., 2000; Senduran and Mutlu, 2017）。这些研究发现，搏击操可以作为发展心肺适能的一种锻炼方式。这些研究中的重要发现包括以下内容：（1）击拳期间，将音乐速度从每分钟60拍增加到120拍会增加心肺反应；（2）将击拳与有力的下半身动作（如侧滑步、开合跳和下蹲）结合起来会产生更好的心肺刺激；（3）打空拳与打沙袋在能量消耗方面没有显著的差异。一项研究发现，如果一套动作主要为与上半身动作结合的腿部动作，那么平均的热量消耗为每分钟7卡卡（1卡≈4.19焦）；如果目标是控制体重或者增强

心肺适能，那么不鼓励只采用上半身的动作（Ergun, Plato and Cisar, 2006）。另一项研究指出，心率类似时，搏击操产生的最大摄氧量（VO_2max）要低于在跑步机上跑步产生的最大摄氧量（Wingfield et al., 2006）。

最近，研究人员考察了搏击操对特定人群的影响。研究显示，搏击操可以有效地提高帕金森疾病患者的神经运动机能和改善健康状况（Humphrey, 2017），并且帕金森搏击操课程在许多城市都很受欢迎。研究还显示，搏击操有助于多发性硬化症患者更好地进行日常生活（Jackson, 2011），并且有助于改善发育障碍人群的平衡性（Tapps, Walter and Tapps, 2017）。要注意的是，有氧搏击操动作可以进行调整，这样即便是行动能力受限的人群也可以做这些动作。另一项研究发现，有氧搏击操动作会增加骨密度（Stone, 2015），而托卡兹和费舍尔（Tokarz and Fisher, 2014）则发现，搏击操锻炼计

划能够成功地增强老年人的肌肉适能和平衡性。

其他研究人员考察了搏击操课程中受伤情况（Buschbacher and Shay, 1999; Davis et al., 2002; McKinney-Vialpando, 1999）。在戴维斯等人（Davis et al., 2002）的研究中发现了相对较高的受伤率（29.3%的参与者和31.3%的教练），这项研究包含了572名参与者。本项研究还发现，当搏击操频率增加时，受伤风险会急剧增加：每周上四节或者更多课程的参与者中有43%的人受了伤，而每周只上一两节课程的参与者中，有25%的人受了伤。麦金尼-维阿潘多（McKinney-Vialpando, 1999）发现，音乐速度越快，训练后的疼痛就越严重；腿踢得越高，疼痛发生率越高。研究还发现，前踢导致22%的参与者出现了疼痛的情况。为了帮助降低受伤风险，团体健身专业人员应当鼓励参与者感受自己的身体，并调整所有引起不适的动作。

考虑不采用音乐来教授这些基本的拳法和踢法，以帮助学员学习正确的姿势。

下面是一个包含预演动作的简单热身组合：

1. 采用预备姿势，用右臂做4次正面刺拳——每4拍刺拳一次（16拍）；
2. 用左臂进行重复（16拍）；
3. 做4次并步（16拍）；
4. 做4次脚后跟踢臀部（16拍）；
5. 重复。

实践演练

创建自己的搏击操热身活动。将基本的上半身动作，如冲拳、刺拳、勾拳或者上勾拳与基本的下半身动作进行搭配，如行进、交叉步。

拉伸主要的肌群

搏击操热身的另一个重要的作用是，让将会在随后的一套动作中频繁使用的肌肉做好准备活动并拉伸；这些肌肉包括小腿肌肉、髋屈肌、大腿内侧肌肉、腘绳肌、下背部肌肉以及前胸和肩部复合体。（具体的拉伸练习参见第7章。）尤为重要的是，搏击操热身要包含动态动作和完整的关节活动度的运动。向后移动的绕肩有助于平衡锻炼过程中的所有前冲拳和刺拳。由于典型的健康体能型搏击操课程中存在多次重复的练习，所以保持短暂的拉伸（3 ~ 5秒）对击拳和踢腿所使用到的肌肉来说很重要。务必要让参与者拉伸胸大肌、三角肌前束、肱三头肌、髋屈肌、股四头肌、腘绳肌、小腿肌肉和竖脊肌。

口头提示和节奏

在详细介绍动作时，要专注于传达精确的解剖学和教育性提示。简略地回顾一下身体的若干个关节或部位。例如，当学员拉伸小腿时，你可以说："抬头，耳朵远离肩膀，头部与脊柱成一条直线，肩膀下沉并收腹。你们的身体从头到脚跟应当形成一条直线；在脚趾朝前、髋部端正的同时，向下拉伸脚跟。"提示要积极向上，告诉学员要做什么，而不是不要做什么。记住，指向或者触摸自己的身体部位是在视觉上为姿势做出提示的一种有效方式。

每分钟125 ~ 130拍的音乐节奏适合大部分的热身活动。这种节奏的运动已经快到足以提高心率、核心温度和呼吸速率，但是又不会快到让参与者气喘吁吁或者无法完成动作。

以下是搏击操热身的推荐做法：

- 至少采用一种包含搏击操预演动作的组合；
- 逐渐提高搏击操动作的速度与增大强度；
- 通过动态动作和轻微的静态拉伸让腘绳肌、小腿、髋屈肌、大腿内侧、背部、前胸和肩膀肌肉做好准备。

技巧和安全事项

安全始终是教练的首要关注点，尤其是在搏击操中，据调查，该训练中的受伤率大约为30%（Davis et al., 2002）。另一项研究显示，31%的教练和15.5%的参与者反映患有伤病（Romaine et al., 2003）。据报道，背部、膝盖、髋部和肩膀是教练最常见的受伤部位，而背部、膝盖和脚踝是参与者最常见的受伤部位。

在美国，80%的人们称，在生活中的某个时刻经历过下背部疼痛（Maher, Underwood and Buchbinder, 2017）。踢腿和击拳期间具有稳定性的脊柱对防止搏击操课程中的背部问题来说至关重要。腹部和下背部肌肉必须经过动态和静态的训练来提升脊柱稳定性，并且参与者必须理解脊柱中立位的概念。由过多的踢腿导致的髋屈肌过分参与运动会造成背部疼痛，因为髂腰肌连接着腰椎。为了防止该问题的出现，让学员在课程的热身和放松阶段都要拉伸髋屈肌。

要通过教授良好的踢腿技巧来减少膝盖疼痛的出现。在踢腿过程中，紧随膝盖伸展之后，要重点强调执行主动收缩，或者膝盖弯曲。用过度的动量突然或者爆发性地伸展膝盖，会产生过度拉伸，并造成膝盖的不稳定。

扭矩，或者突然的扭转动作（该过程中脚固定，但膝盖转动）会使膝侧副韧带过度拉伸，是另一种膝盖损伤机制。要提醒参与者始终让脚趾与膝盖方向保持一致。

技巧和安全检查

为了保证搏击操课程的安全，要遵守以下推荐做法。

要记得：

- 提供一个完整的、适当的热身；
- 教授合适的击拳和踢腿技术；
- 确保初学者在进阶之前先掌握基本的动作；
- 在击拳期间，确保参与者将拳头从完全旋前姿势变为旋转四分之三圈，这会让手腕处于一个更为安全的姿势；
- 确保参与者保持肌力平衡；
- 提醒参与者保持合适的姿势，尤其是在踢腿期间；
- 提供交叉训练的机会；
- 为髋屈肌、腘绳肌、小腿、下背部、斜方肌上束和胸部肌肉提供大量的拉伸运动；
- 为斜方肌中束、菱形肌、三角肌后束、腹肌和下背部肌肉提供强化锻炼；
- 保证两侧击拳次数和前后踢腿次数一样；
- 鼓励参与者开始时每周只上一节搏击操课程，逐渐地增加上课数量，如果需要，增加至每周三节课程；
- 将音乐速度保持在每分钟140拍以下。

要避免：

- 在踢腿和击拳时的失控动作；
- 让所有人做只适合最熟练的参与者进行的高阶踢腿动作；
- 音乐速度快于每分钟140拍。

髋关节附近的肌肉缺乏平衡性会造成髋部疼痛。要鼓励参与者尽可能均衡地使用髋屈肌和伸肌、髋内收肌和外展肌以及髋内旋肌和外旋肌。要为这些肌肉提供适当的拉伸，避免过度的重复踢腿，并且做一次充分的热身。

要通过教授良好的击拳技巧（每次击拳之后要立即缩回手臂）以及用具体的练习训练外旋肌和三角肌前束来平衡出拳过程中所有前向运动，从而减少肩膀伤病的出现。肩膀疼痛更有可能出现在肩胛骨不在正确位置的时候。要指导参与者在肩胛骨下垂的前提下击拳，并为斜方肌中束和菱形肌（肩胛稳定肌）提供单独练习以及为胸部肌群提供充足的拉伸练习。在没有适当的拉伸、肌肉训练和较强的身体意识的前提下参与过多的搏击操课程会导致弓背和圆肩（一种类似脊柱后凸的姿势）（Boyer-Holland and Romaine，2001）。然而，通过提供合适的指导，你可以帮助参与者避免这种糟糕的体态与伤病。

此外，据报道，相比于采用的音乐速度低于或者等于每分钟140拍的课程，教练采用音乐速度大于每分钟140拍的课程时，伤病发生率要更高（Romaine et al.，2003）。

基本动作

尽管标准的搏击操动作可以以各种各样的武术种类（见"精选的武术种类"）展示，但是我们推荐调整某些传统动作来实现合适的关节对位，并降低伤病风险。

初始姿势

所有的搏击操动作都可以从两种基本姿势之一开始：预备姿势（身体朝前，并且双脚平行）或者交错姿势（身体轻微地斜向一侧，并且一只脚在后）。在这两种姿势中，双肘都

精选的武术种类

- 美国拳击
- 泰拳
- 空手道
- 柔道
- 搏击操
- 合气道
- 功夫
- 柔术
- 以色列马伽术
- 卡波耶拉
- 综合格斗

处于弯曲状态，并且双拳靠在一起来保护面部和颈部（两个前臂应当组成一个倒V形）。核心肌群（腹肌和下背部肌肉）始终都要参与，并且肩胛骨轻微地拱起（从而形成轻微拱起的

上背和肩膀）。双膝轻微地弯曲（见图10.1）。

基本拳法

搏击操中的四种基本拳法为刺拳、交叉拳、摆拳和上勾拳。在健身场合中，这些拳法都以沿两个方向向心收缩的方式来执行，以达到保护上半身关节的目的。换而言之，每次击拳都有两个阶段：

1. 出拳阶段，在此期间肘部伸展（肱三头肌收缩），并且拳头远离身体；
2. 缩回阶段，在此期间肘部弯曲（肱二头肌收缩），并且拳头被迅速地拉回至身体。

沿着两个方向的向心收缩会防止肘部在打空拳（击打空气）期间过度伸展，并且有助保护肘部和肩部关节。此外，在击拳时，将经典武术拳法中掌心完全朝下、完全内旋的姿势调整为手腕轻微地转四分之三圈（同时大拇

图10.1（a）预备姿势，（b）交错姿势

指略高于小拇指）更为安全（Buschbacher and Shay，1999）。在将诸如加重手套、手靶（用于拳击）或者沙袋等器械加入课程时，要格外小心。负重式击拳和接触式击拳会极大地增加肌肉扭伤、韧带拉伤、皮肤擦伤以及手腕和手指关节挤伤与脱臼的风险。将负重式击拳和接触式击拳放入高级课程。

刺拳

刺拳是一种向前的直拳。当处于预备姿势时，躯干要旋转；当处于交错姿势时，躯干不要旋转（见图10.2）。

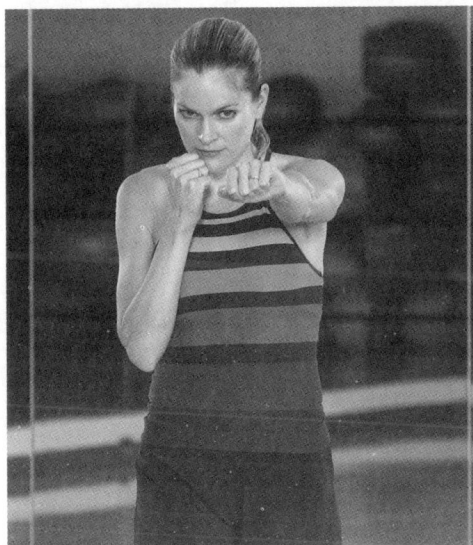

图10.2　刺拳

交叉拳

交叉拳通常以交错姿势开始，并且后脚的脚跟抬起，这样在挥拳的过程中全身才能够旋转。随着脊柱和髋部向前旋转，交叉拳越过身体中线，并且肩膀随之跟进（见图10.3）。

图10.3　交叉拳

勾拳

在勾拳中，肘部抬起，并且肩关节大约外展至90度。拳头和手臂沿着肩膀和面部前方的一条水平线弯曲。拳头处于内旋状态（掌心朝下）或者处于推荐的中内旋状态（掌心朝身体），并且肘部弯曲。躯干和髋部应当沿着出拳的方向旋转（见图10.4）。

图10.4　勾拳

上勾拳

打上勾拳时，肘部处于弯曲状态，肘部下方在胸腔附近。拳头旋后，并且掌心朝向身体。在挥拳之前，肩膀伸展，并且手臂移到肋骨后面（肘部保持弯曲）。倾斜骨盆，抬起脚跟以及轻微地旋转躯干会增加爆发力（见图10.5）。

图10.5　上勾拳

实践演练

按顺序缓慢地练习四种基本的拳法。每4拍出一次拳：右刺拳、左交叉拳、右勾拳以及右上勾拳。重复进行左刺拳、右交叉拳、左勾拳和左上勾拳。选择一首最喜欢的歌曲在练习时播放，歌曲速度大约为每分钟130拍。

基本腿法

搏击操课程中使用的四种腿法为前踢、后蹬、侧踢和回旋踢。为了降低膝关节的受伤风险，在踢腿的膝盖伸展阶段之后，腿应当立即迅速缩回。换而言之，做一个近乎反射性且有意识的膝盖弯曲有助于防止空踢时膝盖爆发性地过度伸展。合适的踢腿需要强壮的支撑腿和核心部位（躯干），以及足够的柔韧性和平衡性。大多数武术家需要数年的时间来让自己的踢腿技巧臻于完美，并且他们只有在拓展学习之后才会开始练习高级腿法，如外摆腿、下劈、急速踢和回旋勾踢。不鼓励健康体能水平较差的初学者过早地尝试重复性的、高级的踢腿。此外，要将头部高度的踢法留给高水平参与者；这种踢法需要参与者具备出色的柔韧性、力量、平衡性和协调性，并且其会增加腘绳肌拉伤和后背疼痛的风险。你可能需要演示腰部高度或者更低高度的腿法，以降低好胜的参与者在踢腿时超过自己关节活动范围的风险。为学员分解踢腿动作是一个不错的主意。按照以下步骤缓慢地带领他们完成每个动作：

1. 弯曲髋部；
2. 伸展膝盖（避免过度伸展）；
3. 迅速地弯曲膝盖；
4. 伸展髋部，并将腿收回至中立位站立姿势（见图10.6）。

前踢

做前踢动作时，踢动的腿直接移到体前，同时身体保持方正，并且髋部和肩膀朝前。踢腿侧的髋部弯曲，但是脊柱始终处于中立位（不弯曲）。有些高水平参与者拥有踢到头部高度的柔韧性和力量，对他们而言，后倾是允许的；然而，在整个动作期间，参与者必须始终维持脊柱中立位姿势。脚踝应当背屈，这样踢腿的接触点在大脚趾球上，并且腿应当迅速地收回（见图10.6）。

图10.6 前踢的各个阶段：（a）弯曲髋部，（b）伸展膝盖，（c至d）弯曲膝盖，将腿收回至中立位站立姿势

后蹬

后蹬涉及向外旋转踢腿侧的髋部，同时向前弯曲站立侧的髋部。踢腿之后腿要立即收回。向前倾斜时要维持脊柱中立位姿势（脊柱不弯曲）。接触点是后脚的脚跟，脚踝应当处

于足背屈状态（见图10.7）。

侧踢

在侧踢中，接触点是大脚趾球（脚踝背屈）。根据踢腿的高度，侧向（横向）倾斜是可以接受的；然而，脊柱必须始终处于中立位

状态，不发生弯曲。踢腿侧的髋部向内旋转，从而让膝盖朝前；膝盖在髋部外展至所需的高度之后伸展（见图10.8）。

回旋踢

回旋踢需要从预旋（外旋）的姿势开始。

膝盖和脚趾沿着相同的方向对齐，以避免膝盖和脚踝关节出现不必要的扭矩和扭转。踢腿侧的髋部外旋并弯曲，同时脊柱横向弯曲——参与者应当想象用（前脚的）脚面进行接触；保持脚踝处于跖屈状态。完成踢腿

图10.7 后蹬的各个阶段：（a）站立，并且髋部伸展和膝盖弯曲，（b）膝盖在腰部高度处伸展

图10.8 侧踢的各个阶段：（a）站立，髋部和膝盖弯曲，（b）膝盖在腰部高度处伸展

后腿迅速收回（见图10.9）。

实践演练

选择一首喜欢的歌曲（速度大约为每分钟130拍），并且按照以下方式，每四个节拍练习四种基本踢法中的一种。

- 向右前踢4次（16拍），向左前踢4次（16拍），并步（16拍），行进（16拍）。
- 向右后蹬4次（16拍），向左后蹬4次（16拍），并步（16拍），行进（16拍）。
- 向右侧踢4次（16拍），向左侧踢4次（16拍），并步（16拍），行进（16拍）。
- 向右回旋踢4次（16拍），向左回旋踢4次（16拍），并步（16拍），行进（16拍）。

其他的基本动作

其他常见的搏击操基本动作包括拳手滑步、跳绳、躲闪和侧滑。

- 拳手滑步是一种保持心率加快和培养速度与敏捷性的脚步模式；你可以在编排搏击操组合时使用它。双脚与肩同宽，并且相互平行，迅速地在双脚不交叉的前提下侧向移动。
- 跳绳是增加心率、爆发力、耐力和敏捷性的一种常用活动。在大多数搏击操课程中，跳绳环节是时间固定的间歇训练（例如，3～5分钟）。在该间歇训练中，你可以演示不同的动作，包括慢跑、单脚跳两次再用另一只脚跳两次、双脚交替的跳踢、双侧跳绳、扭转的双侧跳绳以及开合跳——这些都是一边跳绳一边演示！你可以让参与者做行进间动作，如交叉步，以及

图10.9 回旋踢的各个阶段：（a）站立，并且髋部和膝盖弯曲，（b）站立，并且膝盖伸展

爆发力动作，如高高跳起，同时让绳子绕过身体两次（称为双摇跳绳，亦称相间跳绳）。尚未将绳子运动与跳跃相协调（这需要练习！）的参与者可以通过旋转手腕，同时保持双臂紧贴着胸腔的方式模拟跳绳。提醒学员要以轻柔、正确的方式落地，脚趾、脚掌和脚跟依次着地，并将脚跟完全落下。不想做高冲击跳跃的参与者可以慢跑或者只在原地踏步。跳绳间歇训练可能是高强度的，所以跳绳间隙训练的持续时间要短一些，以帮助参与者缓慢融入跳绳，并务必要将跳绳间歇训练分布在整节课程内。

- 在躲闪中，上半身和躯干移动，同时双脚平行或者交错；上半身向下躲避一记假想的出拳，左右摆动。
- 在侧滑中，脊柱左右弯曲，并且不上下摆动。双脚始终固定不动，通常处于平行姿势。

组合和编排技巧

创建搏击操组合就是组合基本的动作。许多教练喜欢将标准的高低位动作，如交叉步、急跑、并步、脚后跟踢臀部、V形步和开合跳（参阅第4章，获取这些动作的描述）穿插在击拳和踢腿环节中。在设计编排方式时，要使用各种各样的动作，并避免多次重复。由于大部分搏击操课程是为了刺激心肺，所以在融入峰值动作之前要缓慢地增加强度，并且在课程结束或者在参与者做地板动作之前，要缓慢地降低强度。峰值动作包括踢腿、开合跳和跳绳动作。基本的搏击操组合参见表10.1。

实践演练

采用一首速度大约为每分钟125 ~ 138拍的歌曲，整合你的搏击操动作组合。这个组合中要包括击拳、踢腿和其他基本动作。

其他搏击操形式

有些教练不愿意教预先计划好的32拍编排动作（如表10.1所示的例子）。相反，他们可能会教一种更加军事化或者格斗化的形式，这种形式包括重复性练习，可能会使用音乐或跟随音乐节拍，也可能不会。例如，课程可能包括10分钟的击拳（用或者不用沙袋）、3分钟的跳绳、10分钟的踢腿、3分钟的跳绳、10分钟的击拳、3分钟的跳绳和10分钟的踢腿。当使用这种形式时，要让参与者沿着不同的方向移动，并且要限制重复数，以避免疲劳性损伤。

其他形式包括踏板操-搏击操课程（踏板操环节与搏击操环节相交替）、器械型的课程（拳击沙袋或者手靶环节与腿踢盾牌或者沙袋环节）以及配合搭档练习、围成圆圈或者其他团体形式的课程。搏击健身舞是一种融合了普拉提和拳击动作的流行运动，间歇时间使用普拉提动作；通常会播放舞曲和舞厅音乐，并且结合了嘻哈舞、萨尔萨舞和芭蕾舞中的动作。许多搏击操课程安排在搏击操部分之后，加入了俯卧撑、腹部锻炼或者其他肌肉训练。

无论你选择哪种形式，都要为运动和强度提供多样化的选择。例如，如果你展示了在右刺拳之后进行开合跳，接下来立即说，"如果做该运动感到不自在，那么试着不要跳跃——就像这样"，以这样的方式来介绍该动作，并展示另一种强度较低、冲击力较小的运动。

表10.1 搏击操组合样例

动作	脚步模式	上半身	节拍数
向右滑步	右，左，右，左，右，左，右，暂停	第7拍时左交叉拳	8
向左滑步	左，右，左，右，左，右，左，暂停	第7拍时右交叉拳	8
重复			16
前踢	右，左踢腿，左，右，左，右踢腿，右，左	预备姿势	8
重复			8
重复			8
重复			8
重复			8
躲闪	交错姿势	预备姿势	8
侧滑	交错姿势	预备姿势	8
重复躲闪			8
重复侧滑			8
刺拳	预备姿势	右刺拳，左，右，左（每4拍）	16
勾拳	预备姿势	右勾拳，左，右，左（每4拍）	16
重复整个组合			

本章总结

搏击操课程可以是一种趣味盎然、充满活力和富有挑战性的团体健身方式。然而，你必须让安全成为第一要务，以确保所有的参与者都获得一次愉悦的体验。作为一名教练，要了解如何合适地出拳和踢腿，并悉心地将它们教给学员，并且始终都要强调正确的姿势和技巧。

团体健身课程评估表：要点

- 要缓慢地增加强度。做搏击操动作时，这意味着在心肺训练的前几分钟要避免高强度的练习、高踢腿和跳绳。回顾本章中的第一个实践演练，看看你是否可以通过增加活动范围、行进距离或者地面缓冲作用，来缓慢地增加该组合的强度。

- 要使用各种各样的肌群，并将重复性的运动减到最少。通过本章中的最后一个实践演练反思你的组合，以确保你考虑了肌力平衡、多样性和安全性。

- 要为搏击操展示出良好的姿势和技巧。勤加练习，以便让这些成为你的本能。

- 要恰当地利用音乐。要让心肺训练环节的音乐速度低于每分钟140拍。过快的音乐会让参与者难以在保持良好姿势的同时安全地完成动作。如果你选择加入音乐节奏进行授课，那么要在重拍时进行动作，并使用32拍的乐句促使参与者做好动作。

- 要给予明确的提示和口头指示。第4章中讨论的预期性提示在教授组合时尤为重要。例如，提示："4，3，2，右勾拳"（在最后一个节拍说出"勾拳"这个词）。

- 要促进参与者互动，并享受训练。尝试采用不同的安排方式，如击拳时让两组参与者面向对方，或者让学员围成一个大圈做踢腿练习。

- 在心肺训练环节之后的放松期间，要缓慢地降低强度；要采用强度较低的动作，类似于热身活动中的动作。在返回至静息状态的过程中，要降低音乐速度，减少关节活动度、行进动作、冲击和过头顶的手臂运动。原地踏步、并步和踢踏脚跟都可与低位手臂运动一起以低强度来做。

作业

创建一套2分钟的搏击操动作，该套动作至少包括两个32拍的模块（如何写出组合的示例请参见表10.1或者第4章"写出带有预期性提示的组合"部分）。要采用减少重复的技巧教授这套动作，这套动作中要包含上半身运动和下半身运动。

踏板操训练

本章目标

学完本章，你将能够：

- 为踏板操训练设计热身活动；
- 了解踏板操训练中的技巧和安全事项；
- 教授基本的踏板操动作和模式；
- 为踏板操课程创建基本的组合和编排动作；
- 教授一套内容、姿势、技巧、提示和音乐都合适的4分钟踏板操动作。

背景确认

在阅读本章之前，先做以下工作：

阅读

☐ 第4章中标题为"将音乐技能应用于团体健身"的部分；

☐ 第5章，"热身、放松和心肺训练"；

☐ 第4章中的编排技巧部分，包括"动作编排""变化要素"和"动作组合"。

练习

☐ 第4章"将音乐技能应用于团体健身"部分中的音乐练习；

☐ 第4章"团体健身中的提示方法"部分中的提示练习。

有氧踏板操课程自1990年问世以来就一直广受欢迎。踏板操课程可提升心肺适能、肌肉耐力、协调性以及平衡性,并且具有若干种健康益处(见"踏板操训练研究成果")。很多参与者都喜欢有声音节奏、有明确的套路、充满能量的踏板操课程。作为一名团体健身课程教练,要不断学习正确的激励方式和运用节拍,为参与者提供更多选择。与踏板操训练相关的团体健身课程评估表要点列于"团体健身课程评估表要点"中。

创建热身活动

踏板操训练的热身活动应当遵从第5章中介绍的推荐做法,并使用动态动作和拉伸的组合来让心脏、肺部和主要肌群为剧烈的活动做好准备。然而,踏板操热身活动应当配备健身踏板,从而让身体专门针对后续的锻炼做好准备。这可以通过采用地板混合动作——踏板和低冲击动作的混合来实现。地板混合模式的一个样例如表11.1所示。

团体健身课程评估表要点

热身部分的要点

- 要包含适量的动态动作
- 要提供预演动作
- 至少要为两种主要的肌群提供动态或者静态拉伸

- 要为热身提供强度指南
- 要包含明确的提示和口头指示
- 要采用恰当的音乐节奏(每分钟118 ~ 128拍)或者采用会激发运动欲望的音乐

训练部分的要点

- 要缓慢地增加强度
- 要使用各种各样的肌群
- 要尽量减少重复的运动
- 要观察参与者的姿势,并提供建设性、非胁迫性的反馈
- 要不断地提出调整做法、退阶做法、进阶做法或替代做法
- 要提供姿势提示和技巧提示
- 要给出激励性提示
- 要向参与者教授有关强度的知识;在锻炼激励期间要检查一到两次HR(心率)或RPE(主观用力程度分级)

- 要促进参与者互动,并鼓励娱乐
- 提供正确的动作示范以保证参与者的动作遵循生物力学结构
- 在心肺训练环节之后的放松期间要缓慢地降低冲击和强度
- 采用合适的音量和音乐节奏促进合适的运动模式和进阶(每分钟118 ~ 128拍)

表11.1 踏板操热身活动的地板混合动作

动作	脚步模式	次数
向右交叉步(在地上时)	右,左,右,点步	4
上点步,下点步(在踏板上时)	上,点步,下,点步	4
向左交叉步(在地上时)	左,右,左,点步	4
上点步,下点步(在踏板上时)	上,点步,下,点步	4

踏板操训练研究成果

许多早期的调查研究表明，踏板操训练可作为一种良好的、可预估的心肺刺激，且这种刺激会带来重要的健康益处（Kin Isler, Kosar and Korkusez, 2001; Kraemer et al., 2001）。许多这类研究测量了不同踏板高度下的能量消耗，并发现踏板操训练符合美国运动医学会为实现心肺适能所设定的标准（Olson et al., 1991; Stanforth, Velasquez and Stanforth, 1991; Woodby-Brown, Berg and Latin, 1993）。韦克翰等人（Wickham et al., 2017）对比了阻力课程、有氧踏板操和动感单车三种常见团体健身方式中的能量消耗；他们发现，与阻力练习课程相比，踏板操和动感单车对培养心肺适能和控制体重来说，明显更为有效。另一项研究表明，高—低冲击交替的踏板操训练（持续45分钟的有氧活动）会显著地增加有益的高密度脂蛋白胆固醇（Mosher, Ferguson and Arnold, 2005）。然而，另一项研究发现，在进行8周有氧踏板操锻炼之后，身体成分（体重、体脂率、腰臀比、腰围和身体质量指数）发生显著变化（Arslan, 2011）。

研究人员还对踏板操训练是否适用于老年人颇感兴趣。一项研究考察了12周的踏板操训练对老年女性（平均年龄为62岁）的影响，并发现该群体的最大有氧能力得到了显著的改善（Hallage et al., 2009）；一项不同的研究测得了功能性健康体能的改善（Hallage et al., 2010）。

由于进行了踏板操训练，绝经后女性的睡眠质量和褪黑素水平得到了改善（Cai, Wen-Chyuan Chen and Wen, 2014）。一项为期24周的研究考察了踏板操训练对健康的益处，并发现踏板操对绝经后女性的骨密度具有显著的提升（Wen et al., 2017），并且一项针对50～75岁女性的研究发现，踏板操项目提高了其平衡性（Clary et al., 2006）。2017年，研究人员记录了平均年龄为72岁的女性由于踏板操训练而提高了其平衡力得分（Dunsky et al., 2017）。

若干项早期的研究表明，强度和热量消耗会随着踏板高度的增加而增加（Wilson et al., 2010; Stanforth, Stanforth and Velasquez, 1993；Wang, Scharff-Olsona and Williford, 1993; Woodby-Brown, Berg and Latin, 1993）。特定的动作、模式以及手臂动作的引入都会影响能量消耗（Calarco et al., 1991; Francis et al., 1994; Olson et al., 1991），向常见的踏板操动作增加推力也会影响能量消耗。一些研究人员发现，较快的音乐节奏会导致能量消耗的增加（Wilson et al., 2010; Scharff-Olson et al., 1997; Stanforth, Velasquez and Stanforth, 1991），而其他人则发现，上踏板时手握2磅（约0.9千克）的重物并不会显著地影响能量消耗（Kravitz et al., 1995; Olson et al., 1991; Workman, Kern and Earnest, 1993）。然而，不断进行剧烈的手臂运动已显示

出会导致与最大摄氧量不相称的高心率（Lloyd, 2011），这称作升压效应。因此，研究人员不推荐在踏板操训练期间利用心率来评估强度（要利用RPE代替）。

其他研究测量了踏板操训练期间双脚承受的冲击力。弗朗西斯等人（Francis et al., 1994）发现，双脚登上10英寸（25.4厘米）踏板时所承受的峰值垂向力大致与以每小时3英里（约每小时4.8千米）的速度行走时所承受的力相同，约为体重的1.25倍。然而，前脚（下踏板时先放下的脚）会承受更多的冲击力，约为体重的1.75倍。这就是踏板操期间频繁更换前脚为何如此重要。其他研究人员发现，垂向的地面反作用力随着踏板高度的升高和推力的增加而增加（Wilson et al., 2010; Johnson, Johnston and Winnier, 1993; Moses, 1993; Scharff-Olson et al., 1997）。研究人员对上踏板期间膝盖的受力也进行了探究（Francis et al., 1994），结果发现，膝盖弯曲角度的增加会导致受力增大。

有人搜集了有关踏板操教练的数据（Kravitz, 1995）；结果发现，教练具有相对较低的体脂率和良好的上半身及下半身力量。其他研究人员考察了踏板操强度对情绪的影响；他们发现，以较高强度练习的参与者出现疲劳和生气的情况较少，而刚刚完成踏板操训练的参与者焦虑状态也会改善（Hale and Raglin, 2002）。

动态动作与预演动作

表11.1将低强度动作和踏板操动作结合了起来：交叉步在地面上执行，而上点步和下点步是使用踏板的预演动作。结合这两种动作会缓慢地让心理和身体为更加剧烈的踏板操动作做好准备。由于热身活动将要以低于课程有氧训练部分的强度执行，所以所用的踏板操动作数量和地板混合动作的顺序都是重要的因素。要避免在热身活动中不断地上踏板，因为这会向未做好准备的关节施加压力，并且会过快地增加心率。相反，要将低冲击的动作穿插在踏板操动作中。

实践演练

设计并练习一个简单的32拍地板混合组合，该组合适用于踏板操热身活动，并且使用的动作不超过四个。例如，你可以将一次地板动作、一次踏板操动作、再一次地板动作以及再一次登踏板动作组合在一起。

热身中的拉伸

理想情况下，在一些热身运动中拉伸应当使用踏板；使用健身踏板进行的拉伸包括腘绳肌拉伸、髋屈肌拉伸和小腿肌肉拉伸（见图11.1）。提升柔韧性的理想时间是在最后的放松期间。因此，在热身期间进行拉伸是为了让所有的关节和肌肉在开始剧烈的练习之前，先历经完整的关节活动度。热身中的拉伸更注重延伸性，而不是柔韧性，并且不需要保持得太久（8拍通常就足够了）。要拉伸通常比较紧且在踏板操课程中大量使用的部位：小腿（腓肠肌和跟腱）、胫部、腘绳肌、股四头肌、髋屈肌、下背部和前胸部肌肉。

口头提示和节奏

热身期间的提示至关重要。你是在为锻炼设定基调，激励你的学员，并且教他们安全、正确的姿势。你的声音应当清晰可辨、积

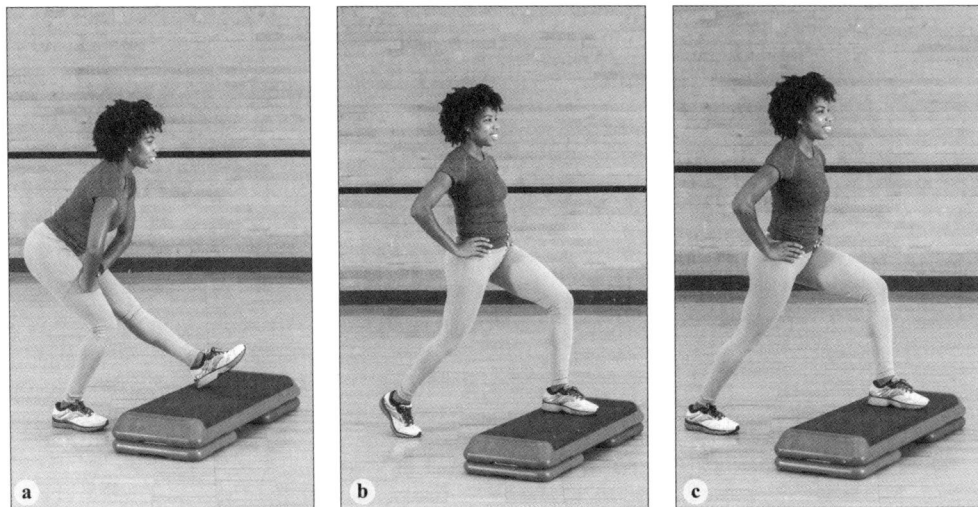

图11.1 （a）腘绳肌拉伸，（b）髋屈肌（髂腰肌）拉伸，（c）小腿肌肉（腓肠肌）拉伸

极乐观、鼓舞人心并且充满活力。

不同提示类型的具体介绍参见第3章。踏板操热身中的音乐节奏与踏板操有氧环节中的音乐节奏大致相同——每分钟118 ~ 128拍。

技巧和安全检查

以下是踏板操训练热身的推荐做法：

- 至少在一项中低强度的地板混合动作中使用踏板；
- 要避免在彻底热身之前不断地上踏板；
- 将踏板用于某些短时的静态拉伸；
- 短暂地拉伸通常比较紧张或者在踏板操课程中大量使用的部位——小腿、髋屈肌、腘绳肌、下背部和前胸部肌肉。

实践演练

设计一个包含踏板的热身环节，为小腿肌肉和髋屈肌提供短时拉伸。在做小腿拉伸之前，先让参与者通过抬放脚跟的方式活动一下脚踝；在做髋屈肌拉伸之前，先让参与者活动一下骨盆和髋部。

技巧和安全事项

踏板操训练的良好姿势和技巧包括，维持脊柱处于中立位，头部和眼睛高抬，并且上提和收缩腹部。要一如既往地提醒参与者避免过度伸展、过度弯曲以及扭转膝盖（见图11.2）。所有的关节都要朝着同一个方向，肩膀下垂、齐平并且放松。在上踏板时，让参与者采用全身倾斜的姿势——要想象一根从脚跟延伸到头部的长直线，并且避免从髋部或下背部开始倾斜（见图11.3）。

图11.2 要避免（a）膝盖过度伸展、（b）膝盖过度弯曲、（c）扭转膝盖

图11.3　踏板上的良好姿势

你可以通过不向前迈下踏板的方式来最大限度保证参与者的安全性；研究表明，向前迈下踏板产生的冲击力要远大于面对踏板向后迈下踏板的冲击力（Francis et al., 1992）。要轻轻地踩上踏板，并且要避免踩脚。此外，要踩在踏板的中间，并且确保脚跟没有悬在空中，这有助于保护跟腱。上踏板时，要完全伸展膝盖，但不要过度伸展。为了将患髌骨肌腱炎的风险降到最低，要始终保持膝盖的弯曲角

度大于90度。离踏板的距离要近到足以让你在迈下踏板时始终能够将脚跟舒服地放到地上（着地时脚趾、脚掌和脚跟依次落地）。双脚应当落在距离踏板大约一脚之长的位置。迈下踏板时不要上下晃动。落地时上下晃动会增加肌肉的离心负载和跟腱的用力伸展，并且可能会导致跟腱炎。要鼓励参与者跳上踏板！在弓步登板和重复动作期间，要让参与者避免将脚跟使劲在地上下压。由于肌腱的用力伸展和离心负载，使劲下压脚跟可能会增加患跟腱炎的风险。在踏板上回转时，要向参与者展示如何通过在回转的同时做单足跳以卸掉小腿上的负载，从而做到在实际转动期间，脚不接触踏板。

要帮助参与者选择合适的踏板高度。大于8英寸（约20.3厘米）的踏板高度应当留给腿长的或者高级健康体能水平的参与者（见表11.2）。频繁地变换前腿来使迈下健身踏板时作用在腿上的重复压力达到最小，是一个不错的主意。最后，要让音乐的节奏慢到足以让所有的参与者都能够采用良好的技巧和姿势登踏板。一些机构建议，踏板操速度不要超过每分钟128拍。俱乐部中的参与者都习惯以更快的速度做踏板操，所以音乐节奏会成为一个颇具挑战性的问题。然而，研究清楚地表明，速度低于每分钟128拍有可能实现有效的锻炼，而更慢的速度具有降低冲击力和增强参与者安全性的附加益处。

表11.2　踏板高度和登踏板速度指南

参与者水平	踏板高度	登踏板速度
新手（新接触锻炼者）	4英寸（约10.2厘米）	每分钟118～122拍
初学者（未做过踏板操的定期锻炼者）	<6英寸（约15.2厘米）	<每分钟124拍
中级（定期练习的踏板操锻炼者）	<8英寸（约20.3厘米）	<每分钟126拍
高级（定期练习、熟练的踏板操锻炼者）	<10英寸（25.4厘米）	<每分钟128拍

在抬头的同时，要通过偶尔向下瞥来扫视自己所在位置。在你的课程中，要避免出现大量会向肌肉骨骼系统施加压力的动作，如重复五次以上的动作。根据参与者的情况，将弓步登法和其他推进式的动作限制在1分钟或者更短时间内。做踏板操时要避免手持重物，这样做热量消耗的增加极其少，而受伤风险会显著地变大（Olson et al.，1991；Step Reebok，1997；Workman, Kern and Earnerst，1993）。

技巧和安全检查

为了保证学员的安全，要采用以下推荐做法。

要记得：

- 维持脊柱中立位，并且头部和双眼高高抬起；
- 上提和收缩腹部；
- 让所有的关节都朝着相同的方向；
- 肩膀下垂、齐平并且放松；
- 在上踏板时采用全身倾斜的动作；
- 让膝盖的弯曲角度大于90度；
- 帮助参与者选择合适的踏板高度；
- 频繁地变换前腿。

要避免：

- 过度伸展、过度弯曲以及扭转膝盖；
- 向前迈下踏板；
- 跺脚；
- 采用大约每分钟128拍的登踏板速度。

基本的动作和登踏板模式

踏板周围有六个基本的位置，踏板操动作可以从这些位置开始。登上踏板的6个基本方位为正面、侧面、端部、拐角、上部和跨骑（见图11.4）。

实践演练

参加一堂踏板操课程，并写下教练登上踏板的方位。六种方位中用到了几种？他们执行得流畅吗？将有相同方位的两种下半身动作组合起来。交替练习这两种动作，这样你便创建了一种简单的登踏板组合。

下半身动作

在团体健身中使用踏板会为下半身运动提供许多种选项。表11.3列出了许多踏板操训练的基本下半身动作。靠近列表底部的那些动作可能会更难教授、更加复杂或者可能需要其他路径才能完成，并且更适合经验更为丰富的教练。除非另有说明，否则登踏板时的下半身动作全部为4拍动作。

表11.3中的大多数动作和模式在执行时可以采用单一先行脚或者交替先行脚。单一先行脚意味着采用同一只脚持续先行的方式执行动作。一个示例是不向下点地的V形步：右脚登上踏板，左脚登上踏板，右脚迈下踏板，左脚迈下踏板，右脚再次登上踏板，以此类推。然而，在采用交替先行脚的V形登法时，在第4拍时要执行一次向下点地的动作，这样会改变先行脚：右脚登上踏板，左脚登上踏板，右脚迈下踏板，左脚向下点地，左脚登上踏板，右脚登上踏板，左脚迈下踏板，右脚向下点地，以此类推。

此外，如有必要，可以将推力或者爆发力增加到多个动作中以增加强度。增加推力意味着要跳上踏板，这明显需要更多的能量（千万不要跳下踏板，因为这样做会给关节增加压力）。增加推力的好方式包括基本登法、提腿登法、横跨登法、纵跨登法、L形登法、上点步、弓步登法和旋转登法。

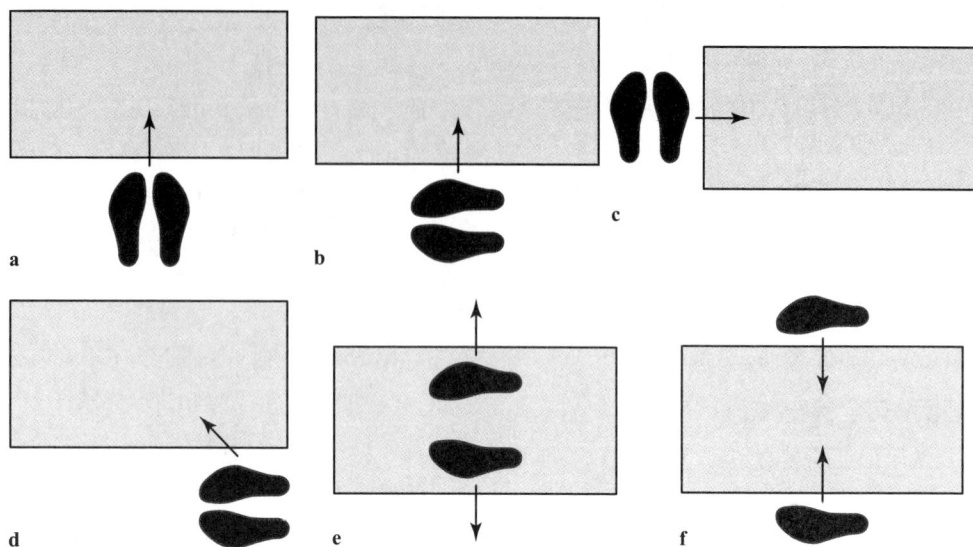

图11.4 踏板路径:(a)正面,(b)侧面,(c)端部,(d)拐角,(e)上部,(f)跨骑

表11.3 基本的登踏板动作

动作	典型的路径
基本登法	正面、端部、拐角
V形登法	正面
上点步,下点步	侧面、端部、拐角、正面
提腿登法(膝盖提到正面、侧面或者后面;踢腿至正面、侧面或者后面)	正面、侧面、端部、拐角、跨骑、上部
转身登法	侧面
横跨登法	侧面
重复登法	正面、侧面、拐角、端部、跨骑(8拍)
弓步登法	上部(2拍);可以面向正面或者侧面
跨下	上部
跨上	跨骑
纵跨登法	端部
对角登法	拐角
L形登法	正面、端部和侧面
A形登法	拐角、侧面
查尔斯顿登法	正面、端部和侧面
横跨旋转登法	侧面

上半身动作

与高—低冲击的有氧锻炼一样，登踏板的上半身动作具有许多变式。回顾第4章，获取有关单侧和双侧、协同和相对以及低、中、高范围的手臂运动的信息。常见的手臂动作和登踏板模式包括以下内容：

- 采用基本登法的双侧肱二头肌弯举；
- 采用V形登法的肩膀外旋和内旋（向外、向外、向内、向内）；
- 采用转身登法的过头推举（在第4拍拍手）；
- 采用横跨登法的双侧肩膀绕圈；
- 采用向前弓步的胸部推举。

如果你先教授下半身动作，这对于参与者来说通常是最简单的。只有当所有人都熟练掌握了下半身动作之后才能加入手臂动作。

实践演练

练习你在前一次实践演练中观察完课程之后设计的简短组合；这次要加入简单的上半身动作。

基本组合和编排技巧

第4章中所讨论的变化要素为登踏板动作和模式提供了大量变式。你可以通过改变下列要素来改变动作：

- 力臂；
- 平面；
- 方向（在踏板中为路径）；
- 节奏；
- 强度（增加推力）；
- 风格（参见第4章中的"变化要素"）。

例如，让我们来看一下采用正面路径执行的脚后跟踢臀部（膝盖在身后抬起）是如何变化的。开始时先执行脚后跟踢臀部，然后（1）增加力臂，这会使髋部伸展；（2）将平面转为侧面（长力臂的腿抬至侧面，髋部外展）；（3）通过将身体沿对角交替斜移至不同拐角的方式，加入方向要素；（4）通过在每次交替朝向侧面之前执行一个犹豫动作来改变节奏；（5）通过增加推力（跳上踏板）的方式增加强度；（6）通过在执行犹豫动作时扭动肩膀，接着在朝向侧面时背屈脚部和下压手掌根部的方式来玩转风格。

练习变化要素可以产生全新的动作，甚至是新的组合。当一个动作从前一个动作结束的地方开始时（即两个动作的终点和起点相衔接时），流畅过渡是最容易实现的。路径相同的动作通常会衔接得很好；例如，横跨登法和上点步、下点步都可以从侧面路径执行，因此它们可以流畅地衔接在一起。

实践演练

开始时先执行一个基本动作，然后增加（或者减去）一个变化要素。在增加或者减去另一个变化要素之前，至少要将创建的每个动作执行4遍（16拍）。通过找出具有相同终点和起点的动作来让过渡过程变得流畅自然（参见第4章中"创编流畅的过渡"部分）。通过先改变上半身的一个变化要素，再改变下半身的一个变化要素，然后再改变上半身的一个变化要素来挑战自己，从而形成一种线性的进阶。

配合音乐授课

在踏板操课程中，配合音乐授课（合着节拍）至关重要。因为几乎所有的踏板动作都是4拍或者8拍的，所以参与者想从8拍、16拍以及32拍乐句的首个强拍开始做动作。找一些节奏感强的踏板操音乐，并练习寻找节拍，直到听出强拍和4拍一组的乐段成为你的本能为止。配合节拍和音乐授课会避免你和学员变得沮丧和灰心；你的模式将会变得更加易于理解，并且更加有趣。尽管无法说清楚为什么，但是当教练不在重拍上时，许多参与者下意识地会觉得不对劲。参考第4章，获取有关节拍、重拍、小节和8拍、16拍及32拍乐句的详细信息。随着音乐和配合节拍，授课意味着要掌握预期性提示，以让全体学员跟着一个特定的音乐节拍同时流畅、轻易地动起来（参见第4章）。你让他们在恰好的时间知道了接下来要做什么。好的预期性提示会消除参与者的焦虑，有助于他们放松和获得更好的锻炼效果，并且有助于保证学员的安全（他们绊倒或者相互碰撞的概率会更小）。

32拍模块

与高-低冲击动作编排一样，踏板操动作编排通常由32拍模块的组合构成。这些模块可以不断地重复、扩展或者缩减，或者连接起来形成复杂的组合。模块内的动作可以叠加起来以增加复杂度，或者改变要素来调整动作（参考第4章，了解有关不同编排技巧的知识）。下面是踏板操训练中一个32拍模块的示例。

1. 朝向正面，执行3次基本登法，右腿先行（12拍；为了增加复杂性，向每次基本登法中加入一个不同的手臂动作）。
2. 右脚放在健身踏板上执行1次半蹲（下蹲时朝向左侧，然后返回时朝着正面；4拍）。
3. 朝另一侧重复，左腿先行（总共16拍）。

第一个模块可以与下面这个32拍的模块连接在一起。

1. 朝向前侧，执行2次交替提膝（8拍）。
2. 完成1次重复提膝（8拍）。
3. 执行2次交替提膝（8拍）。
4. 完成1个三拍上步提膝并换到另一侧的重复动作（8拍）。

你可以交替使用这两个模块，或者将它们与更多的模块连接在一起，形成一个更长的组合（更多信息请参见"写出登踏板组合"）。

实践演练

采用一个节奏感强的音乐播放列表，将两个简单的32拍踏板操模块组合在一起。务必要在乐句之首就开始做动作，乐句之首即32拍乐句的第一个强拍。

减少重复

减少重复是娴熟地教授踏板操课程的另一项重要技巧。正如在第4章中所讨论的，想要使用减少重复技巧，先要将每个动作重复若干次，直到参与者习惯为止，然后再逐渐地减少重复次数。该技巧适用于要求每个人都集中精力的复杂组合。下面是一个相对简单的示例：

写出登踏板组合

	先行腿	动作	节拍
A	右侧先行	3次基本登法，朝向侧面（右脚放在健身踏板上）做1次4拍的下蹲	1 ~ 16
	左侧先行	3次基本登法，朝向另一侧（左脚放在健身踏板上）做1次4拍的下蹲	17 ~ 32
B	右侧先行	2次交替提膝至拐角，1次3拍上步提膝重复动作	1 ~ 16
	左侧先行	2次交替提膝至拐角，1次3拍上步提膝重复动作	17 ~ 32

　　注意，A和B表示不同的动作：每个动作都会指定先行腿，描述每个动作的次数和动作本身，并给出节拍数。这样的列表方式有助于让组合变得清晰明了，并且易于理解。从技术角度讲，我们展示出了两个32拍的动作编排模块，它们随后可以与其他模块连接在一起。

　　当写出提示时，下面的模型可能会有所帮助。

　　动作：右侧4次基本登法（下一个动作将会是左侧4次基本登法）。

　　提示："4、3、2、点步交换至左侧"。

　　节拍：1、2、3、4；1、2、3、4；1、2、3、4；1、2、3、4（即16拍）。

　　记住，几乎所有的踏板操动作都是4拍。在之前计划了4次基本登法的示例中，当预期性提示出现在最后一次基本登法的时候，提醒参与者即将要做出改变。此外，提供视觉提示并用手指做出夸张的姿势倒数也非常有帮助。写出你的组合和提示将有助于你准备得更充分和更加自信。提供明确的预期性提示将有助于保证参与者的安全，并且有助于使参与者觉得更有自信心和成就感。

1. 首先执行4次交替V形登法和4次交替提膝登法；
2. 减少至2次交形V形登法和2次交替提膝登法；
3. 减少至1次V形登法和1次提膝登法。

保持模式

　　保持模式是一个在短时间不断重复的动作模式（例如，基本登法和横跨登法），以让教练和参与者整理思绪和返回至期望的强度水平。执行保持模式为你提供了一个与参与者交流的理想时机，从而在必要时给出姿势提示、技巧提示、教育性提示或者激励性提示。

踏板操强度

　　与传统的有氧地板动作编排相比，由于已知踏板高度变量，登踏板训练具有更加易于测量的负载。踏板越高，强度就越大，并且垂直的地面反作用力也越大（Wilson et al.，2010; Johnson, Johnston and Winnier，1993）。要让参与者使用一个可提供足够的心肺刺激，但又可以让他们保持正确的姿势进行运动，并且还能使受伤风险最小化的踏板。较高的平台高度与膝盖不适有关联，这归因于膝盖弯曲角度的增加（Francis et al.，1994）。建议初学踏板操的人员开始时采用4英寸（约10.2厘米）高的平台，并随着对正确的踏板力学变得更加习惯和熟悉，逐渐使用更高的踏板（Aerobics and Fitness Association of America，2010）。

　　强度受具体登踏板动作和使用动作的顺序的影响，还受力臂的增加、手臂运动的抬高、行进的增多和推进动作的增加的影响。人

表11.4 登踏板动作的能量消耗

	基本登法	交替先行腿行进	横跨登法	提膝登法	弓步登法	重复登法
最大摄氧量［毫升/（千克·分）］	26.2	35.5	26.6	28.7	32.7	32.0
METS	7.5	10.1	7.6	8.2	9.3	9.1

METS表示代谢当量。
改编自卡拉尔科等人（Calarco et al.，1991）的研究。

们发现，涉及较多越过或者围绕踏板行进，以及更多垂直位移（如弓步）的动作要比涉及较少膝盖弯曲和伸展（如基本登法）的动作消耗的能量多。常见登踏板动作的能量消耗列于表11.4中。有趣的是，复杂性与强度之间通常存在负相关关系：除了大多数熟练的参与者外，动作编排越复杂，对所有人来说强度会越低。

尽管因为会增加受伤风险，且登踏板指南和大多数专业人员并不建议采用每分钟128拍的音乐节奏，但是音乐速度会影响强度（AFAA, 2010; Step Reebok, 1997）。采用更快的速度时，参与者更加难以在完整的ROM内完成自己的动作，并且最终可能会影响到动作的姿势和登踏板的技巧。受影响的技巧会增加伤病（如跟腱炎）发生的可能性。

训练系统

踏板操课程可以按照若干种方式设计，包括登踏板超级循环、登踏板间歇性训练、高-低冲击间歇交替登踏板、双重登踏板（参与者使用不止一个踏板）以及各种不同的登踏板混合选项（例如，与滑步和滑移相结合的踏板训练、与普拉提相结合的踏板训练或者与瑞士球训练相结合的踏板训练）。下面介绍踏板操循环训练和踏板操间歇性训练。

踏板操循环训练

在踏板操循环或者超级循环课程中，数分钟的踏板训练可能要与数分钟的肌肉训练交替进行，以形成一节完整的锻炼课程（Kraemer et al.，2001）。下面是一个踏板操循环的例子：热身10分钟；做踏板操4分钟；在地板上执行4分钟的负重深蹲、相扑式深蹲和弓步；做踏板操4分钟；做站姿胸部锻炼，如扶墙俯卧撑加利用弹力管的上背部锻炼；做踏板操4分钟；利用重物或者弹力管做4分钟的肱二头肌和肱三头肌锻炼；做踏板操4分钟；在地板上锻炼腹部和下背部5分钟；在地板上拉伸5分钟。整个循环时间为60分钟。这种类型的课程可有效地解决健康体能各个方面的问题，并且还使人感到其乐无穷！

踏板操间歇性训练

在这类课程中，爆发式的间歇性锻炼（高强度间歇训练）随机或者有规律地分散在整个踏板环节中。爆发式的间歇性锻炼通常持续30到60秒，并且由不断重复的简单动作或者模式组成。如有需要，可向参与者提供允许他们在间歇性锻炼期间以更高水平进行锻炼的强度选项。爆发式间歇性锻炼的一个示例如下：朝向正面，右脚先执行2次上提登法（提膝，并且向下点地），共8拍，随后在地板上做4次开合跳，共8拍。左脚先行重复2次上提登法，然后再做4次开合跳，共8拍。然后至少演示这个简单的组合的三种强度选项：（1）不跳——开合跳变为低冲击的脚趾侧移，（2）在上提登法期间跳上踏板（手臂处于低位），并在地板上做常规的开合跳，（3）跳上踏板（手臂处于高位），并在地板上做大幅度的开合跳，同时用双臂绕圈（这是强度最高的选项）。要让学员选择所需的气力比常规课程登踏板部分多，但又仍然适合自己的强度选项。更多关于Tabata训练法和高强度间歇训练的信息，请参见第5章（本章探讨了Tabata训练法）和第13章。当向踏板操中加入高强度间歇（或者其他任何形式的）训练时，始终都要提供较低强度的选项，以满足所有参与者的需求。

本章总结

踏板操的基本授课策略包括提供包含预演动作的热身活动（通常以地面混合的形式）和将组合分模块教学，通常分成8拍或者16拍的模块。要采用重复原则练习这些模块，直到参与者学会这些动作为止。首先要教授下半身动作，然后再加入上半身动作。接着采用减少重复的技巧教授32拍的模块，直到参与者学会这些动作为止。使用变化要素，即改变力臂、平面、方向或路径、节奏、风格或者强度，让你的组合有层次。下一个32拍模块重复该过程，并且根据需要在第一个模块中加入更多的模块（A+B+C+D）。在模块之间采用保持模式来增加你与学员的沟通，并且避免脑部负担过多（过分地专注于记忆复杂的序列）。要练习这些授课技巧以及合适的预期性提示，以便让你成为一个富有创造力、极有效率的踏板操教练。

团体健身课程评估表：要点

- 要缓慢地增加强度。热身活动之后，当开始有氧训练环节时，要缓慢地增加强度，直到达到有氧刺激的峰值为止。不要让学员在有氧训练环节刚开始时执行增强式的间歇性锻炼、弓步或者其他高强度的锻炼。
- 要使用各种各样的肌群，并尽量减少重复性的运动。要避免连续过多重复任何动作，因为这样做会导致过度使用性损伤和肌力失衡。
- 要在做踏板操时展示出良好的姿势和技巧。要成为参与者的好榜样，因为他们会下意识地模仿你的姿势。要挺身站立，精准地移动，并且从踏板上迈下时要避免上下晃动。
- 要恰当地利用音乐。要采用推荐的节奏（每分钟118～128拍），它可以让参与者安全可控地在整个ROM完成动作。要不断练习，从而变得更加善于合着节拍移动。要在乐句开始的时候做新动作，并且使用32拍的乐句。

- 要给予明确的提示和口头指示，包括预期性提示、安全和姿势信息、方向性提示和激励性提示。记住，对于重要的预期性提示，你通常可以从4开始倒数，例如："4，3，2，提膝"。这样，学员将会在下一个乐句的强拍时一起完成提膝动作。
- 要促使参与者互动，并鼓励娱乐。让参与者喊出自己的名字，向邻位打招呼，并且偶尔同你一起倒数。要问诸如"大家都感觉良好吗"此类的问题。
- 在心肺训练环节之后的放松期间，要缓慢地减小强度，最终迈下踏板。一个简单的例子是在踏板上踏步4拍，接着在地面上踏步4拍，重复若干次，最后只在地面上踏步。站立时可引入一些静态拉伸，尤其是小腿、髋屈肌、腘绳肌和下背部的拉伸。

作业

准备一套4分钟的踏板操动作，该套动作由4个32拍的模块组成。采用减少重复数的技巧教授这套动作，并且变换先行腿。在纸上为该套动作拟写一份大纲，以在带领学员时使用（也可以写在便笺上）。

动感单车

本章目标

学完本章，你将能够：

- 了解骑单车时正确的摆位，包括姿势和安全事项；
- 为动感单车创建热身活动；
- 应用基本的动感单车课程技巧和音乐；
- 设计不同的动感单车课程；
- 在骑车和不骑车时使用提示和执教技巧。

背景确认

在阅读本章之前，我们建议你做以下工作：

阅读

- ☐ 第3章，"基于教学的概念"；
- ☐ 第5章，"热身、放松和心肺训练"。

动感单车（因Spinning、SoulCycle、RealRyder或者Peloton虚拟骑行等商标名称而为人们所熟知）是另一项流行的团体健身项目。许多健身场所都会专门为动感单车配置一个房间，并配以专用的动感单车和音响系统。

动感单车课程可能会在昏暗的房间内进行，并且可能会在屏幕上播放骑行的视频画面，让人感觉在室外骑行。正如有些教练喜欢说的那样，"重要的是骑行或者旅途，而不是最终的结果"。对室内骑手们来讲，个性化设置自己的锻炼相对比较容易。因此，动感单车课程可轻松地顾及多种健康体能水平的参与者，精英型骑手也可以在身体状况不好的新手边上锻炼。这类课程可能是最易于操作和最放松的团体健身形式之一，从而吸引了数量相同的男性和女性，这一点与其他的团体健身形式不同。

尽管如此，研究人员们告诫道，该活动对参与者，尤其是初学和不熟练的参与者来说，可能是一种高强度的心肺运动。研究文献中清楚地记录着，高强度锻炼会让参与者灰心丧气。洛佩斯-米纳洛和罗德里格斯（Lopez-Minarro and Rodriguez，2010）研究了30岁的骑手，并发现对新手来说，动感单车是一种高强度的锻炼模式。两项研究（Duttaroy et al.，2012; Brogan et al.，2017）发现，危险的健康后果与高强度的动感单车有关联。巴蒂斯塔等人（Battista et al.，2008）分析了动感单车的生理监控结果，并声称动感单车是一种高强度的运动训练模式。这些作者们建议，动感单车可能不适合不健康或者久坐的人群。重要的是，教练要识别出身体状况不好的个体，并在监控强度时提供特殊的指导。

为了教授动感单车课程，许多健身场所都需要配备专门的训练课程和器械。在探讨具体的课程内容之前，我们将在本章的"摆位、姿势和安全"部分中综述课前的单车设置。正

团体健身课程评估表要点

热身部分的要点

- 要包含适量的动态动作
- 要提供预演动作
- 至少要为两种主要的肌群提供动态或者静态拉伸
- 要为热身和有氧部分提供强度指南
- 要包含明确的提示和口头指示
- 要采用恰当的音乐和动作

训练部分的要点

- 要缓慢地增加强度
- 要使用多个肌群
- 要尽量减少重复运动
- 要观察参与者的姿势，并提供建设性、非胁迫性的反馈
- 要不断地提出调整做法、退阶做法、进阶做法或替代做法
- 要提供姿势提示和技巧提示
- 要给出激励性提示
- 要向参与者教授有关强度的知识；在锻炼激励期间要检查一到两次HR（心率）或RPE（主观用力程度分级）
- 要促进参与者的互动，并鼓励享受乐趣
- 提供正确的动作示范以保证参与者的动作遵循生物力学结构
- 要采用恰当的动作和音乐

动感单车研究成果

霍汀等人（Hotting et al.，2012）指出，记忆力的提高和与骑行训练有关的心肺适能的提高存在正相关。若干位调查人员记录了人们对典型骑行课程中不同姿势和活动的反应。站立式、攀爬式、高阻力模式和跳跃动作会产生最高的生理成果（Chinsky et al.，1998; Flanagan et al.，1998; Francis, Witucki and Buono，1999; Williford et al.，1999）。

莫拉-罗德里格斯和阿瓜多-希门尼斯(Mora–Rodriguez and Aguado–Jimenez，2004）总结道，高踏频（超过每分钟120转）会影响训练有素的骑手的表现。工作负载保持不变，更快的蹬车速度似乎并不会增加热量消耗。

奥尔森等人（Olsor et al.，2012）惊奇地发现，在单车课程中，上课期间对关节角度和正确姿势的影响比教练的提示更重要。

最后，比安科等人（Bianacol et al.，2010）研究了年轻的超重女性并发现，在36个动感单车环节之后，她们的体重有所减轻（没有任何的食物限制），并且心肺适能也得以改善。

确地设置单车有助于提升单车课的愉悦感。

摆位、姿势和安全

在开始动感单车课程之前，要确保每位参与者骑单车的姿势正确且调整到位。要在上课前15分钟到场，协助参与者设置单车、回答所有的问题、认识新的参与者并设置好自己的设备（包括音乐和麦克风）。主要的单车调整内容包括调整车座高度、前后位置以及车把高度。

车座高度

正确的车座高度取决于骑手的腿长：腿越长，车座就越高。通常，当骑手坐在单车上，双脚脚掌位于脚蹬中心时，伸展腿的膝盖在蹬车时应当会有轻微的弯曲。专业人士家建议，这种膝盖弯曲角度应当为5~30度。如果车座太低，那么不充分的腿部伸展可能会引起膝盖问题，尤其是膝盖前侧。如果车座太高，骑手的髋部将会来回摇摆；同时，膝盖过度伸展的风险也会增加，这可能会引起膝盖后

侧疼痛。大多数初级参与者，宁可将车座设置得过低以尽量减少屁股酸痛的情况。合适的车座高度是保持膝盖健康的关键。

前后位置

为了取得合适的前后定位，要调整车座，以便当脚蹬在前且曲柄水平（九点钟位置）时，骑手的前髋骨位于脚蹬中心的正上方。骑行时车座太靠前会引起膝盖前侧问题。正确的前后位置还应当让双臂在肘部微弯的前提下舒适地够到车把。此外，合适的车座前后定位将会减少坐骨疼痛的出现。坐骨疼痛是初学者在初次开始动感单车课程时通常会感觉到的，尤其是在他们没穿骑行短裤的时候。

车把高度

车把高度基本上是个人偏好的问题。有些专业人士表明，较高的车把高度会让骑手处于一个更佳的姿势，以帮助将骑行时的下背部疼痛降到最低。我们鼓励初学者将车把调得更高一些，这样躯干会更加挺直。我们建议背部

或者颈部有问题的参与者采用脊柱挺直、处于中立位的姿势。车把越低，骑手会越容易模拟比赛姿势，比赛姿势在户外骑行时会符合有利的空气动力学，但是在室内骑行时并没有必要。要教会参与者在骑行时采用放松的握法，使手腕处于中立位，并且调整手的位置。

鞋和紧急刹车

要鼓励参与者穿硬底鞋，这种鞋踩在脚蹬上时会保持稳定；参与者应当让双脚的大脚趾侧的脚掌，而不是用脚弓接触脚蹬。将鞋固定在脚蹬上面，或者将鞋牢牢地套在脚笼中可以提高蹬车的效率。由于大部分单车属于固定装置，并且配有在脚离开之后还会继续旋转的脚蹬，所以要提醒参与者记得将双脚一直放在脚蹬上面，直到脚蹬停住不动。大多数动感单车都配有紧急刹车，假如你的双脚脱离脚蹬，你可以摁下紧急刹车，立即停住飞轮。

身体的姿势

要提醒参与者在骑单车时维持脊柱中立位的姿势。当背部的四个自然曲度以正确的方式相连接时，骑手的脊柱便处在了中立位。当骑手挺身坐立，并且躯干与地面垂直的时候，这种姿势最容易保持。当骑手坐定，并用正确的前倾姿势骑行时（见图12.1），脊柱便处在了中立位姿势，只不过前倾了45度，前倾角度根据活动而定。将髋部缩拢在下方（形成骨盆后倾姿势）会导致背部蜷缩（或者弯曲），并向背部施加更多的压力，所以应当避免这种情况。当采用合适的姿势时，肩胛骨处于下垂状态，并且轻微地收缩成所谓的肩胛骨中立位姿势。应当避免拱起或者隆起背部，或者让肩胛骨上提至耳朵旁边。

图12.1 前倾姿势下正确的单车坐姿

技巧和安全检查

为了保证参与者的安全，要遵守以下推荐做法。

要记得：
- 进行充分的、恰当的热身活动；
- 不论坐立、前倾还是站立，都要保持脊柱中立位；
- 让头部与脊柱成一条直线；
- 正确地设置单车；
- 让手腕处于中立位状态，并保持放松的握法；
- 穿合适的鞋子，并且用脚掌接触脚蹬；
- 骑行时带一满杯水和一条毛巾；

要避免：
- 将髋部缩拢到下方；
- 过度伸展颈部；
- 以大于每分钟120转的踏频蹬车。

创建热身活动

　　动感单车的热身活动通常遵守第5章中推荐的做法。热身活动主要由动态动作、预演动作和一些轻负荷的上半身准备性拉伸活动组成，这些活动都要借助熟练的提示以及适当的强度才能教授。与动感单车相关的团体健身课程评估表要点在本章的开头处列出。

动态预演动作

　　团体骑行热身活动的关注点在于缓慢地增加强度，以提高心率、呼吸率和耗氧量——这些都是后续心肺锻炼的准备工作。要让参与者挺身坐在单车上，并且保持脊柱处于中立位的姿势，骑行并放松双腿。应当对单车加以调整，使飞轮上存在轻微的阻力和恰好足够的张力，从而让参与者能够掌控单车。典型的动感单车热身活动持续4~8分钟；强度可以通过改变阻力或者蹬车速度而缓慢地增加，并一直增加到热身活动结束的时候。动感单车课程热身活动的预演动作可能包括：

- 教参与者如何离开车座骑行1分钟或2分钟，从而模拟山地有氧活动环节；
- 引入一种离开车座的10秒短骑行动作，然后坐回车座骑行10秒，尤其是当随后的有氧活动环节中要用到一系列的身体起伏动作时；
- 练习利用阻力旋钮增加和减少强度，从而让参与者熟悉单车的张力（每辆单车的张力设定都有些许不同）；

- 教授踏频练习，这样参与者随后在锻炼期间可以识别出缓慢、适中和快速的踏频。

拉伸主要的肌群

　　在热身活动期间骑行时，我们推荐上半身做一些轻度的准备性拉伸动作和动态动作。有关动作和拉伸的想法包括向后绕肩、拉伸胸大肌（胸部）以及拉伸斜方肌上束（颈部；见图12.2），以改善动感单车课程中常见的蜷缩、隆起姿势。我们建议将下半身的拉伸留到课程结束的时候，因为此时所有人的身体都已经热了起来，并在生理上做好了放松和保持静态拉伸姿势的准备。此外，参与者在锻炼结束时喜欢从单车上下来，而在这时候拉伸对增强柔韧性最为有利。

口头提示和节奏

　　热身期间是教授正确的姿势、骑行技巧以及综述强度指南的理想时机。要向参与者告知有关脊柱、肩胛骨中立位以及正确的颈部、

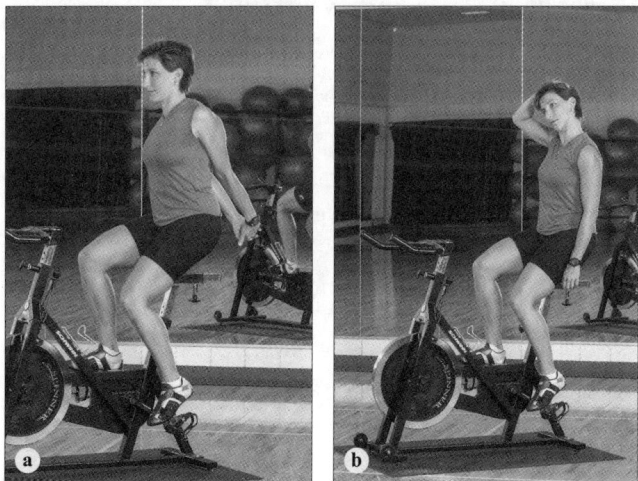

图12.2　动感单车的上半身拉伸：（a）胸大肌拉伸，（b）颈部侧屈的斜方肌上束拉伸

肘部和手腕对位等方面的知识。要给出蹬车指示，如"想象双脚在沿着单个整圆旋转"，或者"每转一圈时都要感受每只脚的前后移动"，或者"在右脚和左脚之间形成完美的平衡"。此外，有些参与者还需要提供适当强度方面的指导。要设法传达心率、主观用力程度、踏频和阻力等概念，以及倾听身体和以适合自己的强度水平锻炼的理念。有些教练建议参与者默默地为后面的锻炼形成一种愿景或者个人专注点，以帮助他们在整个锻炼过程中进行自我调节。例如高尔威泽和希兰（Gollwitzer and Sheeran，2006）建议，在锻炼期间出现问题时，采用"如果……，那么……"的计划将有助于支持参与者的愿景。专门针对动感单车的"如果……，那么……"计划示例如下："如果我的臀大肌开始感到疼痛，那么我将离开车座几分钟就会减少疼痛感，从而更加充分地享受课程。"最后，要确保所有的参与者都能够听到你的声音；务必要让音乐的音量与麦克风的音量相平衡。

可以让参与者以中低强度舒适地进行锻炼的音乐和动作很重要。音乐节奏没有固定的指南，参与者可以合着或者不合着节拍做蹬车动作。合着节拍做蹬车动作的方式有三种：（1）一条腿每隔一个节拍完成一次下冲程（缓慢），（2）一条腿在每个节拍完成一次下冲程（较快），（3）两条腿在每个节拍完成一次下冲程（非常快，或者为双倍速度）。由于音乐的使用方式存在可变性，因此固定的节奏指南在某种程度上毫无意义。相反，选择的音乐要具有激励性、有趣并且有助于以舒服的速度完成中低强度的运动。

基本动作

典型的动感单车课程被分成了几个环节或者练习，设计它们的目的在于模拟户外骑行的各个方面。这些环节可能与特定的歌曲或者音乐剪辑联系在一起，并且通常依附于特定的强度目标（心率或踏频）。课程环节可能包括：

- 坐姿平路；
- 坐姿爬坡（爬山）；
- 站姿平路跑步或慢跑；
- 站姿爬坡（爬山）；
- 坐姿下坡；
- 弹跳或者跳跃；
- 坐姿和站姿冲刺。

我们经常要求参与者想象自己在室外各种类型的地形上开展这些环节。许多教练创造出了假想的旅途和场景供参与者想象。热带岛屿、山路、绿色森林、沙滩、空旷田野和青青草原的画面都有利于锻炼，并产生令人愉快的课程体验。参与者还可以用想象提示来改善呼吸、姿势、肌肉专注点、心理意识，甚至是自我赋能！让参与者设想他们希望实现的目标，并让他们看到自己的成功。这可能是团体骑行课程一个非常强大的方面。

坐姿平路

坐姿平路是最基本的骑行技巧。参与者可以用各种各样的速度进行锻炼，并且平路骑行可以应用于课程的热身阶段、有氧刺激阶段和放松阶段。坐姿平路极其适合踏频练习、姿势调整和蹬车锻炼、耐力锻炼和有节奏的推压（一种脉动性、波浪式的上半身运动）。坐姿平路跑步的推荐踏频为每分钟80～110转。尤其是在有氧刺激期间，坐姿平路通常采用基本的骑行姿势进行，身体大约前倾45度。

爬坡

坐姿和站姿爬坡通过增加单车的阻力来加以模拟。当坐姿爬坡时，骑手要将髋部移到车座后部，以避免在膝盖上施加过量的压力（参见图12.3a）。在爬坡和站立时，骑手将双手移至车把前部，并保持髋部在车座上方对齐，从而维持髋部弯曲（参见图12.3b）。这些环节通常采用每分钟60~80转的低踏频、难度更大并且关注点主要在力量上面。要避免让参与者用重阻力执行低于每分钟60转的踏频，因为这可能会导致背部和膝盖损伤。

平路跑步

在站姿平路跑步或慢跑中，关注点在耐力上面；阻力为轻度到适中，并且踏频通常为每分钟80~95转。骑手将双手轻轻放在车把上，将重量更多放在下半身（见图12.3c）。教练可能会要求参与者维持髋部竖直或者微弯，从而让脊柱处于中立位姿势。

下坡

下坡环节通常较短，持续时间为1~3分钟，是使劲爬坡之后的恢复阶段。飞轮张力比较低，骑手处于坐姿，并且呼吸率和心率调整至更为适中的水平。

弹跳或跳跃

弹跳和或跳跃是高级动作，偶尔用来增加强度。参与者需要完全熟悉坐姿和站姿才能尝试跳跃。跳跃通常在固定时间间隔以合拍的方式教授：参与者站立（8拍），然后坐下（8拍）。间隔可长可短。整首歌曲或者歌曲片段均可用于跳跃。参与者需要保持流畅、平顺地起升和下降，要尽力在就座和站立之间形成平顺的膝盖转换。完成跳跃时通常不改变蹬车频率。跳跃对于膝盖的要求很高。由于这类动作的强度很高，大多数骑行机构都建议限制或避免跳跃，尤其是对于初级锻炼者。

图12.3 （a）坐姿爬坡，（b）站姿爬坡，（c）站姿平路跑步

冲刺

执行冲刺时可以坐着或站着。冲刺环节可以在固定时间出现，也可以随机分散在整个环节中。在冲刺期间，踏频变为每分钟100～200转的快踏频，并且将阻力设置在轻度到适中——足以防止臀部弹起即可。经验丰富的参与者可以超过无氧阈值，并以近乎全力骑行，从而专注于速度和爆发力。当用每分钟110转以上的频率蹬车时，参与者需要多加小心；在如此高的速度时几乎不可能有阻力，并且飞轮会产生很高的动量，以至于它几乎会完成转动脚蹬臂的所有工作。

设计动感单车课程

设计动感单车课程是一个将基本动作或练习组合起来的问题。这些组合成了骑行概要，即骑行锻炼的骨架或组织架构。需要提前准备好附带音乐选择的骑行概要。然而，要做好根据课程中个体的健康体能和技术水平调整计划的准备；概要只是一个指南，可以改变。每节课程都有所不同，并且参与者将会有不同的需求。如果定期地教授动感单车课程，你最终会积累大量的课程概要以及大量可供选择的音乐。你会变得具有自发性和创造性！只要记得在课程开始时缓慢地增加强度，并在课程结束时缓慢地减小强度即可。45分钟的概要样例如表12.1所示。

你为骑行课程选择的音乐是让课程取得成功的关键。其他团体健身形式出于编排的考虑，需要选择有均等的32拍乐句的音乐，但是不同于这些团体健身形式，团体骑行几乎可以与任何音乐风格相搭配。歌曲是否具有均等的节拍数都可以。询问参与者喜欢听哪种音

表12.1　骑行概要样例

环节	身体姿势	阻力	踏频（转/分）	强度（占最大心率的百分比）	音乐节奏	音乐选择	持续时间（分）
1.热身	坐姿	轻度	80～90	65	适中	新世纪音乐	5
2.爬坡	站姿	适中	70	80	舒缓	摇滚音乐	4
3.爬坡	站姿	重度	60	85	舒缓	节奏蓝调	4
4.平路	坐姿	适中	90	75	适中	摇滚音乐	6
5.平路	站姿	适中	90	75	快速	拉丁音乐	4
6.跳跃	坐姿或站姿	适中	90	75	适中	流行音乐	4
7.爬坡	坐姿	重度	60	85	舒缓	早期爵士音乐	6
8.下坡	坐姿	轻度	100	70	舒缓	古典音乐	2
9.冲刺	坐姿或站姿	适中	110	85	适中	摇滚音乐	5
10.放松	坐姿	轻度	80	60	适中	流行音乐	3
11.拉伸	离开单车				舒缓	新世纪音乐	>2

乐，并且采用不同流派的音乐。要寻找能让所有人开心，并且与课程环节及你所营造的氛围相匹配的音乐。将音乐与环节、氛围、强度和旅途联系起来可能是教授动感单车课程时最有趣且最具挑战性的一个方面。

有些教练更喜欢用自己的骑行课程进行交叉训练。一种方法是变化整周内所开展课程的关注点。例如，星期一可能专注于力量（爬山），星期三专注于耐力，而星期五专注于速度。另一种方法是将动感单车与不同的锻炼形式结合起来，如肌肉训练、普拉提或者瑜伽。这类融合设计中，你可能需要领着骑行30分钟，然后再领着做瑜伽30分钟。

强度监控

另一个重要的训练问题是强度。正如在本章前面所提到的，研究表明，这类团体健身属于高强度锻炼；因此，需要一直对强度进行监控。团体动感单车的优点之一是学员可以以自己的水平进行锻炼，并且让团体保持一致的压力要远小于其他传统的团体健身课程。即便如此，还是要为学员提供目标心率范围、主观用力程度指南以及踏频和功率目标，并帮助他们学会留意自己的强度水平。许多单车本身都具有踏频和功率（以瓦特为单位）的指导。要向学员解释是如何用功率度量踏频与传动阻力组合的。在介绍各种动作模式时，你可以让学员查看他们在热身期间的功率值。

许多动感单车教练强力推荐使用心率监控。采用心率监控具有很多优点，但也有一些缺点。假如做了分级锻炼负荷测试，学员就会知道自己的实际心率范围（参见第5章"运动强度监控"部分），如果学员知道自己的实际心率范围，那么心率监控就会很有用。心率监

控有助于保持骑行时的强度不变。控制心率的方法涉及药物的影响（许多药物要么会降低心率，要么会增加心率）。没有一个心率公式适用于所有的参与者，所以使用其他方法才是明智之举。要帮助学员设立一个锻炼强度范围——心率训练范围，或者主观用力程度分级范围，或者二者兼备。

在锻炼期间，你可以建议参与者在热身、放松和下坡环节中以较低的强度锻炼（目标心率范围的下限，或者6～20级博格主观用力程度评级表中的8～12级）；在坐姿平路或站姿跑步中以适中的强度锻炼（目标心率范围的中间，或者12～14级的主观用力程度）；在爬坡、跳跃或者爆发力间隔期以较高的强度锻炼（目标心率范围的上限，或者15～18级的主观用力程度）。有些参与者可能会选择在爆发力骤增期间超过无氧阈值；这应当只适用于高级学员。针对强度提示和评估，施文（Schwinn）的骑行计划采用了以下4种范围。

范围1	轻松且舒适	最大心率的 50%～65%	5～6级的主观用力程度（满级为10级）
范围2	具有挑战性但舒适	最大心率的 65%～75%	6～7级的主观用力程度
范围3	具有挑战性且不舒适	最大心率的 75%～85%	7～8级的主观用力程度
范围4	筋疲力尽（非最大）且气喘吁吁	最大心率的 85%～90%	8～9级的主观用力程度

提醒学员可以通过调整以下内容来改变骑行强度。

- 改变姿势（坐着，而不是站着）；
- 改变阻力；
- 改变蹬车频率。

踏频是确定强度的一种常用方法。大多数单车都配备踏频和功率监测器。要是没有

这样的装置，那么踏频可以通过每转一圈在大腿上拍一下的方式来人工计算。较慢的踏频是每分钟 60 ~ 80 转，适中的踏频是每分钟 80 ~ 100 转，而较快的踏频是每分钟 100 转及以上。能够为每个环节提供踏频目标建议会增强你指导和辅导参与者上完课程的能力。要让学员知道，即便你会提供强度建议和目标，但是他们仍须按照自己的节奏进行锻炼。除了知道建议的踏频之外，许多参与者都希望知道每个环节的持续时间，所以在进入较难的部分之前，要考虑做出声明，如"我们在下一次爬山时将会用力锻炼 5 分钟"。更好的做法是，张贴一份你的计划概要，供所有的参与者观看，这样他们将会了解课程的要求。

在课程结束前要进行彻底的放松运动。在持续骑行的同时，缓慢地降低强度，以便让参与者的心率和呼吸率恢复至正常水平。我们还推荐在这个时候静态拉伸主要的肌群。许多教练更喜欢在单车上缓慢骑行的同时拉伸上半身，接着再下车拉伸下半身——腘绳肌、股四头肌、臀部、小腿、下背部（见图 12.4）。

提示和执教技巧

执教技巧在动感单车课程中非常重要。下面是从执教能力的角度出发用以强化动感单车骑行体验的一些思路。

- 专注于激励、引导、鼓励，以及用声音和提示营造氛围。要使用大量激励性的提示，比如："你们能行！""大家一起来！"用积极的肯定句让学员渡过困难的环节，比如："我们不甘示弱！""我们要全力以赴！""你们可以爬上这座山峰！"
- 要建议学员为自己的锻炼设定目标。要求他们在热身期间为课程设立一个关注点或者愿景。例如，"如果在离开车座锻炼的最后 30 秒内，我仍然有精力，那么我将通过轻微地转动阻力旋钮来增加阻力"。接着，在富有挑战性的环节，提醒学员要关注的重点。例如，你可以告诉他们："坚持自己的目标！"通过将学员分成两三个小团队

健身专业人士的建议

作为美国全国演讲者和教育工作者，工商管理硕士塔蒂亚娜·科勒瓦（Tatiana Kolovou）已经拥有了超过 25 年的健身行业相关经验。现在，塔蒂亚娜作为顶尖级工商学院的一名教员，负责培养商务专业的学员和企业高管，她还是骑行工作室 Eehos 骑行的所有者。她的教育背景包括运动科学的外科学士学位和工商管理的硕士学位。她通过了美国运动医学会的认证，并且是施文骑行教育团队的培训师。

"关于动感单车，我最喜欢的事情是，我的妈妈在课程中可以和环法自行车赛级别的骑手并肩骑行。你在飞轮上施加的阻力取决于你的健康体能水平以及你愿意承受的训练量！不变的是，我们在每节课程中建立起的积极性和惊人的团体感。我喜欢看人们发现藏在自己体内的运动员潜质，因为动感单车是安全的、可适应的，并且不需要高水平的运动技巧。课程参与者喜欢我们分享个人的故事或者将锻炼的目标与具体的故事联系起来时的感觉。动感单车最棒的地方是它很有趣！"塔蒂亚娜说。

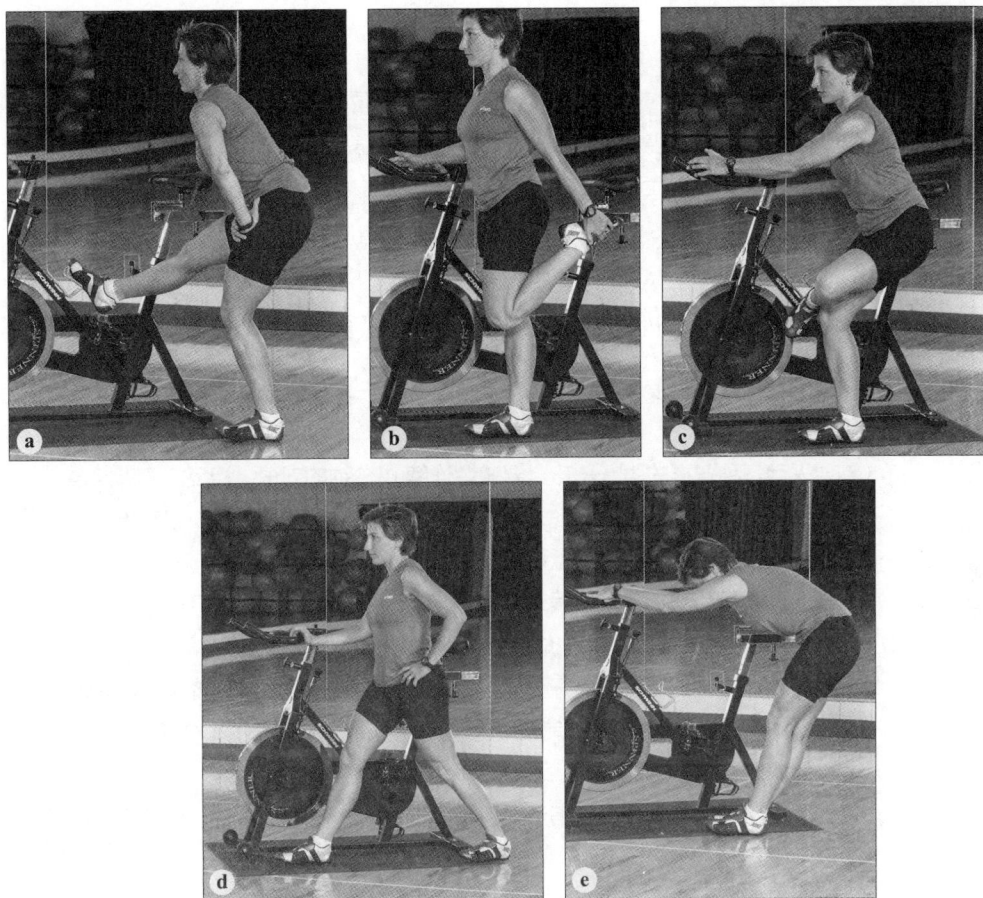

图12.4 （a）腘绳肌、（b）股四头肌、（c）臀部、（d）小腿和（e）下背部的拉伸

来促进团队合作，并让各团队轮流进行冲刺或者跟骑以及为其他团队加油喝彩。

- 向学员征求音乐选择方面的意见，并感谢对音乐的选择提供建议的学员。

- 在课程期间要利用想象提示。建议学员设想自己一直在沿着高速公路上的黄线骑行，同时感受清风拂面或者细嗅清新的海洋气息。要考虑在课程内形成一个完整的旅程，带学员去夏威夷，沿着沙滩骑行或者穿过绵延起伏的山丘。

- 要从单车上下来，向学员授课，并激励他们。在学员中间穿梭，以检查他们的姿势，并支持和鼓励他们。

- 让学员数自己所跳跃的次数，或者让他们喊出或者唱出你所播放的熟悉歌曲的副歌部分。

本章总结

我们在本章谈及了动感单车，包括正确的单车摆位和骑行的安全事项。我们还谈及了动感单车课程的热身、基本动作、计划、推荐强度和提示。最后，我们希望在激励动感单车参与者方面所做的介绍会为你们提供一些关于如何将乐趣融入动感单车课程的想法。

团体健身课程评估表：要点

- 要缓慢地增加强度。要包含预演动作，如离开车座，或者低强度水平间歇性锻炼30秒。
- 要采用各种各样的骑行技巧。要避免连续10分钟的部分；相反，要采用各种动作的组合，如坐姿平路3分钟，站姿慢跑或者跑步3分钟，以及坐姿爬坡和站姿爬坡混合30秒间歇性训练。
- 要促进学员互动，并鼓励娱乐。让教室一边的学员休息，让另一边的学员进行冲刺。鼓励团队的其他成员为执行冲刺的成员加油喝彩。
- 要演示骑行动感单车的良好姿势。务必早点到教室帮助参与者正确地设置自己的单车。如果你看到有人设置单车很费劲，那么要下车去帮助他们，以让他们舒心。
- 要给予明确的提示和口头指示，包括强度指示、肯定、想象、目标设定的提示和团建声明。
- 要使用麦克风，并经常告诉学员他们做得很棒。
- 在有氧活动环节中，要帮助学员监控自己的强度，可采用心率检查法，或者主观用力程度检查法，或者二者兼用。
- 在心肺训练环节之后的放松期间，要缓慢地降低强度，并在课程结束时开展一些静态拉伸。让有氧活动系列的最后一首歌节奏不要那么强烈，要具有轻松的节奏。在课程结束时下车做拉伸活动，以增强拉伸的效果。
- 要恰当地使用音乐。有时候要鼓励学员跟着音乐节奏；有时候要让他们蹬得比音乐节奏更慢，有时候要蹬得比音乐节奏更快。

作业

1. 列出15条适合执教骑行课程，且具有激励性的提示和肯定句。
2. 准备一份45分钟的动感单车概要，并包含类似于表12.1中的音乐建议。在音乐选择部分要包含歌手以及每分钟的节拍数。写出课程内容的所有细节，包括热身动作和放松动作。

训练营和高强度间歇训练（HIIT）

本章目标

本章结束时，你将能够：

- 为训练营或高强度间歇训练课程创建热身活动；
- 了解训练营或HIIT课程要使用哪种器械；
- 为训练营或HIIT课程设计安全有效的运动；
- 了解目前针对高强度间歇训练的研究；
- 应用领导能力和团建技巧；
- 分析并创建一个训练营或者HIIT团体健身活动。

背景确认

在阅读本章之前，先做以下工作：

阅读

- ☐ 第2章，"基本要素"；
- ☐ 第3章，"基于教学的概念"；
- ☐ 第5章，"热身、放松和心肺训练"；
- ☐ 第8章标题为"功能性训练原则"的部分。

练习

- ☐ 采用主观用力程度分级监控强度；
- ☐ 在训练营或HIIT课程中使用器械的动作选项和锻炼方法；
- ☐ 第3章和第5章中所讨论的参与者互动。

健身专业人员的职业生涯开始时通常都是一对一地指导客户，结果却发现客户的训练规程要得益于多种运动选择。训练营式的课程可以提供该多样性，并且会增加有助于提升积极性的竞争和社交维度。该课程形式通常会吸引曾经和运动队一起进行过系统训练的参与者，或者追求多样性和体能挑战机会的参与者。健康体能计划安排将这类课程称为训练营、HIIT、Tabata间歇性训练、代谢式训练、运动专项训练或者交叉训练。其中许多训练的开发者是那些在团体健身体验方面追求灵活方法的健身专业人员，或者是发现一次训练几名客户不仅利润更加丰厚，而且不会导致客户过分依赖教练，并且会在团体环境中创造有趣运动体验的私人教练。

教练们可能需要在户外开展训练营和HIIT课程，或者利用一条跑道来改变传统锻炼环境，并进入一个对人体运动而言更加自然的环境。库克（Cook，2011）认为，在日常体力活动中用到的稳定肌属于多功能的肌肉，并且需要在模仿我们生活、运动和工作方式的运动体验中加以使用。因此，在更加自然的环境中锻炼可能有助于训练身体，使其可以在自然的环境中进行运动。许多场所都设有可用于训练营或HIIT课程的功能性训练区域。

这些课程通常不需要麦克风，甚至音乐，不过有些教练确实会在背景中使用音乐来强化课程的氛围。与踏板操和搏击操不同，这类课程不是由32拍的乐句驱动的。相反，训练营和HIIT课程通常将有氧、力量和耐力训练部分混合在一起，同时包含易于学习和更具竞技性的运动和练习（见图13.1）。此外，课程参与者可以以团队形式进行锻炼，这会形成团队凝聚力。更多的信息请参见"团体健身课程评估表要点"。

图13.1　专项训练类课程的一项典型锻炼：利用敏捷梯强化步法

HIIT在美国运动医学会2018年开展的健身趋势调查中高居第一。ACSM称，HIIT通常包含短时间的高强度锻炼，随后是短时间的休息或恢复，并且持续时间通常少于30分钟。人们热衷于这类课程是因为它具有多样性并且省时高效。一些证据表明，健康体能的提升可以在远少于先前所认为的时间内实现（Gibala，2018）。健身专业人员可能需要将这一点牢记于心，因为许多人为不锻炼找的借口是他们觉得缺少时间。巴特尔斯、伯恩和德怀尔（Bartels，Bourne and Dwyer，2010）称，间歇性训练适用于各类健康体能训练：数十年来，心脏康复项目已经将低强度的间歇式团体健身纳入自己客户的锻炼计划。现在，我们具有采用了悬挂训练（例如，TRX）、战绳、ViPR和引力训练系统等的练习型间歇课程。随着更多适用于课程环境的器械被开发出来，团体健身的教练们也变得越来越全能。另外，尽管许多训练营和HIIT课程确实会使用器械，但是我们应该注意到，ACSM健身趋势调查（2018）中排在第四位的是徒手训练，根据定义，这意味着几乎不使用器械。不论使用还是不使用器械，健身场所的所有者都要证明训练营、HIIT和专项训练课程的价值，因为这对会员的维系来说很重要（Tharrett，2017）。这些形式还对男性具有吸引力，从而会吸引更多的男性加入女性占主导地位的团体健身中。

按照由布兰克（Blank，2017）发表的一篇文章，驱动橙式健身是一家公司，该公司基于心率监控、结合游戏并"形成部落"，已经

在HIIT训练领域有效开展了不断壮大的健身业务。这些HIIT训练的计划执行部分可以很好地组合起来。驱动橙式健身实现健康体能团体健身的方法是通过持续不断地监控心率，来让参与者在一小时的环节中获得12个及以上的"精彩点"，布兰克称赞了这种独特的方法。这些点有助于测量自己的能力，以在60分钟的锻炼中，有15 ~ 20分钟达到HIIT阈值。这种训练的局限是，虽然有一个通用的指导方法，但如果执教一个25 ~ 30人的团体，既要采用HIIT形式又要为每个人提供合适的指导以保证无人受伤，那么有些教练会觉得这难以

团体健身课程评估表要点

热身环节的要点

- 要包含适量的动态动作或预演动作
- 至少要为两种主要的肌群提供动态或者静态拉伸
- 要为热身提供强度指南
- 要包含明确的提示和口头指示
- 要采用恰当的节奏、强度和冲击水平

训练环节的要点

- 要缓慢地增加强度
- 要使用各种各样的肌群
- 要采用各种各样的专项训练、HIIT和功能性训练技巧
- 要尽量避免长时间地强调任何一种技巧和重复性的动作
- 要观察参与者的姿势，并提供建设性、非胁迫性的反馈
- 要不断地提出调整做法、退阶做法、进阶做法或替代做法
- 要提供姿势提示和技巧提示，并且在每个站点提供写好的锻炼提示和图片
- 要给出激励性提示
- 要向参与者教授有关强度的知识；在锻炼激励期间要检查一到两次HR（心率）或RPE（主观用力程度分级）
- 要促进参与者互动，并鼓励娱乐
- 提供正确的动作示范以保证参与者的动作遵循生物力学结构
- 要提供明确的提示和口头指示
- 要采用恰当的动作和音乐节奏
- 锻炼刺激结束时的放松期间要缓慢地降低冲击力和强度

拉伸和放松环节的要点

- 要为所锻炼的主要肌肉提供静态拉伸
- 采用正确的姿势和技巧进行演示
- 要观察参与者的形体，并提出调整做法、退阶做法、进阶做法或替代做法
- 要提供姿势提示
- 要以积极的态度结束课程，并感谢学员

有效地实现。正如我们在本书中所强调的，团体健身是一项非常复杂的活动，它需要结合行为因素和生理知识。

当人们首次听到"体育专项训练"这一术语时，他们经常会问："你在针对哪项体育运动进行训练？"在健身计划中包含专门针对网球、篮球、高尔夫球和滑雪等体育运动的训练课程是好事。遗憾的是，这样做通常不切实际，并且或许不能成功地吸引足够的参与者来参加该课程。因此，人们创造了"专项训练""交叉训练"和"间歇性训练"等术语来指代体育运动的一般性训练，而不是参与诸如水中锻炼或者动感单车此类的团体健身形

式。美国运动医学会报道称，运动专项训练在2018年的健身趋势调查中排在第20位。让参与者骑行一周或者爬上12 000英尺（约3657.6米）山峰的训练计划也广受婴儿潮一代的欢迎。这类训练可以被称为"专项训练"，但是它也可以被称为"冒险训练"。许多思维活跃的参与者会记得在年轻的时候曾为某项特定的运动做过训练。无论是针对专项的训练还是户外冒险的训练，都会掺杂很多传统训练导向的内容，而传统训练是以大众审美为基础而开展的。以专项训练为导向的课程通常包含间歇性或高强度训练，并且它们通常会采用训练营的方式加以编排。

HIIT 研究成果

高强度间歇训练在过去十年内变得如此地流行，以至于针对其适宜性和有效性的询证研究数量激增。这里是一些精选的研究成果。

罗伊等人（Roy et al.，2018）开展了一项研究，该研究对比了无人监督的HIIT计划和持续12个月每天30分钟、强度适中的计划在超重和肥胖成年人身上的效果。结果表明，42%的参与者优先选择了HIIT，而不是基于目前ACSM指南的每天30分钟的计划。在12个月后，两组在体重方面没有区别，不过，19.6%的坚持HIIT计划的参与者称在锻炼时感受到了更多的乐趣。有趣的是，坚持HIIT计划的男性（67%）要多于女性（36%）。

一篇文章对9项研究进行了系统综述（O'Keeffe，2015），

这9项研究针对的是HIIT和持续训练以及它们对减重的影响，结果发现各项研究的结果并不一致。作者总结道，两种方法的效果差不多，并且根据个人的偏好，HIIT和持续训练都可以用于减重。

另一篇对28项研究所做的系统综述和多元分析（Milanovic et al.，2015）总结道，传统的耐力训练和HIIT都能显著地改善有氧能力，但是HIIT训练计划的改善程度通常更大。

一项由金纳菲克（Kinnafick）开展的研究，征求了以前不常锻炼的参与者在自己的办公场所参加为期10周的团体型HIIT计划之后的意见。参与者称，HIIT计划新颖、省时、高效，还会带来一种成就感，并且他们称喜欢社交关系，这有助于应对课程期间的消极反

应。参与者还称，他们并不确定自己是否会继续进行高强度间歇训练，因为在他们看来，这种训练适用于强健的人。

针对锻炼期间的乐趣，一项由福斯特等人（Foster et al.，2015）开展的研究发现，Tabata HIIT计划的参与者指出，该计划的乐趣明显不如稳态循环训练和不太剧烈的间歇性训练计划。3个计划的持续时间都是8周，并且都增加了有氧和无氧能力。作者们总结道，尽管HIIT计划省时、高效，但是它们并不优于传统训练。注意：由田畑泉教授在东京开发的Tabata训练是HIIT的一种特殊形式。每项锻炼都持续4分钟，共有8个30秒的回合，每个回合都由20秒HIIT锻炼和10秒恢复组成。

创建热身活动

为训练营或HIIT热身与为其他形式的锻炼热身有些类似（参见第5章）。然而，其动作更像是功能性的动作练习，并且不会合着音乐节拍进行教授。音乐是可选的，不过许多参与者都会找节奏感强并且歌词欢快的音乐作为激励性的背景音乐。克鲁斯（Crews，2008）建议，应包含能增加灵活性和放松下背部的基本动作，还应包括能提升核心温度并让关节为锻炼做好准备以及让大脑为乐趣做好准备的简单动作。我们建议，热身活动应包括以较低强度执行的动态动作和预演动作，以及针对至少两种主要肌群的动态或静态拉伸。同样重要的是，要提供三个主平面（矢状面、额状面和水平/横切面）内的热身动作。一个与这类课程相关和重要的理念是要为关键关节提供灵活性（柔化）锻炼。由于髋部、脚踝、胸椎和肩膀往往比较僵硬，所以推荐针对它们进行适当的灵活性锻炼。请参阅以下锻炼，获取柔化锻炼的示例。

髋部绕圈热身

开始时缓慢地行走，并且在多个平面内旋转髋部，同时要向参与者解释，髋关节属于球窝关节，如果进行全范围的运动，那么它在整个训练营课程期间将会更出色地工作。为了安全起见，要鼓励参与者选择自己适合的稳定性和平衡性等级，并且鼓励他们朝着热身时不扶墙的目标努力，以改善自己的神经运动能力。

在前摆腿中（见图13.2），膝盖伸展，髋部弯曲并在矢状面内伸展。为了使上半身参与，双臂可以保持在身体两侧，呈T字形（较容易），或者举在头顶上方，增加该动作的难度。参与者可以走动、站定或者利用墙壁或搭档作为支撑，只要让下半身和上半身在完整的运动范围内运动即可。

弓步热身

在若干个平面内做半弓步会使髋部和膝关节更灵活，并有助于在训练营或HIIT课程之前让腿部肌肉做好热身（见图13.3）。要确保膝盖的朝向与脚趾相同，并且膝盖不要超出脚趾。

该动作序列利用了矢状面、额状面和水平面内的半弓步：在矢状面内做半弓步；在额状面内做半侧弓步，脚趾朝前；在水平面内做旋转弓步，双脚摆成互相垂直的姿势。

脚踝热身

踮脚尖沿圆弧走动，然后用脚跟走动，增加流向下肢的血液。另外还可以通过单腿站立，同时用另一只脚踝绕圈和绕8字的方式挑战平衡性。可通过弯曲和伸直前膝，同时让后脚脚跟着地的方式执行动态站姿小腿拉伸（见图13.4）。踮起脚尖，然后向后摇摆到脚跟上有助于预热小腿的前侧（胫部）和后侧（腓肠）。

胸椎热身

双手举在胸前向前走几步，先将上半身转至一侧，然后再转至另一侧，该动作有助于预热胸椎（见图13.5）。如果参与者一天中大部分时间都坐着，那么可能缺少胸椎在水平面内的运动，而这一组合动作有助于促进该运动。

图13.2 摆腿变式（由易到难）

图13.3 整合矢状面（a）、额状面（b）和水平面（c）的运动会强化神经运动系统的热身

图13.4 动态小腿拉伸

图13.5 行进胸椎旋转

肩膀热身

墙面天使是一种有效的肩膀热身运动。在该锻炼中，后背平靠在墙上，双膝微弯，双脚距离墙壁几厘米并且绷紧腹部。肩膀和肘部形成了一种90—90（门柱）姿势；双臂向后压在墙壁上。在该动作中，双臂缓慢平顺地上下滑移，同时保持与墙壁相接触（见图13.6）。

器械与设置

选择如何教授训练营或HIIT课程归根结底取决于你的个性、教学理念以及客户对各种课程形式的反应。你作为团课教练，或者作为私人教练的背景将会影响你授课的方式。几乎找不到任何两个以相同方式设计的课程。通常，教授训练营和HIIT课程采用的

图13.6　用来预热肩关节复合体的墙面天使运动

是团体健身场所现有的器械。例如，麦克米兰（McMillan，2005）决定将自己的踏板操课程转变为专项踏板操课程。她注意到，许多参与者已经逐渐离开了传统的踏板操课程，因为传统的踏板操课程包含了编排复杂的动作，而这些动作需要大量的技巧。为了吸引不同的受众，麦克米兰将自己的课程称为爆发力登阶和体育登阶。她融入了各种变式，如在基本踏板动作中加入向上伸手的动作，从而模仿篮球的跳投动作，通过这种方式，让自己的动作感觉像体育动作。她还更改了一些传统的踏板名称；例如，纵跨登法变成了人盯人防守。改变一些简单的动作并采用新颖的、具有目的性的提示让她的课程出现了巨大的变化。鲍德温（Baldwin，2007）提出了一种将水上训练营式课程与竞技训练相结合的锻炼形式，目的是将训练营这种形式引入有水环境。

在带领训练营或者HIIT课程时，你应当为参与者创造出一种他们无法在别处获得的体验，要让课程充满乐趣且超出预期。驱动橙式健身引以为傲的是其在每个环节都拥有"新式的锻炼计划"，该计划还可以包含搭档或者让三四个参与者朝着一个共同的目标努力。搭档练习、趣味游戏或者非常规的挑战还会为锻炼体验增加一种社交成分。努力记住参与者的姓名，以便形成一种可以让参与者成为回头客的凝聚力。

许多教练会开展户外训练营和HIIT课程，并且更倾向于在社区和公园中开展课程，而不是在健身场所，目的是通过将锻炼计划带出健身场所来形成一个没有围墙的俱乐部。弗朗西斯（Francis，2012）预测：健身专业人员会涉足社团组织以及其他当地社区团体，以触及更多可能不敢进入健身场所的人。很多这样的参与者可能会通过参加训练营或者专项训练社区课程的方式来开启自己的身体活动经历。与其指望参与者开车去健身场所，不如考虑去人们待的地方，并使用公共资源和户外设施（如当地公园和开放的绿化地带）开展训练营和HIIT课程。这种理念存在一些问题，如解决责任问题和获得适当的知情同意，但是归根结底，户外训练营理念对许多教练来说是经过证实的成功案例。

有些专业人员会购买器械来提升训练营和HIIT体验。克鲁斯（Crews，2009）将自己的婴儿潮课程带到室外，并经营Zoomer训练营课程。她专注于平衡和转体锻炼，平衡锻炼采用BOSU球，而转体锻炼利用药球。使用的器械取决于你可用的东西以及你所服务的群体。许多专业人员更愿意不使用健身房器械，而依靠自重和增强式动作；这样的理念在第8章"神经运动和功能性训练"中做过介绍。在本章中，"训练营和专项训练器械"部分为专项训练、训练营和HIIT课程提供了器械方面意见；不同种类的器械如图13.7所示。

团体专项训练和训练营课程的另一个重要的组织要素是要具备有助于告知间隔时间或者训练站点的告示牌或白板（见图13.8）。教练们通常会在房间内四处走动，在每个站点处解释不同的动作，然后再开始锻炼。这会让参与者难以记住要在哪个位置进行哪种动作。在每个站点处放置一份详细的锻炼讲解将会帮助参与者了解如何正确地做动作。在做动作时动动脑筋，做完第一轮之后你最终会翻过所有的告示牌，但是为了安全起见，我们建议在动作选项的第一轮期间要为参与者提供可用的提示和图片。驱动橙式健身提供了一个屏幕，上面有锻炼组、重复数和视觉提示来提醒参与者接下来的锻炼以及在每个站点处需要完成的重复次数。使用由体育用品供应商设计的产品有助于让站点的标识更加简单。我们觉得有用的两个产品是锥桶（带有放置说明纸的插套）和橡胶垫（含有用于插入告示说明的衬套）如图13.9所示。

有计划，并且将锻炼选项清楚地写出来是提供专业的训练营、HIIT或专项训练课程的关键。

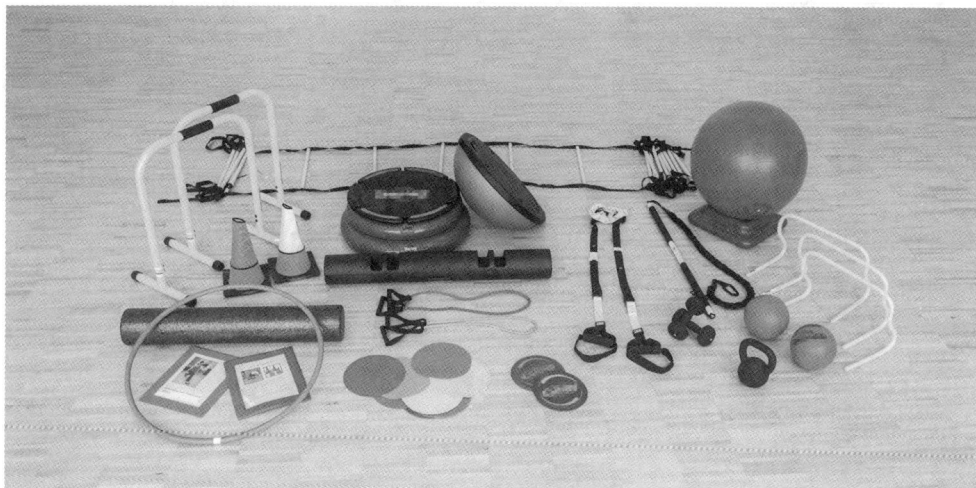

图13.7 训练营、HIIT和专项训练课程的器械

训练营和专项训练器械

室内

- 敏捷性绳梯
- 低栏架
- 分体式双杠鞍马架
- 踏板、踏板360和跳箱
- 滑板和滑片
- 锥桶
- 跳绳
- 药球
- 反作用力球
- 壶铃
- 哑铃和加重杠
- 弹力管和弹力带

- 瑞士球
- BOSU球
- 呼啦圈
- TRX
- 多功能训练棒
- 战绳
- 轮胎
- ViPR
- 健身雪橇
- 沙袋
- 标志盘和垫子

户外

- 跑道
- 阶梯
- 椅子

- 山丘
- 操场器械
- 水泥墙

- 健身路线站点
- 圆木
- 沙子

站点_____

在此处放置锻炼或运动的照片或说明

锻炼名称_____

动作描述_____

姿势提示_____

安全提示_____

调整做法、退阶做法和进阶做法_____

图13.8 专项训练站点的告示牌样例模板

图13.9 类似这些告示牌支托的产品会让站点标识变得更加便捷

设计安全、有效的动作

训练营或者HIIT课程的巨大优势之一是它为教练提供了选择。你可以自由地纳入喜欢的体育专项运动或者高强度锻炼。锻炼可以包括功能性训练动作（在第8章中讨论过）、平衡性锻炼、拳击动作、传统的肌肉锻炼和泡沫轴锻炼等。整节课程可以围绕某件器械进行设计。例如，如果你的训练场所已经配置了一个具有多个TRX站点的S架，那么你可以围绕各种各样的TRX锻炼设计一节训练营课程。然而，在你选择形式和锻炼的过程中，要确保每节课程都包含热身和放松活动，并解决与技巧和健康相关的健身部分的问题（American College of Sports Medicine，2018）。

与技巧相关的健身部分

- 敏捷性（包括加速、减速和变向）。
- 平衡性（包括静态和动态）。
- 协调性。
- 爆发力。
- 速度。
- 反应时间。

与健康相关的健身部分

- 心肺训练（包括有氧和无氧训练）。
- 肌肉力量和耐力（包括核心稳定性）。
- 神经运动健康体能（包括平衡性、稳定性和灵活性）。
- 柔韧性（包括动态柔韧性）。

在教授训练营课程的时候，要像本书介绍的那样，为各种健身水平的参与者展示锻炼的调整做法。我们不能假设所有的参与者都具有相同的健康水平或技术水平。提供针对不同动作的提示及选项是成功授课的关键。在不断提供初级和高级选项的同时，演示中间选项的教练会营造出一种舒适感，让所有的参与者都拥有良好的体验。

让我们来讨论一下一些基本的冲量训练要如何改进才能适合不同健身级别的参与者。体育课程中教的大部分冲量训练都是高冲击力和高强度的，如跳远、波比跳和登山者。在我们年轻的时候，这些动作都可以做到，但是随着年龄的增长，做这些动作可能会向身体施加过多的压力。表13.1列出了这些基本的冲量训练，并为它们提供了高冲击、适中冲击和低冲击选项。带领学员完成中间级的调整做法，并演示其他的选项，这样学员便可以选择适合自己的冲击和强度水平。

渐进式功能性训练序列（见图13.10）在这里仍然很重要。熟练的教练做好了根据参与者的需求，沿着序列向左或者向右选择准备动作。向左选择，你在让锻炼变得更为简单（退阶）或者更加安全，并且更加适合某个人的需求（这可能还会是一个调整做法）。如果你向右选择，那么你是在让锻炼变得更为困难、更加针对运动专项，并且具有更高的潜在风险。在规划课程的时候，要记住你该如何退阶（即调整）或者进阶所有的动作和练习。这样你将会在合适的时机为每个参与者提供恰当的动作，从而帮助每个人享受课程，并且可能会防止伤病的出现。

基本的动作

波比跳（下蹲后伸腿动作）、熊爬式（登山者）、增强式弓步、金字塔平板支撑（下犬式与平板支撑相交替）、深蹲踢腿以及俯卧撑都是训练营、HIIT 和体育训练课程中使用的典型动作。我们鼓励你考虑使用这些传统动作以外的动作，并考虑有组织地练习和活动，这些练习和活动包含体育运动以及功能性训练动作；每个动作务必要包含改进动作，这样参与者才会更好地完成，并且将会再次参与你的课程。例如，在有氧网球课程中，不要让参与者执行直线练习，相反，要组织参与者不断打网球，并轮换场场，同时在场次之间做敏捷梯动作序列，以让有氧训练作为网球运动中的一部分。你甚至可以让他们进行比赛并记录比分，

表13.1　针对专项训练和功能性训练课程对基本的冲量训练做的改进

低冲击和强度	适中冲击和强度	高冲击和强度
采用大幅的手臂动作行走	双脚交替微跳着行走	蹦跳
左右点地	左右点地并跳到中间	原地跳跃
采用大幅的手臂动作行走	走 10 步，接着跑 10 步	跑步
不跳跃的卡里奥克舞	不跳或者无卡里奥克舞的滑移	横向跳跃着滑移
不跳跃的提膝	双脚交替提膝跳跃	跳跃着提膝
飞奔，双脚执行低冲击的飞奔动作	仅后腿跳跃着飞奔	双腿跳跃着飞奔

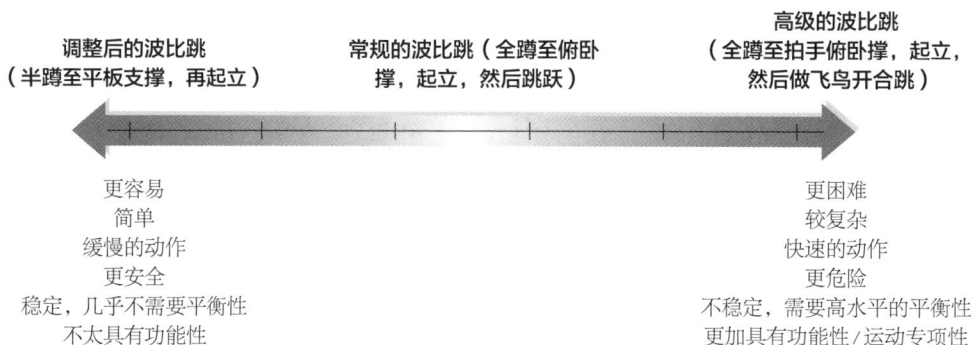

调整后的波比跳（半蹲至平板支撑，再起立）　　常规的波比跳（全蹲至俯卧撑，起立，然后跳跃）　　高级的波比跳（全蹲至拍手俯卧撑，起立，然后做飞鸟开合跳）

更容易	更困难
简单	较复杂
缓慢的动作	快速的动作
更安全	更危险
稳定，几乎不需要平衡性	不稳定，需要高水平的平衡性
不太具有功能性	更加具有功能性/运动专项性

图13.10　训练营和 HIIT 课程的渐进式功能性训练序列

赢家可以跑到下一个球场进行下一轮比赛，而输家则待在初始球场。无论选择哪种动作，都要确保你能被大家看到，以达到演示和激励的目的。

你和参与者的站位选项有很多种。在大多数训练营、HIIT和专项训练课程中，站在参与者前面不是标准做法。下面是一些可选的站位意见。

- 圆圈：参与者围成一个圆圈，你站在圆圈中间。
- 圆圈：参与者围成一个圆圈，而当他们以小组的形式经过你身旁时，你站着不动（位于边上）。
- 小组：在进行各种练习时，参与者组成两三个小组。例如，两组参与者可以列队，并在健身房的两侧面向彼此。
- 开放或者传统站位：参与者在教室或者户外场地中散开，但是不排成队列。

- 接力：一次一个参与者做锻炼。

我们可以对训练营和HIIT课程加以设计，以便整个团体一起执行不同的练习，或者以便参与者以小组或者团队的形式轮番经过各种各样的站点。如果团体要一起执行所有的动作，那么你将需要提供足够的器械供所有人使用。例如，如果采用TRX锻炼，那么你将需要为课程中的每个人提供一个TRX。然而，如果团体以小组的形式轮番经过各站点，那么每种类型的器械可能只需要三四套。训练营或专项训练循环设置的一个示例参见图13.11。如果有30名参与者，那么你可以将他们按三人一组划分，并让每个小组在不同的站点开始锻炼，总共设计10个站点。一分钟后，每个小组将会轮转到下一个站点，以此类推。

让我们来综述训练营、HIIT或专项训练课程基本部分的具体锻炼意见。注意，这些动作还包括对参与者站位的建议。

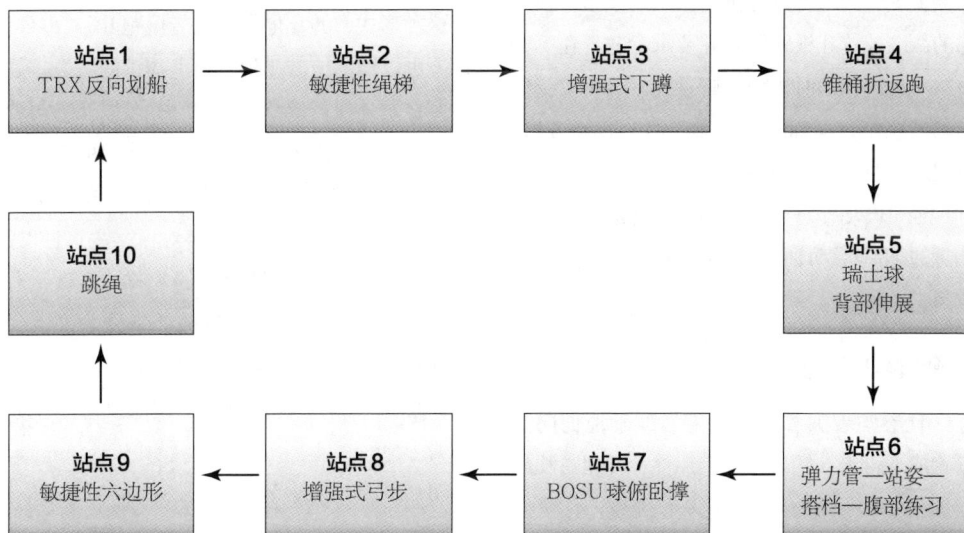

图13.11 训练营或专项训练课程的设置样例

敏捷性、协调性和反应时间练习

锥桶练习。采用开放或者接力的形式，参与者并排站在一起，让参与者向前跑10英尺（约3.0米），触摸锥桶，掉头并跑回去，接着再向前跑20英尺（约6.1米），触摸锥桶，掉头并跑回去，再向前跑30英尺（约9.1米），触摸锥桶，掉头并冲刺回去。该活动类似于你可能在体育课上经历过的折返跑，但在体育课中，你捡起的是橡皮擦而不是触摸锥桶。如果接力队伍中有两三个人，那么其他参与者跑的时候可以休息，所以这对他们来说可以作为一种间歇性锻炼。接力形式还有助于建立团队友谊，因为它鼓励参与者在团队成员进行练习的时候为他们加油。重复练习三四次；在练习的过程中，团队成员的积极性将会有所提高。

绳梯和跳绳练习。采用绳梯或跳绳的练习是培养协调性和反应时间的好方法。让参与者三人一组排队，接着走过或者跑过绳梯系列，右腿和左腿交替放在每个绳梯方格中。你将需要足够的绳梯以提供给三人的小组。在绳梯的两端放置几根跳绳，并要求参与者在等待再次经过绳梯的时候双脚跳绳。你可以指导参与者在经过绳梯时采用单腿跳进每个方格、双腿跳进每个方格或者采用其他动作组合。这种神经肌肉动作需要大脑和身体协同工作；它们通过身体活动训练在心理和生理方面取得成果。

平衡性和神经运动锻炼

让参与者围成一个圆圈。鼓励他们向前慢跑或者行走，然后让他们停住，并用右腿站立30秒；如果他们需要更多的挑战，你可以建议他们闭上眼睛，并持续以这种方式站到听见哨声为止。让他开始做另一种动作，如交叉步，然后在下次听到哨声的时候用左脚站立30秒。让参与者改变方向，并再次进行该练习。将平衡性运动融入有氧环节是进行交叉训练的一种好方式，因为你将与技巧相关的健身内容与健康相关的健身内容结合了起来。你可以在第8章中找到更多对平衡性锻炼的意见。

心肺训练

我们的生活是有氧运动与无氧运动的混合体。我们从自己的轿车走到办公楼的正门，接着再爬楼梯去上班。体育运动同样是有氧运动与无氧运动的结合体。我们发一个网球，跑过去接住它，然后在得分后休息。短暂、急促的锻炼结合较长时间的有氧运动组成了训练营、HIIT和专项训练练习等。在锻炼区的一端放置一把椅子，并让参与者站在另一端。让参与者走或者慢跑至椅子处，并走上台阶10次（迈上去，上去，迈下来，从椅子上下来，共10次），然后再走或者慢跑回去。你可以改变这种形式，并让他们走或者慢跑10～40秒；你还可以增加或减少他们迈上椅子的次数。如果要在户外执行该练习，那么你可以让参与者沿着跑道行走或者慢跑，然后在附近的台阶迈上迈下。这些类型的动作非常适合功能性训练和体育专项训练。

正如我们已经讨论过的那样，HIIT，有时候称作代谢式训练，目前非常受欢迎。代谢式训练的目标是显著、彻底地启动新陈代谢，理想的情况是有助于迅速地改善健康并消耗大量热量。博戈马斯特（Burgomaster，2018）和罗伊等人（Roy et al.，2018；O'Keeffe，2015）；（Milanovic et al.，2015）证明，HIIT训练可以提升燃脂效率，并且可能要比传统的连续训练更加有效。虽然HIIT训练背后的科学原理很有说服力，但是这些锻炼的高强度和高冲击性质对许多入门级的参与者或者存在肌肉骨骼问题的人来说可能吃不消。肌肉骨骼有问题的人最好在骑行或者在泳池的深水区（穿着浮力带）时执行HIIT。记住，太多、太快是伤病和退出训练的主要原因。一些HIIT练习样例如下。

- 让参与者沿着健身房（或者足球场）的长边冲刺，接着慢跑经过短边，沿着另一条长边冲刺，然后慢跑经过短边。

- 在房间的四个角落各放置一个锥桶。让参与者在锥桶之间冲刺；在每个锥桶处，让他们停住，并执行一项30 ~ 60秒的锻炼。例如，锥桶a——波比跳，锥桶b——增强式下蹲，锥桶c——开合跳，锥桶d——登山者。

- 采用称作Tabata方法的高强度训练形式。正如在本章前面讨论的那样，参与者按照要求执行20秒倾尽全力、强度很高的锻炼，接着休息10秒。该序列通常重复6 ~ 8次：锻炼20秒，休息10秒，锻炼20秒，休息10秒，以此类推。然后会引入一个新动作，并且执行相同的6次或8次Tabata间歇序列，以此类推。下面是被用到的动作示例：波比跳，一次大幅的向前增强式下蹲，两次向后跳；后踢臀；一次深蹲，随后是一次搏击操式侧踹或回旋踢；俯卧撑；前臂平板支撑撑起至完整的平板支撑（上、上、下、下的节奏）。显然，重要的是要提供合适的热身和放松活动，并且要经常提供退阶和进阶做法。你可以在第5章中阅读更多关于热身和放松活动的内容。

核心强化

塑造核心力量和稳定性对任何团体健身课程来说都至关重要。核心肌肉（即肩胛肌、腹肌和下背部肌肉）支撑着大部分的站立、坐下和俯身动作；由于我们大部分时间都是双足站立，所以强化核心肌肉将会改善体态和提升运动能力。重要的是，要通过站姿在功能性活动和专项训练活动中强化核心肌群（见图13.12）。然而，以平板支撑作为结束动作来锻炼腹横肌，训练脊柱维持中立位的能力（见图13.13），或进行俯卧背部伸展的变式动作等都是很好的核心强化手段。

肌肉力量和耐力

我们在第6章介绍了利用体重或外界阻力的肌力与体能训练锻炼的方法。这些锻炼中的大部分被用于专项训练和训练营课程。这里是一些建议指南，在选择练习时应当遵守。

- 为了强调维持肌力的平衡，每当你选择一个推压动作时，还要选择一个拉拽动作。例如，如果你选择了一项锻炼胸肌的动作（推压肌肉），那么你还要选择锻炼菱形肌、斜方肌中束和三角肌后束的动作（拉拽肌肉）。

- 为了舒适，要先锻炼较大的肌群（如股四头肌），再锻炼较小的肌群（如胫骨前肌），这样较大的肌群可以在锻炼较小肌群的时候恢复。

- 如果你的关注点在功能性训练上面，那么要将精力集中在一天中用得不太多的肌群上面。例如，在进行日常活动时，人们通常会用肱二头肌拎物品。因此，要让你的学员专注于锻炼肱三头肌，该肌肉全天都会受到重力的作

图13.12　将该锻炼提示为"感受该动作如何有助于对抗站立时下背部弯曲的倾向"

图13.13　平板支撑姿势是训练营、HIIT和专项训练课程中常用的核心强化锻炼动作

用，并且在日常活动中不太常用（除非你需要像许多老年人和功能衰退的人那样扶着椅子起身）。

你还可以采用将学员的注意力吸引到功能性价值上的方式来提示锻炼。试着将"由坐到立"的练习称为"从椅子上起身"的练习，而不是"深蹲"练习，这样参与者才会将自己的锻炼与日常动作相联系（见图13.14）。

图13.15和图13.16给出了额外的功能性肌肉力量和耐力的示例。髋部外展过顶推举（见图13.17）可以在做直立姿势时强化臀中肌，以保持骨盆水平，并改善行走步态。

柔韧性

我们在第7章综述了每个主要肌群的拉伸练习。这些练习中的多数练习都适用于专项训练或者功能性训练课程（见图13.18）。拉伸一整天中用到的肌肉会增强整体的放松感。如果你利用间歇性训练作为你的课程形式，那么可以在间隔之间执行柔韧性练习。例如，参与者结束高强度行走和慢跑间歇性训练之后，在等待下次心肺间歇性训练开始的过程中，带领他们靠着墙壁做小腿拉伸。虽然将拉伸运动纳入整个锻炼中很有效，但是在课程的最后五分钟

图13.14 将该练习提示为"从椅子上起身"而不是"下蹲"

图13.16 将该练习提示为"启动割草机"而不是"做俯身划船"

图13.15 将该练习提示为"伸手够橱柜"而不是"做过顶推举"

图13.17 对于该练习，提示参与者：在做站立姿势时交替外展髋部有助于强化臀中肌。这些肌肉有助于你们在行走和跑动时保持骨盆对齐，所以在做直立姿势时强化它们很重要

在地面上做拉伸运动（此时身体在重力的作用下放松）会改善柔韧性，并为参与者提供一个在离开之前完全从锻炼中恢复的机会。在这个最后的环节中，要记得将拉伸动作保持15 ~ 60秒。

图13.18 伸展股四头肌是一项很棒的功能性拉伸，因为股四头肌在许多日常和体力活动中都会用到

本章总结

训练营、HIIT或者专项训练课程提供了一个难得的机会来提高参与者对课程的兴趣，并增强他们处理日常活动的能力。参与者追求更具有目的性和省时高效的团体健身，这在一定程度上说明了这些形式的锻炼越来越受欢迎的原因。许多参与者不再专注于改善自己的外观，相反，他们更加关心自己在执行日常活动时的轻松程度，以及参与消遣活动时的舒适程度。参与训练营、HIIT或者专项训练课程可以作为一种目标驱动的经历，该经历会对参与者的身心健康产生影响。另外，它还会唤出所有人的童真，就像我们回想起在玩自己喜爱的体育运动一样。

团体健身课程评估表：要点

- 要包含适量的动态动作。对于热身活动，要使用动态动作，如踮脚绕圈行走。
- 要提供预演动作。通过展示一项基本冲量训练的调整做法来引入预演动作。
- 以符合生物力学原则的方式拉伸主要的肌群，并提供合理的指导。在整个锻炼期间都要拉伸肌群，尤其是在结束时或者在间歇性训练的间歇之间。

- 要给出明确的提示和口头指示。通过提供运动强度选项的方式为参与者改进练习。

- 如果使用音乐，那么选择的音乐要恰当，可激发运动欲望并具有变换间歇性训练的提示音（哔哔声）。

- 在锻炼激励期间要缓慢地增加强度。

- 要采用各种各样的体能和功能性训练动作；如果有可能，要将动作和目的性的活动相匹配。

- 要尽量避免长时间地强调任何一种冲量训练或者专项训练部分。

- 要为所有的练习展示良好的姿势，并与学员一起参与。

- 要促进参与者互动，并鼓励娱乐。要采用接力赛等形式吸引课程参与者。

- 要在训练环节之后的放松阶段缓慢地降低冲击力和强度。

作业

1. 为10分钟的训练营、HIIT或者专项训练课程写出一份完整的概要，其中包括2分钟的热身、6分钟有氧活动与力量环节的组合，以及2分钟包含拉伸运动的放松。列出要执行的具体练习、每项练习的目标、你将如何退阶或者改进每项练习以及所有音乐作品的名称。

2. 研究一份线上的训练营、HIIT或者专项训练锻炼概要。描述其所展示的练习和方法，并采用团体健身课程评估表（附录A）对教练进行评估。列出你喜欢该锻炼的三个地方，并列出为了让锻炼更加安全、高效，你会改变的三个地方。

水中锻炼

本章目标

本章结束时，你将能够：

- 熟知水中锻炼的益处；
- 了解水的特性和牛顿运动定律；
- 分析水中锻炼研究原则，并将其用于课程指导；
- 合理地将训练系统的相关知识和专用器械用于水中锻炼；
- 调整用于水中健身的团体健身课程评估表。

背景确认

在阅读本章之前，先做以下工作：

阅读

☐ 第2章，"基本要素"；

☐ 第3章，"基于教学的概念"；

☐ 第6章标题为"肌肉训练的建议和准则""肌肉训练提示"和"示范进阶、退阶、调整和替代动作"的部分。

练习

☐ 采用主观用力程度分级监控强度（参见第5章）；

☐ 展示各种强度水平的运动；

☐ 像第3章，尤其是"基于教学的团体健身的激励策略"部分中讨论的那样鼓励参与者互动。

若要让健身体验对参与者来说变得更加具有目的性和趣味性，可以考虑水中锻炼。随着人年龄的增长以及参与者对非胁迫和无冲击健身体验的追求，水中锻炼大受欢迎。世界卫生组织（World Health Organization，WHO）预计，年龄为65岁及以上的人口数量将会超过年龄为5岁以下的人口数量，并且65岁以上人口将会在2050年增加至15亿人，其中大部分的增长出现在发展中国家。水中锻炼是老年人体验团体健身的一种手段。有大量关于直立水中锻炼对有特殊需求的人群的效果的资料。例如，卡尔加法德等人（Kargarfard et al.，2018）认定，在8周的直立水中锻炼训练之后，相比于对照组，患有多发性硬化症的中年妇女所有测得的健康参数都得到了改善。桑德斯等人（Sanders et al.，2016）研究了浅水锻炼对老年妇女日常活动表现的影响，结果发现，12周的浅水锻炼确实改善了成年人的日常生活能力。阿切尔（Archer，2017）在国际健身协会研究进展中称，水中锻炼可以增强肌肉力量和耐力，改善心血管适能的指标，并且还能够改善跑动表现。水中锻炼不仅仅适合老年人，还会为所有年龄段和能力水平的人带来益处。随着消费者逐渐意识到水中锻炼诸多方面的益处，他们更有可能会将其视为增强自己身心健康的有效方式。

水中锻炼的益处

游泳池通常被视为是通过游泳来实现心肺锻炼的一个场所。遗憾的是，如果它仅仅用于在泳道上游泳，那么游泳池的维护费用会显得很高，因为每个人需要大量的空间才能从锻炼中获益。在水中锻炼课程中，25个以上的参与者可以一起在游泳池中锻炼，享受水中锻炼的益处，甚至都不用弄湿头发。实际上，研究告诉我们，游泳池非常适合用于肌肉力量、耐力和神经运动的训练。贝尔加曼等人（Bergamin et al.，2013）发现，在24周的水中锻炼之后，老年人的动态平衡性得到了改善。游泳池通过水阻力提供超负荷；在关节压力借

团体健身课程评估表要点

热身环节的要点

- 要包含适量的动态动作
- 要提供预演动作
- 在遵循生物力学的原则下指导参与者拉伸主要肌群
- 要包含明确的提示和口头指示
- 要以合理的节奏和强度使用音乐和运动

训练环节的要点

- 要缓慢地增加强度
- 要采用各种各样的水中锻炼技巧
- 要尽量避免长时间地强调任何一种技巧
- 要提出调整做法、退阶做法、进阶做法或替代做法
- 要促进参与者互动，并鼓励娱乐
- 要展示良好的姿势，并提供明确的口头提示
- 要向参与者教授有关强度的知识；在锻炼激励期间要做一两次RPE（主观用力程度分级）检查
- 要给出激励性提示
- 锻炼激励结束时的放松期间要缓慢地降低冲击力和强度
- 要合理地使用音乐

水中锻炼的研究成果

当胸腔沉浸在水中时，心率会降低，所以监控锻炼强度时采用陆上目标心率的做法并不合理（Craig and Dvorak, 1968; D'Acquisto, D'Acquisto, and Renne, 2001; Svedenhag and Seger, 1992; Benelli, Ditroilo and DeVito, 2004）。当胸腔沉入水中时，主观用力程度分级是度量强度的首选方式。

水中锻炼的训练效果可以一直延续，达到改善陆上机能和促进健康的目的（Bushman et al., 1997; Davidson and McNaughton, 2000; DeMaere and Ruby, 1997; Eyestone et al., 1993; Frangolias et al., 2000; Gehring, Kelle and Brehm, 1997; Raffaelli et al., 2010; Takeshima et al., 2002; Tsourlou et al., 2006; Gulick, 2010）。

在深水中跑动时，女性承受的生理压力要比男性小（Brown et al., 1997）。因为女性的体脂要多于男性，他们更容易漂浮；而男性则可能需要调节自己的悬浮带，因为他们受到的浮力较小。

对于正在减重的超重女性，水中锻炼可以作为行走的替代做法（Nagel et al., 2007）。相比于陆地行走计划，水中锻炼会更大幅度地改善老年女性（62～65岁）的最大摄氧量（Bocalini et al., 2008）。针对超重老年女性的短期水基锻炼介入法在改善有氧能力、肌肉力量和生活质量方面很有用处（Rica et al., 2012）。

对于未受过训练的健康女性由运动诱发的低血压来说，在齐胸深的水中行走要比以相似的强度在陆上行走更加有效（Rodriguez et al., 2011），另外水基锻炼计划还会为心血管系统和新陈代谢特性带来益处，并且会改善糖尿病患者的生活质量（Cugusi et al., 2015）。

针对日常活动的游泳池锻炼可以改善陆上的日常活动表现（Templeton, Booth and O'Kelly, 1996; Jentoft, Kvalvik and Mengshoel, 2001）。

我们向初学者推荐水中间歇性训练，以减少局部肌肉疲劳，提高耐力，并让锻炼变得

更有乐趣（Frangolias, Rhodes and Taunton, 1996; Michaud et al., 1995; Quinn, Sedory and Fisher, 1994; Wilbur et al., 1996）。

水中锻炼无氧需求较大（对未受过训练的水中锻炼参与者来说），所以会在整个环节中提供肌肉力量和耐力训练（Brown et al., 1997; Evans and Cureton, 1998; Frangolias and Rhodes, 1995; Michaud et al., 1995; Wilbur et al., 1996）。浅水锻炼中，年轻女性的能量消耗符合日常适中至剧烈身体活动的推荐做法，可以作为陆地锻炼的一种替代做法。

降低在水中运动的速度至关重要。建议指出，以陆上运动速度的1/3～1/2（减慢39%）运动就能实现与陆上运动同样的能量消耗（Frangolias and Rhodes, 1995）。要允许学员根据自己的RPE调节速度（Gehring, Keller and Brehm, 1997; Hoeger, Warner and Fahleson, 1995）。

助浮力而减小的同时，肌肉得到了训练。在力量与体能训练领域，各种阻力器械都利用旨在逆着重力移动的重物来让肌肉超负荷。而在游泳池中，水的黏性和其他特性会为肌肉提供超负荷。

团体健身教练经常会遇到许多新人，这些人需要有关如何在水中合理进行动作方面的指导。许多首次尝试水中锻炼的参与者发现，游泳池环境可以让他们设定自己的节奏、强度和休息间隔。另外，需要更剧烈的锻炼的人们发现，不管什么动作，水提供的阻力都会沿着所有的方向（不只沿着重力的方向）起作用。在某种程度上，水中锻炼要比陆上活动更加安全——摔倒不会带来同样的损伤威胁，并且关节从冲击中受到的压力也较小。而且，在参与者锻炼的过程中，水会帮助他们降低体温，所

以并不会出现过热问题（Gangaway，2010）。

水对超重的人以及女性（女性的基因决定了她们有更多的体脂）尤其友好（Brown et al.，1997）。当超重参与者参加传统的团体健身课程时，他们通常会被别人在看他们身材的想法吓到。在水中锻炼课程中，身体会被水覆盖，并且额外的体脂会让他们受到更大的浮力，从而不在意自己的身材。奈格尔等人（Nagle et al.，2007）发现，水中锻炼结合行走可以作为改善功能健康状态的一种有效的方法。美国目前的肥胖"流行病"无疑会导致水中锻炼的受欢迎度持续增加。

水中是实现功能性、特定性抗阻训练的最佳环境之一（Bravo et al.，1997；Simmons and Hansen，1996；Suomi and Koceja，2000）。与其他锻炼方式一样，参与的连贯性和活动的享受感是坚持锻炼的关键因素。实际上，博卡利尼等人（Bocalini et al.，2010）研究了以前没有锻炼过，但是愿意参加水中锻炼课程的健康老年女性。12周后，这部分老年女性的神经肌肉模式和生活质量的健康参数都得到了改善。

水中锻炼还是一种极好的损伤康复手段，并且可作为一种逐渐推进至在陆上发挥机能的方式。由李、朱和布鲁贝克（Lee，Joo and Brubaker，2017）开展的一项研究发现，在水中行走对老年人的心脏康复具有效果。从健康的角度来看，掌握做正确姿势的技巧对日常生活能力来说至关重要。许多在陆上执行的动作并没有针对改善体态对肌肉进行功能上的训练。例如，在陆上做仰卧起坐并不会让腹肌做好准备，在功能性直立姿势中表现强壮，相反，这一动作会强化腹肌在前倾、弯曲姿势中的力量。这种脊柱向前弯曲的姿势可在老年

身上观察到，他们行走时会弯腰。要在做直立姿势时强化腹肌力量和拉伸身体来改善日常生活活动表现，这一点很重要。在游泳池中，只是采用直立姿势简单地逆水（产生了自然阻力）行走也会锻炼腹肌，同时强化腹肌和下背部则可增强日常生活能力（Kennedy and Sanders，1995）。与传统的力量和体能训练计划一样，参与者一旦经过训练，便可以通过增加阻力来挑战自己。器械超负荷（通常由表面积提供）和速度调节需要慢慢地加以应用（Mayo，2000）。

利用水阻力执行基本的冲量训练（即行走和跑动）会在身体逆着阻力稳定自身的过程中加强机能；另外，下肢关节上几乎没有负载。因此，水中锻炼对采用直立、功能性姿势锻炼提供了特定的阻力，同时减少了骨骼系统的负载（Norton et al.，1997）。最后，许多陆上的活动（如太极和普拉提）移入水中时，也可以提供更多的缓和感与放松感（Archer，2005）。总体而言，水中锻炼由于能够提供功能性训练成果，其侧重点正在从传统的客户（老年人和受伤的年轻人）向包含运动员、年轻人和身心运动热爱者的新兴市场转变（Vogel，2006）。参见"团体健身课程评估表要点"，获取适用于水中锻炼的评估表要点。

水的特性和牛顿运动定律

让我们探究一下一些让水中锻炼不同于陆地锻炼的水的特性，然后可以回顾水中锻炼的肌肉要求和牛顿运动定律，因为这些定律适用于水中环境。了解控制水中运动的原理对最大化水中锻炼课程的效果来讲很重要。

黏性，或者分子之间的摩擦力会产生运动阻力。水的黏性要大于空气，正如糖浆的黏

性大于水一样。由于水的黏性大于空气,所以它会为运动带来更大的阻力。当一个人在水中向前行走时,黏性(水分子的内聚力和黏附力)会形成必须同人一起移动的一摊水。这摊通常称作阻力的水会加大负荷,从而增加能量消耗。

　　浮力是在水中受到的一种力。浮力将身体向上推,并且具有与重力相反的效果。物体的浮力取决于其相对于自身体积的密度;物体的相对密度决定它是下沉还是漂浮(Bates and Hanson,1996)。因此,身体成分由于会影响身体密度,所以会影响参与者受到的浮力。体脂(或者存储能量)较多的参与者会受到较大的浮力。另外,体脂较少的参与者具有较大的相对密度,因此会受到较小的浮力。较瘦的参与者在深水中锻炼时可能需要借助浮力装置。例如,精瘦的运动员在深水中跑动时所需的漂浮装置与具有正常体脂的女性所用的装置不同。在水中锻炼时,浮力还会影响关节活动度。在诸如站姿髋部外展(见图14.1)的锻炼中,浮力将会把腿部推向水面。如果腿部超过了髋外展肌关节活动度(45度),那么股直肌和髂腰肌——而不是髋外展肌——将作为锻炼的主动肌。做该运动时,在体前握拢双手有助于防止身体沉到水下。如果执行常规的开合跳,那么参与者将会沉没到水中,弄湿自己的头发。典型的陆地动作需要加以调整才能够适用于水中环境,并让参与者感到舒适。在提示水中动作时,重要的是要记住ROM和阻力方向。在甲板上指导参与者之前,要先在水中练习该运动。在图14.1所示的例子中,要提示参与者将髋部外展动作保持在45度,并将双手紧紧地并拢在体前,以防止头部沉到水下。

图14.1　当带领参与者做髋部外展时,要提示他们将ROM保持在45度,并将双手并拢在体前,这样他们才不会沉入水中

肌肉动作上的差别

　　在水中锻炼感到舒适并且相对没有疼痛的一个原因是,在水中几乎不需要做离心肌肉动作(然而,可以加入需要离心肌肉动作的器械)。离心肌肉动作通常与延迟性肌肉酸痛(Delayed Onset Muscle Soreness,DOMS)相关(Byrnes,1985)。DOMS可能会在锻炼后的一两天出现,并且会引起肌肉不适,这种不适会导致无法坚持锻炼。针对患有关节炎的成年人,有10项随机取样、精心安排的临床试验对陆地锻炼和水中锻炼进行了对比,而对这10项临床试验的一项多元分析发现,在陆地和水基锻炼的成效之间不存在差别(Batterham,Heywood and Keating,2011);然而,该多元分析中的大部分研究并未考虑参与者的舒适感,而是考虑了健康和肌肉骨骼方

面的成效。许多参与者都声称，水中运动让他们的感觉非常好。重点要指出的是，在出版文献中出现更多对参与者（尤其是认为舒适感是运动经历的重要一部分的老年人）在水中感受方面的定性量度之前，参考科学研究来指导与肌肉动作相关的计划设计将会很困难。然而，如果将水中运动主要涉及向心肌肉动作的特点与水中活动的非冲击性质结合起来，这对有特殊需求的人来说可以更加舒适，我们就会知道，游泳池可以作为一个安全、舒适的锻炼环境。为了成为一名高效的水中锻炼教练，要重点理解这些以及水中运动的其他含义。表14.1展示了站姿肩膀外展与内收的陆地肌肉动作与水中肌肉动作之间的差异。加入器械会改变所用的肌肉。理解表14.1将有助于你向参与者描述每个动作所使用的肌群。

水中锻炼的进阶方式

水中锻炼的渐进式阻力是通过改变速度、水面、行进以及逆着阻力的锻炼来产生的，以达到逐渐地增加肌肉超负荷来实现训练效果的目的。在阻力锻炼期间能够改变运动平面（这在传统团体健身课程中可能更加难以实现）是水中锻炼的重要益处之一。例如，如果一名参与者通过站在陆地上完成基本的哑铃飞鸟来水平内收肩膀（训练的是胸肌），那么重力反而会迫使三角肌作为主动肌（因为必须利用三角肌来将哑铃举在空中）。为了让该运动锻炼到胸肌，参与者必须仰卧，并完成哑铃飞鸟。然而，当参与者站在水中完成哑铃飞鸟时，胸肌便是主动肌，因为浮力会辅助三角肌。因为重力不会影响阻力在水中的方向，所以动作和平面可以在处于直立、功能性姿势时加以改变。换言之，水中锻炼可以让直立超负荷拥有更多的选项。

对胸肌来说，一个建议用来增加和减小运动强度的水中锻炼进阶方式如图14.2所示，该图利用深水锻炼课程中的参与者描述该运动。

图14.2展示了采用蛙泳的一种胸肌进阶方式。起初，参与者的动作特征是原地进行水平肩膀内收；接着参与者向后移动来辅助做内收动作（见图14.2a）。然后，为了让运动超负荷，参与者向前慢跑来产生抵抗蛙泳的阻力（见图14.2b）。

让我们利用该知识和图14.2中的进阶模型来创建一种针对锻炼胸肌的阻力强度进阶方式。与其他团体健身形式一样，在开始任何锻

表14.1　陆地与水中站姿肩膀外展与内收的比较

环境	器械	关节动作	三角肌前束或中束的动作	背阔肌的动作
陆地	无	肩膀外展	向心	无
陆地	无	肩膀内收	离心	无
水中	无或者水面装置	肩膀外展	向心	无
水中	无或者水面装置	肩膀内收	无	向心
水中[a]	浮力装置	肩膀外展	无	离心
水中[a]	浮力装置	肩膀内收	无	向心

参与者应当挺身站立，双手位于两侧，并且双脚与肩同宽。
[a] 慢速以抵抗浮力。

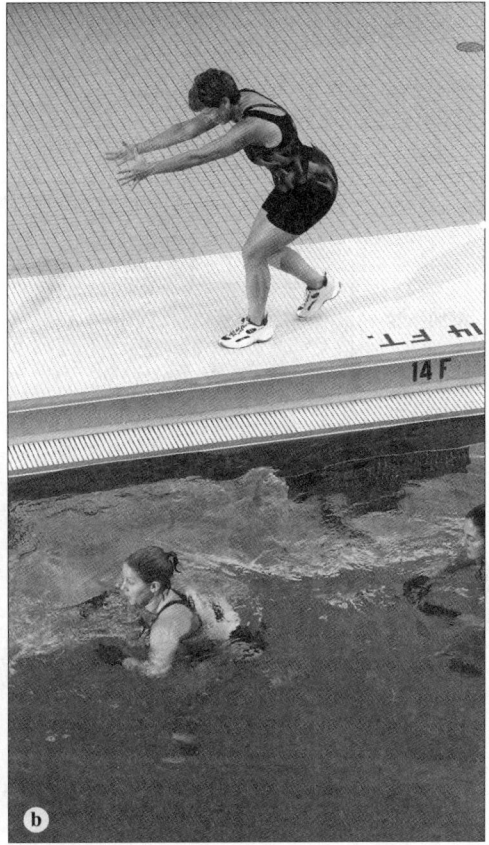

图14.2　胸肌进阶方式：（a）辅助蛙泳，（b）抵抗蛙泳的阻力

炼进阶系列之前要热身，这一点很重要。首先，在功能性的关节活动范围内，通过原地站立或者踏步以及以放松的方式水平内收肩关节来预热胸肌。然后，按照进阶模型增加运动的速度和力量，从而向后推动身体。接着，戴上手蹼的方式，增大运动涉及的水面，并再次提高速度。接下来，在逆着水流行进和做肩关节水平内收的同时开始向前慢跑；再次提高行进的速度。最后，通过将双脚抬离游泳池底的方式悬浮身体，以拖起身体表面穿梭于水中。收缩躯干稳定肌来向身体增加更多的拉力，并稳定浮力效果。这是利用图14.3中的进阶模式来缓慢增加运动强度的一个示例。也可以逆序

执行来降低运动强度。图14.3代表了一种阻力强度进阶模型，它可以用于针对所有肌群的锻炼，以增加和降低水中锻炼课程中的锻炼强度。

牛顿运动定律

对牛顿运动定律的大体理解对提供安全、有效的水中锻炼指导来说至关重要。还记得在物理课程中学过的这些知识吗？现在是时候将其用于实践之中了。在将它们应用于水中锻炼运动之前，让我们花一点时间来回顾这些定律。

惯性是牛顿第一定律的主题。惯性是物

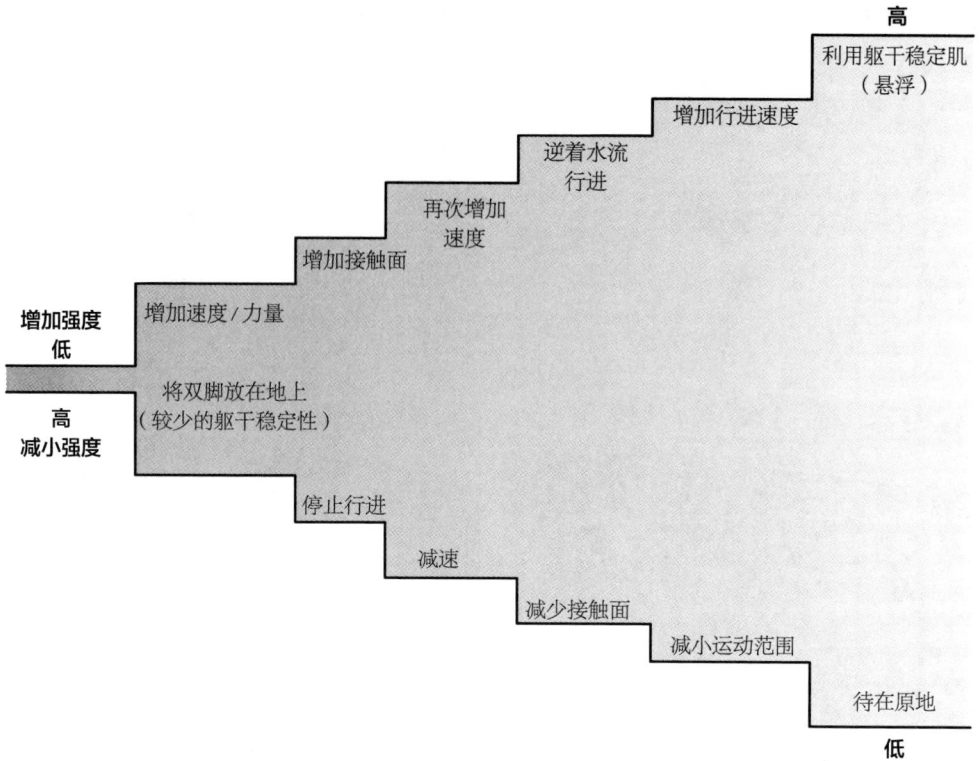

图14.3 水中锻炼阻力进阶模型。水中锻炼强度的增加和降低可以通过利用进阶模型指导运动的选择来实现

体保持静止或匀速直线运动状态的趋势，直到有外力作用迫使它改变这种状态为止。当人体在水中移动时，由于水保持运动的惯性趋势，它会产生水流。水流的运动会影响锻炼的有效性。例如，在水中绕圈跑会降低运动的功，因为人在随着水流移动，而转身和逆着水流会造成做功增加。如果一个人在水中站着不动，那么身体几乎不受阻力。因此，原地站立要比移动更加容易。短距离的行进动作，如跑动10英尺（约3米），转身并回跑10英尺（约3米），利用水的惯性来产生超负荷。初学者需要在原地做大量锻炼以获得平衡性和掌握技巧，而不必去应付惯性水流。一旦他们有了进步，便可以引入水中行进。

牛顿第二定律中提到了加速度，它指出力等于质量乘以加速度。因此，该定律表明速度（加速度）可以用于产生阻力超负荷。例如，为了增加水中行走时的阻力，可在不改变ROM的前提下走得更快。这样做会移动相同的水量，但是移动起来会更困难，因为移动得更快了。当动作增加了加速度，你便引入了功率因素，功率的计算公式为做的功除以时间。在加速时，注意不要减小运动范围；减小ROM会让肌肉动作变得更接近等长收缩，并且由于缺少血流量，会导致更严重的疼痛。采用完整的ROM是训练肌肉的最佳方式。

作用力与反作用力在牛顿第三定律中联系在了一起，该定律指出，对于每一个作用力，总会有一个等大反向的作用力。例如，如果你将舒展的双臂伸到体前，并向身后推水，那么身体会向前移动。作用力是手臂的运动产生的，而反作用力的结果是全身的运动。利用该理念来分析运动需要什么以及从运动中可以得到什么。例如，当在深水中内收肩膀（背阔肌正平面运动）时，根据作用力与反作用力，身体将会轻微地上升。这种反作用力可以让肩膀超负荷，而不是让身体向上移动。通过保持身体稳定，你是在挑战作用力与反作用力定律，从而做更多的功。通过弯曲双膝以将双臂移到水面以下的方式可以在浅水中实现同样的效果。关键在于确定作用力的反作用力方向，然后逆着它实现超负荷，或者顺着它实现恢复。

创建热身活动

水中健身课程的热身与陆上课程的热身略有不同。在水中，动态ROM锻炼取代了静态拉伸运动。例如，在陆地课程中，腘绳肌先经过动态热身，然后根据参与者的偏好进行静态拉伸。在水中课程中，髋部弯曲和髋部伸展锻炼可同时预热和拉伸股四头肌及腘绳肌；由于缺少重力，不会发生离心肌肉动作。如果参与者处在86华氏度（30摄氏度）以下的冷水中，剧烈的热身活动可能适合用于促进身体的温度调节。如果游泳池的温度为86华氏度（30摄氏度）及以上，身体认为这属于热平衡，那么可能没必要进行剧烈的移动来让身体保暖。完整ROM的全身性锻炼适合水中锻炼的热身，并且我们也鼓励使用完整ROM的全身性锻炼。

下面是针对具体肌群的动态热身和预演动作样例。要让参与者在做每个动作时经过完整的ROM。在热身期间，要尽量减少节奏的增加。

图14.4至图14.8展示了可以用于达到体温调节目标的全身性动作。这些锻炼将会通过

图14.4　在涉水时将双臂伸出水面会提供一种有氧刺激

图14.5 坐姿浅打水伴有（a）向后的动作；（b）仰卧来改变与水接触面积，并移动得更快（锻炼股四头肌以及腹部和下背部肌肉）

图14.6 全身性的攀岩运动，其中阻力通过将手向下压入水中，并逆水而行来产生（锻炼臀肌、腹肌、下背部和三角肌后束）

图14.7 洗衣机：双臂（收在体侧），双腿沿相反的方向旋转，或者收缩核心和旋转肌群

图14.8 仰卧，收紧膝盖，并伸出四肢呈仰卧超人或者超女姿势（锻炼腹部和下背部肌肉）；然后，收紧膝盖，并俯卧（晒太阳）

增加能量消耗来升高核心温度。通过这些动作，参与者可以通过练习行进和改变方向的方式先逆着，然后再顺着惯性水流行进。在水中锻炼中，让肌肉经过完整ROM的动作取代了静态拉伸。肌肉不必非要逆着重力工作。当一块肌肉收缩时，相对的肌肉会自动伸展。因此，教授水中锻炼课程时，热身部分中不需要拉伸环节。要鼓励和指导参与者在热身部分中以缓慢、可控的方式执行完整ROM的动作。

设计水中健身课程

在岸上授课很重要，因为对参与者来讲，视觉提示和口头提示一样重要。我们推荐先站在岸上示范动作，并让参与者在水中练习动作，然后再下水加入他们。在水中指导课程并不会对教参与者如何以符合生物力学的方式正确地完成动作起到辅助作用，因为他们看不到你的姿势。在音乐方面，水中锻炼与动感单车

热身环节的要点

- 在岸上示范动作时要采用适当的速度
- 每个动作都要强调完整的ROM
- 让参与者保持移动，并确认水温的舒适度
- 向参与者指出单个肌群，并且利用全身性的运动让身体保温
- 通过合着节拍移动、移动得比节拍快以及移动得比节拍慢的方式演示如何使用音乐节奏作为测量标准

或者专项训练类似：采用音乐来营造氛围，但不一定要设定节奏。如果你始终合着节拍移动，那么你将不会让参与者合理地进步。要利用音乐节奏作为测量标准。例如，开始时合着节拍，接着如果你的目标是增加课程的强度，那么让参与者快于节拍锻炼15秒，或者如果你想让参与者恢复，那么要慢于节拍锻炼。如果没有音乐，通常游泳池岸上会有一个计时时钟，可以用它来对动作进行计时，并且对特定时间段内做了多少次手臂上下摆动或者滑雪动作进行计数。

在教授水中健身课程之前，要确保救生员在场，这样你便可以专心指导，因为你无法同时负责安全和指导。然而，要对安全事项进行介绍，尤其是针对在水中感觉不自在的参与者而言。事实上，许多人都不会游泳。如果你在深水中授课，那么要确保参与者对自己的漂浮装置进行了合理的调节。在开始上课之前，要先检查一下每件器械的穿戴方式。例如，深水锻炼具有不同等级的浮力带。精瘦的参与者需要的是一根可提供更多浮力的带子，而体脂多一些的参与者则需要一根提供较少浮力的带子。实际上，有些具有大量存储能量（体脂）的参与者可能不需要浮力带。一旦课程开始，要花点时间向参与者教授安全技巧，尤其在深水区域锻炼的时候。锻炼时，有些参与者可能会向前倾倒，并且无法将面部抬出水面，有些参与者则可能向后倾倒，并且无法将双腿放下。要针对这些情况教授复位技巧，并且在整个锻炼期间始终提醒参与者收缩腹肌并保持直立姿势。要告知救生员在水中感觉不适的人，这样救生员便可以密切地关注他们。最后，如果在具有陡坡的游泳池中锻炼，那么要确保泳道线将浅水区和深水区分隔开。

技巧和安全检查

为了保证水中锻炼的安全，要遵守以下推荐做法。

要记得：

- 在加速之前，鼓励做完整ROM的动作；
- 采用不同的运动平面；
- 鼓励参与者维持脊柱中立位，并且抬头向上看；
- 努力练习所有的主要肌群，并且向参与者指明主要的肌群，以提高身体意识；
- 确保有一名救生员在岗，并介绍水中安全措施；
- 在岸上以视觉可见的方式演示动作，这样参与者才会明白要做什么；
- 在整个锻炼期间，通过让参与者以自己的水平进行练习的方式来鼓励个性化的、适当的进阶。

要避免：

- 让所有学员都跟随音乐节奏运动；
- 将岸上演示的速度增加至陆上速度；
- 在执行视觉可见的演示之前与参与者一起进入水中。

水中的大部分动作都需要所有与健康有关的身体素质（心肺功能、力量、柔韧性和神经运动功能），理解这一点将有助于你创建有效的水中锻炼课程，从而提高参与者的生活质量。

我们建议你在三种水深区域中授课。

1. 深水区，其中要使用漂浮装置。
2. 过渡区，其中双脚位于游泳池底，但是弓步时会沉入水中。
3. 浅水区，其中水深在剑突以下。

在浅水区授课时，利用水的方式有三种。

1. 利用反弹动作并跳跃，这会产生更大的冲击力和更高的强度。
2. 肩膀在水面处保持中立位姿势，并且利用水的阻力来减小冲击。
3. 要让动作悬浮在水中完成，这会更加困难，但是具有的冲击力最小。

理解基本的全身运动将会让你着手创建合适的运动组合。一些全身性动作的样例在本章后面的"基本动作"中做了说明。这些动作利用大肌群来增加能量消耗，并且还具有功能性。例如，逛商场是以流行的休闲活动"购物"命名的一种基本行走动作，另一项全身性动作"越野滑雪者"模仿的是越野滑雪的运动。任何时候，功能性运动都可以加入水中活动，并与陆地活动联系起来，参与者将在陆地运动中受益，并理解训练与转化为生活技巧之间的联系。

训练系统

过去关于水中锻炼的研究（Brown et al., 1997；DeMaere and Ruby, 1997）已经表明，血乳酸对水中锻炼的反应可能要强于在陆上执行同种锻炼的反应。由于方法上存在挑战，这些研究难以开展，并且未得出血乳酸在水中锻炼的反应始终都更强的结论。然而，近期针对所有有关陆上和水中相同动作之间血乳酸反应的水中锻炼研究的一项分析（Payton, 2018）显示，相比于陆地锻炼，浅水中的低强度锻炼会导致较低的血乳酸水平。这项研究让作为教练的我们了解到了什么呢？

水的阻力会让锻炼产生一种无氧反应，这类似于陆上抗阻训练期间在生理上出现的反应。

血乳酸水平的大幅提高，尤其是在浅水中，身体状况不好的参与者血乳酸水平大幅提高，他们可能会感到不适，从而难以坚持锻炼。

由于水的阻力特性，我们推荐水中锻炼采用间歇性训练，尤其是对于初学者。初学者是指不经常去健身房举重的人。

在针对肌群的锻炼之间要有休息时间，以达到让血乳酸在体内被再利用的目的。

弗兰戈利亚斯等人（Frangolias et al., 2000）认定，当参与者在水中训练时，他们最终会适应环境，并且血乳酸水平不再提高。

水中的间歇性训练有助于参与者适应血乳酸水平的提高，并且让活动变得更加充满乐趣。采用间歇性训练的前提是，如果高强度训练被休息时间隔开，那么训练者可以做更多的锻炼。更多信息参见本章后面的"间歇性训练的益处"。

为了理解间歇性训练，下面是你应当了解的术语。

锻炼间隔——高强度锻炼的时间。

恢复间隔——锻炼间隔之间的时间。恢复间隔可能由轻度的活动（只是划水）或者适度的活动（简单的慢跑）组成。

锻炼-恢复比率——锻炼间隔与恢复间隔的时间比。1∶3的锻炼-恢复比率意味着恢复间隔的时长是锻炼间隔的3倍。1∶3锻炼-恢复比率的一个示例是慢跑1分钟，休息3分钟。

循环（重复数）——锻炼间隔与恢复间隔的组合。由于恢复间隔紧跟锻炼间隔，所以有些资料将锻炼间隔的数量称为重复数。

组——针对一项锻炼执行的循环次数。4次锻炼-恢复循环序列组成了一个循环4次的组。

最好不要在整个团体健身课程期间都做间歇性训练。相反，要在可能的时候插入时长较短的间歇性训练环节。水中间歇性训练的一个样例序列见表14.2。

表14.2　水中锻炼的间歇性训练序列

环节	总时间	循环数	恢复与锻炼
1	3分钟	3个循环	40秒恢复和20秒锻炼
2	3分钟	3个循环	30秒恢复和30秒锻炼
3	3分钟	3个循环	20秒恢复和40秒锻炼

间歇性训练的益处

- 由于多样性的增加，产生了更多的乐趣
- 有在较短的时间内做更多锻炼的可能性
- 增强无氧和有氧爆发力与耐力
- 减少伤病以及减少参与者精疲力竭的可能性

水中锻炼器械

一旦参与者参加了6～8周的水中锻炼课程，他们便会适应水的阻力，并且最终需要利用器械才能让肌肉超负荷。可用的超负荷器械有若干种。该部分综述了水面装置和浮力装置。在深水中锻炼时，长时间使用浮力装置作为全身的支撑（不穿浮力带）可能会对肩膀不利，因为浮力会辅助三角肌，从而将肩关节拖起成水平姿势。这些器械最好在浅水中使用，在浅水区它们不会对肩关节造成太大的负担。图14.9展示了部分浮力装置。水面装置在深水和浅水中都可以使用。

水面装置主要引发主动肌群和被动肌群的向心肌肉收缩。它们还有助于提供超负荷，因为穿上它们移动时需要更多的水。许多水面装置还会提供可调节的阻力。例如，当使用手蹼时，参与者可以选择张开手指获得较多的阻力，或者握拳获得较少的阻力。图14.10展示了部分水面装置。

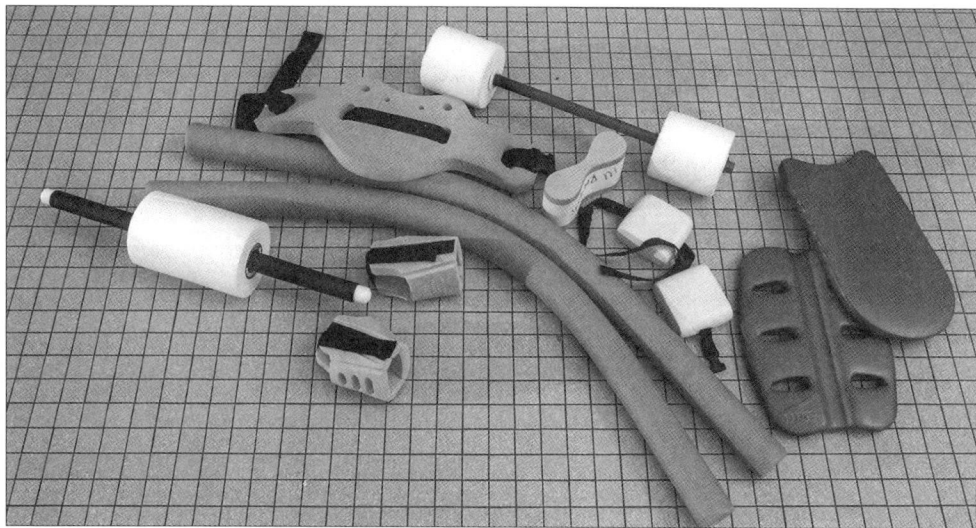

图14.9　浮力装置

图14.10　水面装置

当参与者借助浮力器械锻炼时，要鼓励其以缓慢的速度进行；移动得过快将会导致器械直接弹出水面，就像如果下放得过快，在陆上，哑铃会砸到地面上一样。利用浮力装置，可以在水中做离心肌肉动作。让核心肌群稳定至关重要，因为核心肌群是开展许多锻炼的基础。水中器械公司正在着手开发可以满足个人需要的水面装置和浮力装置，就像5磅、10磅或15磅（约2.3千克、4.5千克或6.8千克）的手持重物可以用来满足陆地课程中的个人阻力需求一样。记住，正确的肌力和耐力训练开始时的关注点是运动的进阶。

基本动作

以下所有锻炼都是针对水中锻炼课程的极佳的全身性训练动作。参阅附录C获取水中锻炼样例。

基本的进阶动作

以下锻炼是涉及上半身、下半身和核心肌群的全身性训练动作。这些动作非常适合包含有氧、力量、柔韧性和神经运动动作的水中锻炼训练环节。要记得使用加速、惯性水流和渐进式阻力，正如本章前面所讨论的那样，达到挑战参与者的目的。

常规慢跑和行走

　　该动作可锻炼股四头肌、髋屈肌、腘绳肌、腹肌和下背部肌肉；它模拟了行走或者慢跑两种实用性的动作，继而可以改善陆地上的动作表现。

逛商场

　　该动作通过增加力臂长度的方式对慢跑和行走动作进行了进阶，并且对于购物活动（以及其他行走活动）来说很实用。

越野滑雪者

该动作可锻炼髋屈肌、臀肌、腘绳肌、三角肌和背阔肌。动作开始时，先将右臂笔直地伸至体前，将左腿伸至身后。像越野滑雪那样同时交替做动作，可通过增加手蹼来增加上半身的阻力。

手脚相对的直抬腿

该动作的锻炼对象是髋屈肌、腘绳肌、背阔肌和三角肌后束。将右臂伸向左脚脚趾，以流畅的动作转换至左臂触摸右脚脚趾。为了加强腘绳肌和三角肌后束的拉伸，要伸长相对的手臂和腿部，并朝着动作的方向收下巴，从而让肩膀位于髋部之上来摆出良好的姿势。

额外的全身性动作

以下锻炼采用了功能性的动作，并且会锻炼全身。它们是训练环节的一个重要部分，因为在做上半身和下半身动作时，核心肌群（腹部和下背部）必须支撑躯干。

V形坐姿

在胸肌、菱形肌、斜方肌中束、三角肌后束以及髋外展肌和髋内收肌的辅助下，双臂和双腿处于深水中的V形坐姿可锻炼腹部和下背部。双腿都在髋部处弯曲，并且同时交叉双臂和双腿，保持肩膀位于髋部上方，并且下巴微收，同时躯干保持良好的姿势。

V形坐姿+向前的运动

　　调用菱形肌、髋屈肌以及腹部和下背部肌肉的这一V形坐姿变式会产生向前的运动。同时伸长手臂、收缩肩胛骨并外展双腿。弯曲双膝，复位，然后重复运动。

V形坐姿+向后的运动

调用胸肌和髋屈肌的这一V形坐姿变式可在深水中产生向后的动作，有些人将这称为鱼雷动作。当双手和双腿并拢时，微微地向前弯曲脊柱，向后游动；复位并重复运动。

交替坐姿踢腿

对于交替坐姿踢腿动作，要在水中挺身坐定，并且髋关节弯曲至90度。在双手伸出水面的前提下，膝盖弯曲、伸展。该动作的锻炼对象是股四头肌和腘绳肌，同时挑战腹肌和下背部的稳定性。

绕圈蹬自行车

在深水中，躺在一侧，并用双腿做蹬自行车运动。将一只手臂伸到侧面，另一只手臂向上伸直以挑战腹部和下背部的稳定性，同时沿着圆圈转动（锻炼腘绳肌、臀肌、股四头肌和三角肌）。为了防止眩晕，每转三四圈就要变换方向。

隔离肌肉的动作

　　下面两项锻炼适用于预热核心肌群或者用于锻炼后放松环节的运动。反式蛙泳除了锻炼肩部肌肉之外，还会在菱形肌、三角肌后束、股四头肌和腘绳肌驱动身体做运动的同时，让腹肌进行等长收缩。专业坐者需要腹肌等长收缩。这两项锻炼都涉及核心肌群对动作整体上的稳定作用。这两项运动几乎不可能在陆地上执行，因此，它们会挑战身体的神经肌肉控制能力。

反式蛙泳

　　反式蛙泳会锻炼到菱形肌、斜方肌中束和三角肌后束等肌群。要在伸展双臂的前提下，在水平面内收缩肩胛骨，收缩腹部，将双腿保持在体前。刚开始时，向前移动身体来辅助动作，然后加入双腿的浅打水动作，以抵抗肩胛骨的回缩动作。如果动作做得正确，那么身体将会保持在同一个位置。锻炼胸部或者上背部时，参与者应当在不同的平面内移动双臂，因为产生多平面的阻力是水中锻炼的优势之一。在水中，身体可以按照更加自然的模式逆着阻力移动，并且阻力的方向不如陆上锻炼那么重要。

专业坐者

该动作是一种功能性的动作，它用于在坐着状态下对身体进行训练，而坐着是大多数人在日常生活中经常会做的动作。双手位于水面以上，肩膀位于髋部以上，弯曲和伸展膝关节，左、右膝关节交替。收缩下背部和腹部肌肉，仿佛悬坐在一把椅子上面。伸直双腿，将该动作变为逛商场动作，以此加长下背部力臂，达到增加超负荷的目的。

健身专业人士的建议

玛丽·E. 桑德斯（Mary E. Sanders），博士，CDE，是一名注册临床运动生理治疗师，美国内华达大学雷诺校区医学和社区卫生科学学院的副教授。玛丽是*WaterFit*杂志的主编，以及*WaterFit® S.W.E.A.T.™ System: Shallow Water Interval Training*的作者。玛丽是水中锻炼方面的国际专业人员，已经发表了很多篇有关水中健身、老年人、康复后患者、慢性疾病患者以及超重或者肥胖人群的研究论文。

"拍水，冲刺，舒缓和微笑！水中锻炼给你们提供了移动身体并乐在其中的机会！通过与朋友们一起戏水，实现一次有趣、全身性、省时高效和有心肺阻力的锻炼。摆脱地心引力，并自己掌控强度。在向团体分享能量的同时实现个人目标。然后在水的自然浮力中放松自己，因为水流可以按摩和舒缓肌肉。我鼓励你们入水取乐，以得到改善陆上生活活动表现的结果。"玛丽说。

本章总结

作为健身教练，随着参与者逐渐变老并追求更多的无冲击力锻炼，拓宽抗阻训练的概念非常重要。水中锻炼是团体健身的一种可最小化冲击力的有效形式。许多陆上的锻炼形式（包括尊巴、普拉提和太极）也可以在水中开展。水中环境会提供一种在陆上无法获得的平静感和放松感。此外，它还可以勾起曾在游泳池中或者沙滩上度过休闲时光的美好回忆。将休闲与锻炼联系起来有助于你坚持锻炼，因为它会带来一种目标感和愉悦感。

作为教练,在教授水中锻炼时将会遭到挑战,尤其在户外上课的时候。能够根据空气和水的温度调整课程形式将会改善参与者的体验。通过询问有关舒适度方面的问题来寻求改变。偶尔要下水,这样你便可以了解学员的舒适度,并与学员进行眼神接触。考虑动作选项时,要基于专门针对水中运动的原理以及牛顿运动定律。要采用大量因水阻力而可以实现的多平面运动,进而让课程取得成功。要增加参与者的乐趣和热情,然后你将发现,他们会回来上更多的课。

团体健身课程评估表:要点

- 要包含适量的动态动作。要采用全身性的运动来预热身体。
- 要提供预演动作。执行五六次在锻炼期间要多次做的全身性动作,并且要缓慢、渐进地进行完整ROM的动作。
- 在水中锻炼中,热身活动中没有静态拉伸,因为这会使学员的身体变得过冷。由于水中失重状态,动态、完整ROM的动作可以为拉伸肌肉做准备,并且可以代替静态拉伸。在浅水中或者具有横档的深水中结束锻炼时,可以做一些静态拉伸,但是这并不是必需的,因为水中的每项运动都鼓励在ROM内。
- 要给出明确的提示和口头指示。介绍某项新动作时,至少要使用一种姿势提示。由于在水中运动的速度是陆上运动速度的三分之一到二分之一,所以在岸上要放慢所有动作的演示速度,这样演示才能与学员在水中的速度相匹配。
- 利用水的特性和牛顿运动定律来评估运动的有效性。例如,当需要增加强度时,要利用加速度(牛顿第二定律),并让学员逆水跑得更快。
- 在心肺训练环节之后的放松期间,要缓慢地降低强度。一旦学员完成了放松和拉伸,那么让他们花几分钟时间进行全身性的运动,以在出游泳池之前让身体回暖——前提是学员都处在冷水中。如果水是温的,那么要让学员专注于放松和想象。要让动作与陆温和水温相匹配。
- 要恰当地使用音乐。要采用符合环节和氛围的激励性音乐。始终跟着节拍无法实现锻炼的个性化。利用节拍挑战参与者,让他们运动得快于节拍来增加强度,慢于节拍来降低强度。

作业

参加一节团体水中锻炼课程或者观看水中锻炼视频。识别出你在课程中看到的起作用的两点水的特性和两条牛顿运动定律。写下10条你在课程中观察到教练使用的激励性和指导性的提示。写一份250字的观察总结。

瑜伽

本章目标

本章结束时，你将能够：

- 了解瑜伽的基本理念；
- 研究瑜伽中的呼吸法；
- 了解如何开始一节瑜伽课程；
- 采用合适的瑜伽提示和音乐；
- 了解瑜伽中的技巧和安全事项；
- 教授基本的瑜伽体式，并给出正确的姿势、技巧和安全建议；
- 为初学者设计一套简短的瑜伽动作。

背景确认

在阅读本章之前，先做以下工作：

阅读

- ☐ 第6章，"肌肉训练"；
- ☐ 第7章，"柔韧性训练"。

拥有5000年历史的瑜伽训练在健康和保健领域的受欢迎程度仍然在迅速增长。根据美国瑜伽联盟2016年发布的一项调查，美国目前的瑜伽参与者已经从2012年的2040万人增加到了3670万人。学习教瑜伽是一件回报颇丰的事情，它会增加你的收入和就业机会，并且有助于个人的成长。

由于瑜伽是一种独特且全面的生活理念，包含了一种不同于传统健康体能中所用的体育运动系统，所以我们推荐在开始带领瑜伽课程之前接受专门针对瑜伽授课的训练和获取认证。本章仅介绍瑜伽的基本理念、类型，并展示基本的瑜伽动作，同时还配有体式、姿势信息和呼吸法。此外，由于瑜伽提供了一种古老但影响深远的生活和生存方式，我们强烈建议进行大量的额外训练。关于瑜伽课程的信息，请参见"团体健身课程评估表要点"。

瑜伽的理念

瑜伽并不仅仅是一种锻炼或者拉伸体系，相反，它是一个完整的生活系统。瑜伽可以作为改善生活质量的一种理想方式，因为它可以同时改善生理健康和心理健康。"瑜伽"这个词意为将心灵、身和精神联合或者结合在一起。古印度人（印度是瑜伽的起源地）坚信，要想活得完全、透彻，一个人必须尽可能开发出充满生机的身体、意念和精神。完整的瑜伽练习包括生理训练（称为哈他瑜伽）及呼吸法、冥想、积极思考、健康饮食和服务他人。归根结底，瑜伽旨在成为自我实现的基础。瑜伽有时候被称为意识生活的训练，因为它旨在教导练习者：每时每刻都是深切的存在，让他们深入当下、真实、善良。定期练瑜伽可以帮助人们体会到内在的平静，并了解自己的乐趣、幸福和实际情况。这就是在克里帕鲁瑜

团体健身课程评估表要点

热身环节的要点

- 要包含适量的动态动作
- 要包含明确的提示和口头指示
- 要采用节奏和强度合理的动作

训练环节的要点

- 要采用各种各样的肌群
- 要尽量减少重复性的动作
- 要观察参与者的姿势，并提供建设性、非胁迫性的反馈
- 要不断地提出调整做法、退阶做法、进阶做法或替代做法
- 要提供姿势提示和技巧提示
- 要给出激励性提示
- 提供正确的动作示范以保证参与者的动作遵循生物力学结构
- 要采用恰当的动作和音乐节奏

拉伸和放松环节的要点

- 适当强调放松和想象
- 要以积极的话语结束课程，并感谢同学们

瑜伽的研究成果：健康体能

让我们来探究一下一些有关瑜伽益处的科学依据。瑜伽对生理和心理健康的影响已经被研究得相对比较透彻，尤其是在印度。目前，已经有许多大型的文献综述可供参阅。这里是一些在精选的综述中所发表的研究成果。

一篇系统综述和代谢分析（Chu et al., 2014）对37个随机对照试验进行了分析，结果发现，与对照组相比，瑜伽练习者在体重指数、血压和胆固醇的量度上都表现出了显著的降低。

另一篇综述和代谢分析（Liu et al., 2014）发现，瑜伽训练对肺功能具有积极的影响，并且是提升慢性阻塞性肺疾病（Chronic Obstructive Pulmonary Disease, COPD）患者运动能力的有效方法。

瑜伽式的呼吸锻炼改善了研究对象的哮喘症状（Cooper et al., 2003）和运动员的肺功能（Rana, 2011）；在有关瑜伽和哮喘病的综述中发现了瑜伽可能会改善哮喘病患者生活质量的证据（Yang et al., 2016）。

德沃等人（Desveaux et al., 2015）也综述和分析了10项针对心脏病、脑卒中和COPD的研究，结果发现，与常规护理相比，瑜伽使运动能力和与健康相关的生活质量得到了显著的提升。瑜伽还被推荐用于补充更为正规的医学类计划。

1990年的一项里程碑研究表明，一个包含瑜伽和其他生活方式的计划可以逆转冠心病（Ornish et al., 1990）。此外，脑卒中康复患者的柔韧性、手臂力量和耐力也得到了增强（Schmid et al., 2012）。

一篇综述（Thind et al., 2017）发现，相对于对照（非瑜伽）组，瑜伽对糖尿病患者的血糖结果、体重指数、腰臀比以及皮质醇水平有积极影响。

据显示，瑜伽可以改善平衡性和灵活性，尤其是对于老年人（Youkhana et al., 2015）。在一篇涉及6项研究的综述中，作者们发现，60岁以上成年人在平衡性的测量上（如单腿站立）得到了改善。

老年人群体的动态平衡性得到了改善，并且摔倒风险也表现出了降低（Wang et al., 2012）。

在能量消耗方面，由谢尔曼等人（Sherman et al., 2017）开展的一项研究对比了瑜伽和跑步机行走，结果发现，60分钟的流瑜伽环节符合适中强度身体活动的标准［在瑜伽课程的非恢复部分，代谢当量（MET）的平均值为3.6］。

由拉森-迈耶（Larson-Meyer, 2016）对17项研究所做的一项综述发现，单个体式的MET消耗平均为2.2，调息练习的MET消耗为1.3。然而，有些瑜伽动作系列（如拜日式）的MET消耗高达7.4。应当指出的是，根据美国运动医学会给出的定义，低强度身体活动的MET小于3，而适中强度身体活动的MET为3～6。

由艾德菲大学开展的一项研究发现，阿斯汤加瑜伽的代谢需求（能量消耗）类似于适中强度的有氧舞蹈或者行走（Carroll et al., 2003）。

克里斯塔尔等人（Kristal et al., 2015）发现，定期练瑜伽有助于被研究的参与者在整个中年期内维持体重或者减重。由于瑜伽各个环节并不会消耗大量的热量，所以研究者们推测瑜伽带来的益处来源于参与者的正念和身体意识的提高，这会让他们在食物的品质与数量方面做出更好的选择。

人们已经发现瑜伽是缓解下背部疼痛的一种有效方式。例如，人们发现，对于改善背部功能和减少慢性下背部疼痛来说，一个为期12周、以治疗为导向的维尼瑜伽计划要比传统的团体健身或者自助计划更为有效（Sherman et al., 2005）。

其他许多研究也显示瑜伽会缓解下背部疼痛（Grotle and Hagen, 2017; Chang et al., 2016; Jacobs et al., 2004; Williams et al., 2005）。

一项调查阿斯汤加瑜伽效果的研究发现，绝经前女性的骨密度有所增加（Kim et al., 2011）。在4周的瑜伽训练之后，癌症患者的疲乏度也会明显地降低（Mustian et al., 2011）。

在一篇关于瑜伽对大脑和情绪的影响的系统综述（Pascoe and Bauer，2015）中，研究人员发现，25个随机对照研究提供了初步的证据，证明瑜伽会使交感神经系统实现更好的调节以及降低各个群体的抑郁感和焦虑感。

由赖利和帕克（Riley and Park，2015）所做的一篇综述探讨了瑜伽减轻压力的原理。正念的练习、自我同情的练习以及积极情绪（幸福感）的培养都表现出会调解瑜伽与压力之间的关系。

刘和霍尔（Luu and Hall，2016）评估了瑜伽对执行功能（心理控制和自我调节）的影响，结果发现，大多数研究都显示，定期练瑜伽会降低冲动性和改善自控性。

对青少年来说，瑜伽已经被证明可改善心理健康的程度，如可调节情绪（焦虑也是一种情绪）和适应力（Khalsa et al.，2012）。

伽传统中，瑜伽被称为自我存在练习的原因（Faulds，2006）。

瑜伽练习有五条原则。

1. 恰当地放松，它可以放松肌肉、节约能量并有助于消除担忧和恐惧。
2. 恰当的锻炼，包括瑜伽体式的使用，使身体所有部位系统性地对齐并实现平衡，以达到提升肌肉力量和柔韧性，并促进内脏健康的目的。
3. 恰当的呼吸（称为调息法），它会增加氧气的摄入，为身体充能，并促进心理和情感健康。呼吸法被称为心灵和身体之间的纽带。
4. 恰当的饮食，这在瑜伽中是基于自然、全营养的食物，并且非常均衡且富有营养。合适的饮食有助于保持身体轻盈、柔韧和心灵宁静，从而增加身体对疾病的抵抗力。
5. 积极思考和冥想，这在消除消极想法、平静心灵和促进内心宁静方面至关重要。

在西方，哈他瑜伽是目前为止最为常见的瑜伽形式。参阅"哈他瑜伽课程"来获取健身场所常见课程形式的描述。

此外，瑜伽已经演化出了各种形式，亦称流派或传统，这些通常都是围绕特定大师或者教师的授课方式而演化的。西方流行的形式包括艾扬格瑜伽、高温瑜伽、流瑜伽、维尼瑜伽、阿斯汤加瑜伽、吉瓦穆克提瑜伽和阴瑜伽等。

瑜伽融合课程很受欢迎。最常见的融合形式是健身和瑜伽以及普拉提和瑜伽。富有创造力的教练将瑜伽与动感单车、太极和踏板操结合在了一起。融合课程的主要益处之一是，它将瑜伽介绍给了那些如果不上该课程就可能不会去尝试瑜伽的人；但是，瑜伽热爱者可能不会喜欢这类课程。

瑜伽中的呼吸法

许多瑜伽专业人士认为呼吸法是瑜伽练习中最重要的部分。当你兴奋或者紧张时呼吸会加速，当承受压力时呼吸会变浅。另外，放松和平静可以通过深度、缓慢和放松的呼吸产生。古代的瑜伽练习者意识到，通过控制呼吸，他们可以影响自己的心智、情绪和身体，因此呼吸法如今仍然是瑜伽的重要组成部分。

哈他瑜伽课程
（按照难度由易到难排列）

治疗与恢复性的课程

- 为具有特殊需求的人（例如，感冒、头痛、消化不良和下背部疼痛的人）提供一种优秀的解决方法
- 重点强调舒缓、流畅、培养性的方法
- 采用大量的休息体式
- 通常会结合支撑道具
- 涉及自我照顾和自我同情的练习
- 形成对身体需求和内在智慧的感受
- 鼓励参与者以内在为指引的方式运动，而不是遵循以外在为指引的方式
- 适合所有体能水平的人

温和的课程

- 相比于恢复性的瑜伽，更注重体位（体式），但是姿势十分类似
- 涉及相对简单、基本的体式
- 对柔韧性的关注要甚于肌肉力量或耐力
- 在体式转换之间提供许多休息机会

适中的课程

- 结合了基本和中级体式
- 可能会被组织成一套要求参与者一起照着做的流程
- 可能需要大量的肌肉力量和耐力，以及平衡性和柔韧性
- 对形体和姿势要求更高
- 在体式转换之间提供较少的休息机会

爆发性的课程

- 将体式组织成了一种更为具体的模式或者流程
- 大部分采用连续的动作，并且有时要保持更加困难的体式
- 需要肌肉力量、耐力、柔韧性和平衡性
- 在最后的放松之前几乎不提供休息机会

阿斯汤加

- 充满活力并且是运动型的
- 在体式之间涉及一些跳跃过渡
- 采用许多困难、费力和高级的体式，包括头式和倒立式
- 将体式组织成所有参与者一起做的具体模式或者形式
- 在最后的放松之前不提供休息机会

瑜伽的研究成果：心理和精神健康

瑜伽的益处一直在古籍中被倡导，并且今天仍然被成千上万的当代作者和许多瑜伽教练追捧。这些益处包括增强生理和心理健康，以及促进心理健康，如减少压力和抑郁与提升精神健康水平（这可能包括平静感、同情感等的增加）。

瑜伽的另一个特征是其引发放松反应的能力。这种放松的心理状态在治疗场合中大有用处；实际上，瑜伽治疗师专门帮助病人从心理创伤、抑郁、焦虑和其他类型的心理压力中恢复。

一项研究探讨了瑜伽参与者的参与度对心理健康和精神水平的影响。作者发现，参与者参与的瑜伽练习越多，他们的精神、正念和心理健康水平也会越高。

大多数瑜伽课程都以一些专注的呼吸法或者调息法开始，并提醒学员在整个课程期间始终都要加深呼吸。大多数瑜伽流程随着自然的呼吸节奏连贯开展，每个动作都有意地配合着吸气或呼气出现，这样呼吸和动作便会合二为一。留意呼吸是专注于当前时刻的有力方式；如果思绪飘到了未来或者回想起了过去的经历，那么可以指导学员通过专注于感觉和自己的呼吸声轻轻地将思绪带回到当下。

基本的腹式或者膈式呼吸是瑜伽呼吸的基础。每个人在深度、轻松的睡眠中都会做腹式呼吸，但是许多人在醒着的时候却忘了如何做腹式呼吸；相反，他们习惯性地做浅幅的胸式呼吸。教授瑜伽课程时（实际上是教授任何课程时）主要要做的一件事情是帮助学员重新学会做膈式呼吸。在吸气期间，膈膜会下落以使肺部膨胀；这会引起内脏的移位，发生位移后的内脏随后会向外放松。因此，腹部在吸气时会外突。在呼气期间，膈膜会上升，迫使空气从肺部排出，并且内脏会朝脊柱移回。因此，腹部在呼气时会内收（见图15.1）。

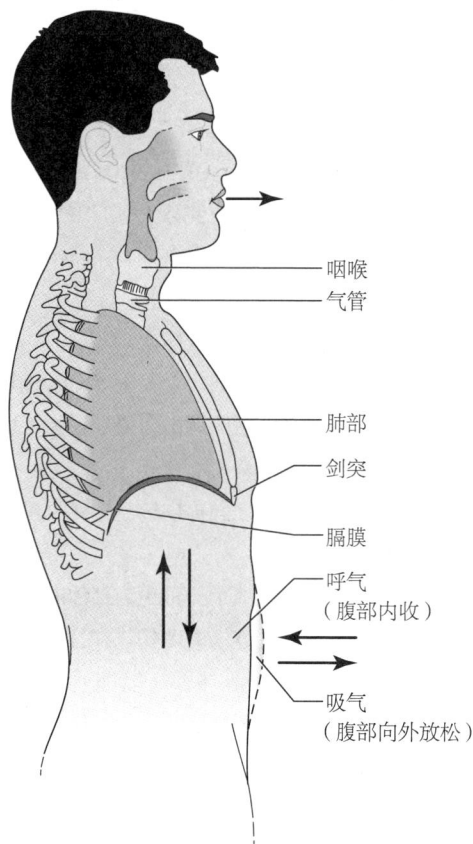

图15.1 基本的腹式呼吸。吸气期间，膈膜向下放松，并且腹部向外放松；呼气期间，膈膜上升，并且腹部内收

瑜伽中的另一种呼吸类型是喉式呼吸。虽然该呼吸法非常类似于之前描述的腹式呼吸，但是即便嘴唇紧闭，吸气和呼气都会伴随着听得见的声音。呼气时发出的声音非常像一声轻柔、微弱、拖长的叹息；吸气时也会产生相同的微弱声音。整体的效果有点像海浪声袭来和远去。一旦掌握了这种呼吸法，大多数人会觉得它很让人放松、舒缓和平静。这种呼吸的主要目的是帮助人们专注思想；如果你专注于用喉咙发出声音，那么思绪很难到处飘荡。

瑜伽中不可或缺的是将呼吸与各种动作连接起来的概念。某些动作总是在吸气时执行，而有些动作则在呼气时执行。例如，在向前弯曲或者弯曲脊柱时呼气会感觉很自然，因为呼气期间腹部会内收，从而便于脊柱和躯干的弯曲。同样地，脊柱伸展和向后弯曲在吸气时最为有效（见图15.2）。

图15.2 在四肢着地姿势下随着呼吸做动作：（a）吸气时脊柱伸展，（b）呼气时脊柱弯曲

实践演练

舒适地坐在地上或者椅子上；确保脊柱挺直。将一只手放在胸部，另一只手放在腹部。正常地通过鼻子吸气和呼气（闭上嘴巴），并注意哪只手移动得最多。缓慢地加深每次吸气，让放在腹部的手移动得最多，同时加深和延长每次呼气。

开始一节瑜伽课程

瑜伽中的热身活动取决于所提供的课程类型。几乎所有的瑜伽课程都是以呼吸、调息、集中或者冥想（通常都处于坐姿）开始。在阿斯汤加瑜伽或者爆发力导向的瑜伽课程中，紧随最初呼吸和集中之后的是一系列拜日式的动态动作。该动作系列可能会被重复无数次，以达到增加核心温度的目的。在恢复性或者温和的瑜伽课程中，热身通常以调息或者冥想开始，接着会持续做温和的、轻快的身体动作，如坐姿太阳呼吸[*]、坐姿侧屈以及双手双膝着地的猫斜式和狗斜式。

许多瑜伽教练会融合两类课程中的技巧，常规的热身流程如下：

- 呼吸；
- 调息；
- 冥想；
- 太阳呼吸；
- 猫斜式和狗斜式；
- 其他双手双膝着地的柔化动作；
- 下犬式和/或站立前屈式；
- 拜日式。

---

[*]译者注：本书中的太阳呼吸是作者自己的特指称谓，指吸气，举起双臂；呼气，放下双臂。

实践演练

双手和双膝着地，轻柔、缓慢地向前、向后做脊柱弯曲和伸展，同时让呼吸与动作相同步。在头部和尾骨位于低位（脊柱弯曲）时呼气，并在头部和尾骨处于高位（脊柱伸展）时吸气。调节动作的速度以适应呼吸速度。

拜日式（在梵语中称作向太阳致敬）是一套由12个体式组成的优雅动作。它的目的是不停顿地做动作，并且在每个体式中交替吸气与呼气。执行基本拜日式的主要方式有两种（见表15.1）。

两种拜日式变式都涉及大量较为困难的拉伸（例如，前屈式、下犬式和上犬式），以及平板支撑和四肢支撑式，这些都属于力量动作。更为困难的拉伸和力量动作是传统拜日式的一部分，这意味着这套动作可能会给初学者和患有特殊疾病（如下背部疼痛）的参与者造成困难。在指导这类参与者锻炼时，要提供大量的调整动作，或者以较温和的热身活动取而代之。

下面是一套不包含拜日式的简单热身动作流程。

1. 盘腿而坐，做深呼吸、调息或者冥想。
2. 保持这种姿势做三次太阳呼吸。
3. 继续做三次侧向拉伸。吸气时抬起右臂，呼气时将其放下。用左臂重复三次拉伸。
4. 呼气时轻轻地转体至右侧，保持脊柱挺直。吸气，并返回至中间。转体至左侧，同时呼气。
5. 仍然坐着，将双腿笔直伸出至体前。脚踝沿着一个方向绕3圈，随后沿着另一个方向绕3圈。脚踝背屈，脚跟向前蹬，然后双脚脚掌向前蹬。以脚趾绷直结束（跖屈）。重复进行。

表15.1 拜日式变式

步骤	拜日式1	拜日式2
1	山式，祈祷姿势（呼气）	山式，双臂举过头顶（吸气）
2	山式，双臂举过头顶（吸气）	前屈式（呼气）
3	前屈式（呼气）	神猴式，抬头（吸气）
4	弓步蹲，右脚在后，抬头（吸气）	前屈式（呼气）
5	平板支撑姿势（屏住呼吸）	平板支撑（吸气）
6	四肢支撑式（呼气）	四肢支撑式（呼气）
7	上犬式（吸气）	上犬式（吸气）
8	下犬式（呼气）	下犬式（呼气）
9	弓步蹲，左脚在后（吸气）	神猴式（吸气）
10	前屈式（呼气）	前屈式（呼气）
11	山式，双臂举过头顶（吸气）	山式，双臂举过头顶（吸气）
12	山式，双臂垂在体侧（呼气）	山式，祈祷姿势（呼气）

6. 做出双手和双膝着地的姿势。呼气，将脊柱弯曲成猫式伸展，头部和尾骨落下。轻轻地、专注地吸气，并将脊柱伸展成狗斜式，头部和尾骨抬起。重复3 ~ 5次，注意所有的感受。

7. 仍然处于双手和双膝着地姿势，并将脊柱置于中立位位置，腹部肌肉收紧。向右弯曲脊柱（侧屈），呼气。吸气，并返回至中间。呼气并向左弯曲脊柱。重复进行。

8. 如果舒适，轻轻地用骨盆绕圈，让脊柱沿着各个方向移动；允许头部自由地移动。

9. 返回至脊柱中立位姿势，并将右腿伸展到后方，脚趾向下弯曲放在地上。轻轻地向后压脚跟，感受小腿肌肉上一次舒服的拉伸。呼吸。用左腿重复。

在这种类型的热身活动中，主要的目标是将心灵、身体和精神或者呼吸联系起来。鼓励参与者按照此刻觉得最适合自己身体的方式移动；维持理想的姿势并不是这类活动的目标。如果学员觉得某个特定的动作不舒服，那么提醒他们要避免或者调整这个动作。目标是找到感觉尤为良好和有助于缓解张力和压力的姿势和动作。

口头提示和音乐

有若干种类型的提示可以在教瑜伽时使用。通常，瑜伽教练会尽量用柔和、平静的语气说话，并且采用建议代替命令。例如，瑜伽教师不会说"站直，沉肩，挺胸，收腹，膝盖放松"，而是会说"想象把头顶的皇冠顶起，肩膀慢慢变得重起来，把胸口打开的同时让腹部向后收住，慢慢让膝盖放松"。画面提示有助于参与者将自己的身体与环境和心灵联系起来。例如，教练可以通过说"感受双脚的脚掌踩着大地，并将头顶向天空延伸，让你的身体成为天空与大地之间的纽带"的方式来指导参与者完成山式。采用想象提示有助于参与者培养内在冥想专注力的提示是瑜伽型授课方式的特征。也可自由地使用姿势提示，尤其对于需要理想的姿势来防止损伤的体式。例如，在坐立前屈式（坐立背部伸展）中，教练可能会暂停片刻，去教参与者转动髋部，而不是弯曲腰部，并解释说明，向前弯曲时从髋部转动有助于保持脊柱处于中立位姿势，并且减少下背部的紧张感。许多姿势提示可以指定头部、胫部、肩膀、膝盖和双脚。下面是瑜伽提示的常见类型，并且每种类型都附有示例。

- 姿势提示。示例（对于站立姿势）："将肩膀下压，远离耳朵。"

- 呼吸提示。示例（对于俯卧姿势）："每次呼吸时都要感受后背的起伏和肋骨的扩张。"

- 教育或信息性的提示。示例（对于眼镜蛇改进式）："这是一种有助于抵抗重力的好体式。它往往会将我们向前拉，从而形成圆肩和弓背。"

- 安全提示。示例（对于幻椅式）："保持髋部与膝盖处于同一高度；将髋部降到膝盖下方会增加髌骨的压力，并且可能会导致膝盖损伤。"

- 想象或画面提示。示例（对于站姿或者坐姿）："感受一根能量螺旋线在沿着脊柱向上移动。"

- 肯定性提示。示例（对于坐立前屈式）："我在释放所有的压力；我在坦然放手。"

- 内在专注和精神转变提示。示例："静息在浩瀚的万物中，我臣服于更好的自我。"

- 视觉提示。示例：教练将一只手放在自己的头顶上，并将手抬起，表明参与者应当伸长脊柱、挺身站立并且抬高自己的头顶。

瑜伽课程中的音乐根据形式或者特定的课程环节而变化。在剧烈的、重复性的爆发型课程的动作序列中，世界民族音乐（通常具有鼓乐器）通常被用作背景音乐，不过并没有合着节拍移动的要求。在课程中的开场和收尾环节期间，音乐很轻柔、舒缓，并带着让人陷入沉思、冥想的韵味。有些瑜伽教练在教部分或者所有学员时不放音乐。

技巧和安全事项

由于瑜伽体式既有非常简单与温和的，也有极其困难且颇具争议的，所以对主要关节的常见损伤机制有一个透彻的理解很重要，这样才能针对课程要包含哪些内容做出可靠的决定。此外，一个具体的体式可能具有许多从易到难的调整做法，参与者在设计自己的课程时，必须从其中选择。我们已经为渐进概念开发了一个好模型：渐进式功能性训练序列。该模型在我们的作品 *Functional Exercise*

Progressions（Yoke and Kennedy，2004）中进行了详细的介绍，并且在本书的几章以及图15.3中也展示了一些变式。

为了提供渐进式功能性训练序列在瑜伽中发挥作用的一个示例，让我们来检验一下眼镜蛇式。从图15.4中可以看出，随着该姿势的变式沿着序列由最易到最难渐进，脊柱的ROM会大幅度地增加，并且对脊柱伸肌和肱三头肌力量的要求也更高。难度更高的眼镜蛇式版本会增加损伤风险，但是对最高级、柔韧、强壮和熟练的瑜伽练习者除外。因此，最好不要带领大部分学员练习最难的眼镜蛇式版本；相反，要熟悉更为简单、安全的调整动作。

瑜伽包含许多有难度的体式和姿势。实际上，一想到瑜伽，大多数人的脑海中可能都会浮现出椒盐卷饼型的姿势。然而，这些高难度的体式应当是经过多年勤奋练习才能达到的成果；它们位于渐进序列的末端，而非开端。有难度的体式适用于具有高水平肌肉力量、耐力、柔韧性和平衡性的长期瑜伽练习者。表15.2列出了一些更加有难度的瑜伽体式及其潜在的损伤机制。

表15.2中所列的体式都可加以调整以将

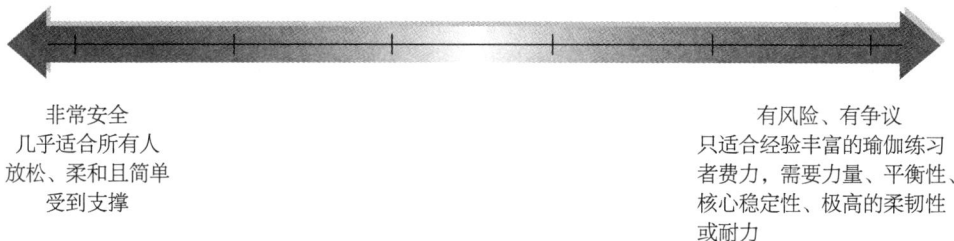

非常安全
几乎适合所有人
放松、柔和且简单
受到支撑

有风险、有争议
只适合经验丰富的瑜伽练习者费力，需要力量、平衡性、核心稳定性、极高的柔韧性或耐力

图15.3　瑜伽的渐进式功能性训练序列

损伤的可能性降到最低。带领学员学习这些类型的体式时，要提供安全信息和调整提示。例如，教授站立前屈式时，建议参与者开始时要借助瑜伽砖，因为瑜伽砖可缩短双手与地面之间的距离。通过使用瑜伽砖，柔韧性不够以至于无法将双手放在地上的参与者也可以得到支撑（双手放在瑜伽砖上），背部因此会得到保护。为了适应参与者的柔韧性，瑜伽砖可以侧立着竖直放置，也可以平放着。你可以建议参与者将瑜伽砖放在附近，这样在执行站立前屈式时，他们可以随时使用它。如果你的

课堂上有几位柔韧性不好的参与者，那么在站立前屈式的演示中使用瑜伽砖会有所帮助。

　　要注意的是，在做拜日式期间，每当参与者在站立山式和站立前屈式之间前后移动时，脊柱受伤的风险就会增加。关注安全的教师可能会指导参与者在这两个体式之间移动时将双手放在体侧（而不是在头顶上方），或者在落至前屈姿势、从前屈姿势起身时将双手放在大腿上来获取支撑。我们强烈建议你在成为瑜伽教练之前在瑜伽安全方面得到合格的指导。

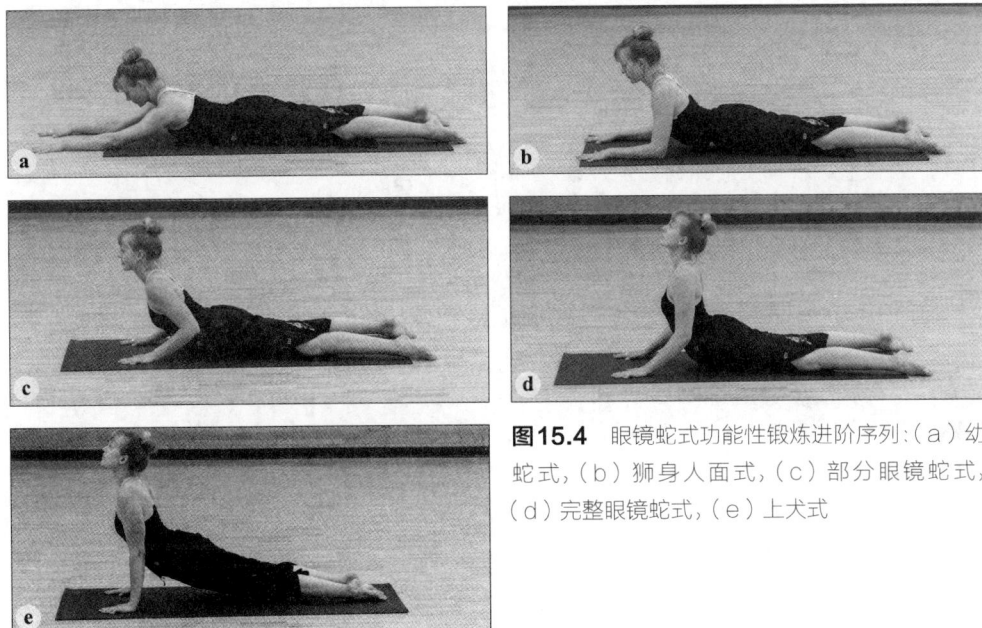

图15.4　眼镜蛇式功能性锻炼进阶序列：（a）幼蛇式，（b）狮身人面式，（c）部分眼镜蛇式，（d）完整眼镜蛇式，（e）上犬式

表15.2 有难度的瑜伽体式及其潜在的损伤机制

关节	体式	损伤机制
肩部	四肢支撑式	负重姿势时肩膀的过度伸展会导致脱臼
	祈祷式，双手在背后	极度的肩膀内旋和外旋会导致肩袖肌群过度拉伸
颈椎	犁式和肩立式	在过度弯曲的颈椎上负重可能会引起椎骨骨折、神经夹挤和血管堵塞；这种姿势会增加颅内血压和眼内压
腰椎	站立前屈式（如果参与者的柔韧性不够以至于无法将双手放在地上）	无支撑的脊柱弯曲会过度拉伸脊柱的长韧带，从而导致脊柱的不稳定
	双手伸在空中的坐立前屈式（尤其当参与者无法转动髋部的时候）	无支撑的脊柱弯曲会过度拉伸脊柱的长韧带，从而导致脊柱的不稳定
	转体站立前屈式（如果参与者的柔韧性不够以至于无法将双手放在地上）	旋转时无支撑的脊柱可能会导致椎间盘纤维环的撕裂，从而导致椎间盘突出
	新月式	无支撑的横向脊柱弯曲会过度拉伸脊柱的长韧带，从而导致脊柱的不稳定
	上犬式和完整的眼镜蛇式	极度的腰部伸展会过度伸长脊柱的长韧带，从而导致脊柱的不稳定
	船式（V字举腿）	长力臂牵引力会在腰椎的椎骨上产生剪切力
膝盖	全深蹲（例如，花环式）	负重姿势时的过度弯曲会在膝关节上施加大量的剪切力，从而导致膝盖的不稳定和膝盖软骨的过度受压
	英雄式、莲花式和鸽子式	膝盖扭矩会过度拉伸膝盖韧带，从而导致膝盖的不稳定

技巧和安全检查

为了保证瑜伽课程的安全，要遵守以下做法。

- 要提供适当的热身活动。
- 要鼓励参与者感受自己的身体，并且只按照感觉合适的方式做体式。
- 要提供大量的调整做法，并演示让一个体式变得更容易的方式。
- 要避免高风险、高级或者具有争议的体式。
- 在以姿势为驱动的传统体式和课程中要给出大量有关姿势的提示。
- 要通过频繁给出有关呼吸的提示来帮助参与者整合意念、身体和精神。

器械和教学环境

瑜伽课程利用极少的器械就可以教授——一张瑜伽垫即可（大多数瑜伽垫相对较薄，从而可与地板和大地有一种接触感）。然而，有许多道具可以帮助学员增强瑜伽的体验，或者帮助学员实现正确的姿势。这些道具包括带子、弹力带、绳子、瑜伽砖、毛巾、眼枕、沙袋、垫枕和毯子。

创造合适的环境对于瑜伽练习至关重要。瑜伽房的环境要安静、私密，并且要温暖一些，以便帮助身体拉伸和放松。许多教练喜欢通过调暗灯光并点上蜡烛或熏香来营造安静的氛围。

健身专业人士的建议

尤里·罗基特（Yury Rockit）是一位针对团体健身和私人训练的正念运动专家、继续教育演讲人和生活教练。尤里的主要工作地点在纽约，他还是一名在国际健身主要会议上很受欢迎的演讲人。他通过了SCW、ACE和AFAA的认证。

"我作为一名学员最喜欢参与的瑜伽课程是阿斯汤加瑜伽，原因是它结构合理，使人精力充沛。我觉得较为正规的阿斯汤加结构可以实现更深层次的个人正念。然而，我尤其喜欢教授艾扬格瑜伽。在这种形式中，体式可以保持得更久，并且精准的提示可以实现个性化。我觉得艾扬格瑜伽颇具治愈性，并且适合所有人。"尤里说。

基本体式

瑜伽体式可以划分为以下几类：站立体式、后屈体式、前屈体式、坐立体式、扭转体式和倒立体式。此外，在课程结束时通常都会提供一个放松姿势。在下面的部分中，我们将会讨论其中的一些体式；要获取更多的指导，请参加瑜伽教师培训课程。

站立体式

站立体式非常适合用于教授合适的姿势，也有助于培养平衡性和下半身力量。

山式

山式是经典的站立体式，其他的站立体式都是从中衍生而来的。它有几种手臂变式，包括：（1）双手位于体侧，并且指尖用力向下延伸；（2）双臂在头顶上方伸直，并且指尖向上指，肩胛骨下垂；（3）双手于胸前并拢，呈祈祷（合十礼）姿势。在所有情况下，都要提示参与者感受姿势的对立能量。有些身体部位向下压，而有些部位则会向上推。山式是一种积极主动、充满活力的体式。它远不止是原地站立。

提示

- 站立，双脚牢牢地踩在地上，重量均匀地分布。
- 双脚可以与髋同宽来增加稳定性，或者并在一起，大拇指相接触，以增加平衡性的挑战。
- 上提髌骨和大腿肌肉；感觉耻骨向上提，而尾骨向下压。
- 腹肌和胸腔上提，远离胯骨。
- 同时，感觉肩胛骨向下压。
- 伸长颈部，头顶上抬。深长、充分地呼吸。

改良新月式

在教授患有背部疼痛的新手或者学员时，要以改良新月式开始。在改良版本（a）中，一只手保持在低位，在体侧下压来获取支撑。按这种方式执行脊柱侧屈对下背部来说更加安全。

提示

- 站成山式，并将双手在头顶上方拉伸。
- 并拢手掌或者手指相扣，食指朝上（这样双手呈尖塔或者庙宇姿势）。
- 吸气并向上伸长脊柱、头顶和手指。
- （b）呼吸并侧屈至一侧。
- 想象身体处在两片玻璃之间，并且无法前后倾斜——只能侧向倾斜。
- 吸气并伸长至挺直姿势；呼气并向另一侧重复。

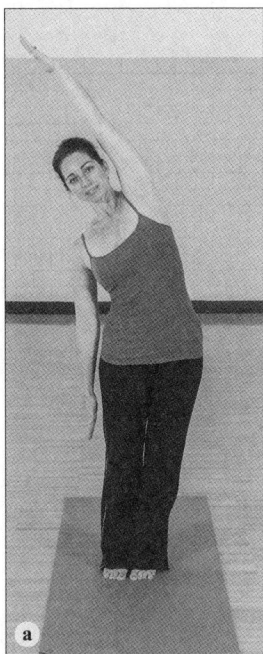

战士Ⅱ式

这个优美的姿势需要下半身的力量和耐力，尤其是在保持足够长时间的时候。由于该动作的需求，战士Ⅱ式可以为身体提高温度并增加能量；即便如此，上半身也应当感到从容、平衡，并处于平静状态。这种动态（下半身）和静态（上半身）练习有助于练习者学习在承受压力时处于从容和平静状态。

前侧膝盖的正确姿势在战士Ⅱ式中至关重要；要提醒学员不要扭转或旋转膝盖。膝盖弯曲的角度不应该超过90度。进阶战士Ⅱ式的参与者可以让双脚迈开得更远，并将膝盖弯曲至90度。新手参与者可以让双脚离得更近，并让膝盖的弯曲幅度更小。

提示

- 双脚宽幅地跨开，并将右脚转动90度朝着房间侧面。
- 后（左）脚轻微地向内斜置，让整只脚都放在地上。
- 沿着第二脚趾的方向弯曲右膝盖，并确认右膝盖径直朝前，既不向右也不向左扭转。
- 朝着房间的前方摆正髋部和躯干，保持躯干完全挺直（躯干面向房间的侧面）。
- 将双臂笔直地伸至两侧，处在肩膀高度（与大地平行），并且将指尖伸向房间侧面。
- 将头转向右侧，并凝视右手手指。
- 感受腹肌的上提和收缩，并上提两腿之间的肌肉。
- 感受能量线从身体中心向外辐射。
- 保持该体式并继续自然地呼吸。

树式

树式是瑜伽中的多种平衡体式之一。它不仅会提高身体平衡能力，而且据说有助于产生一种深层次的平静感和内在平衡。树式存在许多种变式，可以沿着渐进式功能性训练序列由最易到最难变化。图片中展示了一个中低难度的版本。要想让树式变得更加容易，只要将非支撑腿的脚趾放在地上或者接近地面，并且站在墙或栏杆附近即可。要想让该姿势的难度变大，将非支撑腿的脚高高地放在支撑腿大腿内侧，或者将非支撑腿摆成半莲花姿势。注意，脚不应当顶着另一只膝盖的内侧放置。树式的手臂变式包括将双手在胸前方摆成祈祷（合十礼）姿势、在头顶上方摆成祈祷姿势以及向上拉伸双臂并在头顶上方打开。

提示

- 单脚站立，脚掌牢牢地踩在地上。
- 感受能量线从大地出发向上升，并经过支撑腿。
- 弯曲非支撑腿的膝盖，并将脚顶着小腿放置，从而向外转动膝盖。调动腹肌并自然地呼吸，同时将双手在心脏前方摆成祈祷（合十礼）姿势。
- 抬起头顶，并感受能量螺旋线向上经过脊柱。
- 为了保持平衡，要注视正前方的一个点，或者注视身体前方大约8英尺（约2.4米）处的地面。

后屈体式

　　涉及脊柱拉伸和髋部拉伸的体式属于后屈体式。后屈有助于抵抗日常生活中所经历的重力前拉。如果定期执行，后屈体式会改善姿势，并且有助于保护柔韧、充满活力的脊柱。要鼓励学员在执行这些体式时仔细地感受自己的身体；脊柱拉伸，尤其是要经过大幅ROM的脊柱拉伸，可能并不适合所有人。

眼镜蛇式

　　眼镜蛇式可能是最有名的后屈体式，因该动作使脊柱前侧长韧带过度拉伸并可能会向椎骨和椎间盘施加过度压力，所以它是否适用一般人群尚具争议。正如之前讨论过的，眼镜蛇式存在若干种变式，包括更安全和更容易的改进版本（参见图15.4）。

　　尽管我们会在下面的段落中为传统眼镜蛇式给出提示，但是了解基本的改进版本也很重要。基本的改进版本包括改进的眼镜蛇式或者狮身人面式和幼蛇式。在狮身人面式中，前臂放在地面上，这样躯干便被支撑在肘部上面；手指张开。在幼蛇式中，脊柱只是轻微地弯曲，双臂笔直地在身体前面伸直或者肘部弯曲着伸展。如果课堂上有背部疼痛的新手或者参与者，教练应当确保教授和演示这些较为简单的改进版本。

提示

- 脸朝下趴在瑜伽垫上，双手位于肩膀下方，并且肘部弯曲。
- 在抬升至眼镜蛇式之前，要让你的身体充满能量，感觉有一股能量从脚趾向上经过双腿，上升至脊柱，并一路传递到头顶。
- 伸长和调动腿部肌肉，并且绷直脚趾。
- 骶骨下压，同时肩胛骨向下滑移，使其远离耳朵。
- 利用背部肌肉将躯干抬升至一个舒适的高度，胸部和心脏抬起并向前挺。
- 让头部和颈部延续脊柱线（颈椎不松松垮垮，也不过度伸展）。
- 张开手指，轻微地弯曲肘部，并将肩膀移离耳朵。

俯卧船式

俯卧船式有时也称作半蝗虫式，与其他俯卧体式一样，据说有助于使内脏更健壮，并可以强化脊柱和髋伸肌。我们在以下段落中为更加简单的俯卧船式版本提供了提示。要想得到一个更加简单的版本，可让学员只抬起一条腿和对侧的手臂。为了做该姿势的进阶动作，学员只要将双臂都伸到头顶上方并抬起双臂和双腿即可。

提示

- 脸朝下趴在瑜伽垫上，双手位于体侧，并且掌心朝下。
- 从头到脚伸长整个身体，从而让肌肉充满能量。
- 保持头部和脊柱成一条直线，吸气，将上半身和双腿从地面抬至一个舒适的高度。
- 保持三次或者更多次呼吸，每次吸气和呼气时都要感受身体的起伏。

前屈体式

前屈体式是瑜伽中的常见体式，高级瑜伽练习者们可能会觉得前屈体式非常棒，因为他们的腘绳肌灵活，所以他们认为以髋部为转轴很容易。然而，对柔韧性不够的参与者而言，前屈体式可能会使其感到极度不舒适，并且可能会造成脊柱的损伤。正因如此，要提供大量的调整版本，以让前屈对所有人来说都更为安全和有趣，这一点很重要。

道具在前屈体式中会有所帮助；你可以建议学员用一根带子或者弹力带绕过展开的脚，或者在臀部边缘下面垫一条毯子或一个毛巾卷，这有助于弯曲髋部，是前屈体式中正确姿势的一个重要方面。如果髋部能够弯曲至90度或者更大的角度，那么在练习者完全进入头碰膝前屈式的过程中，脊柱便更有可能处于中立位。由于后侧长韧带的过度拉伸，处于或接近中立位的脊柱要比完全拉伸（尤其是未受到支撑）的脊柱更加安全。当没有可用的道具时，我们可以指导髋部无法弯曲至90度，从而使脊柱拱起、弯曲的参与者将双手放在髋部后面，以帮助脊柱处在一个更加挺直和中立位的姿势，如头碰膝前屈式中第一图照片（a）所示。

头碰膝前屈式

头碰膝前屈式（亦称坐姿单侧前曲）通常要比双侧（两条腿）前屈更容易。它为腘绳肌、臀大肌、竖脊肌和小腿肌群提供了深度的拉伸。

提示

- 坐在瑜伽垫上，右腿伸出至体前，左膝弯曲，并且左脚掌顶在右大腿内侧。
- 伸长右腿，感觉能量线从脚后跟扩散而出（脚处于背屈状态）。
- （a）开始时挺身坐立，并且脊柱伸长至中立位，髋部摆正。
- 感觉重量在坐骨正上方；尾骨应当离开地面。
- （b）转动髋部，伸长腰部，并将躯干落在大腿上方。
- 将双手放在感觉舒服的位置：将它们放在小腿或者脚踝下方，抓住脚趾，或者（如果足够柔韧）绕过脚底并拢双手。
- 或者，握住一根绕过脚底的带子。
- 保持该姿势呼吸若干次，深深地吸气和呼气。
- 呼气时，感受腹肌顶着脊柱上提；每次长呼气时都要想象着放空自己。
- 交换两侧动作。

婴儿式

婴儿式是一种治愈性的姿势，通常被视为一种幸福的休息姿势；它还会为竖脊肌和臀大肌提供拉伸。虽然大部分参与者都觉得婴儿式非常舒服，但是由于膝关节过度弯曲，膝盖有问题的人可能无法完全地放松。幸运的是，调整做法或借助道具几乎可以让所有人都觉得该姿势令人愉快。允许参与者根据舒适度选择是将双脚靠得更近还是分得更开。在膝盖下方垫一条毯子或者对折起来的瑜伽垫可以防止膝盖摩擦地面。如果过度弯曲是一个问题，那么在膝关节后面放一条毯子或毛巾卷来减少膝盖弯曲的幅度。如果膝盖疼痛的问题仍然存在，那么让参与者试着在坐骨下方垫一块瑜伽砖来将膝盖上承担的重量降到最低。脚踝疼痛可以通过在脚踝下方垫一个毛巾卷来缓解。上半身的变式有若干种，例如，在地面上将双臂举到头顶上方（拉伸背阔肌）、掌心朝上将双臂沿体侧放置（让肩胛骨突出并放松）、将双臂交叠在下背部以及用双手罩住侧脸。

提示

- 髋部落向脚跟，向后坐成跪地姿势。
- 根据身体此时的偏好，膝盖可以离得较近或者分得较开。让双臂沿体侧放置，双手位于双脚附近，掌心朝上。
- 让前额落在瑜伽垫上，并闭上眼睛。
- 让肩胛骨有沉重感；感受它们朝向两侧地面分离和放松。
- 深呼吸，并感受背部的起伏以及肋骨的扩张与放松。
- 让整个身体沉向大地。
- 以这种姿势静息5 ~ 10次呼吸。

扭转体式

扭转体式是非对称的；脊柱扭转将一侧身体沿着与另一侧身体相反的方向拉动。为了保证脊柱的安全，在扭转之前最好先伸长脊柱。在脊柱弯曲或伸展时扭转会增加椎间盘损伤的风险。另外，扭转是脊柱的一种自然运动；定期经过某个旋转ROM扭动脊柱会有助于保持脊柱的柔韧性。

坐姿脊柱扭转

坐姿脊柱扭转是一种多肌肉的拉伸。据说它会为消化系统提供温和的按摩和刺激。坐姿脊柱扭转可以通过在臀部边缘下方垫毯子或者毛巾卷的方式加以调整；它可以通过让伸展的膝盖在身体下方弯曲的方式加以进阶。一种高级的进阶包括将上面的手臂环绕并穿过上方的膝盖，并在身体后方合拢双手。

提示

- 挺身坐在坐骨上，右腿伸至体前，脚部背屈。
- 左腿交叉过右腿；弯曲左膝盖并挨着右大腿放置左脚。
- 将左腿压向躯干；挺身坐立，骨盆接地，肩胛骨下压。
- 向左旋转脊柱，将右臂交叉过左膝盖（或者，可以用右臂抱住左膝盖）。
- 让左臂移动到身体后方；左手掌向下压在瑜伽垫上。
- 平顺地向左转头，并朝左肩方向瞭望地平线，下巴保持水平。每次吸气时都要将脊柱抬得更高；每次呼气时都要转得更远一点。
- 交换两侧动作。

仰卧脊柱扭转

仰卧脊柱扭转比坐姿脊柱扭转容易（一般而言）。教授该姿势时，要让学员决定他们想用哪种变式来获得最好的治愈效果。变式包括：将双膝弯曲至一侧（根据个人的舒适度，膝盖可以靠近或远离腋窝）；顶部膝盖与底部膝盖交叉并滚至一侧；将顶部膝盖弯曲滚至侧面，同时底部膝盖伸直，与身体成一条直线；将双臂外展至与身体垂直；将双臂放在头顶上方；将一只手放在顶部膝盖。仰卧脊柱扭转是一种多肌肉的拉伸，并且对缓解坐骨神经痛也有帮助——它会打开椎骨之间的间隙，而坐骨神经从该间隙中穿过，从而有助于将神经被夹挤程度降到最低。

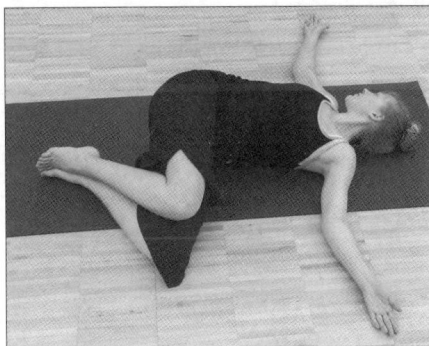

提示

- 仰卧，并将双膝抬到胸部位置。
- 轻轻地将双膝滚至身体左侧并放在瑜伽垫上。
- 让双臂张开，垂直于身体，并且掌心朝上。
- 如果你愿意，用左手按住膝盖。
- 如果感觉舒适，向右转头，感受髋部、腰部、背部和胸部的拉伸。放松，深呼吸，并让身体沉入地面。
- 交换两侧动作。

倒立体式

瑜伽中存在许多倒立体式。实际上，有些专业人员认为站立前屈式或者下犬式都是一种温和的倒立体式。其他人则认为靠墙抬腿式是肩立式的细微调整，因此是一种温和的倒立体式。然而，倒立体式更为常见的是指诸如头倒立式、肩立式、犁式或手倒立式等的体式。这些体式大多数都是高级的，并且超出了本书的范围。如果你想了解更多关于这些体式和瑜伽的知识，请寻求一套合格的瑜伽教师训练计划。

放松姿势和结束课程

瑜伽课程通常都以深度的放松姿势结束。这是完全释放所有肌肉的紧张以及所有担忧的时候。有关瑜伽的图书告诉我们，当我们完全放松地躺着时，瑜伽课程的益处会充分地融入身体。

要鼓励参与者尽可能放松。由于他们将要以放松姿势躺5分钟或者更久，所以他们可能需要穿上袜子和毛衣，或者用毯子盖住自己。有些场所会提供眼枕，眼枕是一种小巧、装满沙子或药草、有香味的丝织枕头，是为了放在紧闭的双眼上和增强放松感而专门设计的。如果有额外的毯子或者垫枕可用，那么你可以建议背部有问题的参与者在膝盖下面垫一条卷起来的毯子，以使其更舒适。

保持放松姿势一会儿之后，要让参与者滚至一侧，再静息呼吸几次，然后渐渐返回至简单的盘腿坐姿。传统做法是以坐着冥想结束瑜伽课程，不过在许多课程中，教练会朗读一首能启发灵感的诗或格言。最后，教练可能会通过将双手在胸口并呈祈祷姿势结束。

提示

- 将自己包裹起来保暖，躺在瑜伽垫上，双腿轻微地分开并外翻。允许双臂放在离身体稍远的位置，掌心朝上。
- 轻轻地向后下方压肩膀，感受下方的地面。
- 让颈部伸长。
- 轻微地收下巴。
- 缓慢地深呼吸，感受肌肉的放松以及朝地面下落。
- 让关节放松和打开，并感受呼吸扩散至身体的每个细胞。
- 每次呼气时都要更加放松一点，并感受深切的平静传遍全身。

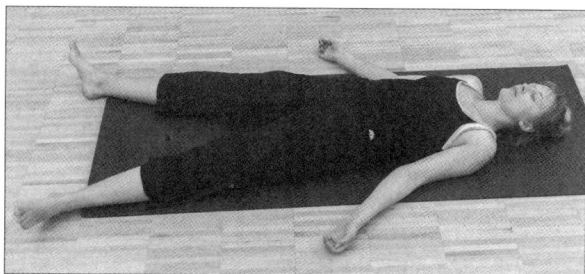

实践演练

采用轻柔、不规则且放松，或者具有柔和节拍的瑜伽音乐，将你自己的简短瑜伽动作组合起来，要以适当的热身活动开始，并包含放松姿势。练习以适合瑜伽的方式提示基本的动作和体式。

本章总结

瑜伽素来被称作一门完整的生活学科。它是一种将身体、心灵和精神结合起来的全面练习。本章涵盖了一些基本的瑜伽理念、瑜伽类型、呼吸法基础、瑜伽的研究成果、口头提示、音乐、道具、技巧和安全、适当的环境、热身活动、基本的瑜伽体式和最后的放松姿势。我们希望本章将会激励你们更加全面地探索瑜伽，并参加瑜伽教师培训课程。你将会从瑜伽练习中收获许多益处，并且会提高你帮助他人的能力。

团体健身课程评估表：要点

* 要通过练习呼吸将呼吸与心灵和身体联系起来。
* 要为姿势给出提示。几乎每个瑜伽动作都要求合适的姿势，并且这样的提示对带领瑜伽的参与者来说至关重要。
* 要鼓励和演示良好的符合人体力学的动作。瑜伽动作通常需要教练提供视觉演示。确保你的所有演示都是恰当的，并且要强调合适的进阶。
* 要观察参与者的姿势，并为患有伤病或者具有特殊需求的参与者提供调整做法，为高级参与者提供进阶做法。给出动作的视觉演示之后，要在房间内四处走动以观察参与者，并确保他们在正确地进行体式练习。
* 要采用适当的音乐。轻柔的纯音乐通常最适合瑜伽课程。调低音量，这样可以让你的声音低沉、平静和舒缓。
* 要强调放松。瑜伽课程的最后5～8分钟通常包含放松和想象环节。该环节对让参与者完全放松并整合瑜伽姿势来说必不可少。

作业

写一篇100字的短文，描述瑜伽理念的要点。调查研究一种瑜伽形式，并针对研究成果写一篇200字的总结。查阅一项近期的瑜伽研究，并写一篇100字的短文，描述该研究及其成果。

普拉提

本章目标

学完本章，你将能够：

- 了解普拉提的基本原则；
- 了解如何开始一节普拉提课程；
- 创造恰当的口头和视觉提示；
- 将安全和技巧指南应用于普拉提锻炼；
- 教授基本的垫上普拉提锻炼；
- 设计一套适用于初学者的简短的垫上普拉提动作。

背景确认

在阅读本章之前，先做以下工作：

阅读

- ☐ 第6章，"肌肉训练"；
- ☐ 第7章，"柔韧性训练"。

普拉提运动系统由约瑟夫·普拉提（Joseph H.pilates）（1880—1967年）于20世纪上半叶开发。虽然起初仅为纽约的一小群舞者和精英运动员所熟知，但是普拉提逐渐传播，并且自1990年以来，它在全世界的许多城市中广受欢迎。2013年，国际健身协会（IDEA）健身计划和器械趋势报告发现，垫上普拉提课程在74%的健身场所中都有提供；然而，该数字在过去的几年内明显下降了。普拉提方法联盟调查发现（PMA，2016），普拉提仍然非常流行，有52%的普拉提参与者去普拉提工作室寻求指导，34%的普拉提参与者在家练习（大多数利用网络上的直播视频），10%的普拉提参与者在健身俱乐部或健身房中上课。根据PMA问卷调查，45%的调查对象参加的是团体垫上普拉提课程，而其他人则参加私人课程或者器械普拉提课程。学习教普拉提可以增加你的就业机会。更多关于普拉提课程的信息，请参见"团体健身评估表要点"。

普拉提方法：基本原则

身体训练的普拉提方法非常全面，包含了2000多项锻炼。本章会介绍普拉提的主要概念，描述最常见的垫上锻炼，并讨论基本的姿势、技巧和安全问题。我们强烈建议你在教授垫上课程之前寻求额外的普拉提培训和认证。要想获取培训和认证方面的帮助，请参见"精选的普拉提资料"。

约瑟夫·普拉提在其1945年所著的 *Pilates' Return to Life Through Contrology* 一书中概述了普拉提的指导原则，并详述了34个垫上锻炼。我们将会在本章中讨论若干个这样的垫上锻炼。然而，还有许多普拉提锻炼可以在专门的普拉提器械上完成。标准的器械包括普拉提塑身机、多功能器械训练台、梯桶、稳踏椅以及一些小件器械，如普拉提圈、弧步旋转器、半桶和脊柱支撑器。目前，你可以在普拉提工作室中找到较大件的器械，不过越来越多的健身场所都在投资配备专业器械的普拉提房，并聘有专门经过普拉提培训和认证的教师。通常，普拉提器械上的训练都是教练一对一完成的，不过如果有足够的器械可用，有些工作室会提供给小组训练。例如，如果某个工作室拥有四套普拉提塑身机，那么由四名客户组成的小组可以在一名合格普拉提教练的带领下一起练习普拉提。

团体健身课程评估表要点

热身环节的要点

- 要包含适量的动态动作
- 要给出明确的提示和口头指示
- 要采用节奏和强度合理的动作

训练环节的要点

- 要尽量减少重复性的动作
- 要观察参与者的姿势，并提供建设性、非胁迫性的反馈
- 要不断地提出调整做法、退阶做法、进阶做法或替代做法
- 要提供姿势提示和技巧提示
- 要给出激励性提示
- 提供正确的动作示范以保证参与者的动作遵循生物力学结构
- 要采用恰当的动作或音乐节奏

普拉提的研究成果

许多项研究对普拉提锻炼的功效进行了调查。例如，若干项研究发现普拉提会增加腹肌耐力（Campos et al., 2015; Silva et al., 2015; Moon et al., 2015）。一项利用25种垫上普拉提动作的12周训练研究发现，参与者增强了腹部和上半身耐力以及腘绳肌的柔韧性（Kloubec, 2010），而另一项训练研究测得了参与者的整体肌肉力量有所增强（Amorim et al., 2011）。一项有趣的研究评估了接受普拉提训练的参与者相比于接受传统腹肌训练的参与者在激活腹横肌和维持骨盆控制（稳定性）方面的能力；普拉提训练产生的效果明显要好于用标准腹部锻炼进行训练的人所得到的结果（Herrington and Davies, 2005）。奥尔森和史密斯（Olson and Smith, 2005）开展了肌电图研究，结果发现普拉提锻炼会为腹肌带来巨大的挑战。

奥托和约克（Otto and Yoke, 2004）开展了一项为期12周的训练研究，对比了器械普拉提锻炼和传统抗阻训练的功效；12周之后，这两种肌肉训练方式在身体成分、肌肉力量或肌肉耐力方面没有显著的差别。这就是说，两组研究对象在所测量的健身要素方面的改善程度相同——器械普拉提训练与传统的健身房训练的效果一样好。

已有研究显示普拉提可以改善平衡性，尤其是对于老年人。由莫雷诺-塞古拉等人（Moreno-Segura et al., 2018）所做的一项综述和元分析发现，相比于其他训练方式，接受普拉提训练的参与者的静态和动态平衡性都得到了改善。同样地，由巴克等人（Barker et al., 2015）开展的一项研究记录了老年人站立平衡性、下肢力量和柔韧性方面的积极变化。约瑟夫等人（Josephs et al., 2016）将39名具有摔倒风险的参与者随机分到普拉提组和传统锻炼组进行12周的训练；他们发现，两个计划对改善平衡性都有效果，但是普拉提组的效果更好。

奥尔森等人（Olson et al., 2004）记录了12名研究对象的热量消耗，而这12名研究对象执行了初级、中级和高级垫上普拉提锻炼。奥尔森总结道，为了显著改变身体成分，一个人必须执行中级或者高级锻炼，每周4天，每天45～60分钟。

若干项研究发现垫上普拉提练习可以改善柔韧性（Bueno de Souza et al., 2018; Otto et al., 2004; Segal, Hein and Basford, 2004）。此外，若干项研究调查了普拉提训练对下背部疼痛的缓解效果，用一位作者的话来说，发现它"胜过用于疼痛缓解的最小介入治疗技术"（Lim et al., 2011）。在克鲁兹-迪亚兹等人（Cruz-Diaz et al., 2015）发表的研究中，患有慢性下背部疼痛的101位病人被随机分成了理疗组和普拉提+理疗组，为期6周。相比于理疗组，普拉提+理疗组表现出了更少的疼痛和不稳定性，并且在后续研究中发现，这些结果持续到了一年以后。

普拉提锻炼系统对肌肉力量、耐力、柔韧性、平衡性和协调性有积极影响。它通常被列为身心训练，并且是提升核心稳定性的理想方式。根据普拉提方法联盟2006年的立场声明，"普拉提锻炼专注于姿势的对称性，呼吸控制，腹部力量，脊柱、骨盆和肩膀的稳定性，肌肉柔韧性，关节灵活性，并且强化所有关节的关节活动度。整个身体都得到了训练，没有孤立各个肌群，从而将上下肢和躯干整合在了一起"（2006, p2）。

能量房

约瑟夫·普拉提的观念是，身体的核心肌群是力量的能量房，所有的动作都从这里产

精选的普拉提资料

书籍

M. Clark and C. Romani-Ruby. 2001. *The Pilates Reformer: A Manual for Instructors*. Tarentum, PA: Word Association.

S. Gallagher and R. Kryzanowska. 2000. *The Joseph H. Pilates Archive Collection: Photographs, Writings and Designs*. Philadelphia: Bainbridge Books

R. Isacowitz. 2014. *Pilates*, 2nd ed. Champaign, IL: Human Kinetics

R. Isacowitz and K. Clippinger. In press. *Pilates Anatomy*, 2nd ed. Champaign, IL: Human Kinetics.

D. Lessen. 2014. *The PMA Pilates Certification Exam Study Guide. Miami*, FL: Pilates Method Alliance.

J.H. Pilates. 1945. *Pilates' Return to Life Through Contrology*.（Original publisher: J.J. Augustin）.

B. Siler. 2000. *The Pilates Body*. New York, NY: Broadway Books.

生。大多数普拉提专业人员都一致认为，核心稳定性是完成各种动作时保持骨盆、脊柱和肩胛骨稳定的能力。核心肌肉及其关节动作如表16.1所示。

许多普拉提中的锻炼都在挑战核心肌肉，使其抗阻等长收缩，并在肢体移动的同时稳定核心关节。这样的锻炼包括百次呼吸、腿部绕圈、单腿朝天、游泳、坐姿脊柱扭转、侧踢和仰撑抬腿。

灵活性与稳定性

约瑟夫·普拉提认为，健康的身体既强壮又柔韧，并且健康的脊柱既稳定又灵活。事实上，许多普拉提锻炼都可提升脊柱的柔韧性（以及动作的流畅性）。练习者们被教导要使脊柱逐节运动，这意味着每次只活动一块椎骨。让脊柱逐节运动的锻炼包括向上卷动、向下卷动、超越卷动和脊柱拉伸。如果脊柱柔软，那么它便能够完全弯曲，如蛋滚式，这对于达到锻炼的最优表现很重要。

腹部内缩

腹部内缩（亦称凹进或者内收动作）是普拉提锻炼的一个特征。负责腹部内缩的肌肉是腹横肌，它执行腹部内缩。你可以构造许多画面帮助参与者执行腹部内缩；例如，你可以提示参与者将肚脐拉向脊柱，或者让他们假装在拉尺码过小的牛仔裤上的拉链。内收腹肌的能力可能有助于防止下背部疼痛，因为在弯腰和提重物时，刻意地收缩腹部可以支撑脊柱。人们一直都主张腹部内收是稳定脊柱（Hodges et al.，1996）和增加骨盆底肌肉动作的一种方式。许多姿势都可以做到腹部内缩在许多姿势下，包括站立、坐立、侧躺、四肢着地、仰卧压印和仰卧中立位（见图16.1）。

表16.1　核心肌肉和关节动作

关节	肌肉	关节动作
骨盆	髂腰肌	髋部弯曲、骨盆前倾
	臀大肌	髋部伸展、骨盆后倾
	腹直肌	骨盆后倾
	腰方肌	骨盆侧倾
脊柱	腹直肌	脊柱弯曲
	腹内斜肌	脊柱的旋转弯曲
	腹横肌	腹部压缩
	竖脊肌	脊柱伸展、脊柱旋转
	多裂肌	脊柱伸展、脊柱旋转
	腰方肌	脊柱侧屈
肩胛骨	斜方肌	肩胛回缩、下压、上旋、提升
	肩胛提肌	肩胛提升
	菱形肌	肩胛回缩、下旋
	胸小肌	肩胛下压、前伸
	前锯肌	肩胛前伸、上旋
颈部	斜方肌	颈椎侧屈、伸展
	竖脊肌	颈椎伸展
	胸锁乳突肌	颈椎旋转、弯曲

图16.1　仰卧中立位姿势时的腹部内缩

实践演练

采用第15章中所描述的腹部呼吸技巧吸气和呼气。呼气过程中，当腹部自然紧缩时，要刻意地内收腹部，试图将肚脐进一步地压向脊柱。要感受腹部内缩，或者向内凹进。看看你是否可以在站立、坐立、仰卧、俯卧和四肢着地的姿势时做该动作。

压印

压印脊柱是当一个人仰卧时刻意压在垫子上的脊柱。压印脊柱因为腰曲平贴着地面，并且骨盆向后倾斜，不再处于中立位。压印姿势可能最适合初学者或者腰部疼痛的参与者，因为它提供的脊柱稳定性要多于中立位姿势；此外，压印姿势还能够增强触感，因为参与者可以感受到脊柱接触垫子。理想情况下，压印和骨盆后倾应当通过收缩腹直肌，而不是绷紧臀肌的方式来执行（见图16.2）。虽然压印姿势对大部分人来说都安全有效，但是并不是对每个人来说都很舒适。应当鼓励不习惯压印脊柱的参与者以脊柱中立位姿势锻炼。

图16.2　压印脊柱

脊柱中立位

虽然约瑟夫·普拉提并未讨论脊柱中立位的概念，相反他认为脊柱应当平直（形成一条铅垂线），但是大部分当代的普拉提练习者对约瑟夫的初始观念进行了更新升级，以适应我们目前对身体的认知，这其中就包括脊柱中立位的益处。脊柱中立位是处于理想体位，并且四个生理曲度呈现出理想的位置关系。脊柱不像墙壁一样平直；相反，它天生就在颈椎处有一条内凹曲线，在胸椎处有一条外凸曲线，在腰椎处有一条内凹曲线，并在骶骨处有一条外凸的曲线。中立位脊柱如图16.3所示。当脊柱处在中立位时，颈部和骨盆也处于中立位。大多数专业人员坚持认为，脊柱中立位会以尽可能安全的方式分散压力、震动和冲击力（McGill，2016；Norris，2008）。普拉提课程是向学员教授中立位的理想手段，因为很多锻炼的目的都是逆着阻力或者逆着肢体的动作让脊柱处于中立位。这样的锻炼包括腿部绕圈、立地旋风、脊柱扭转、侧踢、俯撑抬腿、仰撑抬腿、跪姿侧踢和俯卧撑。

图16.3　脊柱中立位（a）仰卧，（b）坐立，（c）四肢着地

呼吸

约瑟夫·普拉提强调，充分的吸气和呼气对向身体供氧来说至关重要；每次呼吸都会对身体进行净化和补充能量。他推荐在每个锻炼的特定部分吸气和呼气，就像在本章后面所展示的那样。通常，建议在脊柱弯曲动作期间充分地呼气，因为这从解剖学上讲更加合理，而在伸展脊柱或者打开身体时吸气通常要更加自然。许多专业人员建议，在做任何脊柱保持稳定的动作期间都要维持腹部内缩（内缩有助于维持稳定性）；因此，鼓励在呼吸时做横向胸腔扩张。这与放松腹式呼吸中所做的腹部内外移动相反（在第15章中做了介绍）。当一个人保持某种姿势，如平板支撑姿势，或者举重物，允许腹部向内、向外放松可能会带来破坏脊柱稳定性的不良后果。

实践演练

在椅子上或者地上以舒服的姿势坐立。脊柱应当舒展并且处于中立位。做一次充分的膈式吸气，让腹部轻微地扩展。呼气，刻意内收腹部，想象肚脐在触碰脊柱。然后，保持腹部内缩，并且尽可能地朝内，继续呼吸几次。不要让腹部随着呼吸移动，维持腹部内缩状态。每次呼吸时，感觉仿佛胸腔在横向扩张，并允许上背部随着每次吸气和呼气移动。在整个练习期间，始终感觉腹壁处于稳固状态和内缩状态。

设置和维持正确的体位

许多普拉提教练都以设置部分开始每项锻炼。这是一种教学技巧，在此过程中，为了接下来的锻炼，参与者会按要求将自己的身体摆成理想的姿势。例如，在教授侧踢时，花点

时间做全面、详细的说明，并让参与者摆成最佳的起始姿势，充分描述每个主要关节的对齐方式、脊柱的中立位姿势以及腹肌的内缩。只有在确保所有学员都处于正确的体位之后，你才可以开始对锻炼进行提示。以正确的体位执行所有的动作是普拉提的核心概念。运动时始终都保持专注、控制和精准度，这一点至关重要。约瑟夫·普拉提本人写道，执行一个精准、完美的动作胜过完成多个漫不经心的动作。

伸长

大多数普拉提锻炼都是为了增强全身的伸长感：身体的一部分有力地沿一个方向伸展，而身体的另一部分沿着相反的方向伸展。伸展会被关节和肌肉感受到。我们通常会提示脚趾、指尖和头顶伸得尽可能地离身体中心远。在许多锻炼中，即便所锻炼的肌肉在向心收缩，还是会有拉伸的感觉。这样的锻炼包括腿部绕圈、超越卷动、单腿朝天、立地旋风、双腿上踢、脊柱扭转和V形悬体。

创建热身活动

在约瑟夫·普拉提最初的垫上锻炼方法中并没有热身活动，至少按照原书第5章中给出的标准定义来看是没有的。正宗系列中的第一个动作是百次呼吸，它的目的是热身。虽然百次呼吸确实涉及手臂的上下剧烈运动（100次），并且要用力、有节奏地吸气和呼气，但是身体的其余部分仍然处于稳定状态，维持脊柱和髋部弯曲状态仰卧在地上。我们（与许多普拉提专业人员一样）坚信，为了让身体安全地为接下来的普拉提垫上锻炼做好准备，在开始百次呼吸之前需要做更加动态的动作。

由于大部分普拉提垫上锻炼课程都在地上开展，热身（如果提供）通常也在地上开

展。热身是介绍关键概念的理想时机，如合适的呼吸、脊柱中立位、脊柱灵活性、腹部内缩、压印、伸长、控制、精准度和正念。下面是针对适用于普拉提课程热身样例的提示。

坐姿呼吸练习。坐在垫子上，双膝弯曲，双腿并拢，并且双脚平放在地上。双臂和双手抱住双腿，拱起脊柱。将躯干落在大腿上，并放松头部和颈部。深呼吸，并感受背部和胸腔后侧和侧面随着每次吸气与呼气进行扩张与放松。深呼吸3～5次。

拱起和放松。坐在垫子上，双腿盘在一起，脊柱挺直，双手放在膝盖或者胫部上。呼气，拱起并弯曲脊柱，从而让骨盆后倾；呼气时，腹部内缩（将肚脐拉向脊柱）。吸气，将脊柱挺起并伸长至中立位；骨盆返回中立位，端正地坐在坐骨上面。将这种让身体灵活的动作重复3～5次，从而将呼吸与动作联系起来，并强调每次呼气时腹部内缩。

侧屈和扭转。继续处于盘腿姿势，将左手放在地上，并将右手伸向天花板，同时吸气，并横向（向侧面）弯曲脊柱。在将右手放回地面的过程中呼气。先向右侧重复3次，然后再在左侧重复整套动作。接着，挺直地坐立，每次呼气时都向右旋转脊柱。在返回中立位的过程中吸气；在向左扭转的过程中呼气。再重复3次。

仰卧压印和放松。仰卧，双膝弯曲，双脚平放在地上，并且双臂位于体侧。将骨盆、脊柱和肩胛骨置于中立位。呼气，并轻轻地将下背部压在垫子上，从而将腹肌拉向脊柱（内收或者内缩）。记得要使用腹肌而不是臀肌来实现内缩。吸气，并让骨盆和脊柱返回至中立位（不要超过中立位过度伸展脊柱）。重复3～5次。

仰卧逐节桥。仰卧，双膝弯曲；双脚平放在地上；双臂位于体侧；骨盆、脊柱和肩胛骨处

于中立位。呼气，并向后倾斜骨盆，向上倾斜尾骨。继续呼气，让脊柱离开地面，尾骨最先离开，并保持头部和肩部处于低位。在动作的顶部吸气。呼气，并逐节地转动脊柱，从而让椎骨落回到垫子上。吸气休息。重复3～5次。

仰卧胸腔移位。仰卧，双膝弯曲；双脚平放在地上；双臂位于体侧；骨盆、脊柱和肩胛骨处于中立位。吸气，并将肩胛骨朝上滑向耳朵；呼气，并将肩胛骨推离耳朵，始终都要让肩胛骨处在垫子上。重复3～5次。然后吸气，并朝上前伸肩胛骨，远离垫子；呼气，将肩胛骨牢牢地压在垫子上，如有可能，让两个肩胛骨朝着彼此缩进。做这个动作时，胸部将会抬起，并且当肩胛骨完全缩进时，胸椎下方将会产生间隙。重复3～5次。最后，让肩胛骨落在垫子上，处于中立位（既不前伸也不缩进）。

四点猫斜式和狗斜式。双手和双膝放在地上，呼气，并将脊柱弯曲成拱背姿势，头部和尾骨处于低位，腹肌上提内收。吸气，并轻轻地伸展脊柱，头部和髋部处于高位。来回转换这两个姿势3～5次，从而让脊柱变得更加柔软。

普拉提中的提示

- 体位提示。相比于其他形式的团体健身，普拉提中的提示可能更受体位的驱动。记住，普拉提的两个根本原则是控制和精准度。理想情况下，每次执行每项锻炼时都要专注，并采用完美的体位。娴熟的普拉提教练有一双敏锐的眼睛，可以发现学员身上细微的体位问题。通过了解标准普拉提条目中和学员身上常见的体位和技巧错误，有能力的教练可以随时给出有效的提示，从而在

理想情况下，在错误出现之前就将其杜绝。为了达到该目的，通常要进行详细说明，也就是说，要为锻炼期间的每个主要关节给出许多具体的体位提示，还要提示学员注意呼吸、腹部内缩和伸长。此外，教练们还要能够用多种方式说同一条提示，因为每个学员对同一条提示做出的响应不同。例如，如果锻炼需要弯曲脊柱，有些人一听到"拱起脊柱"就会立即弯曲脊柱，而有些人则根本不响应。为了教这些不响应的学员，教练可以尝试其他提示，如"弯曲脊柱""让脊柱成为C形曲线""将肋骨和髋部拉向彼此""将脊柱弯成半月状"等。经验丰富的教练储备了大量有关体位的词汇和想法来描述每项锻炼。

实践演练

在用一页纸记录自己反应的同时，想出尽可能多的方式来提示以下内容。

- 脊柱中立位。
- 抬头。
- 沉肩。
- 腹肌内收。
- 骨盆中立位。
- 脊柱逐节活动。

- 想象提示。你在演练中有没有想到任何的想象提示？想象提示通常用来详细地描述普拉提锻炼。例如，一个指导学员蜷缩或者弯曲脊柱的常见提示是，弯成半月状或者用脊柱做出字母C的形状。你能想到其他想象提示吗？有些教练的提示颇具创造性、十分幽默或者天马行空。有些参与者对想象提示的响应要好

于对比较直接的提示的响应。娴熟的教练能够以各种各样的方式做提示，以让所有参与者都最有效地理解。

- 视觉提示。大多数参与者的学习效果在教练采用视觉提示时最佳。在起身并在教室中四处走动之前，务必要将每项锻炼至少演示一遍，这样学员便会知道动作应该是怎样的。或者，让一名熟练的参与者展示锻炼。在详细描述一项锻炼时，用自己的身体提供视觉提示会有所帮助。例如，练习一边给出从头到脚的姿势提示，一边指着自己身上不同的关节。当你说"肩膀朝后下方移动"时，指着自己的肩膀，同时夸张地朝后下方压肩膀。当你说"腹肌内收"时，夸张地将自己的腹壁内收，同时用手向内压。这种类型的提示可以非常有效地帮助学员正确地进行锻炼。

- 教育或信息性的提示。在整个课程期间要提供教育或信息性的提示，这一点很重要。尤其在普拉提中，做某个特定锻炼的根本原因并不是总能立即显现。许多学员都想知道他们为什么应当以某种方式做动作，或者应当感受到哪个部位的肌肉在用力。解释一项锻炼的目的或者普拉提的原理有助于坚持锻炼，并让学员士气高昂。例如，在教单腿画圈时，你可以解释道："该锻炼的目的是提升核心的稳定性，所以要保持腹肌内缩、肩胛骨接地以及核心稳定不动，同时要使髋关节保持灵活，并让腿部自由地移动。"你甚至可以继续解释核心稳定性的锻炼为什么重要。借助这些提示，学员将会更加理解和热衷于普拉提。

- 触觉提示。触觉提示属于上手的提示。虽然触觉提示在普拉提教练中很常见，但是它也并不是没有争议。因为有些参与者被接触时会感到不适，并且可能会觉得接触侵犯了他们的个人空间，所以在接触某人之前始终要先征得对方的同意，这一点至关重要。即便学员同意了，如果察觉到了学员有任何的不适（比如，退缩或者躲闪你的接触），那么最好还是要避免接触。这在男性教练提示女性参与者时尤为重要。然而，如果参与者被接触时不会感到不适，那么触觉提示会大有裨益。这包括改善学员的体位，以达到让普拉提锻炼更加安全有效的目的。通常，当教练提供触觉提示时，学员将会更加专注和集中精力，并且不会走神，更有可能从锻炼中获得最佳的益处。有趣的是，在2016年普拉提方法联盟的调查中，45%的普拉提参与者希望

自己的教练提供上手的纠正方式。

普拉提中的音乐

在普拉提课程中使用音乐是教练个人选择的问题。许多教练都选择不借助音乐教授普拉提课程，他们坚信，寂静会让参与者变得更加专心。当使用音乐时，音乐通常都是非常规的，这意味着音乐缺少节奏感的节拍。有的教练更喜欢柔和的经典音乐或者爵士音乐；有的教练则会选择新世纪音乐或者轻柔的世界音乐。如果你选择在教普拉提时使用音乐，那么要确保它仅是背景音乐。

技巧与安全事项

与第15章中讨论的瑜伽体式一样，普拉提锻炼也涵盖了由易到难、由极其基础和安全到高级和有潜在风险的动作。对普拉提教练来说，重要的是要懂得每个关节潜在的损伤机制，尤其是脊柱，因为普拉提对核心的要求极高。表16.2综述了脊柱常见的损伤机制。

表16.2　脊柱常见的损伤机制

原因	影响
无支撑的脊柱弯曲	过度拉伸脊柱的后侧长韧带，这会导致脊柱稳定性的丧失
无支撑的脊柱旋转弯曲	过度拉伸脊柱的后侧长韧带，这会导致脊柱稳定性的丧失，还伴有椎间盘突出的风险
无支撑的侧屈	过度拉伸脊柱的后侧长韧带，这会导致脊柱稳定性的丧失
腰椎极其过度的伸展	过度拉伸脊柱的后侧长韧带，这会导致脊柱稳定性的丧失
长力臂牵引	可能会在脊柱上产生剪切力，导致脊柱的过度拉伸或者椎间盘突出（膨出）
在颈椎上负重	在微小的颈椎骨上产生过大的压力，并且可能会挤压神经和血管

由于若干项普拉提练习会将学员置于可能会造成损伤的姿势，所以最好提供适当的调整做法，以一种让参与者正确进行练习的方式详细地描述每项练习，或者避免带领学员做高风险的普拉提练习。注意，在之前提到的

2016年普拉提方法联盟的调查还发现，43%的调查对象想要一个能根据自己的需求定制普拉提动作的教练。表16.3列出了一些更有可能会产生问题的普拉提练习以及它们的损伤机制。

表16.3　普拉提锻炼的损伤机制

锻炼	损伤机制
百次呼吸、向上卷动、双腿伸展、V形悬体	长力臂牵引
脊柱向前拉伸、贴墙向下卷动	无支撑的脊柱弯曲
完整的天鹅下潜、摇摆	腰椎极其过度的弯曲
超越卷动、空中折刀、倒踩单车	在颈椎上负重

让我们再讨论一下渐进式功能性训练序列，这在我们的*Functional Exercise Progressions*（Yoke and Kennedy，2004）一书中讨论过，并且在本书的几章中也展示过。记住，该序列可用于组织各种各样的锻炼，或者按由易到难的顺序创编某项锻炼的变式。图16.4展示了一个针对百次呼吸的渐进式功能性训练序列的示例。当向水平参差不齐的学员教授普拉提时，最好从锻炼最简单和最保守的变式开始，如图16.4a所示的变式。

图16.4　百次呼吸进阶：（a）双脚放在地上，（b）双腿呈桌面姿势，（c）双腿挺直，（d）双腿与地面成45度，（e）双腿靠近地面，（f）双腿夹环靠近地面

技巧和安全检查

为了保证课程的安全，要遵守以下推荐做法。

- 要提供适当的热身活动。
- 要为每项锻炼提供大量的调整做法，并且始终都要以最简单的变式开始（除非你在教只针对高级学员的课程）。
- 要避免高风险或者具有争议的练习，除非是在教授高级课程（即使这样，也要提供调整做法）。
- 要提供大量的姿势提示，并认真详细地描述每项练习。
- 一直提醒参与者注意呼吸。

我们强烈建议，如果你决定成为一名普拉提教练，那么你要接受合格的安全和技巧指导以及获得认证。

结束普拉提课程

传统上，普拉提课程以平板支撑或者俯卧撑结束，随后双手爬至双脚，形成站立前屈的姿势，并起身至站立结束姿势。我们推荐结束普拉提课程之前要进行柔韧性和放松环节，正如第7章中所讨论的那样。由于胸部肌肉、竖脊肌、髋屈肌、腘绳肌和小腿肌群通常比较紧致，所以拉伸这些肌肉始终是一个不错的主意。

健身专业人士的建议

琼·卡恩（June Kahn），外科学学士，认证私人教练，作为一名国际主讲人和教育家，她在普拉提和健身行业中已经积累了30余年的经验。她最为人所熟知的是将普拉提与健身衔接了起来。目前琼是Center Your Body Pilates的所有者，这是一家获奖的精品普拉提工作室，位于美国科罗拉多州。她获得了美国运动医学会、美国运动委员会、AFAA和普拉提身心研究所的认证。她是2010年国际健身协会年度世界健身教练奖的得主，还是萨维尔健身中心高级培训师、2017年度培训师奖的得主以及重量棒系统的高级培训师。她是人体运动出版社的作者，她的愿景是让人们更加深刻地认识到，每天只要运动短短的10分钟，就会对自己生活产生深远的影响。

"普拉提永远是我生活的一部分。关于普拉提，我最喜欢的是，它适用于所有人。它适合各种年龄段的人，所以我可以让20岁的年轻人坐在55岁老人相邻的垫子上，让他们做完全相同的练习，但能够针对他们对锻炼加以调整。关于教普拉提，我最喜欢的是，学员经历'顿悟'的时刻。每个人都会经历该时刻，因为设计普拉提的目的是让身体以其本该移动的方式移动，从而让你更加擅长做任何运动。参与者先面临挑战，然后意识到自己能够做到，并且完成的内容超出了自己的想象，他们会更喜欢普拉提。普拉提是有意义的运动，并且是身体早已理解的运动。垫上普拉提适合所有人，它会影响一个人的生活。我告诉我的学员，普拉提不仅在于你在垫子上做的内容，还在于你离开时带走的东西。它会向生活赋予力量。"琼说。

基本动作

约瑟夫·普拉提规定，垫上锻炼要以特定的顺序执行，有一些普拉提组织仍然在严格坚持他的方法。其他组织则推崇更加现代的方法，必要时，修改约瑟夫·普拉提的规定，以得出一个从科学上讲更加正确的锻炼方式。在本章中，我们会呈现一些更为基础或者可以轻易调整来增强安全性的普拉提垫上锻炼。

百次呼吸

该经典普拉提动作的目的是在抵抗脊柱弯曲的同时，提升核心稳定性，以及通过剧烈和有节奏的呼吸模式为身体供氧并增加血液循环。传统的百次呼吸版本会向脊柱施加一个长力臂的牵引力，并且只能由能够在弯曲时完全稳定脊柱的参与者执行；传统的版本不适合初学者！通过将双脚放在地上或者将双腿抬成桌面姿势，以此方式修改传统版本（见图16.4a和图16.4b）。

提示

- 仰卧，脊柱处于压印状态，腹肌内缩。
- 将髋部和膝盖弯曲至90度，将双腿摆成桌面姿势。
- 弯曲脊柱，将肩胛骨抬离地面，并且让头部延续弯曲的脊柱线。
- 将舒展、挺直的双臂抬离地面，让它们平行于地面。
- 笔直向前伸手指。
- 吸气5次，呼气5次；将这组呼吸持续做10次（总共100次）。
- 在锻炼期间，始终要下压腹肌，并放松颈部和肩膀。

向上卷动

核心稳定性和核心灵活性在身体向上卷动的过程中都受到了挑战。该动作的目标是在整个练习过程中尽可能地弯曲脊柱，这是一种考验脊柱灵活性的做法。随着脊柱弯曲，向上卷动和向下卷动就会越均匀和平顺；如果脊柱的某些地方僵硬、不够柔韧，那么平顺地向上卷动和向下卷动就不可能实现。在锻炼的整个关节活动度内都需要腹直肌的力量和耐力来维持完整的收缩。如果腹肌太薄弱，并且无法维持脊柱弯曲，那么髋屈肌就可能会接替腹肌的工作，在脊柱上产生一个长力臂的牵引力，从而导致练习变得不安全。推荐初学者先练习半程向上卷动（仰卧卷腹），并且双膝最好弯曲，以达到增强腹部力量的目的。半程后滚（以坐姿开始，弯曲脊柱并向后滚一半，接着再返回坐姿）也可以让初学者为传统的向上卷动做准备。另一种调整做法是将一根带子绕过双脚以固定，并握住带子的两端；带子可以让参与者（取决于身体的长度）更加平顺、安全地向上卷动和向下卷动。

提示

- 仰卧，脊柱处于压印状态，并且腹肌内缩。
- 双腿挺直舒展，脚趾绷直，肩膀弯曲，并且手指伸向天花板。
- 吸气，将头部和颈部抬离地面。
- （a）呼气，继续弯曲脊柱的其余部分，逐节将其抬离地面。
- 在整个动作期间，都要保持肩胛骨下沉，远离耳朵。
- （b）呼气结束时，脊柱会完全弯曲，同时向前伸双臂，让它们平行于双腿。
- 确保腹肌完全内收，抬起肋骨，并位于腹部上方。
- 吸气，开始向下卷动，处于弯曲姿势。
- 呼气，继续向下卷动，让每节椎骨独立地落回地面，直到身体再次呈仰卧姿势为止，并将双手伸向天花板。
- 重复3～5次。

单腿画圈

单腿画圈需要在移动肢体（腿）的同时，保持脊柱和骨盆处于中立位。执行该动作时，你应当感觉到髋部仿佛在其关节窝内自由地移动，同时核心处于稳定状态。单腿画圈对腘绳肌紧张的参与者来说可能会有问题：因为这些学员无法将腿抬至与地面成90度，他们可能会经历不必要的髋屈肌张力，而该张力作用在腰椎上。调整做法包括弯曲底部（支撑）腿，并将脚放在地上；这有助于缓解下背部的张力。此外，可以鼓励初次锻炼者绕小圈，而不是大圈，或者可以用一根带子绕在脚上（双手握住弹力带两端），以帮助腿部绕圈移动。

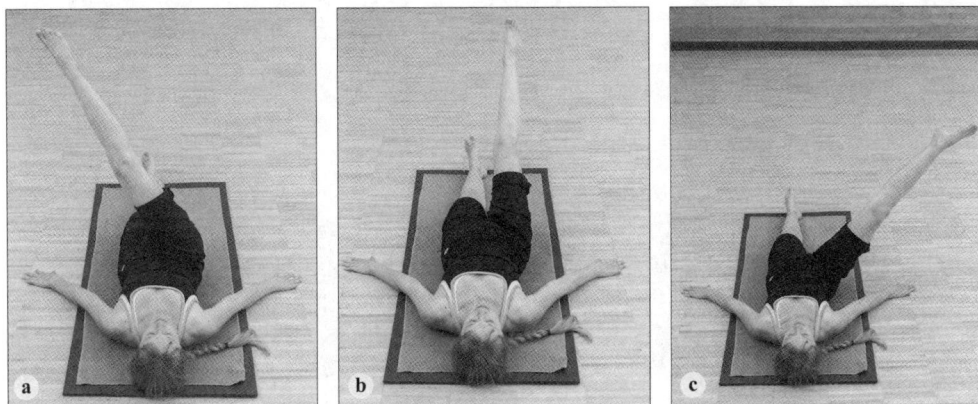

提示

- 仰卧，脊柱处于压印状态，并且腹肌内缩。
- 双臂位于体侧，掌心朝下，并且肩胛骨处于稳定状态。
- 沿着地面拉伸左腿，脚背最好绷直。
- 将右腿伸向天花板，保持脚背绷直。
- （a）通过将腿移过身体中线的方式开始做腿部绕圈。吸气。
- （b、c）腿向下移动并环绕，然后再返回至大腿与地面成90度。呼气。
- 整个动作期间，躯干和骨盆始终都保持不动。
- 腿部绕圈的大小取决于稳定躯干的能力。
- 初学者要以小圈开始；圆的周长可以随着熟练程度的提高而增大。
- 沿着每个方向重复绕圈3～5次。
- 交换双腿动作，用左腿绕圈。

蛋滚式

　　蛋滚式与向上卷动的相似之处在于，脊柱柔韧性越好，背部越弯，就越容易前后滚动，而不会出现任何碰撞或者不均匀的动作。执行蛋滚式时，你应当尽可能地保持脊柱呈完美的C形曲线；最好的实现方式是在整个锻炼期间紧紧地内缩腹肌并维持核心稳定。此外，蛋滚式需要你在返回起始点或者平衡点的时候有所控制，这是一个腹部不内缩和精神不集中就很难实现的动作。蛋滚式是一项适合初学者的动作，它可以进阶为更困难的动作，如分腿摇滚。

提示

- 以高位姿势开始，用坐骨找到平衡点。
- 脊柱完全弯曲，拱成C形曲线，腹肌内收。
- （a）用双手托住小腿；双腿并在一起，脚背绷直，双脚抬离地面。
- （b）进一步内缩腹部，并让自己在吸气时向后滚动。
- 务必要维持腹部与大腿之间的距离（换言之，不要改变髋部弯曲的角度）。
- 呼气时，滚回起始位置。
- 要避免向后滚动得太远，以至于让重量落在颈部或者头上；头部始终要抬离地面。
- 前后滚动5 ~ 6次。

单脚跟上踢

单脚跟上踢需要维持脊柱伸展状态，从而使得该动作可以很好地平衡普拉提中所有的弯曲动作。在整个上踢过程中，腹肌要提起并内收以获得支撑，这意味着该动作有助于提升脊柱伸展时的稳定性。此外，该动作还会挑战使肩胛缩肌（斜方肌下束和胸小肌），因为如果不专注，重力就会下拉胸椎和颈椎，而肩胛骨则会将肋架的后侧抬向耳朵。因此，参与者必须培养上半身的耐力，以在锻炼期间维持肩胛骨对重力的抵抗。重要提示：有些参与者可能会对该动作要求的脊柱伸展程度感到不适。如果参与者反映背部不适，那么要让他们完全俯卧，将前额落在双手，以此方式调整该动作。然后在整个锻炼过程中，他们都可以在俯卧姿势下维持脊柱稳定。

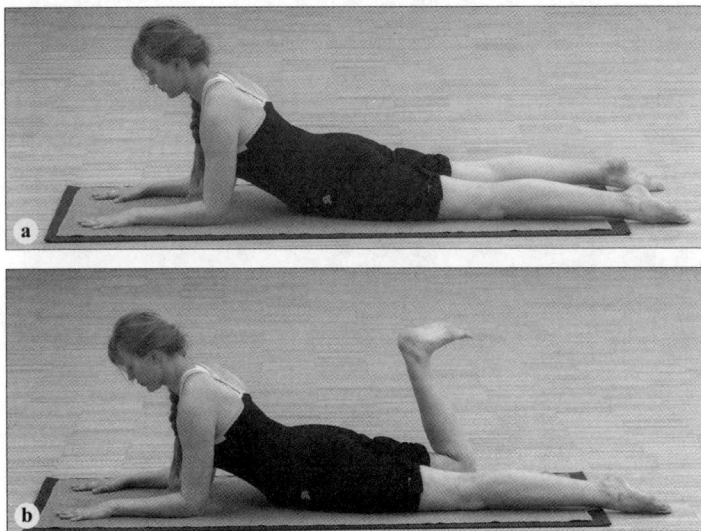

提示

- 以俯卧姿势开始，并用双肘支撑躯干上部。
- 将前臂落在地上。
- 肩膀下压，并远离耳朵，从而伸长颈部。
- （a）通过收缩腹肌的方式尽可能地最小化脊柱的伸展，以防止下背部垂向地面。
- 理想情况下，腹部抬起并离开地面。
- 在做腿部动作时，稳定肩胛骨、颈部、躯干和骨盆。为腿部供能，伸展腿部，并绷直脚背。
- （b）弯曲右膝盖，并在两次将脚跟向身体踢动的过程中呼气，将脚跟尽力地踢向臀部。
- 在伸直膝盖并将其落回垫子的过程中吸气。
- 交换双腿动作，用另一条腿上踢。
- 重复5～10次。

蛙泳式

　　蛙泳式着重强调脊柱的伸展，并且可以作为较难的普拉提伸展动作，如游泳式和天鹅式的预备动作。如果在头顶上方完全弯曲双臂过于困难，或者会导致背部或肩膀不适，那么要通过将双臂简单地外展成T形（与躯干成90度）来调整改该动作。

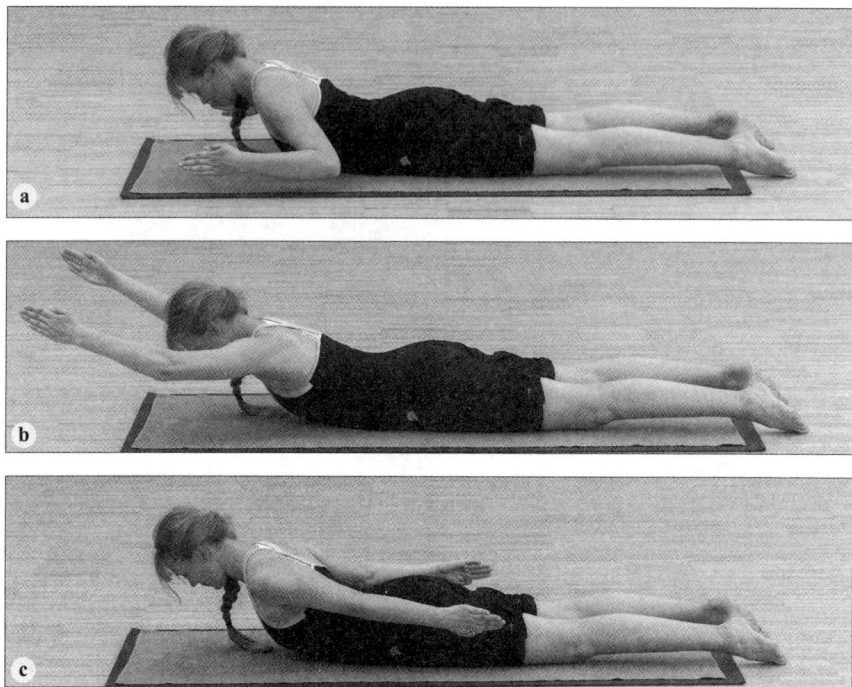

提示

- 以俯卧姿势开始，肘部弯曲，双手位于肩膀下方，并且前臂放在地上（a）。
- 脊柱和骨盆都处于中立位姿势；双腿并拢，并且脚背绷直。
- 在整个锻炼过程中，将下半身固定在地上，保持下半身处于收紧的状态。
- 呼气，将双臂朝前伸到头顶上方，悬于地面上方（b）。
- 吸气，用双臂扫过身体两侧，同时抬起胸部，拉伸脊柱，保持头部和脊柱成一条直线（c）。
- 呼气，再次将双臂伸到头顶上方，就像在蛙泳一样；吸气，重复扫臂动作和脊柱拉伸。
- 重复5 ~ 10次。

侧卧姿势

侧卧姿势要比仰卧或俯卧姿势略具挑战性，因为处于该姿势时，身体与地面的接触较少；因此，稳定肌必须更加用力地工作才能维持良好的体位。有些普拉提类的图书介绍了更具挑战性的变式，如将头部放在地上，或者将双手放在耳朵下方，同时将上半身支撑在肘部上面；然而，我们建议采用更加基础和稳定的变式，即将头部放在手臂上，并让颈椎处于中立位。这一动作的目标是，在整个锻炼过程中，保持骨盆、脊柱、肩胛和头部处于中立位，并维持腹部内缩。为了实现该目标，在将腿部向后移成伸展姿势的时候必须尤其专注，因为在该运动期间，脊柱会自然地倾向于伸展。

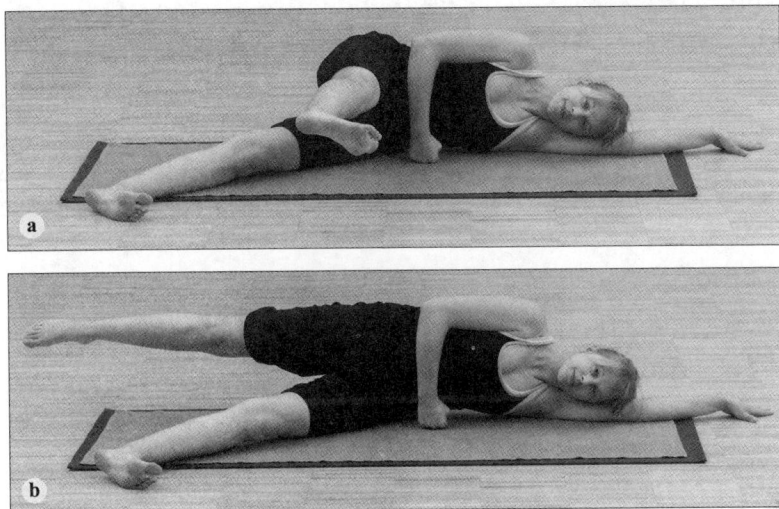

提示

- 侧卧，髋部和肩膀分别叠起；保持脊柱和骨盆处于中立位，腹肌处于收缩状态。
- 底部的手臂伸出置于头部下方；头部和颈部处于中立位。
- 弯曲上部的手臂，将手放在地上来保持稳定性。
- 上面的脚踝背屈。
- （a）吸气，将上部的腿向前移动，弯曲髋部；摆动两次。
- （b）在吸气并将腿移到身后的过程中，通过牢牢地收缩腹肌来保持稳定，同时绷直脚背。
- 务必保持移动的腿平行于地面。
- 重复8～10次，然后交换两侧动作。

脊柱向前拉伸

脊柱向前拉伸对于改善坐姿很有用。此外，它还会教参与者每当在脊柱弯曲时都不自觉地收缩腹肌，这样在无支撑的前屈期间，脊柱会得到保护（从技术上讲，如果腹肌稳固地抬起和收缩，那么脊柱便不再处于无支撑状态）。逐节移动脊柱和保持脊柱柔软的能力是该动作更深层次的益处。

提示

- 坐立，双腿在体前伸直，双脚与髋同宽，并且脚踝背屈。双腿一直伸展至脚跟。
- 以理想、中立位的坐姿体位开始，骨盆、脊柱和肩胛骨都处于中立位。
- 身体重量落在坐骨上面（坐骨应当轻微地抬离地面），并且髋部与躯干成90度。
- （a）肩膀弯曲，同样与躯干成90度，并且平行于地面。
- 手指在体前舒展。
- 呼气，开始移动至脊柱弯曲，头部和颈部先移动，从上到下逐节移动脊柱。
- （b）在将空气排出肺部的同时，保持腹肌内收，感觉它们好像收到胸腔的后方，并且感觉你在绕过一根单杠，而不让腹部碰到单杠。
- 吸气，并按顺序将脊柱返回至中立位，再次找到理想的坐姿体位。
- 重复5～8次。

坐姿脊柱扭转

　　大多数人都惯于久坐，而实际上极少有人的坐姿是正确的。坐姿脊柱扭转有助于纠正不正确的坐姿，因为它会培养人处在坐姿时的核心稳定性和持久力，还会提高脊柱旋转时的灵活性。由于该动作需要腘绳肌具有足够柔韧性才能使髋部弯曲90度，所以它对某些参与者来说会有难度。调整做法包括坐在枕头、毯子或者垫子边缘上，或者简单地盘腿、屈膝而坐。

提示

- 坐立，双腿并拢，在体前伸直，并且脚踝背屈。
- 双腿一直伸直至脚跟。
- 以理想、中立位的坐姿体位开始，骨盆、脊柱和肩胛骨都处于中立位。
- 身体重量落在坐骨上面（坐骨应当轻微地抬离地面），并且髋部与躯干成90度。
- 在整个锻炼过程中，都要抬起头，并保持脊柱尽可能地舒展。
- （a）将肩膀外展至身体侧面，与躯干成90度，胸部打开挺起，肩胛骨位于后下方。
- （b）呼气，并将脊柱旋转至左侧；向右转动3次（每转动一次都做一次短呼吸），每次转动都要坐得更挺直。
- 吸气，返回至中立位。
- 呼气，向右侧扭转一次。
- 每侧各重复3～5次。

平板支撑和抬腿

参与者可能在传统的肌肉训练中就熟悉了平板支撑，因为要做一个正确的俯卧撑需要直臂平板支撑。平板支撑、俯卧撑以及两者的变式，如抬腿，也是约瑟夫·普拉提最初的锻炼条目的一部分。这些动作需要极强的核心稳定性才能完成，因为重力往往会破坏脊柱、骨盆和肩胛骨的对齐方式。平板支撑和俯卧撑有许多种变式。平板支撑最常见的两种变式是前臂平板支撑（重量落在前臂和脚趾上面）和跪地平板支撑（重量落在双膝和双手上面）。由于它们通常更加易于正确地执行，所以两者都是适合初级锻炼者的变式。

提示

• 开始时，双手和双膝都放在地上。
• 将骨盆、脊柱和肩胛骨都置于中立位，并将双手置于肩膀的正下方。
• （a）维持中立位姿势，将双腿向后伸展至直臂平板支撑姿势；腹部内收。
• 保持该姿势，并呼吸几次（采用肋式呼吸），不要放松腹部。
• （b）为了执行抬腿，要维持平板支撑姿势，同时向上伸展左腿（保持膝盖挺直，脚踝背屈），并远离地面。
• 呼气，绷直脚趾，并缓慢地将腿落回地面。
• 用另一条腿重复，交替拉腿3 ~ 5次。

实践演练

　　开始时，先执行适合普拉提课程的热身活动。然后练习示范和提示5个本章所描述的动作。特别注意要提供大量的体位提示和画面提示，它们在教授普拉提时非常重要。

本章总结

　　普拉提锻炼方法在团体健身和个人训练中都大受欢迎。本章涵盖了普拉提的一些基本原则，如能量房和脊柱中立位，以及控制、专注、精准度、合适的呼吸、压印和腹部内缩等。我们还回顾了一些有关普拉提的主要研究成果，为热身活动提供了建议。本章还介绍了普拉提主要的技巧和安全事项，并讨论了普拉提特有的提示要素。我们详细描述了10个基本的普拉提动作，并提供了普拉提练习的演示。我们希望本章会激励你们去了解更多有关这种有效锻炼方法的知识，进而成为一名经过认证的普拉提教练。

团体健身课程评估表：要点

普拉提课程没有心肺锻炼部分。

- 要提供预演动作。要专注于姿势的对称性、呼吸控制、腹部力量以及脊柱、骨盆和肩膀的稳定性。预演你可能会在当天课程中介绍的动作。在课程最初的5 ～ 8分钟要综述和执行具体的普拉提动作，而不是预热和拉伸单个肌群。要专注于关节灵活性和压印脊柱。在整个课程中都要教授脊柱中立位和呼吸，而不是只在热身环节教授。
- 要给出有关姿势和体位的口头提示。普拉提中的每个动作都要求对姿势和体位提供恰当的提示。
- 要鼓励和演示良好的符合人体力学的动作。普拉提动作需要由教练提供视觉演示。确保你所有的演示都是恰当的，并且要强调合适的进阶。
- 要观察参与者的姿势，并为患有伤病或者具有特殊需求的参与者提供调整做法，为高级参与者提供进阶做法。给出动作的视觉演示之后，要在房间内四处走动，以观察参与者，确保他们以合适的姿势和体位恰当地进行练习。
- 要恰当地使用音乐。轻柔的背景纯音乐或者不使用音乐最适合普拉提课程。调低音量，这样可以让你的声音低沉、平静和舒缓。
- 要强调放松，并在普拉提课程的最后几分钟内拉伸单个肌群。

作业

查找3至4个普拉提认证和培训计划。在一页纸上写出你最喜欢的计划。用本章概述的研究和练习方法证明自己的观点是正确的。

17

其他形式

本章目标

学完本章，你将能够：

- 创建以客户为中心的团体健身课程；
- 研究并设计一个在线流媒体锻炼项目；
- 为小众市场设计课程；
- 设计生活方式型的身体活动课程，如行走、直排溜冰以及活动追踪/计步计划；
- 调查研究舞蹈型的课程，如芭蕾把杆舞、尊巴健身操、击鼓健身操和健身街舞课程。
- 设计器械型的课程，如弹床训练、跑步机训练、室内划船和TRX。
- 理解如何开发融合课程和团体身心健康课程。
- 将道德实践指南应用于团体健身教练。

背景确认

在阅读本章之前，先做以下工作：

阅读

- ☐ 第2章，"基本要素"；
- ☐ 第5章标题为"设计热身活动"，"评估热身活动中的拉伸"及"心肺训练系统"的部分；
- ☐ 第6章，"肌肉训练"；
- ☐ 第7章，"柔韧性训练"。

团体健身界一直在变化！对团体健身教练来说，在保证课程安全有效的情况下具有更新课程的能力是非常重要的。在本章中，我们给出了开展团体健身课程的趋势、计划和新型选项的示例。我们会详细介绍如何创造新的团体健身形式，然后概述适用于团体健身教练的道德指南和标准，并以此结束。团体健身是一个具有多种可能性的多元化领域。我们建议你至少精通本书中概述的主流方式之一，并且擅长教授肌肉训练和柔韧性训练课程。在这些课程形式中奠定稳固的基础之后，你可能希望通过培养创建和教授其他形式的团体健身课程（如本章描述的一些专用课程）的技术来拓展自己的就业机会，增加自己的市场竞争力。为了教授专用课程，你可能需要进一步的培训和教育，或者具备一些创造力来将几个课程环节以一种新方式组合在一起。不管你选择哪种形式，我们在本章的开头和结尾都会提到团体健身课程评估表，以向你介绍安全有效授课的基本原则。

创建以用户为中心的团体健身课程

正如在第1章中所讨论的，团体健身已经从仅仅几种形式演变成了在有些计划日程中每周可提供20～30种不同的课程。最开始的有氧舞蹈已经变成了涉及团体活力、音乐和无限快乐的趣味运动！鉴于世界范围内肥胖人数的持续增加，有目的的身体活动是解决问题的方法。作为健身专业人员，我们的工作是让人们

团体健身课程评估表要点

热身环节的要点

- 要包含适量的动态动作
- 至少要为两种主要肌群提供动态或者静态拉伸
- 要为热身提供强度指南
- 要采用节奏和强度合理的动作

训练环节的要点

- 要缓慢地增加强度
- 要使用各种各样的肌群
- 要尽量减少重复性的动作
- 要观察参与者的姿势，并提供建设性、非胁迫性的反馈
- 要不断地提出调整做法、退阶做法、进阶做法或替代做法
- 要提供姿势提示和技巧提示
- 要给出激励性提示
- 要向参与者教授有关强度的知识；在锻炼激励期间要检查一到两次HR（心率）或RPE（主观用力程度分级）
- 要促进参与者的互动，并鼓励乐趣
- 提供正确的动作示范以保证参与者的动作遵循生物力学结构
- 要采用合适的音量和音乐节奏促进合适的运动模式和进阶
- 放松期间要缓慢地降低冲击力和强度

拉伸和放松环节的要点

- 要为所锻炼的主要肌肉提供静态拉伸
- 要采用正确的姿势和技巧进行演示
- 观察参与者的姿势，并提出调整做法、退阶做法、进阶做法或替代做法
- 提供姿势提示
- 要适当地强调放松和想象
- 要以积极的态度结束课程，并感谢学员

对运动感兴趣，并帮助他们在锻炼时所收获的远远不止是健康。对自己的运动具有目标感的人更有可能持续地处于生理活跃状态。人们通常都很忙碌，而运动可以为他们提供一种与他人联系的途径，并能产生一种团体感。

多年以来，我们见证了团体健身突破健身场所的壁垒。创建以客户为中心的团体健身课程对该发展起到了辅助作用。人们希望更多地去外面活动，跳更多的舞，并在生活中享受更多的乐趣。我们在本章中讨论的许多活动形式都不需要在健身中心完成；它们实际上是社区外延的活动，这些活动有助于改变普通民众的身体活动模式。每个人在自己的生活中都需要并追求更令人满足的运动体验。有些团体健身有助于参与者遇到拥有类似兴趣的人，并且能够让参与者讨论自己的生活和健康，这样的团体健身可以产生颇具震撼力的体验。例如，针对乳腺癌存活者的团体健身课程远远不止健身。它可以让参与者与因乳腺癌而经历生活改变的人产生联系。霍姆斯等人（Holmes et al.，2005）对乳腺癌存活者进行了研究，结果发现，每周走动3～5小时可将该疾病的死亡率降低近50%。他们的研究并没有发现，能量消耗（即增加锻炼的强度）会产生任何额外的好处。显然，定期坚持锻炼帮助这些参与者挣脱了癌症的魔爪。这便是锻炼的目的性！这类以客户为中心的锻炼计划创建起来很简单，但是会对参与者的生活产生巨大的影响。组建焦点小组来发现客户的需求将有助于你为自己想组建的以客户为中心的锻炼组找到灵感。

小众市场的团体健身

让我们来看看一些潜在的团体健身小众市场。产前、产后或者临产的团体健身课程在许多场所中都很受欢迎。我们推荐教授这类课程的教练应该接受怀孕指南和恰当锻炼方面的特殊培训。在一门针对怀孕和刚分娩完的女性的课程中，学员会产生一种特殊的感情，因为这些女性都在经历着自己人生中非常有意义的时期。分享有关好听的名字、产妇陪护和葡萄糖耐量测定方面的信息会成为常态。课程的关注点通常很少在于得到良好的锻炼效果，而更多的是在于促进社交联系以及开展舒适、中低强度的身体活动。许多健身专业人员正将新手父母定位成锻炼的参与者，在养育和抚养小孩的过程中，他们可能需要友爱和支持。婴儿推车（Stroller Strides）、妈咪和我（Mommy and Me）、宝贝训练营（Baby Boot Camp）、婴儿学步（Baby Steps）以及父亲与婴儿（Dad and Baby）都是进入该市场的商业实例，并且有些人甚至提倡与婴儿一起参加户外活动。有些课程形式是力量型的，新手父母用自己的孩子作为负重，而不是手握哑铃或者阻力胶管。诸如这样的课程可以让人们在各个方面逐渐积累丰富的经验。父母可以避免为了锻炼而将孩子丢下的愧疚感，并且家庭也不用为日托支付费用。婴儿似乎喜欢这种互动和关注，而爸爸妈妈则与孩子一起收获了美好的经历，同时还进行了一次不错的锻炼。这种锻炼形式属于功能性训练，因为父母是利用他们整天都要抱的重量——孩子，才变健康的。许多参与者在孩子约3岁之前一直都坚持该计划。这些有关父母与孩子的锻炼计划是由健身专业人员创建的。

另一个小众市场计划的创新实例是将享受音乐与体育运动结合起来的课程。一个示例是基于基本指挥技巧的课程，称为指挥锻炼（Conductorcise）。这项锻炼的发明者大卫·德沃金（David Dworkin）是一位退休的乐队指挥，他曾在美国交响乐团演奏过单簧管。他认为指挥锻炼是一种不错的锻炼，尤其对于上半身（Gerard，2006）。他坚信该课程会改善参与者的聆听技巧，并可以借此向他们介绍伟大作曲家的生平和作品。由于活动的性质，许多音乐家都惯于久坐，因为他们喜欢聆听和学习音乐。因此，这种锻炼方式可以让一个全新的参与者团体——音乐家，享受锻炼体验。击鼓，或者敲击，称为"灵感来自击鼓的有氧操训练"；参与者一边做深蹲、弓步蹲、卷曲等动作，一边用被称为Ripstix的塑料鼓棒有节奏地敲击。一项由莱斯基等人（Ryskey et al.，2018）开展的研究发现，击鼓符合美国运动医学会针对改善心肺适能和身体成分所制定的标准，并且对追求传统计划替代品的参与者来说，可以作为一个有趣的选项。这种方式鼓励教练们去外面击鼓，并形成了"孩子们活动、摇滚、玩耍和吵闹的替代方式！"（见图17.1）。

图17.1 教授击鼓课程

作为健身教练，我们知道还有遗漏的客户，并且在构思新的运动计划时，需要富有创造性。以下是其他一些向团体健身注入新活力的想法：普适性躲避球，一种在篮球场上开展、类似于小孩们玩的躲避球的运动；体育场踩踏者，一种参与者利用室外足球场的台阶来增强体能的课程。早餐俱乐部很吸引人，它是将健身的所有组成部分与在活动场所的咖啡厅吃早餐并进行社交的机会结合起来的高级健身课程。这些计划都以客户为中心，并且不仅会涉及一个健身组成部分，还会带来一次有意义的生活经历。这正是在团体健身中形成小众市场的意义所在。

生活方式型的身体活动课程

除了刚才讨论过的户外课程，还有无数个生活方式型的团体健身机会，它们专注于将锻炼融入日常生活，是帮助人们实现身体活动目标的一种手段。尤其是自缺乏身体活动被列为全球第四大死亡原因（WHO，2010）以来，许多专业人员认为，公众健康专业人员应当携手健身专业人员帮助人们不仅在健身场所中，还要在一般生活中处于更加活跃的状态（Markula and Chikinda，2016）。正如胡克（Hooker，2003）所说："公众健康专业人员与健身专业人员之间的合作并不是才出现的，但是这种合作的机会在不断增多，尤其是在社区层面，并且这种合作对于遏制静坐少动生活方式的上升潮及降低其对多种慢性疾病和症状的相关风险来说至关重要。"

科技型的行走项目

计算步数和里程，并估算消耗热量的设备无处不在。市场上充斥着各种类型的产品，并且还在革新和发展。越来越多设备型的研究表明，穿戴设备确实有助于改变人们的行为（Yoke et al.，2018a；Cadmus-Bertram et al.，2015；Ellingson et al.，2016；Karapanos et al.，2016）。腕戴设备，如活动追踪器，尤其可能影响人们在一整天中的运动量。有些腕戴设备还会提供其他的信息，如时间、邮件、手机短信、心率信息和激励性的信息等。因此，人们往往在一整天中会频繁地看自己的设备，这随后会提醒他们坚持运动。证据还表明，当具备认知行为控制（一种类似于自我效能的概念）时，人们便更有可能使用活动追踪设备（Yoke et al.，2018b）。这意味着人们需要具备坚持使用设备并解读它所提供的信息的能力；这还意味着整个过程需要被人们认为是易于执行的。我们建议，健身场所应该考虑售卖活动追踪设备，并将买家与健身专业人员联系起来，健身专业人员可以协助买家培养认知行为控制。这样，我们便可以在帮助普通人群多做运动方面起到关键作用。团体健身教练可以通过教授团体活动追踪器或计步器课程，并提供支持的方式来产生重要的影响。在健身场所内

锻炼可增强体能，但是一周几次的锻炼消耗的能量不足以产生巨大的热量逆差。如果锻炼目标是维持健康的体重，那么每天的运动也是必需的，而活动追踪器、计步器以及智能手机的应用程序会有所帮助。

增加日常活动中的运动，并提供有助于参与者在健身场所以外测量自己活动水平的计划，是减少久坐行为的关键。要想寻找灵感，请查看新颖和成功的品牌团体行走项目的实例：莱斯利·桑索内（Leslie Sansone）在家健走法。可考虑将你的计划拓展到社区，并利用运动追踪设备开展一个计步器或者生活方式交互式的团体项目作为外展活动，以解决参与者不得不驱车去特定地点进行运动的问题。

户外行走、徒步旅行和直排溜冰

人们通常将行走列为自己的头号体育运动和消遣活动，所以教授行走课程是拓展授课选项的另一种方式。行走课程应该包含具有大量拉伸的热身和放松活动。许多教练还会在课程中加入诸如向后或者侧向行走的练习，或者收录间歇性训练。有些教练沿着行走路线提供力量训练站点来实现循环型的肌肉训练（这又称为越障训练场）。最理想的是两位教练带领行走课程，一位在前面作为领队，另一位在后面作为"牧羊人"。这样，该课程便可以容纳各种体能水平的参与者，参与者可以用最适合自己的速度行走（见图17.2）。各种行走装置可以用来增加强度（Porcari，1999）。这些装置包括加重背心、手持式重物或者加重手套、登山杖和力量腰带（一根系在腰上的带子，可提供带把手的阻力绳）。另一种增加阻力的方式是暴走或者快走，是一种高强度的行走，包

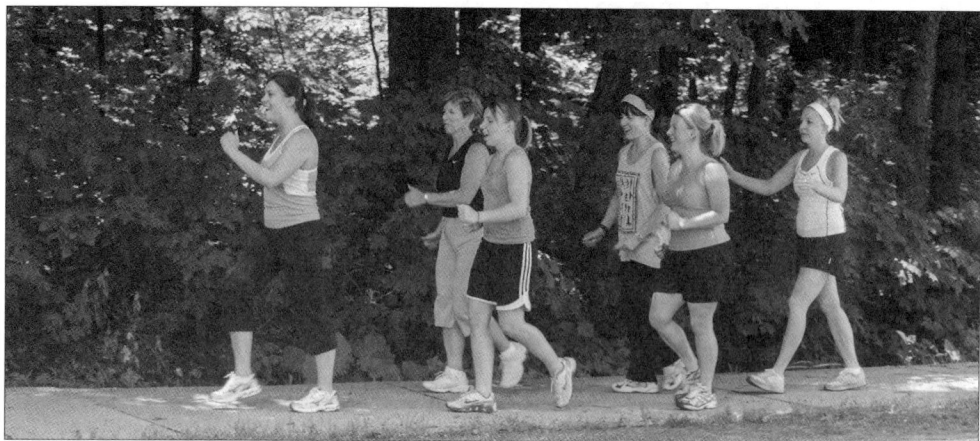

图17.2 户外行走课程

含了更加用力的上半身运动和一些髋部旋转运动。不管参与者的行走速度如何，都要鼓励他们采用良好的技巧行走：头部和颈部处于中立位，目视前方，双臂和双手放松，每一步都是脚跟先着地，脚趾最后着地，双膝轻柔并且骨盆处于中立位。在公园或者步行道召开班级会议来帮助参与者体验新环境，这种做法还会让参与者理解锻炼未必非要在健身房中进行。我们作为健身教育者的目的是为参与者带来尽可能多的运动体验；归根结底，我们想让他们靠自己成功地创造出运动机会。在不同的地点开班级会议可以为参与者介绍社区资源，并增加他们身体活动的机会。

直排溜冰是另一种生活方式型的团体健身选项。它已经被证明是一种用于改善心肺适能的恰当的锻炼方式（Orepic et al., 2011）。然而，想要带领直排溜冰课程的教练必须接受合适的培训，在恰当的地点（例如，空旷的停车场），依靠合适的器械（例如，溜冰鞋、头盔、护腕、护肘和护膝），提高安全性和趣味性！

舞蹈型的课程

舞蹈型的课程仍然很受欢迎。许多曾在高中舞蹈队跳过舞，或者小时候上过舞蹈课的人认为，随着音乐移动是他们最喜欢做的日常身体活动。这种项目的一个实例是大学校园里提供的啦啦队舞蹈课程。对于这种课程，大学啦啦队长或者舞蹈团成员教授在学校体育站期间做过的所有动作和在中场表演期间使用的动作。他们享受运动体验，并且经常说，因为他们喜欢跳舞，所以它感觉不像锻炼。塔雷特（Tharrett, 2017）讨论了洛杉矶体育俱乐部是如何根据洛杉矶湖人队啦啦队的动作设计课程的。这样的课程是采用以客户为中心的方法来触及喜欢舞蹈相关动作的个体的一个实例。还有若干种加入舞蹈风格团体健身的形式，我们将会在本章中加以综述，包括神经肌肉综合动作（Neuromuscular Integrative Action，NIA）、拉丁舞、街舞、迪斯科、乡村舞、尊巴和运动塑形操。

NIA是一种将自由式的现代舞与民族舞

蹈、太极、武术和瑜伽结合起来的团体健身形式。它将心肺刺激与身心意识的提高组合起来，融合了东西方哲学的元素。按照NIA创始人罗萨斯（Rosas，2006）的说法，典型的NIA课程一部分是编排好的动作，学员要服从教练的领导，而一部分是自由式的动作，参与者可以尽情地跳舞，仿佛没有人在看一样。与搭档一起跳舞，或者列队、围成圆圈以及站成一排跳舞可以用来提升团体的活力。各种各样的音乐风格都可包含进来——新世纪音乐、放克音乐、拉丁乐、摇滚乐、节奏布鲁斯和爵士乐——根据教练的计划，音乐节奏因歌曲而异。脱掉鞋子，减小冲击，鼓励参与者表达自我。NIA的一个主要目标是帮助参与者更注重从内在指导自己的身体表现，感受自己的身体，以整体、愉悦和快乐的方式运动。

尊巴课程在全世界都大受欢迎；2013年美国运动医学会的"全球健身趋势调查"将尊巴列在了前20大健身趋势榜单中的第12位（Thompson，2012）。尊巴是一种灵感来自拉丁舞的舞蹈健身课程，亦称作尊巴健身派对（Perez，Robinson and Herlong，2011）。由于它是拥有品牌、版权的项目，所以教练必须获取尊巴健身的许可证才能使用"尊巴"的课程名称。尊巴吸引如此多参与者的部分原因是它竭尽全力来营造一种类似派对的氛围，这种氛围充满乐趣、令人舒适并且效果显著。有趣的是，尊巴教练并未接受预期性提示的教学，鼓励他们尽量少使用口头提示，以达到营造舞蹈派对氛围的目的。不幸的是，这可能会导致某些参与者觉得不太成功，因为新动作的展示毫无征兆，并且可能导致产生笨拙感，而且参与者突然变向时可能会撞到彼此。我们希望看到更多的尊巴教练掌握预期性提示的技巧。

尽管存在尊巴的热量消耗相当高的说法（每节课高达1000千卡），但是没有研究证实该说法。一项研究显示，根据热身与放松活动的时间长短以及动作顺序的不同，热量消耗大约为每分钟7千卡，或者每小时350～400千卡（Otto et al.，2011）。另一项研究显示，尊巴的热量消耗大约为每分钟9.5千卡（Luettgen et al.，2012）。德莱克斯特等人（Delextrat et al.，2016）发现，相比于对照组，8周的尊巴（每周3次）会对最大有氧健康体能、自律性和生活目标带来显著的积极作用。尊巴被认为是"变相的锻炼"，尊巴组织称每周有超过600万的人在上尊巴课程。

许多俱乐部还会采用其他舞蹈风格设计专用课程，如一般的拉丁舞、放克舞蹈、浩室舞或者乡村舞。卡恩（Kahn，2008）指出，人们厌倦了传统的健身课程，并且喜欢跳和学习他们出去跳舞寻乐时可以用的新动作。团体健身中使用的许多舞蹈风格都有特定的动作或者舞步。例如，拉丁舞动作包括的内容有桑巴、伦巴舞、梅伦格舞、恰恰舞、兰巴达舞、坤比亚舞、萨尔萨舞、卡利普索和曼波舞。乡村舞动作包括旋转、侧顶胯、摇臀、靴子滑板车；这些动作经常被用在舞蹈编排中，并且可以针对心肺课程加以调整（Lane，2000）。放克和街舞风格跟着以重拍为中心的音乐，将上半身的单独运动和许多常见的舞蹈动作（如并步、踏步、爵士方步以及相扑式深蹲）与非洲舞和街舞风格以及复杂的节奏模式相结合。

根据作家E. 蒙塞尔·德登（E. Moncell Durden）的说法，街舞是世界上最流行的舞蹈形式之一。街舞与非洲的舞蹈传承有关，它的特征在于嬉戏和各种各样的节奏、上半身的单独动作以及敲击动作,并且它通常合着说唱音乐进行编排。与其他的形式一样,街舞有时会结合健身的其他组成部分,如有氧街舞或者核心街舞。

把杆型的课程多年以来时而流行,时而过气。在我们编书期间,把杆锻炼似乎又流行了起来。把杆练习可以由传统的健身动作(如站姿髋部外展、髋部内收、伸展练习、弓步蹲)或者芭蕾动作(包括相扑式深蹲、立半脚尖、擦地动作、腿部动作、小弹腿、画圈和手臂动作)组成。典型的把杆动作通过握住把杆来保持平衡(见图17.3);所执行的动作需要强大的等长核心力量,并涉及多次重复的下半身小幅运动。在房间中间的锻炼可以包含传统的高-低冲击动作或者芭蕾动作,如转体、单脚尖旋转、跳跃以及编排好的动作。在这些类型的课程中,应当注意调整高风险的动作,

以使它们适合普通人群。诸如完整的手臂动作、深蹲和颈部过度伸展对颈部、背部和膝盖来说可能会有风险,不适合身体状况不好却想要健身的成年人。一如既往地,舞蹈型的课程应当提供合适的热身和充足的放松活动,并加入柔韧性练习。

器械型的心肺和力量训练

团体健身课程中的器械型有氧和力量训练涉及心肺功能性训练器械的使用,如跑步机、椭圆机、划船机、沃萨攀爬器、轮拳手转车,或者可移动的力量器械,如复合拉伸机或者TRX悬挂装置。力量训练自由式项目可能包括ViPR训练、战绳、壶铃、药球和代谢式训练,力量训练自由式项目可以是有氧和力量的组合。指导器械型有氧和力量训练课程的步骤非常简单。

图17.3 教授把杆型的课程

1. 如果使用器械，那么要确保你了解如何设置器械，包括如何使用仪表板（若有）以及如何针对每个人调节器械。
2. 学会如何在器械上做演示并教授正确的符合生物力学的姿势和技巧。
3. 要设计一种在生理上合理的课程形式。

适当的课程形式遵循团体健身课程评估表中所概况的要点，包含热身活动（通常在器械上执行）、有氧训练环节以及有氧训练环节之后的放松活动。虽然没有必要，但是在有氧训练环节之后，有些教练会将学员转移到另一个房间中进行肌肉训练或者拉伸。许多器械型的课程都包含间歇性训练，该训练经过调节可适合所有体能水平的参与者（见表17.1）。记住，参与者在间歇性训练期间需要有关适当强度方面的指导。通常，你可以鼓励学员在较容易的间歇性训练环节中以适中或者稍微困难的RPE进行锻炼，而在较难的间歇性训练环节则以困难的RPE进行锻炼（更多关于利用RPE监控强度的内容，请参见第5章）。

在跑步机课程中，根据自身的体能水平，参与者可以走动或者跑动。如果参与者想增加强度，那么可以提高跑步机速度、增大仰角或者二者结合。你可以播放激励性的音乐，采用具有适当节拍的歌曲，从而为学员提供合着节拍走动或者跑动的选择；或者你也可以设计一种比传统课程耗时更少的HIIT跑步机课程（见图17.4）。

滑移和滑行训练

滑移训练在20世纪90年代很受欢迎；许多俱乐部配备了供参与者使用的滑板和滑靴。滑移是一种心肺锻炼形式，由于涉及横向（左右）运动，并且主要在额状面运动，这在许多体育运动中都有用处，所以它也被称为横向运动训练（见图17.5）。网球、溜冰、滑雪、篮球和足球都需要横向移动和维持关节横向稳定性的能力。滑移训练冲击力低、平衡性和敏捷性强，并且增加了团体健身的多样性。大多数场所都不再提供滑板训练课程，但是许多专项训练计划可能会将滑板站点包含在自己的循环式锻炼中。

表17.1 器械型课程样例

锻炼环节	持续时间（分钟）	强度
动态热身和拉伸	5 ~ 8	轻度
介绍锻炼形式	3	轻度
练习所用的形式	5	适中
有氧或者力量间歇性训练	5	适中到困难
恢复	2	轻度
有氧或力量稳态锻炼	5	适中
有氧或力量间歇性训练	5	困难
有氧或力量稳态锻炼	5	适中
有氧或力量间歇性训练	5	适中到困难
放松和拉伸	5	轻度

图17.4 团体 HIIT 跑步机课程

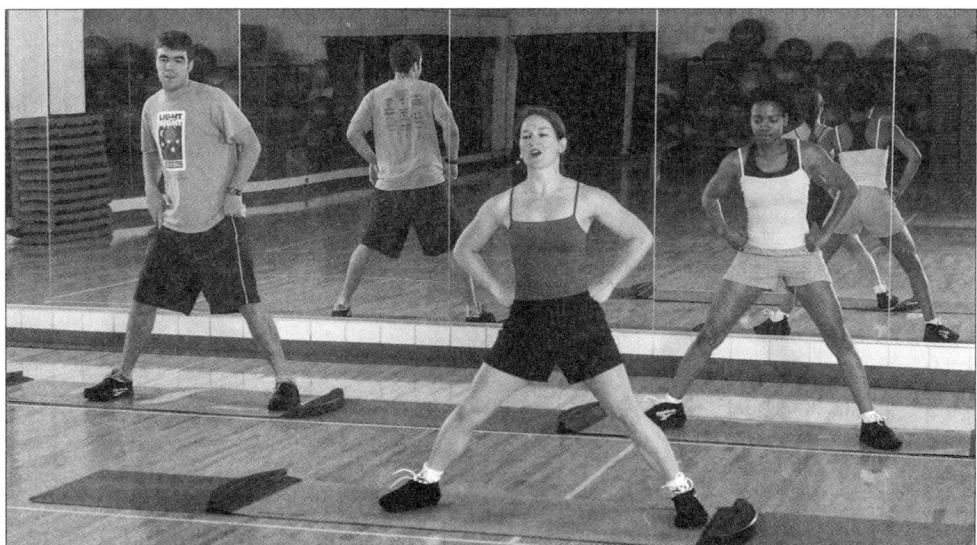

图17.5 滑板上的基本滑移动作

相反，滑行盘是一种有点类似的替代品。滑行盘要便宜得多，并且是放在双脚下方来影响下半身稳定的平滑装置。在滑行盘上执行的动作类似于滑板上的动作。滑行盘可以放在双脚或者双手下面来进行俯卧撑或平板支撑锻炼（见图17.6a ~ 图17.6b）。滑行盘便于携带，并且每对需要花费10美元左右。一个简单的纸板也可以用于这些活动，这甚至比滑行盘便宜。关键是要确保将横向动作融入锻炼计划，因为我们在矢状面内做的日常运动非常多。

图17.6 （a）使用滑行盘的越野滑雪动作，（b）使用滑行盘的髋部外展平板支撑

弹跳

练习弹跳时，参与者在弹床上进行锻炼，这是一个类似小型蹦床的装置（见图17.7）。至少有一项研究显示，弹跳锻炼可以对身体成分、胆固醇、葡萄糖指标和有氧能力带来积极影响，降低血压，并减少关节疼痛（Cugusi et al., 2016）。这些研究成果表明，弹跳符合美国运动医学会为有氧健康体能的实现所制定的标准。弹跳被归类为低冲击的活动，并且似乎会向关节和结缔组织施加极少的压力。根据音乐（每分钟大约126拍）编排的系列锻炼可以采用各种各样的动作，如开合跳、转体和交替跨步（都是双腿动作，双脚同时接触弹床）以及慢跑、提膝和踢腿（单腿动作，每次仅有一只脚接触弹床）。弹跳既有趣也好玩，作为循环式锻炼中的一个站点，可以增加神经运动或平衡性的挑战。

图17.7 在弹床上慢跑

摇圈

采用加重圈的身体摇圈又是另一种健身趋势。这些健身圈要比我们熟悉的玩具呼啦圈更大、更重；至少有一项研究显示，这种低冲击的锻炼形式可以消耗巨大的热量——每摇圈30分钟的热量消耗约为210千卡（Holthusen et al., 2011）。健身圈重1 ~ 4磅（约0.5 ~ 1.8千克），因此身体转动的速度可以慢于呼啦圈，从而使得它们更加易于控制。摇圈是全身性的锻炼，按照研究人员的说法，可有效地提供中高水平的锻炼刺激，此外，它很有趣，感觉能够轻松完成！

TRX和RIP训练

TRX是一种流行的自重锻炼系统，它采用悬挂器械来提升全身稳定性以及肌肉适能、灵活性、脊柱稳定性、爆发力，以及旋转能力。作为一种可以安装在任何地方并进行锻炼的装置，TRX是一种重量轻且便携的器械，它可以安装在墙上、天花板上甚至树上。许多健身场所将整个房间指派给团体TRX计划；多套TRX装置通常要么固定在天花板上（见图17.8），要么悬挂在一个巨大的S形钢架（S形钢架可以容纳22套TRX装置）上。阻力由锻炼者的体重提供，可以通过将身体姿势变得更水平或更垂直的方式来将阻力调节至最合适的水平。若干项研究测试了在TRX装置上训练的效果。一项研究（Scheett et al., 2010）发现，悬挂训练引起的乳酸变化和心率反应表明该训练是适中强度的刺激。另一项研究（Cayot et al., 2011）评估了TRX肱二头肌弯举与标准自由重量弯举的肌肉激活度；结果表明，在TRX悬挂弯举期间，三角肌前束表现出了更高的激活度。费尔南多等人（Fernando et al., 2012）发现，使用TRX的俯卧撑引起的核心肌肉激活度要高于标准的地面俯卧撑，以及在平衡板或其他不稳定装置上做的俯卧撑。哈里斯等人（Harris et al., 2017）在一项研究中也发现，在悬挂训练装置上做锻炼时，肌肉激活度会提高。注意，TRX系统也存在竞争对手，如红绳（Redcord）和轭杆（Yokebar）。

同样由TRX公司开发的功能性训练棒（RIP）训练是一种为常见的提供可变的、非对称负载的锻炼系统。一根特殊的塑料阻力棒只连接到杆的一端，从而在杆上施加一个单边、不平衡的拉力。为了进行补偿，参与者必须利用核心稳定肌来维持恰当的形体和姿势。可以购买一种特殊的自立式固定装置（见图17.9）用于团体健身的场合；在其上可以固定多达10套RIP训练器，以实现富有挑战性的团体健身。

图17.8　团体TRX训练

图17.9 团体 RIP 训练

身心课程

　　基于中国古代哲理的太极（见图17.10）练习可以促进运动和冥想。这一基于哲理的练习据称可以促进心理和生理健康、激发活力以及改善身体功能，并且可以培养社会和精神价值。太极的版本有若干种，但是杨氏太极可能最为流行和最容易被接受。它包含24式，这些招式应当每天练习，可以在任何地方练习。就与健康相关的健身部分来说，太极能提升柔韧性、平衡性和协调性，增强肌肉耐力。它们被认为是实现终身健康的理想锻炼，并且因其柔和、无冲击的性质，对老年人尤具吸引力。实际上，大量研究表明，太极具有多种生理和心理上的有益效果（Walsh et al., 2015；Sharma and Haider, 2015）。太极会改善老年人的平衡性，减少摔跤事件（Lan et al., 1998；Li et al., 2005），并且可有效地治疗纤维性肌痛症（Wang et al., 2010）与偏头痛（Wahbeh, Elsas and Oken, 2008），减轻焦虑（Hoffmann-Smith et al., 2009）和减少压力（Wolever et al., 2012）；这些项目还可以作为结合医学的一种有效形式（Walach et al., 2012）。太极鼓励心灵、身体和精神的结合，并且像瑜伽一样，专注于将练习者的注意力集中在当下。这种正念原则，以及集中在以完整认知执行缓慢动作上的关注点，是一种可以应用到其他团体健身形式中的理念。格兰芬

图17.10 团体太极训练班

等人（Gryffin et al.，2015）公布了关于辅助器和障碍器的信息，这些器械可以帮助健身场所尝试为自己的客户，尤其为老年人开发和实施成功的身心计划。该信息值得在设置这样的计划之前进行回顾。我们预测，随着我们的生活节奏持续变得更快以及可用的技术手段变得更多，我们将比以往任何时候都发布更多的微博，回复更多的邮件，开发更多的应用程序，并淹没在更多的信息之中。通过身心课程缓解压力不仅会成为团体健身环境中的主流，并且会成为健康生活的必需品。

融合课程

在团体课程中，一个经久不衰的流行语是"融合"。融合课程混合了多种锻炼的各个部分。例如，有氧和核心课程可以是一种先做20分钟有氧锻炼，随后再做20分钟核心力量训练的课程。由于人们都很忙碌、缺乏时间并且容易厌烦，所以融合课程提供了一种更加有趣、高效的锻炼形式。融合课程的数量和类型只受限于教练的想象力。流行的组合包括瑜伽普拉提（瑜伽+普拉提）；普拉提瑜伽；搏击健身舞；瑜伽太极；骑行+瑜伽+芭蕾+普拉提；户外行走，随后在瑞士球上进行肌肉训练；登踏板间歇性训练中穿插拉丁舞间歇性训练；弹跳，随后做20分钟的拉伸，等等。有些团体健身会提供跳跃和泵感间歇：跳绳间隔中穿插肌肉训练间隔。还有些融合课程融合了宝莱坞、爱尔兰、非洲、拉丁与其他世界舞蹈风格。自由式的力量循环训练是另一种在短时间内提供多个锻炼项目的好方法。为了制定一套循环训练，要在房间四处设置肌肉训练站点，并让参与者以个人或者小组（或者小群）的形式在各个站点轮流锻炼。设计融合课程时要有创意；你拥有无数种选择，而人们喜欢选择多样性！

不同的健身专业人员对"融合"一词的理解不同。例如，武道魂（budokon）融合了瑜伽、武术和冥想，它将健康的心理和生理方面结合在了所提供的一个团体健身项目中。武道魂的发明者谈论的不是锻炼的健康益处，而是人类的潜力和运动的艺术（Anders，2006）。"融合"一词并非总是指两种锻炼方式的结合，它还可以用来描述心灵和身体运动的结合。这种类型的融合让我们将自己的职业更贴切地称为身心健康行业，而不是锻炼或者健身行业。

品牌团体健身项目

团体健身的形式有许多种，除了大致介绍其中的一些形式，我们还希望读者熟悉以独特方式提供健身锻炼的品牌项目。品牌项目会提供预先编排好或者预先设计好的课程，从而为你减少大部分构建课程的工作。如果你工作的场所为这类计划做广告或者拥有相关许可证，那么你极有可能需要接受品牌项目公司的专门培训。知名的品牌项目包括Orangetheory Fitness（驱动橙式健身）、Bodypump by Les Mills（莱美杠铃操）、Zumba（尊巴）、CrossFit（混合健身）、Jazzercize（爵士健美操）、Insanity（疯狂健身操）和P90X（90天魔鬼训练）。注意，你可以在自由式、个性化的项目中创建自己的课程，而品牌项目基本上与之相反。

Orangetheory Fitness将跑步机、划船机以及TRX、重物、弹力带和BOSU球等器械都结合在了一门结构化的训练课程中，由一名私人教练带领。大多数品牌计划都提供由其联合公司开发的预售课程；这些课程传到特许商那里，然后特许商购买使用它们的权限。我们对这些计划的看法是，如果机构雇一名受过训练、经过认证的团体健身计划负责人来创建预售课程，并雇经过认证的教练或者私教来教授项目，以便提供调整做法来预防损伤，那么它们会很有效。每个群体各不相同，并且每个参与者也各不相同。想让一个预先编排好的锻炼不必经过调整就适合所有人并不现实。

专注于肌肉训练的品牌计划是CrossFit。这种形式的品牌项目不太在乎预先编排好的锻炼，而更在乎采用功能性动作以及在团体氛围下锻炼来实现力量和体能训练目标。

品牌项目的局限之一是，数学可能不允许针对团体或个人做出调整。琼斯、克里斯坦森和杨（Jones，Christensen and Young，2000）称，自1978年以来，负重训练器械的误用或滥用导致负重训练损伤的事件增加了35%。另一项关于美国医院急诊室中报道的负重训练损伤的研究（Kerr，Collings and Comstock，2010）发现，过劳损伤的比例随着年龄增长而显著地增加。医生和初级保健人员已经发现了一种新出现的问题，即由品牌项目导致的不成比例的肌肉骨骼损伤风险，尤其是对新手而言（Furman，2015）。许多品牌项目的参与者通常都年轻并且健康。这样的计划对想让体能更进一层的人来说可能不错，但是它们可能并不适合刚开始锻炼的普通参与者。

总体来讲，品牌项目有利也有弊。作家安德烈亚松和约翰松（Andreasson and Johansson，2016）将品牌计划的流行称作"健身行业的麦当劳化"——不同俱乐部所提供内容的标准化和同质化。由于准备工作已经做好了，所以品牌计划更加易于开展。另外，有些品牌计划不允许根据参与者的需求提供太多的创意或者个性化的动作。如果预先设计好的锻炼非常困难或者包含有风险的动作，那么参与者有可能会受伤。

流媒体锻炼

在艾迪西库（Eadicicco，2018）发表于*TIME*杂志上的一篇文章中，流媒体锻炼被称为"健身的未来"。流媒体锻炼被传送到消费者的智能手机、平板电脑以及家庭或办公室的计算机上。它由单独的团体健身教练、健身场所、舞蹈工作室甚至是品牌项目实体提供。参与者为了在家或者在办公室接收这类定期的锻炼信息，通常必须按月缴费；在有些情况下，他们可能需要购买特殊的器械。

视频直播课程可以为消费者带来无数种好处：锻炼方便、普遍可用，包含各种各样的形式，在有些情况下甚至会让你感受到自己是活动的一部分。除了更贵、更正规化的锻炼之外，还有成千上万种免费或者价格便宜的锻炼。许多参与者通过某些网站获得了自己的第一次团体健身体验！用数字化方式发布和传输锻炼的能力为有事业心的团体健身教练带来了新的创业机遇。不幸的是，流媒体锻炼也有弊端：损伤的风险可能更大，尽管有些健身名人称自己在社交媒体上努力地与粉丝互动，但是教练和参与者之间，或者参与者之间很难拥有太多的私下互动。

团体健身教练的道德实践指南

我们想花点时间来感谢国际健身协会、美国运动委员会、美国运动医学会和其他合作过的健身机构为我们提供了如此多的信息。这些专业机构在设定团体健身指导的实践指南和道德标准方面一直居于领先地位。如果你记住这些以及本书中所提供的团体健身课程评估表，那么你便会顺利地踏上深刻影响参与者身心健康的道路。

下面是适用于团体健身教练的IDEA道德实践指南。

1. 始终都要以团体的最佳利益为主，同时还要兼顾个人。
2. 要提供一个安全的锻炼环境。
3. 要接受执教团体健身必需的教育和培训。
4. 要利用真诚、公平和诚信做专业决策和处理关系。
5. 要维持适当的专业界限。
6. 通过行为和外表维护专业形象。

本章总结

本章涵盖了用于教授各种团体健身课程的基本信息。在开发自己的课程时，要对照附录A中的团体健身课程评估表和IDEA道德实践指南进行自我检查，以确保课程符合每个环节的基本标准。整合有效的课程模板和专业培训机构提供的信息，是让你快速成为最好的团体健身课程教练的方法。尽己所能成为最好的团体健身专业人员对参与者的健康与幸福来说很重要。我们必须尽自己最大的努力，通过安全有效的团体健身体验帮助参与者提高自己的生活质量，而这些团体健身体验是基于科学的研究、合理的指导原则及富于乐趣的。

团体健身课程评估表：要点

热身环节的要点
- 要包含适量的动态动作和预演动作。
- 至少要为两种主要肌群提供动态或者静态拉伸。
- 要为热身提供强度指南。
- 要采用节奏和强度合理的动作。

训练环节的要点
- 要缓慢地增加强度。
- 要使用各种各样的肌群。
- 要尽量减少重复性的动作。
- 要观察参与者的姿势，并提供建设性、非胁迫性的反馈。
- 要不断地提出调整做法、退阶做法、进阶做法或替代做法。
- 要提供姿势提示和技巧提示。
- 要给出激励性提示。
- 要向参与者教授有关强度的知识；在锻炼激励期间要检查一到两次HR或RPE。

- 要促进参与者互动，并鼓励娱乐。
- 提供正确的动作示范以保证参与者的动作遵循生物力学结构。
- 要采用合适的音量和音乐节奏。
- 放松期间要缓慢地降低冲击力和强度。

放松、拉伸和放松环节的要点

- 要对所锻炼的主要肌肉进行静态拉伸。
- 要采用正确的姿势和技巧进行演示。
- 观察参与者的姿势，并提出调整做法、退阶做法、进阶做法或替代做法。
- 要给出姿势的提示。
- 要适当地强调放松和想象。
- 要以积极的态度结束课程，并感谢学员。

作业

使用附录A中的团体健身课程评估表记录你的观察结果，评估一门使用了本章中提到的任何一种形式的独特的团体健身课程。要将自己看作课程教练的主管，并填写表格，从而向这位教练提供你想给出的纠错反馈，以达到帮助改进该课程的目的。记录完你对形体的观察结果之后，附上一份清单，列出你认为做得不错的三件事以及你觉得可以改进的三件事。

健身专业人士的建议

劳伦斯·比斯孔蒂尼（Lawrence Biscontini），文科硕士，作为自2002年以来第一位获得了ACE、IDEA & Inner IDEA、CanFitPro和ECA的奖项正念运动专家，他创造了健身界的传奇。他目前效力于国际积极老龄化委员会（International Council on Active Ageing，ICAA）的顾问团，并且是音乐原动力（Power Music）的高级VIP顾问。他在国际层面上为俱乐部和温泉疗养地（包括Equinox健身会所、24小时健身、黄金健身国际、Bally健身俱乐部和金门水疗馆）打造团体健身和个人训练计划；他打造的计划在康泰纳仕悦游全球创新水疗计划排行榜中名列第十。劳伦斯一直是欧洲国家、亚洲国家和美国的一流国际水疗馆的水疗顾问。他的著作包括*Musings & Meals*和*Cream Rises: Excellence in Private & Group Fitness Education*。他将网络销售收入的一部分捐给了慈善机构。他为健身和水疗社团的事业发展设立了比斯肯蒂尼奖学金，还创建了瑜伽全球（Yo-Global）计划，以将瑜伽带向更多的人群。

"作为一名过胖的年轻人，我在运动和健康之路上发现的第一个运动是太极。太极动作简单，外部和内部环境没有任何胁迫性，而且不一定要换衣服，我立马就爱上了它。作为一名健身专业人员、作家、演讲者和运动专家，我说不上随着年龄的增长会练习哪种剧烈的运动，但是我可以自信地断言，我将一直练习太极。"劳伦斯说。

附录 A

团体健身课程评估表

教练：_____ 评估员：_____

日期：_____ 课程：_____

时间：_____

评分系统：2=熟练，1=胜任，0=不能胜任

课前程序

☐ 准时开课

☐ 自我介绍

☐ 说明课程形式

☐ 器械和音乐准备就绪

☐ 认识学员

☐ 熟悉新的参与者

☐ 营造积极的气氛

☐ 穿着得体

评语：

_____

_____

_____

热身

☐ 要包含适量的动态动作

☐ 要提供预演动作

☐ 至少要为两种主要肌群提供动态或者静态拉伸

☐ 要提供明确的提示和口头指示

☐ 要采用恰当的音乐节奏（每分钟120 ~ 136拍）或者采用会激发运动欲望的音乐

☐ 要为热身提供强度指南

评语：

_____

_____

_____

肌群	热身	拉伸
股四头肌和髋屈肌		
腘绳肌		
小腿肌群		
肩关节肌肉		
下背部肌肉		

训练环节

- □ 要缓慢地增加强度
- □ 要使用各种各样的肌群（尤其是腘绳肌和外展肌）
- □ 要尽量减少重复性的动作
- □ 要观察参与者的姿势，并提供建设性、非胁迫性的反馈。
- □ 要不断地提出调整做法、退阶做法、进阶做法和/或替代做法
- □ 要提供姿势提示和技巧提示
- □ 要给出激励性提示
- □ 要向参与者教授有关强度的知识；在锻炼激励期间要检查一到两次HR（心率）和/或RPE（主观用力程度分级）
- □ 要促进参与者互动，并鼓励娱乐
- □ 提供正确的动作示范以保证参与者的动作遵循生物力学结构
- □ 在心肺训练环节之后的放松期间要缓慢地降低冲击力和强度
- □ 要采用合适的音量和音乐节奏（每分钟118 ~ 128拍）

评语：

_____

_____

_____

柔韧性、拉伸和放松环节

- □ 要为所锻炼的主要肌肉和通常较紧张的肌肉（髋屈肌、腘绳肌、小腿肌群、竖脊肌、胸肌、三角肌前束和斜方肌上束）提供静态拉伸
- □ 要采用正确的姿势和技巧进行演示
- □ 观察参与者的姿势，并提出调整做法、退阶做法、进阶做法或替代做法
- □ 提供姿势提示
- □ 要适当地强调放松和想象

□ 要以积极的态度结束课程，并感谢学员

评语：

_____

_____

_____

所锻炼的肌群	强化和柔韧性锻炼	评价
上半身		
下半身		
躯干		

总结

_____

_____

_____

_____

_____

_____

_____

_____

2019 PAR-Q+

体力活动准备问卷

定期锻炼的健康益处清楚明了了；更多的人应当每天都参与体力活动。对大部分人来说，参与体力活动非常安全。该问卷将告诉你，在身体变得更加活跃之前，你是否有必要进一步向医生或者合格的健身专业人员寻求意见。

一般的健康问题

请仔细阅读下面的7个问题，并如实地作答：（在是或否上面打钩）	是	否
1）医生是否说过你有心脏问题□或者高血压□？	□	□
2）当你平常休息、日常活动或参加运动时，你是否会感觉到胸痛？	□	□
3）在过去的12个月内，你是否曾因为晕眩而失去平衡或失去意识？ 如果你的眩晕与过度呼吸（包括剧烈的锻炼）有关，请回答否。	□	□
4）你是否曾被诊断出患有其他慢性疾病（除了心脏疾病与高血压以外）？ 请在此处列出病名：＿＿＿＿＿＿＿＿＿＿＿＿＿＿＿＿＿	□	□
5）你最近是否在服用慢性疾病的医疗处方药？ 请在此列出病名与药物名称：＿＿＿＿＿＿＿＿＿＿＿＿＿＿＿	□	□
6）你目前（或在过去12月内）是否具有可能会因为身体变得更加活跃而恶化的骨骼、关节或者软组织（肌肉、肌腱或韧带）问题？如果你曾经有骨骼、关节或软组织问题的病史，但它并不会限制你目前的体力活动能力，那么请回答否。 请在此列出问题：＿＿＿＿＿＿＿＿＿＿＿＿＿＿＿＿＿	□	□
7）医生是否说过，你应当在医务监督下参加体力活动？	□	□

☑ **如果以上所有问题你都回答了否，那么你便可以参加体力活动。**
请签署参与者声明书。你不需要完成本文件第2页和第3页的问题。

▶ 开始进行更多的身体活动——缓慢地开始，并且循序渐进。
▶ 遵守适合自己年龄的国际体育活动指南。
▶ 你可以参加健康与体能评估。
▶ 如果你的年龄超过45岁，并且不习惯剧烈或者最大用力程度的锻炼，那么在参与这种强度的锻炼之前要先咨询合格的健身专业人员。
▶ 如果你还有进一步的问题，那么要联系合格的健身专业人员。

参与者声明书
如果你的年龄小于许可的法定年龄，或者需要保健人员的同意，那么你的父母、监护人或者保健人员也必须在该表上签字。
本人（即下方签署人）已经阅读，充分理解并完成了该问卷。我承认，该体力活动许可的有效期自完成之日起最长为12个月，并且如果我的身体状况发生了改变，该许可将会失效。我还允许社团/健身中心保留该表的复印件作为记录。在这些情况下，它将会维持同样的保密条款，遵守适用的法律。
姓名＿＿＿＿＿＿＿日期＿＿＿＿＿＿＿
签字＿＿＿＿＿＿＿见证人＿＿＿＿＿＿
家长/保健人员签字＿＿＿＿＿＿＿＿＿＿＿

◉ 如果上面的问题中有一个或更多的问题回答了"是"，那么完成本文件第2页和第3页的问题。

⚠ **如果出现以下情况，要推迟让身体变得更活跃：**
✓ 你患有暂时性的疾病，如感冒或发烧；最好等到感觉好点了以后再参与锻炼。
✓ 你有孕在身——与你的保健人员、医生和合格的健身专业人员商量一下，并且/或者在让身体变得更加活跃之前先完成ePARmed-X（电子体力活动准备体检）。
✓ 你的健康状况发生了改变——回答本文件第2页和第3页上的问题，并且/或者在继续任何体力活动项目之前先与你的医生或合格的健身专业人员商量一下。

2019 PAR-Q+

有关你身体状况的后续问题

1.　你是否有关节炎、骨质疏松症或背部问题？

如果存在以上疾病，那么回答问题1a～1c　　如果否，那么转到问题2

1a.　你是否难以借助药物或者医生指定的其他治疗来控制疾病？

（如果你目前没有吃药或者接受其他治疗，那么回答否）　　　　　　　是□否□

1b.　你是否具有会引起疼痛的关节问题、近期发生了骨折或者由骨质疏松症或癌症引起
的骨折、椎骨移位（例如，脊柱前移）以及/或者椎骨脱离/腰椎峡部缺陷（脊柱后
部骨环上的裂缝）？　　　　　　　　　　　　　　　　　　　　　　是□否□

1c.　你定期注射类固醇或者服用类固醇药片的时间是否已经超过3个月？　是□否□

2.　你是否患有某种癌症？

如果存在以上疾病，那么回答问题2a～2b　　　　　如果否，那么转到问题3

2a.　你的癌症诊断是否包括以下任何类型：肺/支气管癌、多发性骨髓瘤（血浆细胞癌
症）、头部或/和颈部癌症？　　　　　　　　　　　　　　　　　　是□否□

2b.　你目前是否在接受癌症治疗（如化学疗法或者放射疗法）？　　　　是□否□

3.　你是否患有心脏疾病或心血管疾病？包括冠状动脉疾病、心脏衰竭、确诊的心律不齐。

如果存在以上疾病，那么回答问题3a～3d　　　　　如果否，那么转到问题4

3a.　你是否难以借助药物或者医生指定的其他治疗来控制疾病？

（如果你目前没有吃药或者接受其他治疗，那么回答否）

　　　　　　　　　　　　　　　　　　　　　　　　　　　　　　是□否□

3b.　你是否患有需要医学治疗的心律失常？

（例如，心房颤动和心室早发性收缩）　　　　　　　　　　　　　　是□否□

3c.　你是否患有慢性心力衰竭？　　　　　　　　　　　　　　　　　　是□否□

3d.　你是否患有冠状动脉（心血管）疾病，并且在过去2个月内没有定期参加过身体活动？　是□否□

4.　你是否患有高血压？

如果存在以上疾病，那么回答问题4a～4b　　　　　如果否，那么转到问题5

4a.　你是否难以借助药物或者医生指定的其他治疗来控制疾病？

（如果你目前没有吃药或者接受其他治疗，那么回答否）　　　　　　是□否□

4b.　不论服不服药，你的静息血压是否等于或者大于160/90毫米汞柱？

（如果你不知道自己的静息血压，那么回答是）　　　　　　　　　　是□否□

5.　你是否患有代谢疾病？包含1型糖尿病、2型糖尿病和前期糖尿病。

如果存在以上疾病，那么回答问题5a～5e　　　　　如果否，那么转到问题6

5a.　你是否经常难以借助食物、药物或者医生指定的其他治疗来控制血糖水平？　是□否□

5b.　你是否在锻炼之后以及/或者日常活动中经常因出现低血糖迹象和症状而备受折磨？
低血糖的迹象可能包括颤抖、紧张不安、异常易怒、极端出汗、眩晕或者头晕目眩、
精神错乱、说话困难、虚弱或者困倦。　　　　　　　　　　　　　　是□否□

5c.　你是否具有糖尿病并发症（如心脏或血管疾病，以及/或者影响眼睛、肾脏或者脚趾
和足部知觉的并发症）的迹象或症状？　　　　　　　　　　　　　　是□否□

5d.　你是否患有其他代谢疾病（如目前与怀孕相关的糖尿病、慢性肾脏或者肝脏问题）？　是□否□

5e.　你近期是否打算参与对你来说强度异常高（或者用力）的锻炼？　　是□否□

2019 PAR-Q+

有关你身体状况的后续问题

6. **你是否有心理健康问题或学习困难?** 这包括阿尔茨海默病、痴呆症、抑郁症、焦虑症、饮食失调、精神疾病、智能不足、唐氏综合征。
如果存在以上疾病,那么回答问题6a ~ 6b　　　如果否,那么转到问题7

6a. 你是否难以借助药物或者医生指定的其他治疗来控制疾病?
(如果你目前没有吃药或者接受其他治疗,那么回答否)　　　　是□否□

6b. 你是否患有唐氏综合征以及有影响神经或肌肉的背部问题?　　　　是□否□

7. **您是否有呼吸道疾病?** 这包含慢性阻塞性肺疾病、哮喘、肺动脉高血压。
如果存在以上疾病,那么回答问题7a ~ 7d　　　如果否,那么转到问题8

7a. 你是否难以借助药物或者医生指定的其他治疗来控制疾病?
(如果你目前没有吃药或者接受其他治疗,那么回答否)　　　　是□否□

7b. 你的医生是否说过你在静息时或者在锻炼期间血氧含量低,并且/或者说过你需要补氧疗法。　　　　是□否□

7c. 如果患有哮喘,那么你目前是否有胸闷、喘息、呼吸费力和持续咳嗽(一周超过2天)的症状,或者你在上周是否使用了两次以上的急救药品?　　　　是□否□

7d. 你的医生是否曾说过你肺部血管的血压高?　　　　是□否□

8. **你是否具有脊髓损伤?** 这包括四肢瘫痪和截瘫。
如果存在以上疾病,那么回答问题8a ~ 8c　　　如果否,那么转到问题9

8a. 你是否难以借助药物或者医生指定的其他治疗来控制疾病?
(如果你目前没有吃药或者接受其他治疗,那么回答否)　　　　是□否□

8b. 你是否经常显现出明显很低的静息血压,以至于引起眩晕、头晕目眩以及/或者昏厥?　　　　是□否□

8c. 你的医生是否指出,你会出现高血压的突然发作(称作自主神经反射异常)?　　　　是□否□

9. **你是否患有脑卒中?** 这包括短暂性脑缺血发作或者脑血管事件。
如果存在以上疾病,那么回答问题9a ~ 9c　　　如果否,那么转到问题10

9a. 你是否难以借助药物或者医生指定的其他治疗来控制疾病?
(如果你目前没有吃药或者接受其他治疗,那么回答否)　　　　是□否□

9b. 你是否具有行走或移动障碍?　　　　是□否□

9c. 你在过去的6个月内是否经历过脑卒中或者神经/肌肉损伤?　　　　是□否□

10. **你是否患有其他上面未列的疾病,或者患有两种或两种以上的疾病?**
如果你患有其他疾病,那么回答问题10a ~ 10c　如果否,阅读本文件第4页的建议

10a. 你在过去的12个月内是否经历过因头部受伤导致的眼前昏黑、昏厥或者失去知觉,或者你在过去的12个月内是否患有确诊的脑震荡?　　　　是□否□

10b. 你是否患有未列出的医学疾病(比如,癫痫、神经疾病和肾脏问题)?　　　　是□否□

10c. 你目前是否患有两种或两种以上的医学疾病?　　　　是□否□

请在此处列出你的医学疾病以及任何相关的药物:_____

> **翻到本文件第4页获取关于你目前身体状况的建议,并签署参与者声明书。**

2019 PAR-Q+

☑ 　**如果你对所有关于你身体状况的后续问题（本文件第2～3页）都回答了否，那么你便做好了让身体变得更加活跃的准备——请签署下面的参与者声明书：**

- ▶ 建议你咨询合格的健身专业人员，让他帮你开发一套安全有效的活动计划，以满足你的健身需求。
- ▶ 我们鼓励你缓慢地开始并循序渐进——每周3～5天20～60分钟中低强度的锻炼，包括有氧和肌肉强化锻炼。
- ▶ 随着你不断地进步，你应当力争每周参与150分钟或者更多适中强度的体力活动。
- ▶ 如果你的年龄超过45岁，并且不习惯剧烈或者最大用力程度的锻炼，那么在参与这种强度的锻炼之前要先咨询合格的健身专业人员。

◎ **如果你对一个或者多个有关你身体状况的后续问题回答了是，那么：**
　你在让身体变得更加活跃或者参与健康体能评估之前应当寻求更多的信息。你应当完成专门设计的在线筛查和锻炼推荐计划——ePARmed-X，并且/或者咨询合格的健身专业人员来完成ePARmed-X+，并获取进一步的信息。

⚠ **如果出现以下情况，要推迟让身体变得更活跃：**
- ✓ 你患有暂时性的疾病，如感冒或发烧；最好等到感觉好点了以后再参与锻炼。
- ✓ 你有孕在身——与你的保健人员、医生和合格的健身专业人员商量一下，并且/或者在让身体变得更加活跃之前先完成ePARmed-X。
- ✓ 你的健康状况发生了改变——回答本文件第2页和第3页上的问题，并且/或者在继续任何身体活动计划之前先与你的医生或合格的健康专业人员商量一下。

- 我们鼓励你复印PRA-Q+。你必须仔细理解并回答整份问卷，并且不允许做改变。
- 作者、PRA-Q+合作单位、合伙人以及它们的代理商对参加体力活动以及/或者使用PRA-Q+或ePARmed-X+的人不承担责任。如果完成问卷之后有疑问，那么在做体力活动之前先咨询医生。

参与者声明书

- 所有完成PAR-Q+的人请阅读并签署下面的声明书。
- 如果你的年龄小于许可的法定年龄，或者需要保健人员的同意，那么你的父母、监护人或者保健人员也必须在该表上签字。

本人（即下方签署人）已经阅读，充分理解并完成了该问卷。我承认，该体力活动许可的有效期自完成之日起最长为12个月，并且如果我的身体状况发生了改变，该许可将会失效。我还允许社团/健身中心保留该表的复印件作为记录。在这些情况下，它将会维持同样的保密条款，遵守适用的法律。

姓名_____日期_____

签字_____见证人_____

家长/保健人员签字_____

健身计划样例

踏板操热身样例

本书附有踏板操热身的样例（表C.1至表C.5），下面是这些样例的概要。这些样例演示了：

- 针对踏板操热身的适量动态动作；
- 针对踏板操的合适预演动作；
- 拉伸竖脊肌、腘绳肌、小腿肌肉、髋屈肌、胸部肌肉和肩膀前部肌肉的方法。

表C.1 授课模块1

动作	脚步模式	次数
交叉步	右，左，右，点步	4
点步，下点步	上，点步，下，点步a	4
左交叉步	左，右，左，点步	4
上点步，下点步	上，点步，下，点步b	4
重复组合		16

一直将该组合练习到参与者熟练为止。a 以左开始，以右结束踏板操；b 以右开始，以左结束踏板操。

表C.2 授课模块2

动作	脚步模式	次数
在地面上踏步	右，左，右，左	4
在踏板上踏步	右，左，右，左	4
在地面上踏步	右，左，右，左	4
在踏板上踏步	右，左，右，左	4

重复该模块，加入双臂动作：在地面上踏步时双手向下摆动。在踏板上踏步时，双手向上摆动，并按右、左、右、左的模式摆动。继续练习该组合，直到参与者熟练为止。

表C.3 授课模块3

动作	脚步模式	次数
在地面上踏步	右，点地，左，点地（重复）	8
在踏板上踏步	右，点地，左，点地（重复）	8
在地面上踏步	右，点地，左，点地（重复）	8
在踏板上踏步	右，点地，左，点地（重复）	8

必要时，持续练习该组合。

表C.4 组合模块元素形成总组合

动作	脚步模式	次数
在地面上踏步	右，左，右，左	4
在踏板上踏步	右，左，右，左	4
在地面上踏步	右，左，右，左	4
在踏板上踏步	右，左，右，左	4
在地面上并步	右，点地，左，点地	4
在地面上并步	右，点地，左，点地	4
右交叉步	右，左，右，点步	4
在踏板上上点步、下点步	左，点步，右，点步	4

表C.5 左脚先行重复所有的动作

动作	脚步模式	次数
在地面上踏步	左，右，左，右	4
在踏板上踏步	左，右，左，右	4
在地面上踏步	左，右，左，右	4
在踏板上踏步	左，右，左，右	4
在地面上并步	左，点地，右，点地	4
在地面上并步	左，点地，右，点地	4
左交叉步	左，右，左，点步	4
在踏板上上点步、下点步	右，点步，左，点步	4

可以结合双臂动作重复整个组合。

肌肉强化锻炼计划样例

设计这套1小时计划的目的是提供全身性的肌肉力量和肌肉耐力锻炼，紧接其后的是放松、拉伸环节。

热身——5 ~ 8分钟

1. 原地踏步，然后大步踏步，重复。双臂始终上下摆动。
2. 提膝，并且手臂下拉。
3. 重复上面的踏步动作序列。
4. 脚后跟踢臀部，并且手臂后拉。
5. 宽蹲，并做肱二头肌弯举。
6. 反向肩转圈（强调向后和向下）。
7. 双脚与髋同宽，双手放在大腿上，并做脊柱的弯曲和放松动作。
8. 原地踏步，并且双臂执行高位或者水平划船动作。

可选的动作：胸大肌拉伸、侧屈拉伸、站姿腘绳肌拉伸、站姿股四头肌或者髋屈肌拉伸。

训练环节——40 ~ 45分钟

1. 深蹲：从双手放在大腿上进阶到单侧前平举（每次下蹲交替双肩），再进阶到双侧前平举。可能会进阶到侧举哑铃或高脚杯深蹲。
2. 创建一种动作组合：下蹲，然后做过顶推举；重复。可以通过向过顶推举中加入提膝或者在过顶推举期间加入单侧髋部外展来进阶。
3. 相扑式深蹲或改进的下蹲：采用宽幅、外转的站姿，并且尾骨径直朝下执行相扑式深蹲。向上半身加入侧平举。
4. 继续做相扑式深蹲变式：3次下蹲，1次起身。
5. 继续做相扑式深蹲：使用弹力管，在相扑式深蹲的下降阶段完成单侧背阔肌高位下拉。
6. 固定弓步：将哑铃握在身体两侧，右脚在前完成10次固定弓步，然后交换双腿。
7. 后弓步（后撤步）：在肱二头肌弯举的同时，交替做后弓步。
8. 侧弓步：向右完成10次弓步，同时用左臂执行单侧前举（右手放在右大腿上提供支撑）。在另一侧重复。
9. 单侧低位划船或肱三头肌后屈伸：斜对角面向左侧，同时左脚在前，膝盖弯曲，并且右腿在后。两个哑铃都握在右手中，转动髋部，维持中立位的脊柱，完成一组单侧低位划船，在上升的时候挤压背阔肌。处在相同的姿势，用右手拿一个哑铃，完成一组肱三头肌后屈伸。如有需要，组合动作（一次低位划船，一次肱三头肌后屈伸，重复进行）来增加复杂性。在另一侧重复所有的动作，斜对角面向右侧。
10. 肱二头肌弯举：双脚与髋同宽。用哑铃执行交替的肱二头肌弯举，然后用哑铃执行双臂弯举（前臂处在旋后姿势）。
11. 俯卧撑：身体移到地面。用垫子展示各种俯卧撑的强度（桌面俯卧撑、标准的膝盖俯卧撑、完整的俯卧撑和单腿俯卧撑等）。鼓励参与者以自己的节奏和水平完成一个重复10 ~ 12次的训练组。

12. 俯卧反向飞鸟：俯卧在垫子上，这个动作锻炼的肌群与俯卧撑所锻炼的肌肉相反。肩部外展至90度（T形姿势），并且双臂举向天花板；收拢肩胛骨。该锻炼可以通过将双臂保持在体侧（持续将肩胛骨挤压在一起）来退阶，或者通过加入轻重量的哑铃或者加入脊柱伸展（保持颈部处于中立位）来进阶。

13. 通过创建超级组来进阶：仰卧反向飞鸟训练组紧接着俯卧撑训练组，重复。

14. 俯卧竖脊肌锻炼：将双脚固定在地上，并保持脊柱伸展（颈部处于中立位），将头部、颈部和上胸部抬离地面，双臂位于体侧。可以通过将双臂移成T形姿势，接着双手位于耳朵后方，然后呈I形姿势（双臂在耳朵旁边，并笔直地举在头顶上方）来进阶。此外，为了实现进阶，可以加入单侧抬腿。

15. 侧卧髋部外展训练组，随后是侧卧髋部内收训练组。在另一侧重复。

16. 仰卧臀桥训练组（可以用一条腿训练的方式进阶）。

17. 仰卧腹部锻炼：基本的仰卧卷腹，双膝弯曲，并且双脚放在地上，双手位于耳朵后方。增加腹部组合：一只手放在耳朵后面，另一只手臂位于体侧，将放在体侧的手臂伸向脚部（第一拍），接着伸到双腿之间（第二拍），然后再斜对角伸展（第三拍），并返回至起始姿势（第四拍）。执行一个训练组，然后交换双臂。

柔韧性环节——5～10分钟

1. 仰卧铅笔拉伸（简单地将双臂伸到头顶上方，并伸展双腿即可）。

2. 单腿仰卧腘绳肌拉伸，随后是"4"字拉伸（弯曲一侧膝盖，并将脚放在对侧的大腿上，同时髋部外旋；双手握在伸直大腿的后面）；交换两侧动作。

3. 仰卧屈膝向胸部拉伸。

4. 仰卧屈膝扭转。

5. 改进的俯卧眼镜蛇式拉伸。

6. 俯卧股四头肌拉伸。

7. 四肢着地猫式拉伸。

8. 一侧半跪低位弓步（针对髋屈肌），然后换至另一侧。

9. 站立并拉伸胸部。

10. 站姿单臂侧屈。

11. 站姿太阳呼吸，向后肩转圈，确保姿势正确。

有氧搏击操课程

热身

1. 原地踏步（行走）4拍；宽幅地走动（双脚分得很开）4拍。重复。

2. 双脚固定（与髋同宽），前臂转动3拍，第4拍时拍手（转动前臂时可以加入躯干摆动，每4拍沿对角线向右和向左转动）。再重复3次（共16拍）。

3. 采用预备姿势，用右臂击拳4次——每4拍击1次拳（16拍）。

4. 用左臂进行重复。

5. 执行4次并步；双臂始终都处于蓄势待发的姿势（16拍）。

6. 做4次脚后跟踢臀部；双臂始终都处于蓄势待发的姿势（16拍）。

7. 重复。

8. 双脚宽幅地分开，并且固定，双手放在大腿上面；弯身并起身活动脊柱（8拍）。再重复3次（共32拍）。

9. 相同的姿势（双脚宽幅地分开，双手放在大腿上面），转动髋部，同时一侧肩膀下压，然后每4拍下压另一侧的肩膀。重复。

10. 向上卷起身体，原地踏步，并拉伸胸部肌肉。

11. 侧向并步4次；过渡至面向对角线的向前跨步，点地，向后跨步，点地（摇摆动作），共4次。

12. 面向对角线，单侧小腿拉伸，随后做髋屈肌拉伸，接着做腘绳肌拉伸（都处于站姿）；双臂始终处于运动状态。

13. 侧向并步4次；过渡至面向另一条对角线的向前跨步，点地，向后跨步，点地（摇摆动作），共4次。

14. 面向对角线，在另一侧重复与之前相同的拉伸（小腿、髋屈肌和腘绳肌）。

训练刺激

1. 4次交替刺拳（每4拍1次）。

2. 4次交替交叉拳（每4拍1次）。

3. 4次交替勾拳（每4拍1次）。

4. 4次交替上勾拳（每4拍1次）。

5. 重复所有动作。通过以每2拍1次的速率执行所有的出拳来进阶。

6. 4次交替前踢——每4拍踢1次，然后走着踢3次（16拍）。

7. 4次交替侧踹——每4拍踢1次，然后走着踢3次（16拍）。

8. 4次交替后蹬——每4拍踢1次，然后走着踢3次（16拍）。

9. 4次交替回旋踢——每4拍踢1次，然后走着踢3次（16拍）。

10. 向右滑步3拍，在第4拍执行1次交叉拳；向左滑步3拍，在第4拍执行1次交叉拳；重复。

11. 躲闪4次（8拍）；侧滑8次（8拍）；躯干扭转8次（8拍）；击打速度球8次；重复。

12. 重复上面所有动作。

13. 沿对角线向前做4次并步，每次并步执行1次交叉拳（8拍）。

14. 沿对角线向后做4次脚后跟踢臀部，每次脚后跟踢臀部执行1次交叉拳（8拍）。

15. 4次提膝，开始时手臂位于高处，并朝下"砸"向膝盖（8拍）。

16. 4次开合跳。

17. 重复。

18. 跳绳间隔：尝试慢跑，单侧跳、飞脚踢和开合跳；重复。

19. 前刺拳交替4次（8拍），4次躲闪（8拍）；重复。

20. 向右回旋踢2次（8拍），向左回旋踢2次（8拍）；重复。

放松/柔韧性环节

1. 向右和向左交叉步4次（第4拍时拍手）。向前和向后hustle4次（在第4拍时低位踢腿）。一直重复到心率降低为止。

2. 原地踏步，同时拉伸胸部肌肉。

3. 缓慢地行进至双脚分得越来越宽，并缓慢地执行4 ~ 8次侧向弓步。将弓步保持在一侧，双手要么放在大腿上，要么放在地面上；在另一侧重复，拉伸髋内收肌。

4. 返回至另一侧，转而面向房间的侧面，从而过渡至静态髋屈肌拉伸（后侧膝盖可以落在地面或者垫子上）。在另一侧重复。

5. 移动至坐姿，并执行腘绳肌拉伸和坐姿髋外展肌拉伸（坐姿转体，并且一侧的大腿上部沿对角线环抱躯干）。

6. 盘腿而坐，执行侧向背阔肌拉伸，并且再执行一次胸部拉伸。

7. 以太阳呼吸结束——双臂在吸气时举起，呼气时落下。

水中锻炼计划样例

热身——8分钟

1. 播放音乐。

2. 教授使用浮力带的正确姿势。

3. 回顾基本的全身性运动，如慢跑、逛商场、越野滑雪者和攀岩者。

4. 回顾各个肌群，并执行完整ROM的动作。

5. 为了预热上背部，要将双手举在体前，大拇指朝上。

6. 为了预热胸部，要将双手举至侧面，向体前水平内收；要采用不同的平面。

7. 为了预热腹肌，要侧向移动，并执行超人式或者躺成晒太阳的姿势。

8. 为了预热背阔肌，将双臂举至侧面，并朝身体内收，通过作用力与反作用力，身体会上升。

9. 为了预热肱二头肌和肱三头肌，要重复水中动作。

10. 为了预热外展肌和内收肌，要在完整的ROM执行开合跳。

11. 为了预热腘绳肌和股四头肌，要执行坐式踢腿和直抬腿，同时对侧的手和脚弯曲或者拉伸。

髋关节锻炼——5 ~ 7分钟

1. 播放音乐。

2. 为了锻炼胸肌和内收肌，要用双臂和双腿做出V形坐姿姿势；让动作富有力量。

3. 为了锻炼菱形肌和外展肌，要保持V形坐姿姿势，并且双臂和双腿一起锻炼。

4. 为了锻炼胸肌和外展肌，要保持V形坐姿姿势（几乎不移动）。

5. 为了锻炼菱形肌和内收肌，要保持V形坐姿姿势（几乎不移动）。

6. 为了锻炼菱形肌和外展肌，坐立并用双臂和双腿做剪式动作，开始时双臂和双腿都位于体前。

7. 为了锻炼内收肌和腹部稳定肌，要挺直双腿，并在微小的ROM交叉移动它们。

上半身环节——7分钟

1. 播放音乐。
2. 为了锻炼胸肌，要标记动作，向后移动，逆水跑动。
3. 为了锻炼上半身，要标记动作，向前移动，并且逆水做浅打水动作。
4. 为了锻炼背阔肌，要利用作用力与反作用力，然后通过保持双腿不动来让肌肉超负荷。

股四头肌和腘绳肌膝盖弯曲和伸展——8分钟

1. 播放音乐。
2. 为了锻炼股四头肌和腘绳肌，要采用膝盖弯曲和伸展完成坐式踢腿。
3. 通过挺身双腿弯举带领参与者做双脚离开池底的姿势。
4. 为了锻炼腘绳肌和臀肌，要绕圆圈做蹬自行车动作，将双臂伸至体侧。
5. 绕圆圈做蹬自行车动作，同时张开手来增加超负荷。
6. 为了锻炼腘绳肌和三角肌，要坐成V形姿势，并将脚跟弯向V形底部。

采用全身运动的间歇性训练和腹部锻炼——6～8分钟

1. 完成30秒的锻炼，随后休息30秒——看表。建议的运动包括慢跑、逛商场、越野滑雪者、攀岩者、背阔肌蛙跳、手脚相对的直抬腿和开合跳。先完成所有的腹部运动。
2. 根据参与者的反馈，完成6～8个不同的间歇性训练。

惯性流锻炼——4分钟

1. 播放音乐。
2. 围成一个圆圈，绕着圆圈慢跑。
3. 转身，逆着惯性流跑动。
4. 在四个角落移动，将动作改为攀岩者。

池壁放松运动——4分钟

1. 播放音乐。
2. 进行站姿髋部旋转锻炼。
3. 站姿拉伸，拉伸全身。
4. 将双脚放在墙上做腘绳肌和小腿拉伸。
5. 保持双腿呈V形，并在池壁上侧向行走。
6. 面向泳池，并拉伸肩膀（泰坦尼克动作）。

温度回升——3分钟

1. 播放音乐。
2. 采用位于体前的浮力带完成浅打水动作。
3. 站在浮力带上做平衡性训练。
4. 完成你最喜欢的动作，然后将器械收起来放好。

摘自玛丽·M. 约克（Mary M. Yoke）与卡萝尔·K. 安布鲁斯特（Carol K. Armbruster）2019年所著的 *Methods of Group Exercise Instruction* 4th ed.（伊利诺伊州伊利诺尚佩恩市：人体运动出版社）。

人体主要肌肉的关节动作表

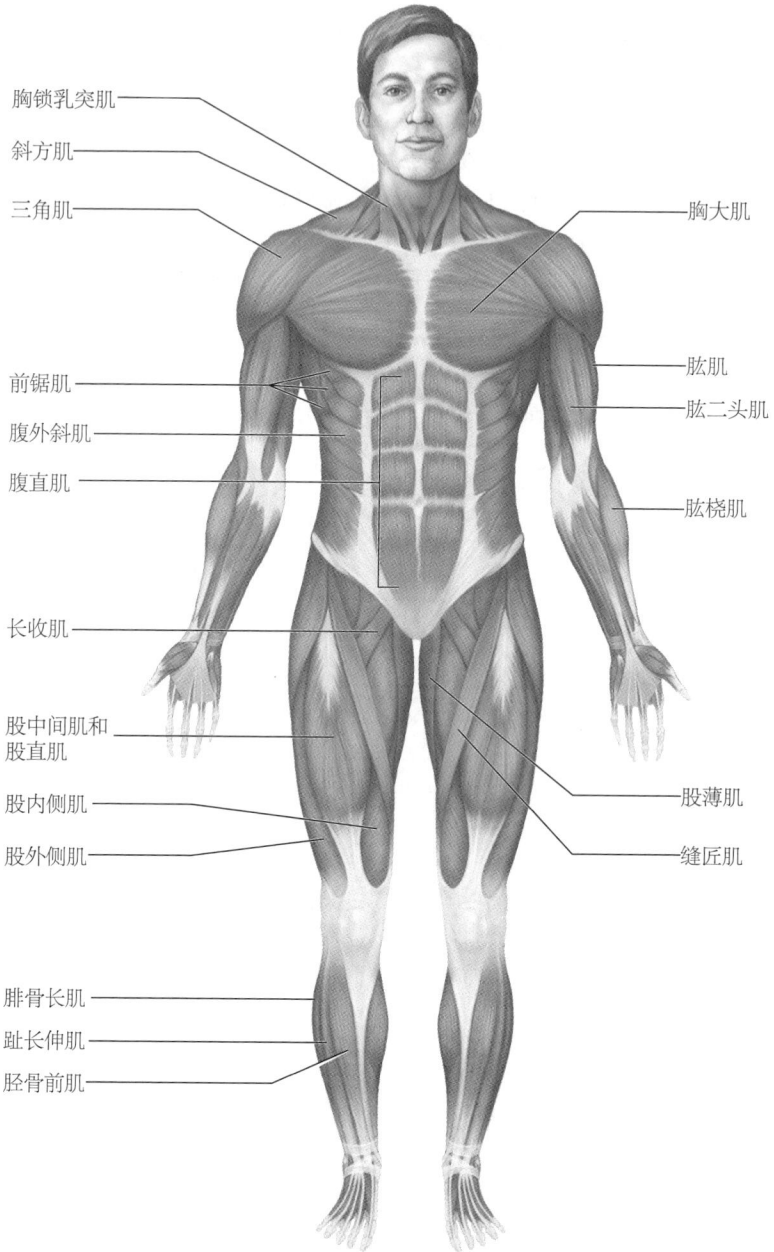

胸锁乳突肌

斜方肌

三角肌

前锯肌

腹外斜肌

腹直肌

长收肌

股中间肌和
股直肌

股内侧肌

股外侧肌

腓骨长肌

趾长伸肌

胫骨前肌

胸大肌

肱肌

肱二头肌

肱桡肌

股薄肌

缝匠肌

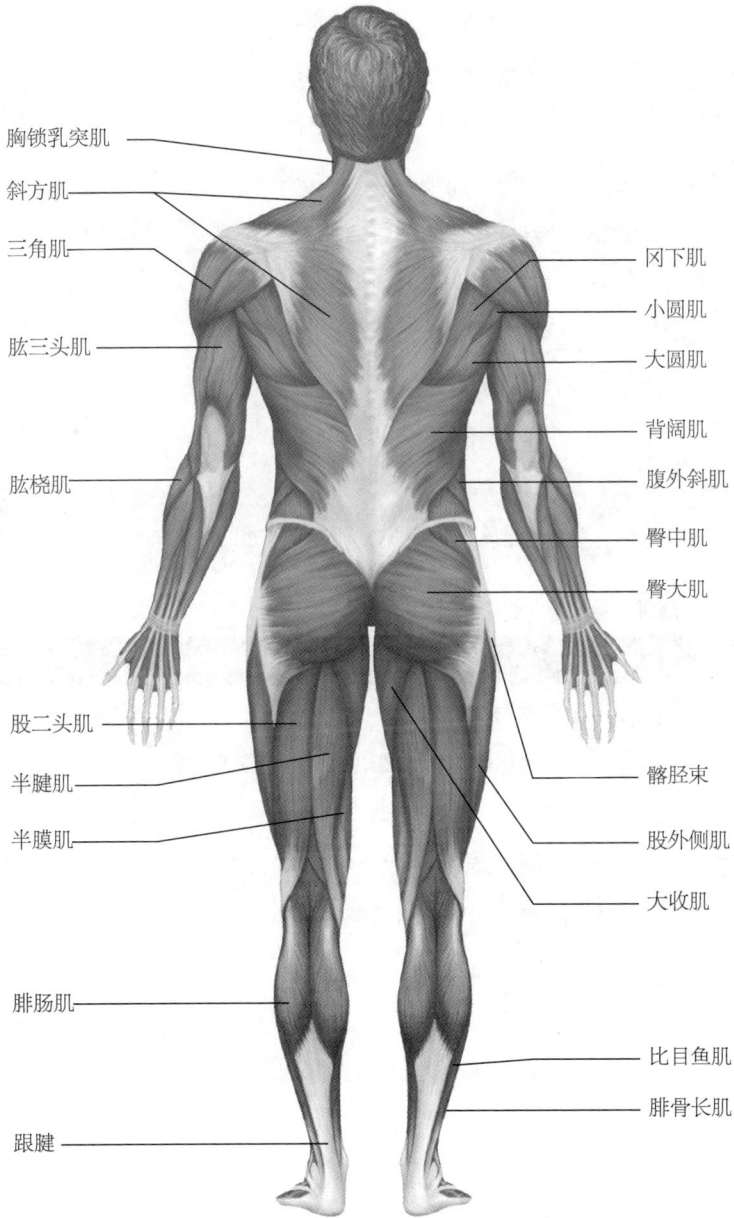

胸锁乳突肌

斜方肌

三角肌

肱三头肌

肱桡肌

股二头肌

半腱肌

半膜肌

腓肠肌

跟腱

冈下肌

小圆肌

大圆肌

背阔肌

腹外斜肌

臀中肌

臀大肌

髂胫束

股外侧肌

大收肌

比目鱼肌

腓骨长肌

本书附有人体主要肌肉的关节动作表（表D.1至表D.7），具体如下。

表D.1 肩关节肌肉及其动作

肌肉	动作
三角肌前束	肩部屈曲和肩部水平内收的主动肌；肩部外展和内旋的辅助肌
三角肌中束	肩部外展和肩部水平外展的主动肌
三角肌后束	肩部水平外展的主动肌；肩部伸展和外旋的辅助肌
背阔肌	肩部伸展和肩部内收的主动肌；内旋和水平外展的辅助肌
大圆肌	肩部伸展、肩部内收和肩膀内旋的主动肌；肩部水平外展的辅助肌
锁骨处的胸大肌	肩部水平内收和肩部弯曲的主动肌；肩部内旋的辅助肌
胸骨处的胸大肌	肩部水平内收、肩部内收和肩部伸展的主动肌；内旋的辅助肌
冈上肌	肩部外展的主动肌
冈下肌	肩部外旋和肩部水平外展的主动肌
小圆肌	肩部外旋和肩部水平外展的主动肌
肩胛下肌	肩部内旋的主动肌；弯曲、外展、内收和水平内收的辅助肌
肱二头肌和肱三头肌	分别是肩部弯曲和肩部伸展的主动肌

表D.2 肩胛带（肩胛胸骨关节）肌肉及其动作

肌肉	动作
斜方肌I	肩胛上提的主动肌
斜方肌II	肩胛上提和上旋的主动肌；缩回的辅助肌
斜方肌III	肩胛缩回的主动肌
斜方肌IV	肩胛下压和上旋的主动肌；缩回的辅助肌
菱形肌	肩胛缩回、上提和下旋的主动肌
肩胛提肌	肩胛上提的主动肌
胸小肌	肩胛下压、前伸和下旋的主动肌
前锯肌	肩胛前伸和上旋的主动肌

表D.3　肘部和桡尺关节肌肉及其动作

肌肉	动作
肱二头肌	肘部弯曲的主动肌；桡骨、尺骨旋后的辅助肌
肱肌	肘部弯曲的主动肌
肱桡肌	肘部弯曲的主动肌；桡骨、尺骨旋前和旋后的辅助肌
旋前圆肌	肘部弯曲和桡骨、尺骨旋前的辅助肌
旋前方肌	桡骨、尺骨旋前的主动肌
肱三头肌	肘部伸展的主动肌
肘肌	肘部伸展的辅助肌
旋后肌	桡骨、尺骨旋后的主动肌
桡侧腕屈肌	肘部弯曲和桡骨、尺骨旋前的辅助肌
尺侧腕屈肌	肘部弯曲的辅助肌
桡侧腕长伸肌	肘部伸展和桡骨、尺骨旋后的辅助肌
尺侧腕伸肌	肘部伸展的辅助肌

表D.4　脊柱关节肌肉及其动作

肌肉	弯曲	伸展	侧屈	旋转至同侧	旋转至对侧
胸锁乳突肌	PM		PM		
竖脊肌（髂肋肌、最长肌和棘肌）		PM	PM	PM	
多裂肌		PM	PM		PM
腹直肌	PM		Asst		
腹内斜肌	PM		PM	PM	
腹外斜肌	PM		PM		PM
腰方肌			PM		

PM=主动肌；Asst=辅助肌。腹横肌不执行关节动作，但负责腹部压缩、用力呼吸和排气。

表D.5　髋关节肌肉及其动作

肌肉	动作
腰肌	髋部弯曲的主动肌；髋部外展和外旋的辅助肌
髂肌	髋部弯曲的主动肌；髋部外展和外旋的辅助肌
股直肌	髋部弯曲的主动肌；髋部外展的辅助肌
缝匠肌	髋部弯曲、外展和外旋的辅助肌
臀大肌	髋部伸展和外旋的主动肌；外展和内收（根据动作选择性地募集纤维）的辅助肌
股二头肌	髋部伸展的主动肌；外旋的辅助肌
半腱肌	髋部伸展的主动肌；内旋的辅助肌
半膜肌	髋部伸展的主动肌；内旋的辅助肌
臀中肌	髋部外展的主动肌；髋部弯曲、伸展（每个动作选择性地征召纤维）、内旋和外旋的辅助肌
臀小肌	内旋的主动肌；髋部弯曲、伸展、外展和外旋的辅助肌
阔筋膜张肌	髋部弯曲、外展和内旋的辅助肌
耻骨肌	髋部内收和弯曲的主动肌；内旋的辅助肌
股薄肌	髋部内收的主动肌；髋部弯曲和内旋的辅助肌
长收肌	髋部内收的主动肌；髋部弯曲和内旋的辅助肌
短收肌	髋部内收的主动肌；髋部弯曲和内旋的辅助肌
大收肌	髋部内收的主动肌；髋部弯曲、伸展和内旋的辅助肌
6个外旋肌：梨状肌、闭孔内肌、闭孔外肌、股方肌、上孖肌、下孖肌	髋部外旋的主动肌

表D.6　膝关节肌肉及其动作

肌肉	动作
股二头肌	膝盖弯曲和膝盖内旋的主动肌
半腱肌	膝盖弯曲和内旋的主动肌
半膜肌	膝盖弯曲和外旋的主动肌
股直肌	膝盖伸展的主动肌
股外侧肌	膝盖伸展的主动肌
股中间肌	膝盖伸展的主动肌
股内侧肌	膝盖伸展的主动肌
缝匠肌	膝盖弯曲和内旋的辅助肌
股薄肌	膝盖弯曲和内旋的辅助肌
腘肌	膝盖内旋的主动肌；膝盖弯曲的辅助肌
腓肠肌	膝盖弯曲的辅助肌
跖肌	膝盖弯曲的辅助肌

表D.7　踝关节肌肉及其动作

肌肉	动作
胫骨前肌	脚踝背屈和内翻的主动肌
趾长伸肌	脚踝背屈和外翻的主动肌
第三腓骨肌	脚踝背屈和外翻的主动肌
腓肠肌	脚踝跖屈的主动肌
比目鱼肌	脚踝跖屈的主动肌
腓骨长肌	脚踝外翻的主动肌；脚踝跖屈的辅助肌
腓骨短肌	脚踝外翻的主动肌；脚踝跖屈的辅助肌
趾长屈肌	脚踝跖屈和内翻的辅助肌
胫骨后肌	脚踝内翻的主动肌；脚踝跖屈的辅助肌

附录 E

关节活动范围表

本书附有人体关节活动范围表（表E.1至表E.6），具体如下。

表E.1 肩关节运动（挑选）的ROM

关节运动	ROM
弯曲	90 ~ 120度
伸展	20 ~ 60度
外展	80 ~ 100度
水平外展	30 ~ 45度
水平内收	90 ~ 135度
内旋	70 ~ 90度
外旋	70 ~ 90度

表E.2 肘部和桡尺关节运动的ROM

关节运动	ROM
弯曲	135 ~ 160度
旋后	75 ~ 90度
旋前	75 ~ 90度

表E.3 脊柱的ROM

关节运动	ROM
弯曲	30 ~ 45度
伸展	20 ~ 45度
侧屈	10 ~ 35度
旋转	20 ~ 45度

表E.4 髋关节运动（挑选）的ROM

关节运动	ROM
弯曲	90 ~ 135度
伸展	10 ~ 30度
外展	30 ~ 50度
内收	10 ~ 30度
内旋	30 ~ 45度
外旋	45 ~ 60度

表 E.5 膝关节运动的 ROM

关节运动	ROM
弯曲	130 ~ 140 度
伸展	5 ~ 10 度

表 E.6 踝关节运动的 ROM

关节运动	ROM
背屈	15 ~ 20 度
跖屈	30 ~ 50 度
内翻	10 ~ 30 度
外翻	10 ~ 20 度

参考文献

第1章 最佳的运动实践

American College of Sports Medicine [ACSM]. (2018). *ACSM's guidelines for exercise testing and prescription*. 10th ed. Baltimore, MD: Wolters Kluwer.

Astrand, O. 1992. Why exercise? *Medicine Science Sports Exercise*, 24(2): 153-62.

Baicker, K., Cutler, D., Song, Z. (2010). Workplace wellness programs can generate savings. *Health Affairs*, 29(2): 1-8.

Bednarski, K. (1993). Convincing male managers to target women customers. *Working Woman*, June: 23-28.

Blair, S., Bouchard, C. (2011). Trends over the 5 decades in U.S. occupation-related physical activity and their associations with obesity. *PLoS ONE*, 6(5): e19657.

Bray, S., Gyurcsik, N., Culos-Reed, S., Dawson, K., Martin, D. (2001). An exploratory investigation of the relationship between proxy efficacy, self-efficacy and exercise attendance. *Journal of Health Psychology*, 6(4): 425-34.

Brown, P., and O'Neill, M. (1990). A retrospective survey of the incidence and pattern of aerobics-related injuries in Victoria, 1987-1988. *Australian Journal of Science and Medicine in Sport*, 22(3): 77-81.

Brown, W., Bauman, A., Owen, N. (2009). Stand up, sit down, keep moving: Turning circles in physical activity research? *British Journal of Sports Medicine*, 43: 86-88.

Burke, S., Carron, A., Eys, M. (2006). Physical activity context: Preferences of university students. *Psychology of Sport and Exercise*, 7: 1-13.

Carron, A., Hausenblas, H., Mack, D. (1996). Social influence and exercise: A meta-analysis. *Journal of Sports Exercise Psychology*, 18: 1-16.

Centers for Disease Control and Prevention (CDC). (2018.) 2018 physical activity guidelines advisory committee scientific report. 2nd ed.

Cook, G. (2010). *Functional movement systems: Assessment-corrective strategies*. Aptos, CA: On Target Publications.

Davis A., Taylor J., Cohen E. (2015). Social bonds and exercise: evidence for a reciprocal relationship. *PLoS ONE*, 10(8): e0136705.

De Lyon, A., Neville, R., Armour, K. (2016). The role of fitness professionals in public health: A review of the literature. *Quest*, 69(3): 313-330.

de Vreede, P.M., Samson, M., VanMeeteren, N. (2005). Functional-task exercise vs. resistance strength exercise to improve daily tasks in older women: A randomized, controlled trial. *Journal of the American Geriatrics Society*, 53(1): 2-10.

DuToit, V., Smith, R., (2001). Survey of the effects of aerobic dance on the lower extremity in aerobic instructors. *Journal of the American Podiatric Medical Association*, 91: 528-32.

Edmundson, A. (2007). *Globalized e-learning cultural challenges*. Hershey, PA: Information Science.

Eickhoff-Shemek, J., Selde, S. (2006). Evaluating group exercise leader performance: An easy and helpful tool. *ACSM Health and Fitness Journal*, 10(1): 20-23.

Eller, D. (1996, January-February). News + views: Is aerobics dead? *Women's Sports and Fitness*, 19-20.

Floyd, A., Moyer, A. (2009). Group vs. individual exercise interventions for women with breast cancer: A meta-analysis. *Health Psychology Review*, 4(1): 22-41.

Fonda, J. (1981). *Jane Fonda's workout book*. New York, NY: Simon & Schuster.

Francis, P. (2012, January). Is there a public health role for fitness professionals? *IDEA Fitness Journal*, 53-59.

Gaesser, Glenn A., Tucker, Wesley J., Jarrett, Catherine L., Angadi, Siddhartha S. (2015). *Current Sports Medicine Reports*, 14(4): 327-32.

Garrick, J., Gillien, D., Whiteside, P. (1986). The epidemiology of aerobic dance injuries. *American Journal of Sports Medicine*, 14(1): 67-72.

Goleman, D. (2006). *Social intelligence: The new science of social intelligence*. New York, NY: Bantam Dell.

Harden, S., McEwan, D., Sylvester, B., Kaulius, M., Ruissen, G., Burke, S., Estabrooks, P., Beauchamp, M. (2015). Understanding for whom, under what conditions, and how group-based physical activity interventions are successful: A realist review. *BMC*

Public Health, 15: 958.

Health News. (2017).

Healthy People 2020. (2012).

Hooker, S. (2003, May-June). The exercise/fitness professional's expanding role in promoting physical activity and the public's health. *ACSM's Health and Fitness Journal,* 7-11.

IDEA. (2007, July-August). Spanning 25 years: IDEA and fitness industry milestones 1982-2007. *IDEA Fitness Journal,* 24-35.

Kandarian, M. (2006, September). Seven secrets for totally outrageous teaching. *IDEA Fitness Journal,* 86-88.

Katzmarzyk, P., Church, T., Craig, C., Bouchard, C. (2009). Sitting time and mortality from all causes, cardiovascular disease, and cancer. *Medicine & Science in Sports and Exercise,* 41(5): 998-1005.

Kennedy, C. (2004, January). Making a real difference. *IDEA Health and Fitness Source,* 40-44.

Kennedy, C., Legel, D. (1992). *Anatomy of an exercise class: An exercise educator's handbook.* Champaign, IL: Sagamore.

Kernodle, R. (1992, May-June). Space: The unexplored frontier of aerobic dance. *Journal of Physical Education, Recreation and Dance,* 65-69.

Koszuta, L. (1986). Low-impact aerobics: Better than traditional aerobic dance? *The Physician and Sportsmedicine,* 14(7): 156-61.

Levine, J. (2014). *Get up! Why your chair is killing you and what you can do about it.* New York, NY: Palgrave/McMillian.

Miller, W. (1999). How effective are traditional dietary and exercise interventions for weight loss? *Medicine & Science in Sports & Exercise,* 31(8): 1129-34.

Mutoh, Y., S. Sawai, Y. Takanashi, L. Skurko. (1988). Aerobic dance injuries among instructors and students. *The Physician and Sportsmedicine,* 16(12): 81-86.

National Business Group Health. (2011). Survey.

Ornish, D. (1998). *Love and survival.* New York, NY: Harper-Collins.

Penney, T. S. Kirk. (2015). The health at every size paradigm and obesity: Missing empirical evidence may help push the reframing obesity debate forward, *American Journal of Public Health,* 105(5): e38-e42.

Plummer, T. (2003). *The business of fitness: Understanding the financial side of owning a fitness business.* Healthy Learning, Monterey, CA.

Richie, D., Kelso, S., Bellucci, P. (1985). Aerobic dance injuries: A retrospective study of instructors and participants. *The Physician and Sportsmedicine,* 13(2): 130-40.

Rimmer, J. (1994.) *Fitness and rehabilitation programs for special populations.* Madison, WI: Brown Benchmark.

Santana, J. (2002, February). The four pillars of human movement. *IDEA Personal Trainer,* 22-28.

Schuster, K. (1979). Aerobic dance: A step to fitness. *The Physician and Sportsmedicine,* 7(8): 98-103.

Segar, M., Eccles, J., Richardson, C. (2012). Rebranding exercise: Closing the gap between values and behavior. *International Journal of Behavioral Nutrition and Physical Activity,* 8(94).

Seidman, D. (2007). *How: Why how we do anything means everything.* Hoboken, NJ: Wiley & Sons.

Seligman, M. (2011). *Flourish.* New York, NY: Free Press.

Siddarth P., Burgren A.C., Eyre H.A., Small G.W., Merrill D.A. (2018). Sedentary behavior associated with reduced medial temporal lobe thickness in middle-aged and older adults. *PLOS ONE,* 13(4): e0195549.

Sorenson, J., Bruns, B. (1983). *Jacki Sorensen's aerobic lifestyle book.* New York, NY: Poseidon.

Stacy, D., Hopkins, M., Adams, K., Shorr, R., Prud-homme, P. (2010). Knowledge translation to fitness trainers: A systematic Review. *Implementation Science,* 5: 28.

Tharrett, S. (2017). *Fitness management.* 4th ed. Monterey, CA: Healthy Learning.

Tharrett, S., O'Rourke, F., Peterson, J. (2011*). Legends of fitness.* Monterey, CA: Healthy Learning.

Thompson, W. (2017). Worldwide survey of fitness trends for 2018. *ACSM's Health and Fitness Journal,* 16(6): 8-17.

U.S. Healthy People 2020.

van der Ploeg, H., Chey, T., Korda, R., Banks, E., Bauman, A. (2012). Sitting time and all-cause mortality risk in 222,487 Australian adults. *Archives of Internal Medicine,* 172(6): 494-500.

Wolf, C. (2001, June). Moving the body. *IDEA Personal Trainer,* 23-31.

Xu, J.Q., Murphy, S.L., Kochanek, K.D., Arias, E. (2016). Mortality in the United States, 2015. *NCHS data brief, no. 267.* Hyattsville, MD: National Center for Health Statistics.

第2章 基本要素

American College of Sports Medicine. (2018). *ACSM's guidelines for exercise testing and prescription*. 10th ed. Philadelphia, PA: Wolters Kluwer.

American Council on Exercise. (2011). *Group exercise instructor manual*. 3rd ed. San Diego, CA: American Council on Exercise.

Garber, CE, Blissmer, B., Deschenes, M.R., Franklin, B.A., Lamonte, M.J., Lee, I.M., Nieman, D.C., Swain, D.P. (2011). American College of Sports Medicine Position Stand. Quantity and quality of exercise for developing and maintaining cardiorespiratory, musculoskeletal, and neuromotor fitness in apparently healthy adults: Guidance for prescribing exercise. *Medicine and Science in Sports and Exercise*, 43(7): 1334-59.

Hoy, D.G., March, L., Brooks, P., Blyth, F., Woolf, A., Bain, C., Williams, G., Smith, E., Vos, T., Barendregt, J., Murray, C., Burstein, R., Buchbinder, R. (2014). The global burden of low back pain: estimates from the Global Burden of Disease 2010 study. *Annals of Rheumatic Diseases*, 73(6): 949-50.

Kennedy, C. (1997, January). Exercise analysis. *IDEA Today*, 70-73.

Kennedy, C. (2004, January). Making a real difference. *IDEA Health and Fitness Source*, 40-44.

Searle, A., Spink, M., Ho, A., Chuter, V. (2015). Exercise interventions for the treatment of chronic low back pain: a systematic review and meta-analysis of randomized controlled trials. *Clinical Rehabilitation*, 29(12): 1155-67.

Yoke, M., Kennedy, C. (2004). *Functional exercise progressions*. Monterey, CA: Healthy Learning.

第3章 基于教学的概念

Baumeister, R.F., Ainsworth, S., Vohs, K.D. (2016). Are groups more or less than the sum of their members? The moderating role of individual identification. *Behavioral and Brain Sciences*, e137.

Beauchamp, M.R., Eys, M.A. (2014). *Group Dynamics in Exercise and Sport Psychology*. 2nd ed. New York, NY: Routledge.

DuBois, R., Hagen, R. (2007). *Success perfect*. Monterey, CA: Coaches Choice.

Epstein, J.A., Harackiewicz, J.M. (1992). Winning is not enough: The effects of competition and achievement orientation on intrinsic interest. *Personality and Social Psychology Bulletin*, 18: 128-38.

Fredrickson, B. (2009). *Positivity*. New York, NY: Random House.

Garcia, S.M., Avishalom, T. (2009). The N-effect: More competitors, less competition. *Psychological Science*, 20: 871-77.

Gavin, J., Mcbrearty, M. (2018). *Lifestyle wellness coaching*. 3rd ed. Champaign, IL: Human Kinetics.

Kistruck, G.M., Lount, R.B., Smith, B.R., Bergman, B.J. Moss, T.W. (2015). Cooperation vs. competition: Alternative goal structures for motivating groups. *Academy of Management Journal*, 59(4).

Knowles, M.S., Holton, E.F., Swanson, R.A. (2011). *The adult learner*. 7th ed. Burlington, MA: Elsevier.

Martens, R. (2012). *Successful coaching*. 4th ed. Champaign, IL: Human Kinetics.

Motivation Grid. (2014).

Stanier, M. (2016). *The coaching habit*. Toronto, Canada: Box of Crayons.

Thompson, W. (2017). Worldwide survey of fitness trends for 2018: The CREP edition. *ACSM's Health & Fitness Journal*, 21(6): 10-19.

Yoke, M., Kennedy, C. (2004). *Functional exercise progressions*. Monterey, CA, Healthy Learning.

第4章 基于节拍的技能

Biscontini, L. (2010, September). Music management: Effectively (and legally) unleash the power of music. *ACE Certified News*.

CDC (Centers for Disease Control and Prevention). (2013). Noise and hearing loss prevention: Noise Meter.

Clark, I.N., Baker, F.A., Taylor, N.F. (2016). The modulating effects of music listening on health-related exercise and physical activity in adults: A systematic review and narrative synthesis. *Nordic Journal of Music Therapy*, 25(1): 76-104.

Gaeta, L. (2016). Workout your body, not your ears! *Audiology Today*, 28(6): 18-27.

Harmon, N.M., Kravitz, L. (2007, September). The effects of music on exercise. *IDEA Fitness Journal*, 72-77.

Hutchinson, J.C., Jones, L., Vitti, S.N., Moore, A., Dalton, P.C., O'Neil, B.J. (2018). The influence of self-selected music on affect-regulated exercise intensity and remembered pleasure during treadmill running. *Sport, Exercise, and Performance Psychology*, 7(1): 80-92.

Karageorghis, C.I., Priest, D.L., Terry, P.C., Chatzisarantis, N., Lane, A.M. (2006). Redesign and initial validation of an instrument to assess the motivational qualities of music in exercise: The Brunel Music Rating Inventory-2. *Journal of Sports Sciences*, 24(8): 899-909.

Long, J., Williford, H., Olson, M., Wolfe, V. (1998). Voice problems and risk factors among aerobics instructors. *Journal of Voice*, 12(2): 197-207.

National Institutes of Health [NIH]. 2012. Throat disorders. Medline Plus.

OSHA (Occupational Safety and Health Administration). (2001). OSHA Regulations (Standards 29 CFR): Occupational noise exposure—1910.95.

Otto, R.M., Parker, C., Smith, T., Wygand, J., Perez, H. (1986). The energy cost of low impact and high impact aerobic exercise. Abstract. *Medicine & Science in Sports & Exercise*, 18: S523.

Otto, R.M., Yoke, M., Wygand, J., Larsen, P. (1988). The metabolic cost of multidirectional low impact and high impact aerobic dance. Abstract. *Medicine & Science in Sports & Exercise*, 20(2): S525.

Parker, S., Hurley, B., Hanlon, D., Vaccaro, P. (1989). Failure of target heart rate to accurately monitor intensity during aerobic dance. *Medicine & Science in Sports & Exercise*, 21(2): 230-34.

Rumbach, A., Khan, A., Brown, M., Eloff, K., Poetschke, A. (2015). Voice problems in the fitness industry: Factors associated with chronic hoarseness. *International Journal of Speech-Language Pathology*, 17(5): 441-50.

Williford, H.N., Blessing, D., Olson, M., Smith, F. (1989). Is low-impact aerobic dance an effective cardiovascular workout? *Physician & Sportsmedicine*, 17(3): 95-109.

Williford, H.N., Scharff-Olson, M., Blessing, D.L. (1989). The physiological effects of aerobic dance: A review. *Sports Medicine*, 8(6): 335-45.

Yoke, M., Otto, R., Larsen, P., Kamimukai, C., Wygand, J. (1989). The metabolic cost of instructors' low impact and high impact aerobic dance sequences. In *IDEA 1989 research symposium manual*. San Diego, CA: IDEA.

Yoke, M., Otto, R., Wygand, J., Kamimukai, C. (1988). The metabolic cost of two differing low impact aerobic dance exercise modes. Abstract. *Medicine & Science in Sports & Exercise*, 20(2): S527.

第5章　热身、放松和心肺训练

Alter, M.J. (2004). *The science of flexibility*. 3rd ed. Champaign, IL: Human Kinetics.

American College of Sports Medicine [ACSM]. (2018). *ACSM's guidelines for exercise testing and prescription*. 10th ed. Baltimore, MD: Wolters Kluwer.

American Council on Exercise (2016). *Group fitness instructor handbook*. 4th ed. San Diego, CA: American Council on Exercise.

American Heart Association. (2018). AED Implementation Guide.

Anderson, B., Anderson, J. (2010). *Stretching*. 30th anniversary ed. Bolinas, CA: Shelter Publications.

Appel, A. (2007, January). The right rehearsal. *IDEA Fitness Journal, 94*.

Astrand, P., Rodahl, K. (1977). *Textbook of work physiology*. New York, NY: McGraw Hill.

Balady, F., Chaitman, B., Foster, C., Froelicher, E., Gordan, N., VanCamp, S. (2002). AHA/ACSM scientific statement. Automated external defibrillators in health/fitness facilities: Supplement to the AHA/ACSM recommendations for cardiovascular screening, staffing, and emergency policies at health/fitness facilities. *Circulation*, 105: 1147-501.

Borg, G. (1982). Psychophysical bases of perceived exertion. *Medicine & Science in Sports & Exercise, 14*: 377-81.

Dunbar, C., Robertson, R., Baun, R., Blandin, M., Metz, K., Burdett, R., Goss, R. (1992). The validity of regulating exercise intensity by ratings of perceived exertion. *Medicine & Science in Sports & Exercise, 24*(1): 94-99.

Fisher, K. (2017.) Why heart disease is on the rise in America? *Healthline.*

Foster, C., Porcari, J. (2010). *Personal training manual*. San Diego, CA: American Council on Exercise.

Frangolias, D., Rhodes, E. (1995). Maximal and ventilatory threshold responses to treadmill and water immersion running. *Medicine & Science in Sports & Exercise*, 27(7): 1007-13.

Garber, C., Blissmer, B., Deschenes, M., Franklin, B., Lamonte, M., Lee, I., Niemann, D., Swain, D. (2011). American College of Sports Medicine position stand. Quantity and quality of exercise for developing and maintaining cardiorespiratory, musculoskeletal, and neuromotor fitness in apparently healthy adults: Guidance for prescribing exercise. *Medicine & Science in Sports & Exercise*, 43(7): 1334-59.

Goleman, D. (2006). *Social Intelligence*. New York, NY: Random House.

Grant, S., Corbett, K., Todd, K., Davies, C., Aitchison, T., Mutrie, N., Byrne, J., Henderson, E., Dargie, H. (2002). A comparison of physiological response and rating of perceived exertion in two modes of aerobic exercise in men and women over 50 years of age. *British Journal of Sports Medicine,* 36: 276-81.

Herbert, R., deNoronha, M., Kamper, S. (2011). Stretching to prevent or reduce muscle soreness after exercise. Review. *Cochrance Library,* 7.

Howley, E., Thompson, D. (2017). *Fitness professionals' handbook.* 7th ed. Champaign, IL: Human Kinetics.

McArdle, W.D., Katch, F.I., Katch, V.I. (2014). *Exercise physiology: Nutrition, energy, and human performance.* 5th ed. Baltimore, MD: Wolters Kluwer.

Neiman, D. (2010). *Exercise testing and prescription.* 7th ed. New York, NY: McGraw-Hill.

Parker, S., Hurley, B., Hanlon, D., Vaccaro, P. (1989). Failure of target heart rate to accurately monitor intensity during aerobic dance. *Medicine & Science in Sports & Exercise,* 21(2): 230-34.

Reed, D.B., Birnbaum, A. Brown, L.H., O'Connor, R.E., Fleg, J.L., Peberdy, M.A., Van Ottingham, L., Hallstrom, A.P., the PAD Trial Investigators. (2006). Location of cardiac arrests in the public access defibrillation trial, prehospital emergency care. *Prehospital Emergency Care,* 10(1): 61-67.

Roach, B., Croisant, P., Emmett, J. (1994). The appropriateness of heart rate and RPE measures of intensity during three variations of aerobic dance. Abstract. *Medicine & Science in Sports & Exercise,* 26(Suppl. 5): 24.

Roberg, R., Landwehr, R. (2002). The surprising history of the "HRmax = 220 – age" equation. *Journal of Exercise Physiology Online,* 5(2): 1-10.

Schoenfeld, B. (2016.) *Strong & sculpted.* Champaign, IL: Human Kinetics.

Schroeder, J., Donlin, A. (2013). IDEA fitness programs and equipment trends report. *IDEA Fitness Journal,* 10(6).

Tharrett, S., Peterson, J. (2012). *American College of Sports Medicine health/fitness facility standards and guidelines.* 4th ed. Champaign, IL: Human Kinetics.

Wolohan, J.T. (2008, May). Supervision: Fitness centers may have duty of care regarding AEDs. *Athletic Business.*

第6章　肌肉训练

Aerobics and Fitness Association of America (AFAA). (2010). *Fitness: Theory & practice.* 5th ed. Sherman Oaks, CA: Author.

American College of Sports Medicine [ACSM]. (2009). Position stand. Progression models in resistance training for healthy adults. *Medicine &*

Science in Sports & Exercise, 41(3): 687-708.

American College of Sports Medicine [ACSM]. (2018). *ACSM's guidelines for exercise testing and prescription.* 10th ed. Baltimore, MD: Wolters Kluwer.

Blessing, D., Wilson, G., Puckett, J., Ford, H. (1987). The physiological effects of 8 weeks of aerobic dance with and without hand-held weights. *American Journal of Sports Medicine,* 15(5): 508-10.

Cressey, E.M., West, C.A., Tiberio, D.P., Kraemer, W.J. and Maresh, C.M. (2007). The effects of 10 weeks of lower-body unstable surface training on markers of athletic performance. *Journal of Strength and Conditioning Research,* 21(2): 561-67.

Fleck, S.J. & Kraemer, W.J. (2014). *Designing resistance training programs.* 4th ed. Champaign, IL: Human Kinetics.

Garber, C.E., Blissmer, B., Deschenes, M.R., Franklin, B.A., Lamonte, M.J., Lee, I.M., Nieman, D.C., Swain, D.P. (2011). American College of Sports Medicine Position Stand. Quantity and quality of exercise for developing and maintaining cardiorespiratory, musculoskeletal, and neuromotor fitness in apparently healthy adults: Guidance for prescribing exercise. *Medicine & Science in Sports & Exercise,* 43(7): 1334-59.

Goldenberg, L., Twist, P. (2016). *Strength ball training.* Champaign, IL: Human Kinetics.

Juneau, C., Paine, R., Chicas, E., Gardner, E., Bailey, L., McDermott, J. (2016). Current concepts in treatment of patellofemoral osteochondritis dissecans. *International Journal of Sports Physical Therapy,* 11(6): 903-25.

Kravitz, L., Heyward, V.H., Stolarczyk, L.M., Wilmerding, V. (1997). Does step exercise with handweights enhance training effects? *Journal of Strength and Conditioning Research,* 11(3): 194-9.

Kreighbaum, E., Barthels, K. (1996). The deep squat. In *Biomechanics: A qualitative approach for studying human movement.* 4th ed. pp. 203-204. Boston, MA: Allyn and Bacon.

Maher, C., Underwood, M., Buchbinder, R. (2017). Non-specific low back pain. *The Lancet,* 389(10070): 736-47.

Marshall, P.W., Murphy, B.A. (2006). Increased deltoid and abdominal muscle activity during Swiss ball bench press. *Journal of Strength and Conditioning Research,* 20(4): 745-50.

Miller, J.M., Rossi, M.D., Schurr, H., Brown, L.E., Whitehurst, M. (2001) Force production in healthy males during a horizontal press that uses elastics for resistance. Abstract. *Medicine & Science in*

Sports & Exercise, 33(5): S139.

National Strength and Conditioning Association. (2015). Foundations of fitness programming: programming design essentials.

Page, P., Ellenbecker, T. (2003). *The scientific and clinical application of elastic resistance.* Champaign, IL: Human Kinetics.

Reid, K.F., Fielding, R.A. (2012) Skeletal muscle power: a critical determinant of physical functioning in older adults. *Exercise and Sport Science Review*, 40(1): 4-12.

Santana, J.C. (2016). *Functional training.* Champaign, IL: Human Kinetics.

Sorace, P., LaFontaine, T. (2005). Resistance training muscle power: Design programs that work! *ACSM Health and Fitness Journal*, 9(2): 6-12.

Stanforth, D., Stanforth, P.R., Hahn, S., Phillips, A. (1998). A 10-week training study comparing Resistaball and traditional trunk training.

Stanforth, D., Stanforth, P.R., Velasquez, K.S. (1993). Aerobic requirement of bench stepping. *International Journal of Sports Medicine*, 14(3): 129-33.

Stanforth, P.R., Stanforth, D. (1996). The effect of adding external weight on the aerobic requirement of bench stepping. *Research Quarterly in Exercise and Sport*, 67: 469-72.

Stenger, L. (2018). What is functional/neuromotor fitness? *ACSM Health and Fitness Journal*, 22(6), Nov/Dec: 35-43.

Willardson, J.M. (2004). The effectiveness of resistance exercises performed on unstable equipment. *Journal of Strength and Conditioning Research*, 26(3): 70-74.

Yoke, M. (2010). *Personal fitness training: Theory and practice.* Sherman Oaks, CA: Aerobics and Fitness Association of America.

Yoke, M., Otto, R., Wygand, J., Kamimukai, C. (1988). The metabolic cost of two differing low impact aerobic dance exercise modes. Abstract. *Medicine & Science in Sports & Exercise*, 20(2): S527.

第7章 柔韧性训练

Alter, M. (2004). *Science of flexibility.* 3rd ed. Champaign, IL: Human Kinetics.

American College of Sports Medicine [ACSM]. (2018). *ACSM's Guidelines for Exercise Testing and Prescription.* 10th ed. Baltimore, MD: Wolters Kluwer.

Baxter, C., McNaughton, L.R., Sparks, A., Norton, L, Bentley, D. (2017). Impact of stretching on the performance and injury risk of long-distance runners. *Research in Sports Medicine*, 25(1): 78-90.

Davis, D.S., Ashby, P.E., McCale, K.L., McQuain, J.A., Wine, J.M. (2005). The effectiveness of 3 stretching techniques on hamstring flexibility using consistent stretching parameters. *Journal of Strength and Conditioning Research*, 19(1): 27-32.

Feland, J.B. (2000). The effect of stretch duration on hamstring flexibility in an elderly population. Abstract. *Medicine & Science in Sports & Exercise*, 32(5): S354.

Myers, T. (2014). *Anatomy trains: Myofascial meridians for manual and movement therapists.* 3rd ed. Edinburgh, UK: Elsevier.

Stull, K. (2018). *Complete guide to foam rolling.* Champaign, IL: Human Kinetics.

第8章 神经运动和功能性训练

Aerobics and Fitness Association of America. (2010). *Fitness: Theory & practice.* 5th ed. Sherman Oaks, CA: Author.

American College of Sports Medicine. (2018). *ACSM's guidelines for exercise testing and prescription.* 10th ed. Baltimore, MD: Wolters Kluwer.

American Council on Exercise. (2014). *ACE personal trainer manual.* 5th ed. San Diego, CA: American Council on Exercise.

Astrand, P. (1992). Why exercise? *Medicine & Science in Sports & Exercise*, 24(2): 153-62.

Bird, M., Hill, K.D., Ball, M., Hetherington, S., Williams, A.D. (2010). The long-term benefits of a multi-component exercise intervention to balance and mobility in healthy older adults: Relationship between physical functioning and physical activity in the lifestyle interventions and independence for elders pilot. *Archives of Gerontology and Geriatrics*, 58(10): 1918-24.

Cook, G. (2011). *Functional movement systems: Screening, assessment and corrective strategies.* Aptos, CA: On Target Publications.

deVreede, P., Samson, M., VanMeeteren, N. (2005). Functional-task exercise vs. resistance strength exercise to improve daily tasks in older women: A randomized, controlled trial. *Journal of the American Geriatrics Society*, 53(1): 2-10.

Garber, C., Blissmer, B., Deschenes, M., Franklin, B., Lamonte, M., Lee, I., Nieman, D., Swain, D. (2011). American College of Sports Medicine position stand. Quantity and quality of exercise for developing and maintaining cardiorespiratory, musculoskeletal, and neuromotor fitness in apparently healthy adults: Guidance for prescribing exercise. *Medicine & Science in Sports & Exercise*, 43(7): 1334-59.

Gatts, S. (2008). Neural mechanisms underlying balance control in tai chi. *Medicine and Sports Science*, 52: 87-103.

Gouwanda, D., Gopalai, A.A. (2017). Investigating human balance and postural control during bilateral stance on BOSU balance trainer. *Journal of Medical and Biological Engineering*, 37(4): 484-91.

Hackney, M.E., Wolf, S.L. (2014). Impact of Tai Chi Chu'an practice on balance and mobility in older adults: An integrative review of 20 years of research. *Journal of Geriatric Physical Therapy*, 37(3): 127-35.

Hrysomallis, C. (2007). Relationship between balance ability, training and sports injury risk. *Sports Medicine*, 37(6): 547-56.

Jahnke, R., Larkey, L., Rogers, C., Etnier, J., Lin, F. (2010). A comprehensive review of health benefits of quigong and tai chi. *American Journal of Health Promotion*, 24(6): e1-25.

Josephson, M.D., Williams, J.G. (2017). Functional-strengthening: A pilot study on balance control improvement in community-dwelling older adults. *Montenegro Journal of Sports Science Medicine.*

Karinkanta, S., Heinonen, A., Sievanen, H., Uusi-Rasi, K., Fogelholm, M., Kannus, P. (2009). Maintenance of exercise-induced benefits in physical functioning and bone among elderly women: *Osteoporosis International*, 20(4): 665-74.

Karinkanta, S., Kannus, P., Uusi-Rasi, K., Heinonen, A., Sievanen, H. (2015). Combined resistance and balance—jumping exercise reduces older women's injurious falls and fractures: 5-year follow-up study. *Age and Ageing*, 44(5): 784-9.

Kennedy-Armbruster, C. Sexauer, L., Wyatt, W., Shea, J. (2012). Effects of Navy SHAPE on fitness parameters, functional movement screening (FMS) and self-reported sitting time. *Medicine & Science in Sports & Exercise*, 44(Suppl. 5).

Lesinski, M., Hortobagyi, T., Muehlbauer, T., Gollhofer, A., Granacher, U. (2015). Effects of balance training on balance performance in healthy older adults: A systematic review and meta-analysis. *Sports Medicine*, 45(12): 1721-38.

Liu-Ambrose, Khan, K.M., Eng, J.J., Lord, S.R., McKay, H.A. (2004). Balance confidence improves with resistance or agility training. *Gerontology*, 50(6): 373-82.

Morrison, S., Colberg, S.R., Mariano, M., Parson, H.K., Vinik, A.I. (2010). Balance training reduces falls risk in older adults with type 2 diabetes. *Diabetes Care*, 33(4): 74.

Myers, T. (2014). *Anatomy trains: Myofascial meridians for manual and movement therapists.* 3rd ed. Edinburgh, UK: Elsevier.

Nelson, M.E., Rejeski, W.J., Blair, S.N., Duncan, P.W., Judge, J.O., King, A.C., Macera, C.A., Castaneda-Sceppa, C. (2007). Physical activity and public health in older adults: Recommendation from the American College of Sports Medicine and the American Heart Association. *Medicine & Science in Sports & Exercise*, 39(8): 1435-45.

Rikli, R.E., Jones, C.J. (2013). *Senior fitness test manual.* 2nd ed. Champaign, IL: Human Kinetics.

Rose, D.J. (2010). *Fall proof! A comprehensive balance and mobility training program.* 2nd ed. Champaign, IL: Human Kinetics.

Santana, J.C. (2016). *Functional training: Exercises and programming for training and performance.* Champaign, IL: Human Kinetics.

Shumway-Cook, A., Woollacott, M. (2000). Attentional demands and postural control: The effect of sensory context. *Journal of Gerontology*, 55A: M10-16.

StrØm, M., Thorborg, K., Bandholm, T., Tang, L., Zebis, M., Nielsen, K., Bencke, J. (2016). Ankle joint control during single-legged balance using common balance training devices—Implications for rehabilitation strategies. *International Journal of Sports Physical Therapy*, 11(3): 388-99.

Sugimoto, D., Myer, G.D., Foss, K.D.B., Pepin, M.J., Micheli, L.J., Hewett, T.E. (2016). Critical components of neuromuscular training to reduce ACL injury risk in female athletes: Meta-regression analysis. *British Journal of Sports Medicine*, 50(20): 1259-66.

Weiss, T., Kreitlinger, J., Wilde, H., Wiora, C., Steege, M., Dalleck, L., Janot, J. (2010). Effect of functional resistance training on muscular fitness outcomes in young adults. *Journal of Exercise Science & Fitness*, 8(2): 113-22.

Wolfe, B.L., Lemura, L.M., Cole, P.J. (2004). Quantitative analysis of single vs. multiple-set programs in resistance training. *Journal of Strength and Conditioning Research*, 18(1): 35-47.

Young, W.R., Williams, A.M. (2014). How fear of falling can increase fall-risk in older adults: Applying psychological theory to practical observations. *Gait & Posture*, 41(1): 7-12.

第9章 教授老年人

AAOS. (2012). Getting a grip on thumb arthritis. *American Academy of Orthopaedic Surgeons Now*, 6(8).

American College of Sports Medicine. (2018). *ACSM's guidelines for exercise testing and prescription*. 10th ed. Baltimore, MD: Wolters Kluwer.

Arthritis Foundation. (2018). Fact sheet.

Awick, E.A., Wojcicki, T.R., Olson, E.A., Fanning, J., Chung, H.D., Zuniga, K., Mackenzie, M., Kramer, A.F. McAuley, E. (2015). Differential exercise effects on quality of life and health-related quality of life in older adults: a randomized controlled trial. *Quality of Life Research*, 24(2): 455-62.

Bieler, T., Siersma, V., Magnusson, S.P., Kjaer, M., Beyer, N. (2016). 0P0006-HPR even in the long run Nordic walking is superior to strength training and home-based exercise for improving physical function in older people with hip osteoarthritis—an RCT. *BMJ Journals*, 75(2).

Blondell, S.J., Hamersley-Mather, R., Veerman, J.L. (2014). Does physical activity prevent cognitive decline and dementia? A systematic review and meta-analysis of longitudinal studies. *BMC Public Health*, 14(510).

Cheng YJ, Hootman JM, Murphy LB, Langmaid GA, Helmick CG. (2010). Prevalence of doctor-diagnosed arthritis and arthritis-attributable activity limitation—United States, 2007-2009. *Morbidity and Mortality Weekly Report*, 59(39):1261-5.

Chodzko-Zajko, W., Proctor, D.N., Fiatarone Singh, M., Minson, C.T., Nigg, C.R., Salem, G.J., Skinner, J.S. (2009). Exercise and physical activity for older adults. *Medicine and Science in Sports and Exercise*, 41(7): 1510-30.

Farrance, C., Tsofliou, F., Clark, C. (2016). Adherence to community-based group exercise interventions for older people. A mixed-methods systematic review. *Preventive Medicine*, 87: 155-66.

Franco, M.R., Tong, A., Howard, K., Sherrington, C., Ferreira, P.H., Pinto, R.Z., Ferreira, M.L. (2015). Older people's perspectives on participation in physical activity: a systematic review and thematic synthesis of qualitative literature. *British Journal of Sports Medicine*, 49: 1268-76.

Hardy, S., Grogan, S. (2009). Preventing disability through exercise: Investigating older adults' influences and motivations to engage in physical activity. *Journal of Health Psychology*, 14(7): 1036-46.

Hooyman, N.R., Kiyak, H.A. (2011). *Social gerontology: A multi-disciplinary perspective.* 9th ed. Boston, MA: Allyn & Bacon.

Katzman, W.B., Vittinghoff, E., Lin, F., Schafer, A., Long, R.K., Wong, S., Gladin, A., Fan, B., Allaire, B., Kado, D.M., Lane, N.E. (2017). Targeted spine strengthening exercise and posture training program to reduce hyperkyphosis in older adults: results from the study of hyperkyphosis, exercise, and function (SHEAF) randomized controlled trial. *Osteoporosis International*, 28(10): 22831-41.

Loew, L., Brosseau, L., Kenny, G.P., Durand-Bush, N., Poitras, S., De Angelis, G., Wells, G.A. (2017). An evidence-based walking program among older people with knee osteoarthritis: The PEP pilot randomized controlled trial. *Clinical Rheumatology*, 36(7): 1607-16.

Lohman, T., Going, S., Houtkooper, L., Metcalfe, L., Antoniotti-Guido, T., Stanford, V.A. (2008). *The BEST exercise program for osteoporosis prevention.* 2nd ed. Tucson, AZ: DSW Fitness.

Nelson, M., Rejeski, W., Blair, S., Duncan, P., Judge, J., King, A., Macera, C., Castaneda, C. (2007). Physical activity and public health in older adults: Recommendations from the American College of Sports Medicine and the American Heart Association. *Medicine and Science in Sports and Exercise,* 39(8): 1435-45.

Ochel, E. (2017). Treat your arthritis naturally: Moving is the best medicine.

Petersen, B.A., Hastings, B., Gottschall, J.S. (2015). Low load, high repetition resistance training program increases bone mineral density in untrained adults. *Journal of Sports Medicine and Physical Fitness*, 57(1-2): 70-76.

Rose, D. (2018). *Physical activity instruction of older adults.* 2nd ed. Champaign, IL: Human Kinetics.

Sharib, A.A., Youssef, E.F. (2014). The impact of adding weight-bearing exercise versus nonweight bearing programs to the medical treatment of elderly patients with osteoporosis. *Journal of Family & Community Medicine*, 21(3): 176-81.

Spirduso, W., Francis, K. (2004). *Physical dimensions of aging.* 2nd ed. Champaign, IL: Human Kinetics.

Swezey RL, Swezey A, Adams J. (2000) Isometric progressive resistive exercise for osteoporosis. *Journal of Rheumatology*, 27(5): 1260-4.

Thompson, W. (2017, November/December). World wide survey of fitness trends. *ACSM Health and Fitness Journal*, 21(6): 10-19.

U.S. Census Bureau. (2016). An aging world:

2015—International population reports.

Watson, K.B., Carlson, S.A., Gunn, J.P., Galuska, D.A., O'Connor, A., Greenlund, K.J., Fulton, J.E. (2016). Physical inactivity among adults aged 50 years and older—United States. *Morbidity and Mortality Weekly Report*, 65: 954-8.

Yoke, M., Kennedy, C. (2004). *Functional exercise progressions*. Monterey, CA: Healthy Learning.

第10章 搏击操

Albano, C., Terbizan, D.J. (2001). Heart rate and RPE difference between aerobic dance and cardio-kick-boxing. Abstract. *Medicine & Science in Sports & Exercise*, 33(5): S604.

Bellinger, B., St. Clair, G.A., Oelofse, A., Lambert, M. (1997). Energy expenditure of a noncontact boxing training session compared with submaximal treadmill running. *Medicine & Science in Sports & Exercise*, 29(12): 1653-6.

Bissonnette, D., Guzman, N., McMillan, L., Catalano, S., Giroux, M., Greenlaw, K., Vivolo, S., Otto, R.M., Wygand, J. (1994). The energy requirements of karate aerobic exercise versus low impact aerobic dance. Abstract. *Medicine & Science in Sports & Exercise*, 26(5): S58.

Boyer-Holland, J., Romaine, L.J. (2001). *Kickboxing: A manual for instructors*. Rev ed. Sherman Oaks, CA: Aerobics and Fitness Association of America.

Buschbacher, R.M., Shay, T. (1999). Martial arts. *Physical Medicine & Rehabilitation Clinics of North America*, 10(1): 35-47.

Davis, S.E., Romaine, L.J., Harrison, K. (2002). Incidence of injury in kickboxing. Abstract. *Medicine & Science in Sports & Exercise*, 34(5): S1438.

Ergun, A.T., Plato, P.A., Cisar, C.J. (2006). Cardio-vascular and metabolic responses to noncontact kickboxing in females. *Medicine & Science in Sports & Exercise*, 38(5): S497.

Franzese, P., Taglione, T., Flynn, C., Wygand, J., Otto, R.M. (2000). The metabolic cost of specific Taebo exercise movements. Abstract. *Medicine & Science in Sports & Exercise*, 32(5): S150.

Greene, L., Kravitz, L, Wongsathikun, J., Kemerly, T. (1999). Metabolic effect of punching tempo. Abstract. *Medicine & Science in Sports & Exercise*, 31(5): S674.

Humphrey, C. E, (2017). Perceptions of the impact of non-contact boxing on social and community engagement for individuals with Parkinson's disease. *Occupational Therapy Doctorate Capstone Projects*, 22.

Jackson, K., Edginton-Bigelow, K., Bowsheir, C., Weston, M., Grant, E. (2011). Feasibility and effects of a group kickboxing program for individuals with multiple sclerosis: A pilot report. *Journal of Bodywork and Movement Therapy*, 16(1): 7-13.

Kravitz, L., Greene, L., Wongsathikun, J. (2000). The physiological responses to kick-boxing exercise. Abstract. *Medicine & Science in Sports & Exercise*, 32(5): S148.

Maher, C., Underwood, M., Buchbinder, R. (2017). Non-specific low back pain. *The Lancet*, 389(10070): 736-47.

McKinney-Vialpando, K. (1999). *Cardio TKO: Aerobic kickboxing for the fitness professional.* 2nd ed. Idaho Falls, ID: Safax Fitness Training.

O'Driscoll, E., Steele, J., Perez, H.R., Yreys, S., Snowkroft, N., Locasio, F. (1999). The metabolic cost of two trials of boxing exercise utilizing a heavy bag. Abstract. *Medicine & Science in Sports & Exercise*, 31(5): S676.

Ouergui, I., Hssin, N., Hadda, M., Padulo, J., Franchini, E., Gmada, N, Bouhlel, E. (2014). The effects of five weeks of kickboxing training on physical fitness. *Muscles, Ligaments, and Tendons Journal*, 4(2): 106-13.

Perez, H.R., O'Driscoll, E., Steele, J., Yreys, S., Snowkroft, N., Steizinger, C., Locasio, F. (1999). Physiological responses to two forms of boxing aerobics exercise. Abstract. *Medicine & Science in Sports & Exercise*, 31(5): S673.

Romaine, L.J., Davis, S.E., Casebolt, K., Harrison, K.A. (2003). Incidence of injury in kickboxing participation. *Journal of Sports and Conditioning Research*, 17(3): 580-6.

Scharff-Olsen, M., Williford, H.N., Duey, W.J., Walker, S., Crumpton, S., Sanders, J. (2000). The energy cost of martial arts aerobic exercise. Abstract. *Medicine & Science in Sports & Exercise*, 32(5): S149.

Senduran, F., Mutlu, S. (2017). The effects of kick-box training-based group fitness on cardiovascular and neuromuscular function in male non-athletes. *Journal of Science and Medicine in Sport*, 20(2): S33.

Stone, T.M. (2015). An evaluation of select physical activity exercise classes (PEX) on bone mineral density. *UNLV Theses, Dissertations, Professional Papers, and Capstones*, 2433.

Tapps, T., Walter, A.A., Tapps, M. (2017). Cardiokickboxing and dynamic balance in adults with developmental disabilities. *American Journal of*

Recreation Therapy, 16(1).

Tokarz, M., Fisher, M. (2014). Effects of kickboxing exercise on muscular fitness, balance, and quality of life in older individuals. *International Journal of Exercise Science: Conference Proceedings*, 9(2).

Wingfield, L.D., Dowling, E.A., Branch, J.D., Colberg, S.R., Swain, D.P. (2006). Differences in VO2 between kickboxing and treadmill exercise at similar heart rates. *Medicine & Science in Sports & Exercise*, 38(5): S497.

第11章 踏板操训练

Aerobics and Fitness Association of America (AFAA). (2010). *Fitness: Theory & practice.* 5th ed. Sherman Oaks, CA: Author.

Arslan, F. (2011). The effects of an 8-week step-aerobic dance exercise programme on body composition parameters in middle-aged, sedentary, obese women. *International Sports Medicine Journal*, 12(4): 160-8.

Cai, Z-Y, Wen-Chyuan Chen, K., Wen, H-J. (2014) Effects of a group-based step aerobics training on sleep quality and melatonin levels in sleep-impaired postmenopausal women. *Journal of Strength and Conditioning Research*, 28(9): 2597-603.

Calarco, L., Otto, R., Wygand, J., Kramer, J., Yoke, M, D'Zamko, F. (1991). The metabolic cost of six common movement patterns of bench-step aerobic dance. Abstract. *Medicine & Science in Sports & Exercise*, 23(4): S839.

Clary, S., Barnes, C., Bemben, D., Knehans, A., Bemben, M. (2006). Effects of ballates, step aerobics, and walking on balance in women aged 50-75 years. *Journal of Sports Science and Medicine*, 5: 390-9.

Dunsky, A., Yahalom, T., Amon, M., Lidor, R. (2017). The use of step aerobics and the stability ball to improve balance and quality of life in community-dwelling older adults: A randomized exploratory study. *Archives of Gerontology and Geriatrics*, 71: 66-74.

Francis, P.R., Francis, L., Miller, G., Tichenor, K., Rich, B. (1994). *Introduction to Step Reebok.* San Diego, CA: San Diego University.

Greenlaw, K., McMillan, S., Catalano, S., Vivolo, S., Giroux, M., Wygand, J., Otto, R.M. (1995). The energy cost of traditional versus power bench step exercise at heights of 4, 6, and 8 inches. Abstract. *Medicine & Science in Sports & Exercise*, 33(5): S123.

Hale, B.S., Raglin, J.S. (2002). State anxiety responses to acute resistance training and step aerobic exercise across eight weeks of training. *Journal of Sports Medicine and Physical Fitness*, 42(1): 108-12.

Hallage, T., Krause, M.P., Haile, L., Miculis, C.P., Nagle, E.F., Reis, R.S., da Silva, S.G. (2010). The effects of 12 weeks of step aerobics training on functional fitness in elderly women. *Journal of Strength and Conditioning Research*, 24(8): 2261-6.

Hallage, T., Krause, M.P., Miculis, C.P., da Silva, S.G. (2009). Effect of 12 weeks of step aerobics training on $\dot{V}O_2$max of older adult women. Abstract. *Medicine & Science in Sports & Exercise*, 41(5): S2517.

Johnson, B.F., Johnston, K.D., Winnier, S.A. (1993). Bench-step aerobic ground forces for two steps of variable bench heights. Abstract. *Medicine & Science in Sports & Exercise*, 25(5): S1100.

Kin Isler, A., Kosar, S.N., Korkusuz, F. (2001). Effects of step aerobics and aerobic dancing on serum lipids and lipoproteins. *Journal of Sports Medicine and Physical Fitness*, 41(3): 380-5.

Kraemer, W.J., Keuning, M., Ratamess, N.A., Volek, J.S., McCormick, M., Bush, J.A., Nindl, B.C., Gordon, S.W., Mazzetti, S.A., Newton, R.U., Gomez, A.L., Wickham, R.B., Rubin, M.R., Hakkinen, K. (2001). Resistance training combined with bench step aerobics enhances women's health profile. *Medicine & Science in Sports & Exercise*, 33(2): 259-69.

Kravitz, L, Heyward, V.H., Stolarczyk, L.M., Wilmerding, M.V. (1995). Effects of step training with and without handweights on physiological and lipid profiles of women. Abstract. *Medicine & Science in Sports & Exercise*, 27(5): S1012.

Kravitz, L., Heyward, V., Stolarczyk, L., Wilmerding, V. (1997). Does step exercise with handweights enhance training effects? *Journal of Strength and Conditioning Research*, 11(3): 194-9.

Lloyd, L.K. (2011). Cardiovascular responses to aerobic bench stepping performed with and without choreographed arm movements. Abstract. *Medicine & Science in Sports & Exercise*, 43(5): S1927.

Moses, R.D. (1993). Ground reaction forces in bench aerobics. Abstract 49. Paper presented at the 22nd Annual Meeting of the Southeast Regional Chapter of the American College of Sports Medicine, Greensboro, NC.

Mosher, P.E., Ferguson, M.A., Arnold, R.O. (2005). Lipid and lipoprotein changes in premenstrual women following step aerobics dance training. *International Journal of Sports Medicine*, 26: 669-74.

Olson, M., Williford, H., Blessing, D., Greathouse, R. (1991). The cardiovascular and metabolic effects of bench-stepping exercise in females. *Medicine & Science in Sports & Exercise*, 23(11): 1311-8.

Scharff-Olson, M., Williford, H.N., Blessing, D.L., Moses, R., Wang, T. (1997). Vertical impact forces during bench-step aerobics: Exercise rate and experience. *Perceptual and Motor Skills*, 84(1): 267-74.

Stanforth, D., Stanforth, P.R., Velasquez, K.S. (1993). Aerobic requirement of bench stepping. *International Journal of Sports Medicine*, 14(3): 129-33.

Stanforth, D., Velasquez, K., Stanforth, P. (1991). The effect of bench height and rate of stepping on the metabolic cost of bench stepping. Abstract. *Medicine & Science in Sports & Exercise*, 23(4): S143.

Step Reebok. (1997). *1997 revised guidelines for Step Reebok*. Canton, MA: Reebok University Press.

Wang, N., Scharff-Olson, M., Williford, H.N. (1993). Energy cost and fuel utilization during step aerobics exercise. Abstract. *Medicine & Science in Sports & Exercise*, 25(5): S630.

Wen, H.J., Huang, T.H., Li, T.L., Chong, P.N., & Ang, B.S. (2017). Effects of short-term step aerobics exercise on bone metabolism and functional fitness in postmenopausal women with low bone mass. *Osteoporosis International*, 28(2): 539-47.

Wickham, J.B., Mullen, N.J., Whyte, D.G., Cannon, J. (2017). Comparison of energy expenditure and heart rate responses between three commercial group fitness classes. *Journal of Science and Medicine in Sport*, 20(7): 667-71.

Wilson, J.R., Putman, D.H., Beckham, S, Ricard, M.D. (2010). Bench height and step cadence effects in aerobic dance on force impact and metabolic cost. Abstract. *Medicine & Science in Sports & Exercise*, 42(5): S2775.

Woodby-Brown, S., Berg, K., Latin, R.W. (1993). Oxygen cost of aerobic dance bench stepping at three heights. *Journal of Strength and Conditioning Research*, 7(3): 163-67.

Workman, D., Kern, D., Earnest, C. (1993). Cardio-respiratory responses of isolated arm movements and hand weighting during bench stepping aerobic dance in women. Abstract. *Medicine & Science in Sports & Exercise*, 25(5): S466.

第12章　动感单车

Battista, R., Foster, C., Andrew, J., Wright, G., Alejandro, L., Porcari, J. (2008). Physiologic responses during indoor cycling. *Journal of Strength and Conditioning*, 22(4): 1236-41.

BHGG review. (2018).

Bianco, A., Bellafiore,M., Battaglia, G., Paoli, A., Caramazza, G., Farina, F., Palma, A. (2010). The effects of indoor cycling training in sedentary overweight women. *Journal of Sports Medicine and Physical Fitness,* 50(2): 159-65.

Boyer, B., Porcari, J., Foster, C. (2010, March/April). Krank it! *ACE Fitness Matters*, 6-9.

Brogan, M., Ledesma, R., Coffino, A, Chander, P. (2017). Freebie rhabdomyolysis: A public health concern. Spin class-induced rhabdomyolysis. *The American Journal of Medicine*, 130(4): 484-7.

Caria, M., Tangianu, F., Concu, A., Crisafulli, A., Mameli, O. (2007). Quantification of spinning bike performance during a standard 50-minute class. *Journal of Sports Sciences*, 25(4): 421-9.

Chapman, A., Vicenzino, B., Blanch, P., Hodges, P. (2004). Do muscle recruitment patterns differ between trained and novice cyclists? *Medicine & Science in Sports & Exercise*, 30(5): S954.

Chinsky, A., DeFrancisco, J., Flanagan, K., Otto, R.M., Wygand, J. (1998). A comparison of two types of spin exercise classes. Abstract. *Medicine & Science in Sports & Exercise*, 30(5): S954.

Duttaroy, S. Thorell, D., Karlsson, L., Börjesson, M. (2012) A single-bout of one-hour spinning exercise increases troponin T in healthy subjects. *Scandinavian Cardiovascular Journal*, 46:1, 2-6.

Flanagan, K., DeFrancisco, J., Chinsky, A., Wygand, J., Otto, R.M. (1998). The metabolic and cardiovascular response to select positions and resistances during Spinning exercise. Abstract. *Medicine & Science in Sports & Exercise*, 30(5): S944.

Francis, P.R., Witucki, A.S., Buono, M.J. (1999). Physiological response to a typical studio cycling session. *ACSM's Health and Fitness Journal*, 3(1): 30-36.

Gollwitzer, P., Sheeran, P. (2006). Implementation intentions and goal achievement: A meta-analysis of effects and processes. *Advances in Experimental Social Psychology*, 38: 69-119.

Hotting, K., Reich, B., Holzschneider, K., Kauschke, K., Schmidt, T., Reer, R., Braumann, K., Roder, B. (2012). Differential cognitive effects of cycling versus stretching/coordination training in middle-aged adults. *Health Psychology*, 31(2): 145-55.

John, D.H., Schuler, P. (1999). Accuracy of using RPE to monitor intensity of group indoor stationary cycling. Abstract. *Medicine & Science in Sports & Exercise*, 31(5): S643.

Lopez-Minarro, P., Rodriguez, J. (2010). Heart rate and overall ratings of perceived exertion during Spinning cycle indoor session in novice adults. *Science and Sports*, 25(5): 238-44.

Mora-Rodriguez, R., Aguado-Jimenez, R. (2004). Performance at high pedaling cadences in well-trained cyclists. *Medicine & Science in Sports & Exercise*, 38(5): 953-7.

Olson, J., Binns, A., Bliss, J., Swyden, A., Gray, M., DiBrezzo, R. (2012). Impact of instructor cues on changes in cycling form during a spin class. *Medicine & Science in Sports & Exercise*, 44(Suppl. 5).

Schroeder, J., Donlin, A. (2013). 2013 IDEA fitness programs and equipment trends report. *IDEA Fitness Journal*, 10(6): 34-45.

Thompson, W. (2017). Worldwide survey of fitness trends: The CREP addition. *ACSM Health and Fitness Journal*, 21(6): 10-19.

Williford, H.N., Scharff-Olson, M., Bradford, A., Walker, S., Crumpton, S. (1999). Maximum cycle ergometry and group cycle exercise: A comparison of physiological responses. Abstract. *Medicine & Science in Sports & Exercise*, 31(5): S423.

第13章 训练营与高强度间歇训练（HIIT）

American College of Sports Medicine (ACSM). (2017). Worldwide survey of fitness trends for 2018: The CREP edition. *ACSM's Health & Fitness Journal*, 21(6): 10-19.

American College of Sports Medicine [ACSM]. (2018). *ACSM's guidelines for exercise testing and prescription*. 10th ed. Philadelphia, PA: Wolters Kluwer.

Baldwin, K. (2007, March). Add water to the mix. *IDEA Fitness Journal*, 33-5.

Bartels, M., Bourne, G., Dwyer, J. (2010). High-intensity exercise for patients in cardiac rehabilitation after myocardial infarction. *Physical Medicine and Rehabilitation*, 2(2): 151-5.

Blank, C. (2017). Orange Theory Fitness: Lessons about human behavior and entrepreneurial success.

Burgomaster, K.A., Howarth, K.R., Phillips, S.M., Rakobowchuk, M., Macdonald, M.J., McGee, S.L., Gibala, M.J. (2008). Similar metabolic adaptations during exercise after low volume sprint interval and traditional endurance training in humans. *Journal of Physiology*, 586(1): 151-60.

Cook, Gray. (2011). *Movement: Functional movement systems*. Santa Cruz, CA: Target.

Crews, L. (2008, February). Sample class: Athletic boot camp. *IDEA Fitness Journal*, 85-86.

Crews, L. (2009, March). Sample class: Zoomer boot camp. *IDEA Fitness Journal*, 11.

Foster, C., Farland, C.V., Guidotti, F., Harbin, M., Roberts, B., Schuette, J., Tuuri, A., Doberstein, S.T., Porcari, J.P. (2015). The effects of high intensity interval training vs steady state training on aerobic and anaerobic capacity. *Journal of Sports Science & Medicine*, 14(4): 747-55.

Francis, P. (2012, January). Is there a public health role for fitness professionals? *IDEA Fitness Journal*, 53-9.

Gibala, M. (2018). Interval training for cardiometabolic health: Why such a HIIT? *Current Sports Medicine Reports*, 17(5): 148-50.

Kinnafick, F-E, Thogersen-Ntoumani, C., Shepherd, S.O., Wilson, O.J., Wagenmakers, A.J.M., Shaw, C.S. (2018) In it together: A qualitative evaluation of participant experiences of a 10-week, group-based, workplace HIIT program for insufficiently active adults. *Journal of Sport & Exercise Psychology*, 40(1): 10-19.

McMillan, S. (2005, November/December). Sample class: Sport step. *IDEA Fitness Journal*, 79-80.

Milanovic, Z., Sporis, G., Weston, M. (2015). Effectiveness of high-intensity interval training (HIIT) and continuous endurance training for VO_2max improvements: A systematic review and meta-analysis of controlled trials. *Sports Medicine*, 45(10): 1469-81.

O'Keeffe, C. (2015). Systematic review of the efficacy of high intensity interval training versus continuous training for weight loss in overweight and obese individuals (Master's thesis). University of Chester, United Kingdom.

Roy, M., Williams, S.M., Brown, R.C., Meredith-Jones, K.A., Osborne, H., Jospe, M., Taylor, R.W. (2018). HIIT in the real world: Outcomes from a 12-month intervention in overweight adults. *Medicine and Science in Sports and Exercise*.

Scheett, T., Aartun, J., Thomas, D., Herrin, J., Dudgeon, W. (2010). Physiological markers as a gauge of intensity for suspension training exercise. *Medicine & Science in Sports and Exercise*, 42(5): S2636.

Tharrett, S. (2017). *Fitness management*. 4th ed.

Monterey, CA: Healthy Learning.

第14章 水中锻炼

Archer, S. (2007, July-August). Fitness and wellness intertwine: A major industry arises. *IDEA Fitness Journal*, 36-47.

Archer, S. (2017, November). Research update on water exercise. *IDEA Health and Fitness Journal*.

Bates, A., Hanson, N. (1996). *Aquatic exercise therapy*. Philadelphia, PA: Saunders.

Batterham, S., Heywood, S., Keating, J. (2011). Systematic review and meta-analysis comparing land and aquatic exercise for people with hip and knee arthritis on functional, mobility and other health outcomes. *BMC Musculoskeletal Disorders*, 12: 123.

Benelli, P., Ditroilo, M., DeVito, G. (2004). Physiological response to fitness activities: A comparison between land-based and water aerobics. *Journal of Strength & Conditioning Research,* 18(4): 719-22.

Bergamin, M., Ermolao, A., Tolomio, S., Berton, L., Sergi, G., Zaccaria, M. (2013). Water- versus land-based exercise in elderly subjects: Effects on physical performance and body composition. *Clinical Interventions in Aging*, 8: 1109-17.

Bocalini, D., Serra, A., Murad, N., Levy, R. (2008). Water- versus land-based exercise effects on physical fitness in older women. *Geriatrics & Gerontology International*, 8(4): 265-71.

Bravo, G., Gauthier, P., Roy, P.M., Payette, H., Gaulin, P. (1997). A weight bearing, water-based exercise program for orthopedic women: Its impact on bone, functional fitness, and well-being. *Archives of Physical Medicine and Rehabilitation*, 78(12): 1375-80.

Brown, S., Chitwood, L., Beason, K., McLemore, D. (1997). Male and female physiologic responses to treadmill and deep water running at matched running cadences. *Journal of Strength and Conditioning Research*, 11(2): 107-14.

Bushman, B., Flynn, M., Andres, F., Lambert, C., Taylor, M., Braunl, W. (1997). Effect of 4 weeks of deep water run training on running performance. *Medicine & Science in Sports & Exercise*, 29(5): 694-9.

Byrnes, W. (1985). Muscle soreness following resistance exercise with and without eccentric actions. *Research Quarterly in Exercise and Sport*, 56: 283.

Craig, A.B., Dvorak, A.M. (1968). Thermal regulation of man exercising during water immersion. *Journal of Applied Physiology*, 25: 23-35.

Cugusi, L., Cadeddu, C., Nocco,S., Orru, F., Bandino, S., Deidda, M., Caria, A., Bassareo, P.P., Piras, A., Cabras, S., Mercuro, G. (2015). Effects of an aquatic-based program to improve cardiometabolic profile, quality of life, and physical activity levels in men with type 2 diabetes mellitus. *PM&R*, 7(2): 141-8.

D'Acquisto, L., D'Acquisto, D., Renne, D. (2001). Metabolic and cardiovascular responses in older women during shallow water exercise. *Journal of Strength and Conditioning Research*, 15(1): 12-19.

Davidson, K., McNaughton, L. (2000). Deep water running training and road running training improve VO2 max in untrained women. *Journal of Strength and Conditioning Research*, 14(2): 191-5.

DeMaere, J.M., Ruby, B.C. (1997). Effects of deep water and treadmill running on oxygen uptake and energy expenditure in seasonally trained cross country runners. *Journal of Sports Medicine and Physical Fitness*, 37(3): 175-81.

Evans, E., Cureton, K. (1998). Metabolic, circulatory and perceptual responses to bench stepping in water. *Journal of Strength and Conditioning Research*, 12(2): 95-100.

Eyestone, E., Fellingham, G., George, J., Fisher, G. (1993). Effect of water running and cycling on maximum oxygen consumption and 2-mile run performance. *American Journal of Sports Medicine*, 21(1): 41-4.

Frangolias, D., Rhodes, E. (1995). Maximal and ventilatory threshold responses to treadmill and water immersion running. *Medicine & Science in Sports & Exercise*, 27(7): 1007-13.

Frangolias, D., Rhodes, E., Taunton, J. (1996). The effects of familiarity with deep water running on maximal oxygen consumption. *Journal of Strength and Conditioning Research*, 10(4): 215-9.

Frangolias, D., Rhodes, E., Taunton, J., Belcastro, A., Coutts, K. (2000). Metabolic responses to prolonged work during treadmill and water immersion running. *Journal of Science and Medicine in Sport*, 3(4): 476-92.

Gangaway, J. (2010). Older adults: The need for exercise and the benefits of aquatics. *Topics in Geriatric Rehabilitation*, 26(2): 82-92.

Gehring, M., Keller, B., Brehm, B. (1997). Water running with and without a flotation vest in competitive and recreational runners. *Medicine & Science in Sports & Exercise*, 29(10): 1374-8.

Gulick, D. (2010). Effects of aquatic intervention on the cardiopulmonary system in the geriatric population. *Topics in Geriatric Rehabilitation*,

26(2): 93-103.

Hoeger, W., Warner, J., Fahleson, G. (1995). Physiologic responses to self-paced water aerobics and treadmill running. Abstract. *Medicine & Science in Sports & Exercise*, 27(5): 83.

Jentoft, E., Kvalvik, A., Mengshoel, A. (2001). Effects of pool-based and land-based aerobic exercise on women with fibromyalgia/chronic widespread muscle pain. *Arthritis Care and Research*, 45(1): 42-7.

Kargarfard, M., Shariat, A., Ingle, L., Cleland, J.A., Kargarford, M. (2018). Randomized controlled trial to examine the impact of aquatic exercise training on functional capacity, balance, and perceptions of fatigue in female patients with multiple sclerosis. *Archives of Physical Medicine and Rehabilitation,* 99(2): 234-41.

Kennedy, C., Sanders, M. (1995, May). Strength training gets wet. *IDEA Today*, 25-30.

Killgore, G. (2009). Deep-water running: A practical review of the literature with an emphasis on biomechanics. *Physician and Sports Medicine*, 40(1): 116-26.

Lee, J, Joo, K., Brubaker, P. (2017). Aqua walking as an alternative modality during cardiac rehabilitation for coronary artery disease in older patients with lower extremity osteoarthritis. *BMC Cardiovasc Disord*, 17: 252.

Loupias, J., Golding, L. (2004, September-October). Deep water conditioning: A conditioning alternative. *ACSM's Health and Fitness Journal*, 5-8.

Mayo, J. (2000). Practical guidelines for the use of deep water running. *Journal of Strength and Conditioning Research*, 22(1): 26-29.

Michaud, T., Brennan, D., Wilder, R., Sherman, N. (1995). Aquarunning and gains in cardiorespiratory fitness. *Journal of Strength and Conditioning Research*, 9(2): 78-84.

Michaud, T., Rodriguez-Zayas, J., Andres, F., Flynn, M., Lambert, C. (1995). Comparative exercise responses of deep-water and treadmill running. *Journal of Strength and Conditioning Research*, 9(2): 104-9.

Nagle, E., Robertson, R., Jakicic, J., Otto, A., Ranalli, J., Chiapetta, L. (2007). Effects of aquatic exercise and walking in sedentary obese women undergoing a behavioral weight-loss intervention. *International Journal of Aquatic Research and Education*, 1: 43-56.

Nagle, E.F., Sanders, M.E., Shafer, A., Baron Gibbs, B., Nagle, J.A., Deldin, A.R., Franklin, B.A., Robertson, R.J. (2013). Energy expenditure,

cardiorespiratory and perceptual responses to shallow-water aquatic exercise in young adult women. *Physician and Sports Med*, 41: 3.

Norton, C., Hoobler, K., Welding, A., Jensen, G.M. (1997). Effectiveness of aquatic exercise in the treatment of women with osteoarthritis. *Journal of Physical Therapy*, 5(3): 8-15.

Payton, S. (2018). Aquatic exercise blood lactate levels compared with land based exercise blood lactate levels. *Journal of Human Sport and Exercise,* 13(3): 659-666.

Quinn, T., Sedory, D., Fisher, B. (1994). Physiological effects of deep water running following a land-based training program. *Research Quarterly in Exercise and Sport*, 65: 386-9.

Raffaelli, M., Lanza, M., Zanolla, L., Zamparo, P. (2010). Exercise intensity of head-out water-based activities (water fitness). *European Journal of Applied Physiology*, 109(5): 829-38.

Rica, R., Carneiro, R., Serra, A., Rodriguez, D., Pontese, F., Bocalini, D. (2012). Effects of water-based exercise in obese older women: Impact of short-term follow-up study on anthropometric, functional fitness and quality of life parameters. *Geriatrics & Gerontology International*, 13(1): 209-14.

Rodriguez, D., Silva, V., Prestes, J., Rica, R., Serra, A., Bocalini, D., Pontes, F. (2011). Hypotensive response after water-walking and land-walking exercise sessions in healthy trained and untrained women. *International Journal of General Medicine*, 4: 549-4.

Rotstein, A., Harush, M., Vaisman, N. (2008). The effect of a water exercise program on bone density of postmenopausal women. *Journal of Sports Medicine and Physical Fitness*, 48(3): 352-9.

Sanders, M. (2010, February). H_2O solutions for active aging. *IDEA Fitness Journal*, 46-53.

Sanders, M., Islam, M.M., Naruse, A., Takeshima, N., Rogers, M. (2016) Aquatic exercise for better living on land: impact of shallow-water exercise on older Japanese women for performance of activities of daily living (ADL). *International Journal of Aquatic Research and Education*, 10(1).

Sanders, M., Lawson, D. (2006, September). Use water's accommodating properties to help clients recovering from knee injuries return to sports. *IDEA Fitness Journal*, 40-47.

Sato, D., Kaneda, K., Wakabayashi, H., Nomura, T. (2009). Comparison of 2-year effects of once and twice weekly water exercise on activities of daily living ability of community dwelling frail elderly.

Archives of Gerontology and Geriatrics, 49(1): 123-8.

Simmons, V., Hansen, P. (1996). Effectiveness of water exercise on postural mobility in the well elderly: An experimental study on balance enhancement. *Journal of Gerontological Medicine and Science*, 51A(5): M233-8.

Suomi, R., Koceja, D.M. (2000). Postural sway characteristics in women with lower extremity arthritis before and after an aquatic exercise intervention. *Archives of Physical Medicine and Rehabilitation*, 8(6): 780-5.

Svedenhag, J., Seger, J. (1992). Running on land and in water: Comparative exercise physiology. *Medicine & Science in Sports & Exercise*, 24: 1155-60.

Takashima, N., Rogers, M., Watanabe, E., Brechue, W., Okada, A., Yamada, T., Islam, M., Hayano, J. (2002). Water-based exercise improves health-related aspects of fitness in older women. *Medicine & Science in Sports & Exercise*, 33(3): 544-51.

Templeton, M.S., Booth, D.L., O'Kelly, W.D. (1996). Effects of aquatic therapy on joint flexibility and functional ability in subjects with rheumatic disease. *Journal of Orthopedic Sports and Physical Therapy*, 23(6): 376-81.

Tsourlou, T., Benik. A., Dipla, K., Zafeiridis, A., Kellis, S. (2006). The effects of a twenty-four-week aquatic training program on muscular strength performance in healthy elderly women. *Journal of Strength and Conditioning Research*, 20(4): 811-8.

Vogel, A. (2006, July-August). What's hot in H_2O? *IDEA Fitness Journal*, 53-59.

Wilbur, R., Moffatt, R., Scott, B., Lee, D., Cucuzzo, N. (1996). Influence of water run training on the maintenance of aerobic performance. *Medicine & Science in Sports & Exercise*, 28(8): 1056-62.

World Health Organization. (2011). Global health and aging.

第15章　瑜伽

Arpita. (1990). Physiological and psychological effects of hatha yoga: A review. *Journal of the International Association of Yoga Therapists*, 1(I-II): 1-28.

Boehde, D., Porcari, J. (2006, September-October). Does yoga really do the body good? *ACE Fitness Matters*, 7-9.

Carroll, J., Blansit, A., Otto, R.M., Wygand, J.W. (2003). The metabolic requirements of vinyasa yoga. *Medicine & Science in Sports & Exercise*, 35(5): S155.

Chang, D.G., Holt, J.A., Sklar, M., Groessl, E.J. (2016). Yoga as a treatment for chronic low back pain: A systematic review of the literature. *Journal of Orthopedic Rheumatology*, 3(1): 1-8.

Chu, P., Gotink, R.A., Yeh, G.Y., Goldie, S.J., Hunink, M.G.M. (2014). The effectiveness of yoga in modifying risk factors for cardiovascular disease and metabolic syndrome: A systematic review and meta-analysis of randomized controlled trials. *European Journal of Preventive Cardiology*, 23(3): 291-307.

Cooper, S., Oberne, J., Newton, S., Harrison, V., Coon, J., Lewis, S., Tattersfield, A. (2003). Effect of two breathing exercises (Buteyko and pranayama) in asthma, a randomized controlled trial. *Thorax*, 58: 674-9.

Desveaux, L., Lee, A., Goldstein, R., Brooks, D. (2015). Yoga in the management of chronic disease: A systematic review and meta-analysis. *Medical Care*, 53(7): 653-61.

Faulds, R. (2006). *Kripalu yoga: A guide to practice on and off the mat.* New York, NY: Bantam Dell.

Gaiswinkler, L. Unterrainer, H.F. (2016). The relationship between yoga involvement, mindfulness and psychological well-being. *Complementary Therapies in Medicine*, 26: 123-7.

Grotle, M., Hagen, K.B. (2017) Yoga classes may be an alternative to physiotherapy for people with chronic nonspecific low back pain. *Journal of Physiotherapy*, 64(1): 57.

Hawks, S.R., Hull, M.L., Thalman, R.L., Richins, P.M. (1995). Review of spiritual health: Definition, role, and intervention strategies in health promotion. *American Journal of Health Promotion*, 9(5): 371-8.

Jacobs, B.P., Mehling, W., Avins, A.L., Goldberg, H.A., Acree, M., Lasater, J.H., Cole, R.J., Riley, D.S., Mauer, S. (2004). Feasibility of conducting a clinical trial on hatha yoga for chronic low back pain: Methodological lesson. *Alternative Theories in Health and Medicine*, 10(2): 80-83.

Khalsa, S.B., Hickey-Schultz, L., Cohen, D., Steiner, N., Cope, S. (2012). Evaluation of the mental health benefits of yoga in a secondary school: A preliminary randomized controlled trial. *Journal of Behavioral Health Services and Research*, 39(1): 80-90.

Kim, S., Singh, H., Smith, J., Chrisman, C., Bemben, M., Bemben, D. (2011). Effects of an 8-month yoga intervention on bone markers and muscle strength in premenopausal women. Abstract.

Medicine & Science in Sports & Exercise, 43(5): S865.

Kristal, A., Littman, A., Benitez, D., White, E. (2005). Yoga practice is associated with attenuated weight gain in healthy middle-aged men and women. *Alternative Therapy, Health, and Medicine*, 11(4): 28-33.

Lamb, T. (2004). Psychophysiological effects of yoga. International Association of Yoga Therapists.

Larson-Meyer, D.E. (2016). A systematic review of the energy cost and metabolic intensity of yoga. *Medicine & Science in Sports & Exercise*.

Liu, X-C, Pan, L., Hu, Q, Dong, W-P., Yan, J-H., Dong, L. (2014). Effects of yoga training in patients with chronic obstructive pulmonary disease: A systematic review and meta-analysis. *Journal of Thoracic Disease*, 6(6): 795-802.

Luu, K., Hall, P.A. (2016). Hatha yoga and executive function: A systematic review. *Journal of Alternative and Complementary Medicine*, 22(2).

Mustian, K.M., Sprod, L., Peppone, L., Janelsins, M., Wharton, M., Webb, J., Esparaz, B., Kirschner, J., Morrow, G. (2011). Yoga significantly improves fatigue and circadian rhythm: A randomized, controlled trial among 410 cancer survivors. Abstract. *Medicine & Science in Sports & Exercise*, 43(5): S2750.

Ornish, D., Brown, S.E., Scherwitz, L.W., Billings, J.H., Armstrong, W.T., Ports, T.A., McLanahan, S.M., Kirkeeide, R., Brand, R., Gould, K. (1990). Can lifestyle changes reverse coronary heart disease? The lifestyle heart trial. *Lancet*, 336: 129-33.

Pascoe, M.C., Bauer, I.E. (2015). A systematic review of randomized control trials on the effects of yoga on stress measures and mood. *Journal of Psychiatric Research*, 68: 270-82.

Rana, B.B., Pant, P.R., Pant, K.D., Balkrishna, A., Paygan, S. (2011). Effect of bhastrika pranayama and exercise on lung function capacity of athletes: A pilot study. Abstract. *Medicine & Science in Sports & Exercise*, 43(5): S2192.

Riley, K.E., Park, C.L. (2015). How does yoga reduce stress? A systematic review of mechanisms of change and guide to future inquiry. *Health Psychology Review*, 9(3): 379-96.

Schmid, A.A., Miller, K.K., Van Puymbroeck, M., Dierks, T.A., Altenburger, P., Schalk, N., Williams, L.S., DeBaun, E., Damush, T. (2012). Physical improvements after yoga for people with chronic stroke. Abstract. *Medicine & Science in Sports & Exercise*, 44(5): S1654.

Sherman, K.J., Cherkin, D.C., Erro, J., Miglioretti,

D.L., Deyo, R.A. (2005). Comparing yoga, exercise, and a self-care book for chronic low-back pain: A randomized controlled trial. *Annals of Internal Medicine*, 143(12): 849-56.

Sherman, S.A., Rogers, R.J., Davis, K.K., Minster, R.L., Creasy, S.A., Mullarkey, N.C., O'Dell, M., Donahue, P., Jakicic, J.M. (2017). Energy expenditure in vinyasa yoga versus walking. *Journal of Physical Activity & Health*, 14(8): 597-605.

Thind, H., Lantini, R., Balletto, B.L., Donahue, M.L., Salmoirago-Blotcher, E., Bock, B.C., Scott-Sheldon, L.A.J. (2017). The effects of yoga among adults with type 2 diabetes: A systematic review and meta-analysis. *Preventive Medicine*, 105: 116-26.

Wang, M.Y., Yu, S.Y., Haines, M., Hashish, R., Samarawickrame, S. Greendale, G., Salem, G. (2012). Can yoga improve balance performance in older adults? Abstract. *Medicine & Science in Sports & Exercise*, 44(5): S1675.

Williams, K.A., Petronis, J., Smith, D., Goodrich, D., Wu, J., Ravi, N., Doyle, R., Juckett, G., Kolar, M., Gross, R. (2005). Effect of Iyengar yoga therapy for chronic low back pain. *Pain*, 115: 107-17.

Yang, Z., Zhong, H.B., Mao, C. Yuan, J-Q., Huang, Y-F., Wu, X-Y., Gao, Y-M., Tang, J-L. (2016) Yoga for asthma. *Cochrane Database of Systematic Reviews*, 4.

Yoga Alliance (2016). Highlights from the 2016 Yoga in America Study.

Yoke, M., Kennedy, C. (2004) *Functional exercise progressions*. Monterey, CA: Healthy Learning.

Youkhana, S., Dean, C.M., Wolff, M., Sherrington, C., Tiedemann, A. (2015). Yoga-based exercise improves balance and mobility in people aged 60 and over: A systematic review and meta-analysis. *Age and Ageing*, 45(1): 21-29.

第16章 普拉提

Amorim, T., Sousa, F., Machado, L., Santos, J.A. (2011). Effects of Pilates training on muscular strength and balance in ballet dancers. *Portuguese Journal of Sports Sciences*, 11(2): 147-50.

Barker, A.L. Talevski, J., Bohensky, M.A., Brand, C.A., Cameron, P.A., Morello, R.T. (2015). Feasibility of Pilates exercise to decrease falls risk: A pilot randomized controlled trial in community-dwelling older people. *Clinical Rehabilitation*, 30(10): 984-96.

Bueno de Souza, R., Marcon, L., Arruda, A., Pontes Junior, F., Caldeira de Melo, R. (2018). Effects of mat Pilates on physical functional performance of older adults: A meta-analysis of randomized controlled trials. *American Journal of Physical Medicine & Rehabilitation*, 97(6): 414-25.

Campos, R.R., Dias, J.M., Pereira, L.M., Obara, K., Barreto, M.S., Silva, M.F., Mazuquin, B.F., Christofaro, D.G., Fernandes, R.A., Iversen, M.D., Cardoso, J.R. (2015). Effect of the Pilates method on physical conditioning of healthy subjects: A systematic review and meta-analysis. *Journal of Sports Medicine and Physical Fitness*, 56(7-8): 864-73.

Cruz-Diaz, D., Martinez-Amat, A., Osuna-Perez, M.C., De la Torre-Cruz, M.J., Hita-Contreras, F. (2015). Short- and long-term effects of a six-week clinical Pilates program in addition to physical therapy on postmenopausal women with chronic low back pain: A randomized controlled trial. *Disability and Rehabilitation*, 38(13): 1300-8.

Herrington, L., Davies, R. (2005). The influence of Pilates training on the ability to contract the transverse abdominis muscle in asymptomatic individuals. *Journal of Bodywork and Movement Therapies*, 9(1): 52-7.

Hodges, P.C., Richardson, C., Jull, G. (1996) Evaluation of the relationship between laboratory and clinical tests of transverse abdominis function. *Physiotherapy Research International*, 1(4): 269.

IDEA (2011, June). 2013 IDEA fitness programs and equipment trends report. *IDEA Fitness Journal*, 34-45.

Josephs, S., Pratt, M.L., Meadows, E.C., Thurmond, S., Wagner, A. (2016). The effectiveness of Pilates on balance and falls in community dwelling older adults. *Journal of Bodywork and Movement Therapies*, 20(4): 815-23.

Kloubec, J.A. (2010). Pilates for the improvement of muscle endurance, flexibility, balance, and posture. *Journal of Strength and Conditioning Research*, 24(3): 661-7.

Lim, E.C.W., Poh, R.L.C., Low, A.Y., Wong, W.P. (2011). Effects of Pilates-based exercises on pain and disability in individuals with persistent, non-specific low back pain: A systematic review with meta-analysis. *Journal of Orthopaedic and Sports Physical Therapy*, 41(2): 70-80.

McGill, S. (2016). *Low back disorders.* 3rd ed. Champaign, IL: Human Kinetics.

Moon, J.H., Hong, S.M., Kim, C.W., Shin, Y.A. (2015). Comparison of deep and superficial abdominal muscle activity between experienced Pilates and resistance exercise instructors and controls during stabilization exercise. *Journal of Exercise Rehabilitation*, 11(3): 161-8.

Moreno-Segura, N., Igual-Camacho, C., Ballester-Gil, Y., Blasco-Igual, M.C., Blasco, J.M. (2018). The effects of the Pilates training method on balance and falls of older adults: A systematic review and meta-analysis of randomized controlled trials. *Journal of Aging and Physical Activity*, 26(2): 327-44.

Norris, C.M. (2008) *Back stability*. 2nd ed. Champaign, IL: Human Kinetics.

Olson, M., Smith, C.M. (2005, November-December). Pilates exercise: Lessons from the lab: A new research study examines the effectiveness and safety of selected Pilates mat exercises. *IDEA Fitness Journal*, 38-43.

Olson, M., Williford, H., Martin, R., Ellis, M., Woolen, E., Esco, M. (2004). The energy cost of a basic, intermediate, and advanced Pilates mat workout. *Medicine & Science in Sports & Exercise*, 36(6): S357.

Otto, R., Yoke, M., McLaughlin, K., Morrill, J., Viola, A., Lail, A., Lagomarsine, M., Wygand, J. (2004). The effect of 12 weeks of Pilates training versus resistance training on trained females. Abstract. *Medicine & Science in Sports & Exercise*, 36(5): S356-7.

Pilates, J.H. (1945). *Return to life through contrology*. New York, NY: J.J. Augustin.

Pilates Method Alliance. (2006). *PMA position statement: On Pilates*. Miami, FL: Pilates Method Alliance.

Pilates Method Alliance. (2016). The 2016 Pilates in America study.

Segal, N.A., Hein, J., Basford, J.R. (2004). The effects of Pilates training on flexibility and body composition: An observational study. *Archives of Physical and Medical Rehabilitation*, 85(12): 1977-81.

Shedden, M., Kravitz, L. (2006). Pilates exercise: A research-based review. *Journal of Dance Medicine & Science*, 10: 111-6.

Silva, G.B., Morgan, M.M., de Carvalho, W.R.G., Silva, E., de Freitas, W.Z., da Silva, F.F., de Souza, R.A. (2015). Electromyographic activity of rectus abdominis muscles during dynamic Pilates abdominal exercises. *Journal of Bodywork and Movement Therapies*, 19(4): 629-35.

Yoke, M., Kennedy, C. (2004). *Functional exercise progressions*. Monterey, CA: Healthy Learning.

第17章 其他形式

Aerobics and Fitness Association of America (AFAA). (2010). *Exercise standards and guidelines reference manual.* Sherman Oaks, CA: Author.

Anders, M. (2006, May-June). Budokon: Beyond fusion. *ACE Fitness Matters*, 6-9.

Andreasson, J., Johansson, T. (2016). "Doing for group exercise what McDonald's did for hamburgers": Les Mills, and the fitness professional as global traveler. *Sport, Education, and Society,* 21(2): 148-65.

Cadmus-Bertram, L.A., Marcus, B.H., Patterson, R.E., Parker, B.A. Morey, B.L. (2015). Use of the Fitbit to measure adherence to a physical activity intervention among overweight and or obese, postmenopausal women: Self-monitoring trajectory during 16 weeks. *Journal of Medican Internet Research,* 3(4): e96.

Cayot, T., Schick, E.R., Gochiocco, M.K., Wambold, S., Stacy, M.R., Scheuermann, B.W. (2011). Electromyographic analysis of suspension elbow flexion curls and standard elbow flexion curls. *Medicine & Science in Sports & Exercise*, 43(5): S1695.

Cugusi, L., Manca, A., Serpe, R., Romita, G., Bergamin, M., Cadeddu, C., Solla, P., Mercuro, G. (2016). Effects of a mini-trampoline rebounding exercise program on functional parameters, body composition and quality of life in overweight women. *Journal of Sports Medicine and Physical Fitness,* 58(3F): 287-94.

Delextrat, A.A., Warner, S., Graham, S., Neupert, E. (2016). An 8-week exercise intervention based on Zumba improves aerobic fitness and psychological well-being in healthy women. *Journal of Physical Activity & Health*, 13(2): 131-9.

Durden, E. Moncell (2019). *Beginning hip-hop dance: Interactive dance series.* Champaign, IL: Human Kinetics.

Eadicicco, L. (2018, June 11). The future of fitness. *TIME magazine.*

Ellingson, L.D., Meyer, J.D., Cook, D.B. (2016). Wearable technology reduces prolonged bouts of sedentary behavior. *Translational Journal of the ACSM*, 1(2): 10-17.

Fernando, M., Borreani, S., Alves, J., Colado, J.C., Gramage, D., Martin, J. (2012). Lumbopelvic muscular activation during push-ups performed under different unstable surfaces. *Medicine & Science in Sports & Exercise*, 44(5): S1861.

Gryffin, P.A., Chen, W.C., Chaney, B.H., Dodd, V.J., Roberts, B. (2015). Facilitators and barriers to Tai chi in an older adult community: A theory-driven approach. *American Journal of Health Education*, 46(2).

Harris, S., Ruffin, E., Brewer, W., Oriz, A. (2017). Muscle activation patterns during suspension training exercises. *International Journal of Sports Physical Therapy*, 12(1): 42-52.

Hoffman-Smith, K., Ma, A., Cheng-Tsung, Y., DeGuire, N., Smith, J. (2009). The effect of tai chi in reducing anxiety in an ambulatory population. *Journal of Complementary & Integrative Medicine*, 6(1).

Holmes, M., Chen, W., Feskanich, D., Kroecke, C., Colditz, G. (2005). Physical activity and survival after breast cancer diagnosis. *Journal of the American Medical Association*, 293(20): 2479-86.

Holthusen, J., Porcari, J., Foster, C., Doberstein, S., Anders, M. (2011, January). ACE-sponsored research: Hooping—effective workout or child's play? *ACE Certified News.*

Hooker, S. (2003, May-June). The exercise professional's expanding role in promoting physical activity and the public's health. *ACSM's Health and Fitness Journal*, 7-11.

IDEA Health and Fitness Association. (2011, April). *IDEA code of ethics: Group fitness instructors*, 8: 4.

Kahn, J. (2008, January 8). What's shaking. *Boston Globe.*

Karapanos, E., Gouveia, R., Hassenzahl, M., Forlizzi, J. (2016). Wellbeing in the making: Peoples' experiences with wearable activity trackers. *Psychology of Well-Being*, 6(4).

Keller, J. (2008, January). Group energy. *IDEA Fitness Journal*, 87.

Lan, C., Lai, J., Chen, S., Wong., M. (1998). 12-month tai chi training in the elderly: Its effect on health fitness. *Medicine & Science in Sports & Exercise*, 39(3): 345-51.

Lane, C. 2000. *Christy Lane's complete book of line dancing.* 2nd ed. Champaign, IL: Human Kinetics.

Li, F., Harmer, P., McAuley, E., Chaumeton, N., Eckstrom, E., Wilson, N. (2005). Tai chi and fall reductions in older adults: A randomized controlled trial. *Journal of Gerontology, Medicine, and Science*, 60A: 66-74.

Luettgen, M., Foster, C., Doberstein, S., Mikat, R., Porcari, J. (2012). Letter to the editor. *Journal of Sports Science and Medicine*, 11: 357-8.

Markula, P., Chikinda, J. (2016). Group fitness instructors as local level health promoters: A Foucauldian analysis of the politics of health/fitness dynamic. *International Journal of Sport Policy and Politics*, 8(4): 625-46.

Orepic, P., Mikulic, P., Soric M., Ruzic, L., Markovic, G. (2011). Acute physiological responses to recreational in-line skating in young adults. *European Journal of Sport Science*, 14(1): 525-31.

Otto, R.M., Maniguet, E., Peters, A., Boutagy, N., Gabbard, A., Wygand, J.W., Yoke M. (2011). The energy cost of Zumba exercise. Abstract. *Medicine & Science in Sports & Exercise*, 43(5): S1923.

Perez, B., Robinson, P., Herlong, K. (2011). *Instructor training manual: Zumba fitness.* Hollywood, FL: Zumba Fitness.

Porcari, J.P. (1999). Pump up your walk. *ACSM's Health and Fitness Journal*, 3(1): 25-9.

Rosas, D., Rosas, C. (2006). NIA: The body's way. *IDEA Fitness Journal*, 3(2): 89-91.

Ryskey, A.L. Porcari, J.P., Radtke, K., Bramwell, S., Foster, C. (2018). The energy expenditure and relative exercise intensity during Pound. *Medicine & Science in Sports & Exercise*, 49(5, Suppl. 2720).

Scheett, T., Aartun, J., Thomas, D., Herrin, J., Dudgeon, W. (2010). Physiological markers as a gauge of intensity for suspension training exercise. *Medicine & Science in Sports & Exercise*, 42(5): S2636.

Sharma, M., Haider, T. (2015). Tai chi as an alternative and complimentary therapy for anxiety: A systematic review. *Journal of Evidence-Based Complementary & Alternative Medicine*, 20(2): 143-53.

Tharrett, S. (2017). *Fitness Management.* 4th ed. Monterey, CA: Healthy Learning.

Thompson, W. (2012). Worldwide survey of fitness trends for 2013. *ACSM's Health and Fitness Journal*, 16(6): 8-17.

Wahbeh, H., Elsas, S., Oken, B. (2008). Mind-body interventions. *Neurology*, 70(24): 2321-8.

Walach, H., Ferrari, M., Sauer, S., Kohls, N. (2012). Mind-body practices in integrative medicine. *Religions*, 3(1): 50-81.

Walsh, J.N., Manor, B., Hausdorff, J. (2015). Impact of short- and long-term Tai chi mind-body exercise training on cognitive function in healthy adults: Results from a hybrid observational study and randomized trial. *Global Advances in Health and Medicine*, 4(4): 38-48.

Wang, C., Schmid, C., Rones, R., Kalish, R., Yinh, J., Goldenberg, D., Lee, Y., McAlindon, T. (2010). A randomized trial of tai chi for fibromyalgia. *New England Journal of Medicine*, 363: 743-54.

Wolever, R., Bobinet, K., McCabe, K. MacKenzie, E. (2012). Effective and viable mind-body stress reduction in the workplace: A randomized control trial. *Journal of Occupational Health Psychology*, 17(2): 246-58.

Yoke, M., Middlestadt, S., Lohrmann, D., Chomistek, A.K., Kennedy-Armbruster, C. (2018a). The behavior of activity tracker usage in trained users. *Medicine & Science in Sports & Exercise,* 49(5, Suppl. 443).

Yoke, M., Middlestadt, S., Lohrmann, D., Chomistek, A.K., Kennedy-Armbruster, C. (2018b). Perceived behavioral control is key for activity tracker usage. *Medicine & Science in Sports & Exercise,* 49(5, Suppl. 1368).

作者简介

玛丽·M. 约克，博士，美国运动医学会（ACSM）会员，印第安纳大学与普渡大学印第安纳波利斯联合分校（Indiana University–Purdue University at Indianapolis，IUPUI）和印第安纳大学（Indiana University，IU）布卢明顿校区全职教员，为人体运动学和应用健康学系授课。在取得目前的职位之前，她是新泽西州威廉帕特森大学的客座教授，并且是纽约艾德菲大学的高级兼职教员，在这里她写了许多篇有关团体健身的文章。

约克拥有健康行为学的博士学位、运动生理学的硕士学位以及两个音乐类学位，并且她已经获得了24项健身认证。约克经常担任健身视频的顾问和*Shape, Consumer Reports*和*Good Housekeeping*杂志的评论者，并且还在涉及与健身视频相关损伤的诉讼案件中担任专家证人。约克一直从事心脏康复、理疗以及企业健身课健康推广领域的工作，已在商业健康俱乐部教学25年。

作为ACSM的会员，约克是*ACSM's Health & Fitness Journal*的副研究编辑，并且自2013年以来每年编写三次研究简讯栏目。她在ACSM资格认证委员会工作了6年，并且在ACSM峰会方案拟订委员会工作了4年多。她是AFAA附属董事会的一员，做了30年AFAA的培训师和认证专家，并且经常作为美国国内和国际健身会议的演讲者。她在美国的49个州做过报告，并且在18个国家主持研讨会。

约克是*101 Nice-to-Know Facts About Happiness*（2015）、AFAA *A Guide to Personal Fitness Training*（1996，2001）、*Functional Exercise Progressions*（2004）、*Methods of Group Exercise Instruction*（2003，2009，2014，2020）以及AFAA *Personal Fitness Training: Theory and Practice*（2006，2010）等书的作者或合著者。她录制了6部教育视频和很多线上课程。

卡萝尔·K. 安布鲁斯特，博士，美国运动医学会会员，是IU布卢明顿校区公共健康学院的高级讲师。在教大学生和担任训练健身领队的35年多时间内，她曾效力于美国运动医学会和美国运动委员会的资格认证委员会。她还是一名经过ACSM认证的运动生理学家，持有运动即良药方面的二级证书，并拥有功能性动作筛查的一级证书。

她以前曾担任IU休闲体育部健康体能与整体健康计划的负责人，在那里她管理一个每周提供100多节团体健身课的项目。在IU工作之前，安布鲁斯特曾在伊利诺伊大学、科罗拉多州立大学、落基山健康俱乐部、拉夫兰（科罗拉多州）公园和康乐部以及希博伊根（威斯康星州）学区工作过。

安布鲁斯特喜欢将教学兴趣、社区参与和转化研究结合起来。她是*Translational Journal of the American College of Sports Medicine*的高级主编，并且是ACSM运动即良药创始活动的董事。她的博士研究专注于40岁以上现役军人的转化研究。她尤为感兴趣的是功能性的运动、工作场所的健康成果、安全有效的运动指导，以及评估安全有效的成果型体力活动和运动计划开展方法，以达到鼓励健康的生活方式和专注于提高生活质量、预防疾病的目的。

译者简介

  谢毓函，资深健身教练，从业至今已带过5000余节团体健身课程，现担任青岛伍佰优品健身团操部经理；国家一级健身健美裁判，青岛市健身健美协会培训专业委员会副主任，曾获第五届全国全民健身操舞大赛一等奖，2019年曾参与中央电视台《中国节拍》栏目的拍摄。所获行业资格认证有：健身教练国家职业资格认证、莱美LesMills BodyBalance认证、莱美LesMills Barre认证、莱美LesMills Core认证、精准拉伸认证等。